U0552915

GREEN BOOK

智 库 成 果 出 版 与 传 播 平 台

中国社会科学院创新工程学术出版资助项目

人口与劳动绿皮书
GREEN BOOK OF POPULATION AND LABOR

中国人口与劳动问题报告

No.25

REPORT ON CHINA'S POPULATION AND LABOR
No.25

促进全生命周期的人口高质量发展

主 编／蔡 昉 都 阳

社会科学文献出版社
SOCIAL SCIENCES ACADEMIC PRESS（CHINA）

图书在版编目(CIP)数据

中国人口与劳动问题报告. No. 25，促进全生命周期
的人口高质量发展 / 蔡昉，都阳主编. --北京：社会
科学文献出版社，2024.12. --（人口与劳动绿皮书）.
ISBN 978-7-5228-4604-0

Ⅰ. C924.24

中国国家版本馆 CIP 数据核字第 2024A3W098 号

人口与劳动绿皮书

中国人口与劳动问题报告 No.25
——促进全生命周期的人口高质量发展

主　　编 / 蔡　昉　都　阳

出 版 人 / 冀祥德
责任编辑 / 陈　颖　黄　丹
责任印制 / 王京美

出　　版 / 社会科学文献出版社·皮书分社 （010）59367127
　　　　　地址：北京市北三环中路甲 29 号院华龙大厦　邮编：100029
　　　　　网址：www.ssap.com.cn
发　　行 / 社会科学文献出版社 （010）59367028
印　　装 / 三河市东方印刷有限公司

规　　格 / 开本：787mm×1092mm　1/16
　　　　　印张：24.5　字数：405 千字
版　　次 / 2024 年 12 月第 1 版　2024 年 12 月第 1 次印刷
书　　号 / ISBN 978-7-5228-4604-0
定　　价 / 168.00 元

读者服务电话：4008918866

主编简介

蔡　昉　中国社会科学院国家高端智库首席专家、学部委员，"十五五"国家发展规划专家委员会委员，劳动经济学会会长，世界中国学研究联合会副理事长。曾任中国社会科学院副院长，中国非洲研究院院长，第十一届、十二届、十三届全国人民代表大会常务委员会委员，第十三届全国人民代表大会农业与农村委员会副主任委员。主要研究领域包括：中国经济改革和发展、人口经济学、劳动经济学、经济增长、收入分配和减贫等。著有《人口负增长时代：中国经济增长的挑战与机遇》《破解中国经济发展之谜》《中国经济发展的世界意义》《成长的烦恼：中国迈向现代化进程中的挑战及应对》等。

都　阳　1999 年毕业于浙江大学，获博士学位。中国社会科学院人口与劳动经济研究所所长、研究员，中国社会科学院大学教授、博士生导师，兼任中国社会科学院人力资源研究中心主任，担任《中国人口科学》与《劳动经济研究》主编。主要研究领域为劳动经济学、发展经济学、人口经济学。在国内顶级和权威期刊、国际知名期刊等学术刊物上发表论文 100 余篇。主持完成国家自然科学基金应急管理项目、国家自然科学基金专项项目、国家社会科学基金重大项目、中国社会科学院重大项目等多个科研项目，主持完成多项重大社会经济调查项目。2003 年获第三届"胡绳青年学术奖（经济学）"一等奖，2016 年获张培刚发展经济学优秀成果奖，多次获得中国社会科学院优秀科研成果奖和中国社会科学院优秀对策信息奖。入选国家百千万人才工程，获"有突出贡献中青年专家"荣誉称号，享受国务院政府特殊津贴。

前　言

在二十届中央财经委员会第一次会议上，习近平总书记指出，要认识、适应、引领人口发展新常态，着力提高人口整体素质，努力保持适度生育水平和人口规模，加快塑造素质优良、总量充裕、结构优化、分布合理的现代化人力资源，以人口高质量发展支撑中国式现代化。《中共中央关于进一步全面深化改革、推进中国式现代化的决定》对推进人口高质量发展进行了全面的部署，提出要以应对老龄化、少子化为重点完善人口发展战略，健全覆盖全人群、全生命周期的人口服务体系，促进人口高质量发展。推进人口高质量发展是具有长期性和全局性的发展战略，需要从不同的维度展开深入研究。为此，2024年的《中国人口与劳动问题报告》以"促进全生命周期的人口高质量发展"为主题，从全生命周期视角讨论人口高质量发展的深刻内涵、重大意义、重点领域和关键举措，以期对这一重大的战略性安排进行全景式的分析。

推进人口高质量发展既是一个具有长期性、全局性的战略安排，与中华文明的现代化进程息息相关，同时，推动人口高质量发展的很多举措也是短期内需要解决的问题。从人口高质量发展的政策看，在考虑人口高质量发展战略的全生命周期、全人群的特征的同时，也需要抓住工作的重点和关键领域，从优化人力资本投资的角度，整体上提高公共资源的使用效率。正是由于上述考虑，本报告兼顾了人口高质量发展的整体性，又突出了可能会形成突破的重要领域。除总报告外，全书还包含5个部分16篇文章，涵盖了人口高质量发展的理论逻辑、生育养育服务体系建设、教育改革与早期人力资本投资、高质量充分就业以及积极应对人口老龄化等领域。

本研究得到了国家自然科学基金专项项目"中国人口转变的独特性、经济影响及政策研究"（项目批准号：72141310）、国家社科基金重大项目"人

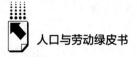

口高质量发展的内涵与实现路径研究"（项目批准号：23&ZD182）的资助，中国社会科学院科研局、黄埔社会科学高等研究院对报告的出版给予了一如既往的支持，中国社会科学院人口与劳动经济研究所行政团队以及社会科学文献出版社在研究、出版过程中，也付出了辛勤的劳动，在此一并表示感谢！

都　阳
2024 年 10 月

摘　要

在实现中华民族伟大复兴的征程中，人口问题是需要始终面对的基本因素。个体生命历程的每个阶段是彼此相连、相互影响的关系，特定年龄阶段的人口特征不仅反映自身整体状况，还是此前人口数量和质量的"回声"，更对此后各年龄阶段的人口发展产生影响。人的全面发展体现于生命周期的每个阶段，需要以覆盖全人群和全生命周期的政策合力，促进发挥人口高质量发展之效能。

从人口规模上看，2023 年中国总人口较上年减少 208 万人，远高于 2022 年的 85 万人。从劳动市场上看，2024 年中国失业率总体稳定，但结构性失业矛盾依旧突出。因此转向投资于人的发展战略不仅是适应人口发展新形势的必然要求，更是统筹谋划全生命周期人口高质量发展的顶层设计。

人口高质量发展既是中国式现代化的基本手段，更是其发展的终极目标。从全生命周期属性探索人口高质量的实现路径是响应"人口回声"规律性特征的因势利导举措，生命周期各个阶段的人口高质量发展与中华文明现代化建设具有高度逻辑一致性和理论自洽性。

保持适度的生育水平是全生命周期人口高质量发展的首要环节。中国育龄人群未满足的生育意愿普遍存在，这为进一步完善生育养育服务体系传递了重要信号。优化生育政策的瞄准机制，有利于促进生育率回升。

高质量的人力资本积累体系是提升人口素质的重要保障，建立覆盖全生命周期的终身学习教育体系是办好人民满意教育的必由之路。其中，早期人力资本投资的回报率和收益率在全生命周期中最高。从 0~3 岁儿童早期发展的国际经验和中国实践来看，补充 0~3 岁儿童早期发展的政策短板，将其纳入基本公共服务范畴是提升经济生产力的有效发展策略。

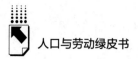

高质量充分就业是劳动年龄人口高质量发展的集中体现。短期来看，需通过经济发展带动消除周期性失业；长期而言，更需使就业扩大成为经济增长的源泉。以人工智能为代表的新技术革命冲击使劳动力市场复杂多样且影响深远，需从生命周期的全局出发，加快构建针对青年、农民工和女性劳动者等重点人群的就业支持体系。

促进老年劳动参与是退休年龄人口高质量发展的战略之举。从世界应对人口老龄化的实践看，中国老年劳动参与率低于全球水平。应建立健全老年就业服务体制机制，充分利用中国丰富的老年人力资源，为深度老龄化做好政策准备和制度保障。

关键词： 人口高质量发展　人口全生命周期　高质量充分就业

目 录

Ⅰ　总报告

Ⅱ　人口高质量发展的理论逻辑

Ⅲ　生育养育服务体系建设

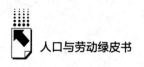

Ⅳ 教育改革与早期人力资本投资

Ⅴ 高质量充分就业

Ⅵ 积极应对人口老龄化

皮书数据库阅读使用指南

总 报 告

G.1

作为目标和手段的人口高质量发展

蔡 昉 *

摘 要： 以人口高质量发展支撑中国式现代化，要着力保持政策目标和手段的统一，培育作为新质生产力重要组成部分的新人口红利，把潜在的经济增长率转化为实际增长率，使改革和发展成果更加充分且均等地获得分享。新人口红利的核心是提升人力资本，非此便不能把劳动要素提升为新质生产力，因此要以青年和大龄劳动者为重点破解就业结构性矛盾，将人口红利的劳动力数量优势转化为人力资本质量优势。新人口红利不再局限于经济增长的供给侧驱动力，因此要立足于现行的人口结构，从需求侧挖掘和培育居民消费的人口潜力。促进人口高质量发展，作为目标和手段统一的过程应在以下政策方向上得到体现：第一，以"一老一小"两点加一线形成的连续性空间为政策重点，构建覆盖全人群、全生命周期的人口支持体系与基本公共服务体系；第二，形成新质生产力必需的制度环境，通过社会保障应对创造性破坏的风险；第三，坚持以人为中心的发展理念，提高人民生活品质和公共品供给。

---

* 蔡昉，中国社会科学院国家高端智库首席专家、学部委员，主要研究方向为中国经济改革和发展、人口经济学、劳动经济学。

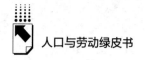

关键词： 中国式现代化　人口高质量发展　新质生产力　新人口红利

　　人口是影响经济社会发展的一个重要因素，如何因应中国人口发展新常态、推动人口实现高质量发展，关乎中国式现代化的推进过程乃至最终成效。中国的人口发展及其同经济社会发展的关系，贯穿现代化过程的始终，也随着发展阶段的变化而与时俱进。从世界历史看，中国经历过最大规模的人口转变、最大规模的劳动力流动，也将应对最大规模的老龄化挑战。一方面，其他国家在人口转变中表现出的共同特征，可以为中国应对挑战和把握机遇提供有益的借鉴；另一方面，中国的相应经验也值得在发展经济学和现代化理论中大书特书。

　　经济学对人口与发展关系的研究，在经济学说史意义上经历过不同的发展阶段，产生了诸多具有代表性的理论[1]。例如，托马斯·马尔萨斯以及各种版本的马尔萨斯主义，把人口规模及其增长视为导致贫困和社会福祉降低的根源，曾经广为流行，也在很长时间里成为政策制定的依据；观察到富有生产性的人口年龄结构有利于降低人口抚养比，一些增长理论学家从供给侧提出了人口红利的假说。以梅纳德·凯恩斯和阿尔文·汉森为代表的宏观经济学家，发出人口停滞会造成对社会总需求严重抑制的警告[2]。最新研究表明，很多以往归因为全要素生产率的增长因素，其实是人力资本的贡献。可见，人力资本是经济增长的最重要源泉[3]。上述理论假说彼此之间并非完全对立或具有不相容的关系，在一定程度上可以说，它们分别揭示了在不同人口转变阶段上，人口与发展关系的主导性特征。在自身的人口转变阶段和经济发展阶段上，中国经济发展面临过的种种挑战和机遇，也在上述理论模型中得到一定的反映。

　　改革开放以来，中国人口与发展之间的关系，先后经历了为缓解人口、

①　蔡昉：《人口负增长时代：中国经济增长的挑战与机遇》，中信出版集团，2023，第3～23页。

②　Keynes, J., "Some Economic Consequences of a Declining Population," *Population and Development Review* 4 (1978)：517-523; Hansen, A.,"On Economic Progress and Declining Population Growth," *Population and Development Review* 30 (2004)：329-342.

③　Manuelli, R. & A. Seshadri, "Human Capital and the Wealth of Nations," *American Economic Review* 104 (2014)：2736-2762.

资源、环境矛盾而实施严格的计划生育政策时期，劳动年龄人口领先增长从而人口抚养比降低支撑高速增长的人口红利时期，劳动年龄人口负增长导致劳动力数量和质量、资本回报率、生产率提高速度不利于经济增长的新常态，以及人口负增长和老龄化加深带来供需两侧挑战的发展新常态。应对每个时期的挑战、抓住每个时期的机遇，这不仅是"中国故事"的重要组成部分，也有助于对发展阶段变化做出准确的判断，采取有效的政策应对新挑战和新机遇。

人口发展条件和格局是不断变化的，与经济发展相携而行、互为条件、彼此促进。在中国经济和人口发展双双处于新常态的条件下，处理两者关系的范式也亟待转变。首先，从形成新质生产力的要求来看，构建与人口及其禀赋特征相关的要素优势，亟待将作为人口红利的劳动力数量优势转化为人力资本质量优势，进而形成更高水平的创新力和创造力优势。其次，从开启居民消费这一需求潜力来看，在需求侧支撑经济增长潜力的实现，要求推进制度建设、消除各种体制机制障碍，创造条件发挥"终身收入（消费）"这一特征化事实或有条件规律的预期引导作用，对在消费能力和消费意愿上存在的不正常年龄差异予以削峰填谷，实现消费能力和消费意愿在年龄上的平衡、在群体间的均衡，以及在可及性上的均等。最后，从中国式现代化的目标和手段来看，人口高质量发展能够很好地把现代化目标和手段统一起来，进而把迎接挑战和抓住机遇毕其功于一役。

一 推进14亿人口的现代化

中国式现代化的下一个目标，是按照人均 GDP 衡量，在 2035 年达到中等发达国家水平，即按照可比口径不低于 23000 美元。这要求从供需两侧确保在此期间经济增长达到必要、合理的速度。从供给侧来说，就是实现中国自身的潜在增长率。根据估算，中国经济增长能力虽然处于下行趋势，但是，经济增长理论所预期的"回归到均值"，即年均增长率降到世界平均水平之上，很可能要到 21 世纪中期才发生。这就意味着中国的潜在增长率仍然是"赶超型"的速度，足以支撑实现现代化目标。与此同时，预期目标并不会自然而然地实现，必然需要人口高质量发展在下面几个重要方面予以支撑。

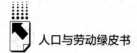

首先，通过深化改革加快形成新质生产力，可以提高潜在增长率，使现代化目标成色更足。不断产生的新要素和发生的要素新组合，是形成新质生产力的源泉。激励、培育、运用和更新生产力源泉，也需要创新并形成与之相适应的体制机制，从要素供给和配置方面获得改革红利。如果改革力度足够大，便能够显著加快全要素生产率的提高速度，在2035年之前的时期里可以获得更高的潜在增长率。例如，计量分析表明，由此潜在增长率的可能提高幅度至少是0.27个百分点[①]。事实上，体现在潜在增长率上面的这个改革红利，就幅度来说只是一种情景假设，在相关领域推进改革，能够通过改善要素供给和配置效率，进而带来真金白银的改革红利，提高潜在增长率的幅度是没有上限的。

其次，把潜在增长率转化为实际增长率，还需要出口、投资和消费"三驾马车"的支撑。无论是新冠疫情后宏观经济复苏面临着一定程度的"磁滞效应"，还是人口负增长及更深度老龄化产生的长期影响，都导致社会总需求支撑GDP潜在增长率的能力显著趋弱。在统计意义上，实际增长率与潜在增长率之间的差别，通常就是由需求因素造成的。在图1中，前者的二项式趋势值相对于后者的二项式趋势值以更为陡峭的幅度下行，说明未来中国经济增长的实际结果，将更加常态化地受到需求侧因素的制约。

最后，未来实现的经济总量增长和人均水平提高，还需要通过经济政策和社会政策密切配合，转化为居民收入的增长和合理分配，使改革和发展成果更加充分而均等地获得分享。着眼于增强普惠性、基础性和兜底性，可从以下三个方面发力，以制度建设方式推进民生保障和改善。其一，从初次分配领域着眼，消除要素流动和配置的制度性障碍，特别是进一步发育劳动力市场，继续保持居民人均可支配收入同人均GDP的同步增长。其二，初次分配机制与再分配手段协同配合，促进城乡之间和居民群体之间的收入差距显著缩小，力争把基尼系数降低到0.4乃至更低的水平。其三，不断拓展公共品边界，实现基本公共服务对全人群、全生命周期的更充分和更均等覆盖。

---

① 蔡昉、李雪松、陆旸：《中国经济将回归怎样的常态》，《中共中央党校（国家行政学院）学报》2023年第1期，第5~12页。

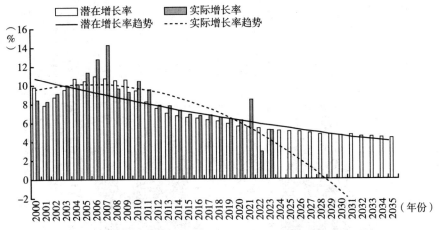

图1　从供需两侧看中国经济增长速度趋势

资料来源：蔡昉、李雪松、陆旸：《中国经济将回归怎样的常态》，《中共中央党校（国家行政学院）学报》2023年第1期，第5~12页。

至少在实现2035年目标之前，中国将一直处于老龄化不断加深的过程中，并且始终具有未富先老的特征。下面，我们选择几个有代表性的时期，观察中国人口老龄化变化的历程、现状和趋势（见图2）。第一，1980年可以被看作人口红利开启的年份，劳动年龄人口从此加快增长，在依赖性人口总量基本不变的情况下，人口结构呈现"生之者众、食之者寡"的特征，65岁及以上人口比重即老龄化率仅为4.4%。第二，2000年老龄化率提高到7.0%，按照定义，中国即进入老龄化社会，在1980~2000年，老龄化率的年平均提高幅度为2.4%。第三，按照联合国预测数据，2021年中国的老龄化率将为13.2%，2000~2021年老龄化率的年均提高幅度为3.1%；而按照国家统计局数据，2021年中国的老龄化率已达到14.2%，即跨过了一般定义的老龄社会门槛。第四，根据中国人口发展中心的预测，到2032年，中国老龄化率将为21.1%[①]，意味着进入一般所定义的深度老龄社会。虽然联合国预测的数字略低（20.0%），在2021~2035年的年均提高幅度也高达3.8%。

---

① 参见 https://www.cpdrc.org.cn/sjzw/yjgj/202311/t20231124_17127.html。

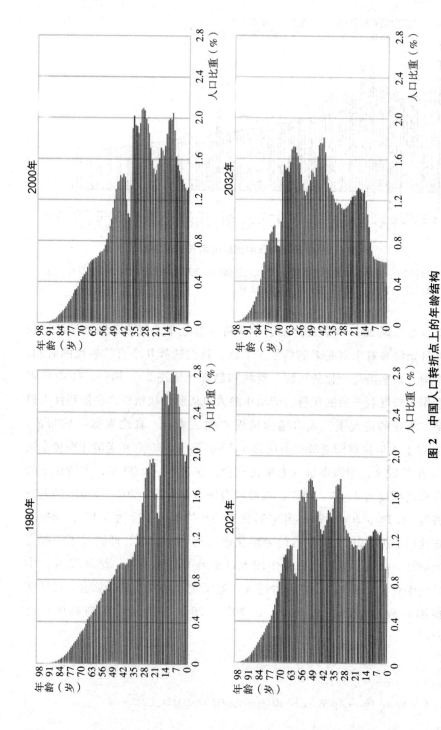

图 2　中国人口转折点上的年龄结构

资料来源：联合国人口司网站，https：//population. un. org/ wpp。

与此相应，到 2035 年之前乃至在更长的时期里，中国老年人口数量将继续增长，构成世界上最大规模的老年人口。根据联合国和中国人口与发展研究中心分别所作的预测，2040 年中国 65 岁及以上人口将达 3.57 亿~3.71 亿人，占全球该年龄组人口比重 27% 以上。也就是说，作为发展中的问题和成长中的烦恼，老龄化问题本身及其对发展的挑战，在中国将是一种常态表现。中国式现代化的终极目标是实现 14 亿人口的共同富裕，推进过程也要依靠人口高质量发展支撑。因此，一方面，中国式现代化的目标和手段，均与人口高质量发展相一致；另一方面，人口转变的一般规律和中国人口发展的新常态，也必然体现在整个现代化的过程中。推进中国式现代化和促进人口高质量发展，都要着力保持政策目标和手段的统一，把着眼未来与立足当下紧密关联，促进经济和社会领域的协同，兼顾应对挑战和抓住机遇的辩证法，以及实现宏观层面与微观环节的衔接。

二　如何培育新人口红利？

促进人口高质量发展的目标，即创造经济增长和人民生活品质提高所必要的人口条件，可以从三个方面概括。第一，推动形成生育友好型社会，促进总和生育率向更可持续的水平回归，以期在一定时期以后实现人口总规模的稳定。第二，全面提升人力资本禀赋，以人口素质的改善填补劳动力数量的缺口。第三，推动养老保障事业和养老服务产业发展，持续保障和不断提高老年人福祉。以人口高质量发展支撑中国式现代化，也由于上述任务目标的性质而具有不尽相同的时效特征。

从国际经验来看，促进总和生育率从极低水平向 2.1 这一更替水平回升，需要付出长期的努力，甚至可以说要以具备一系列现代化特征为前提。所以，现实中并不存在这样的逻辑，即只有先把人口问题解决好，才能实现预期的现代化目标。人口高质量发展和经济合理增长，是相辅相成和同时推进的。与此同时，也应该把政策重点放在挖掘和培育新人口红利上面，争取在人口高质量发展方面取得早期成效，以更好地支撑经济可持续增长。

相对于传统意义上的人口红利，新人口红利的形成需要具备两个新理念，由此也提示出两个新的政策着眼点。首先，新人口红利不再局限于体现在发挥

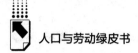

劳动年龄人口以及与之相关的人口抚养比上面的要素优势，而是同时着眼于发挥其他年龄组人口的潜在要素优势。挖掘和培育新人口红利的核心是提升人力资本，非此便不能把劳动要素提升为新质生产力。其次，新人口红利不再局限于经济增长的供给侧驱动力，而应该越来越着眼于从需求侧培育经济增长的拉动力。达到这一新要求的重点，是立足于现行人口结构，挖掘和培育可持续的居民消费力。

（一）劳动力供给与配置

进一步挖掘劳动力供给潜力，应该从解决就业的结构性矛盾着眼和发力。就业的结构性矛盾，是人力资源开发和配置中的永恒矛盾，涉及诸多正面和反面的影响因素。在中国所处的人口转变阶段上，未富先老的特征表现为人口因素和经济因素之间的一些不匹配现象，造就一个特殊的就业结构性矛盾及其挑战。可以说，这个挑战产生于"就业的人力资本悖论"。就业所需要的认知能力和操作技能或统称人力资本，分别或同时来自学校教育、职业培训和工作经验。由于接受正规教育和职业培训以及来自"干中学"的工作经验，通常发生在生命周期的不同时间段上，因此，不同年龄组的劳动者，分别在不同类型的人力资本上具有相对优势或相对劣势。例如，中国的青年群体人均受教育程度较高、认知能力较强，却明显缺乏工作经验；大龄劳动者具备更多的工作经验，人均受教育程度却较低，对劳动力市场适应力偏弱。所以，无论是在劳动力市场常态下，还是在宏观经济周期性冲击下，这两类劳动者群体都易于遭遇结构性就业矛盾。相比而言，处于中间年龄段的劳动者，则可以在受教育水平与工作经验之间得到更好的平衡，较好地适应劳动力市场对人力资本的需要。

与此同时，人口转变正在日益加剧人口老龄化以及劳动年龄人口老龄化。如果用图形变化刻画这个趋势的话，可以设想分年龄人口占比随年龄提高而降低的特征（正斜率曲线），逐渐转变为分年龄人口占比随年龄提高而提高的特征（负斜率曲线）。相应地，老龄化导致的劳动年龄人口结构变化，在一定时期里倾向于加剧就业的结构性矛盾。如图3所示，由不同年龄组构成的中国劳动年龄人口，正在并将继续发生显著的结构变化。总体而言，16~29岁年轻劳动者比重在经历明显降低之后，从现在到2035年期间预计保持相对稳定；46岁

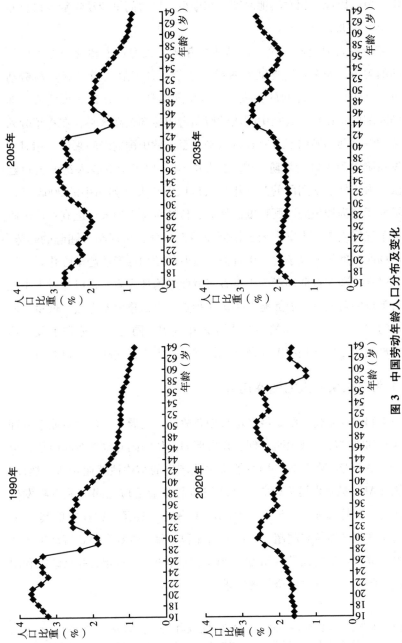

图 3　中国劳动年龄人口分布及变化

资料来源：联合国人口司网站，https：//population. un. org/wpp。

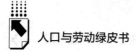

以上相对意义上的大龄劳动者比重将显著提高；30~45岁的中间段劳动者比重则趋于下降。也可以说，相对其他时期，在今后一段时间里劳动年龄人口分布更接近于一个U字形。

鉴于"就业的人力资本悖论"所体现的年龄、人力资本和劳动力市场结构矛盾之间的关系，如果我们尝试用图形表达劳动者年龄（横坐标）与劳动力市场配置度（纵坐标）之间的关系，可以预期得到一个倒U字形曲线，即劳动力市场匹配度，在年龄处在中间段的劳动者中达到较高水平，在青年劳动者和大龄劳动者这两端倾向于具有较低水平。至少就中国的经验来说，相对于其他经济发展阶段和人口转变阶段①，在人均GDP属于中等收入组的人口红利晚期阶段，由于处于中间段的劳动年龄人口比重较大（如图中的2005年），劳动力市场处于较为理想的匹配程度。然而，传统意义上的人口红利在这个阶段上已经属于强弩之末，未富先老很快便使得人口分布呈现两头翘起的趋势，与劳动力市场匹配度的人口条件产生背离，就业的结构性矛盾趋于强化。

可见，以青年和大龄劳动者为重点破解就业结构性矛盾，是以应对少子化和老龄化为重点完善人口发展战略的关键落脚点，也是重要发力点。这里，两个作为重点的"一老一小"问题的解决方案及过程，同时在目标和手段上体现人口高质量发展，也都是中国式现代化推进过程中不可或缺的人口支撑。

（二）面向未来的人力资本培养

技术进步和结构变化，既是经济增长创新驱动力的源泉，也对就业造成冲击。传统观念和既往经验都表明，创新在破坏旧岗位的同时也创造新岗位，提高整体教育水平和劳动者素质，即可解决由此产生的结构性就业矛盾。然而，以人工智能（AI）最新发展为标志，技术进步与就业适应之间的关系将发生根本性的变化。从趋势来看，无论是大语言AI模型，还是另辟蹊径的其他AI模型，演进速度都必然越来越超乎人们的认知和想象，既具有提高劳动生产率的无限潜力，也具有替代人类劳动力就业的无限可能性，对相关社会政策和制度安排提出前所未有的紧迫而全新的需求。

---

① 世界银行根据总和生育率水平和动态，把各国分别归入前人口红利组、早期人口红利组、晚期人口红利组和后人口红利组，分别与按照人均国民总收入（GNI）划分的低收入组、中等偏下收入组、中等偏上收入组和高收入组具有很强的对应程度。

一般而言，面对 AI 的颠覆性冲击，最根本的应对方式仍然是加快人力资本培养，只不过这个应对面临着更强烈的紧迫性，相关举措的实施理念和方式也需要做出根本性的更新，非此则难以适应技术革命时代的共同要求和中国未富先老的特殊需要。面向未来的人力资本培养，应该牢牢把握两个突出特征。一方面，人力资本培养的目标，主要不再是着眼于提高单个劳动者相对其他劳动者的竞争能力，而是提高人类劳动力相对于 AI 的独特优势。这相应提出了新的制度要求。具体而言，应对 AI 挑战已经越来越成为关乎人类生存发展的地平线级别外部性问题，因而人力资本培养的公共品性质越来越明显，对人力资本的投入责任，越来越大的部分需要从家庭和个人身上转到政府身上。另一方面，人力资本不再集中地在传统的教育阶段形成，而是分散到生命的每个阶段。因此，亟待构建一个以"一老一小"为重点、两点一线覆盖人口全生命周期的人力资本培养体系。

首先，面对 AI 的自我学习能力和超强智能，人类劳动力的体能、技能乃至认知能力都已经不再具有与之竞争的优势。相应地，人类的人力资本应该着眼于发挥迄今尚有一定优势的特征，如非认知能力、隐性知识和实践智慧等。大量研究表明，这些更易于体现人类相对优势的人力资本特性，通常是在儿童早期阶段培养形成的[①]。因此，儿童早期发展和教育阶段，应该获得日益提高的政策优先序，成为公共支出的重点领域。

其次，在科学技术和产业结构加速变化的条件下，劳动力市场对人力资本的需求处于不断更新的动态中，因此，无论多高的学历都不再为劳动者的持续竞争力打包票。对于接受职业培训、再培训以及终身学习的能力培养来说，进入劳动力市场之前的教育水平固然具有正面影响，然而，惯常使用的"受教育年限"指标，越来越不足以有效反映实际人力资本禀赋。因此，有助于劳动者对就业市场变化做出及时和准确反应的培训和教育，应该成为人力资本培养的新领域，也应该成为识别劳动者能力的重要指标。

最后，实施渐进式延迟法定退休年龄的政策，是应对作为一般规律的人口老龄化，以及中国特有的未富先老特征的必由之路。然而，实际操作中却不能仅针对法定退休年限做出新的规定，从而一"延"了之，而是需要创造一系

① 例子可参见詹姆斯·赫克曼项目网站，https://www.heckmanequation.org。

列配套的政策条件。重点在于在公共就业服务上对大龄劳动者予以倾斜，特别着眼于为他们提供易于掌握、具有实用性，以及尚有市场需求的技能，帮助他们提高劳动参与率，分享到此项改革的收益。

（三）居民消费的人口潜力

根据世界银行数据，2022 年中国的居民消费率（居民消费总支出占 GDP 比重）为 37.4%，分别低于高收入国家平均水平（58.0%）、中等偏上收入国家平均水平（45.7%）和世界平均水平（55.3%）。关于中国居民消费率低下的问题，在经济学界已经成为一个长期的讨论话题，答案莫衷一是。如今，中国面临的一个更为紧迫的课题是，如何在更高的发展阶段上顺势而为，在老龄化加深的过程中顶风而上，抓住机遇，显著提高居民消费率及其在"三驾马车"中的贡献率。

先来观察并解读一个为国际经验所显示的特征化现象。如果抽象掉单个国家的特殊情况，我们可以发现，处在不同发展阶段的各收入组国家之间，居民消费率变化呈现一个 U 字形轨迹（见图 4）。在低收入水平上，居民必须把自己有限收入的极大部分用来消费，才能维持基本生计。可见，这种情况恰好是积累和投资不足、国家处于贫困恶性循环的一种表现①。随着人均 GDP 的提高即进入中等收入阶段，国家整体上具有较大的经济剩余和更高的积累水平，因而居民消费率趋于下降。在国家逐步进入高收入发展阶段的时期，或者说在从中等偏上收入组跨入高收入组的过渡中，以人均收入水平的提高以及更充分公共服务供给作为支撑，居民消费率通常产生一个巨大的回升，国家进入沃尔特·罗斯托所谓的高水平大众消费阶段②。

在一定的统计显著度上，这个倒 U 字形曲线反映着一种特征化趋势，从而具有普遍性或规律性。因此，从中等收入阶段向高收入阶段转型的国家，特别是其中居民消费率偏低的国家，遵循这个相应的轨迹完成倒 U 字形曲线的后半段，即显著提高居民消费率，就成为任何国家进入高收入国家行列不可回避的任务之一。或者可以说，如何实现居民消费率回归常态水平，是相关国家

① 蔡昉：《中国经济的未来可能性》，社会科学文献出版社，2024，第6~7页。
② 〔美〕沃尔特·罗斯托：《经济增长的阶段：非共产党宣言》，郭熙保、王松茂译，中国社会科学出版社，2001。

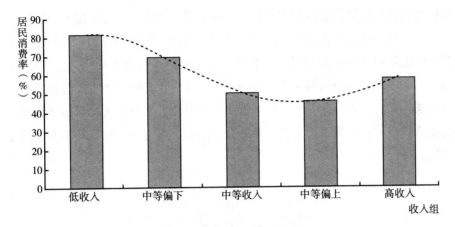

图 4　居民消费率的变化趋势

资料来源：世界银行数据库，https：//data. worldbank. org/indicator/NE. CON. PRVT. ZS。

规避中等收入陷阱的必答题。一项旨在揭示高速增长经济体在什么时候以及为什么大幅减速的研究表明，总体而言，一个国家的居民消费率越高，其经济增长大幅减速的概率便越低，反之亦然[①]。

　　未富先老和跨越高收入门槛的挑战，也意味着提高居民消费率面临着较大的阻力，或者说中国在这方面面临着双重任务，需要克服双重困难：一方面，回归同发展水平相适应的居民消费率常态；另一方面，进入适应更高发展阶段的居民消费率新常态。2035 年，人均 GDP 达到中等发达国家水平，大体上要求中国的人均 GDP 从 2022 年的 12663 美元，实际提高到 2035 年的 24515 美元（葡萄牙 2022 年水平）。目前，除中国之外共有 19 个国家和地区处于这个发展区间，居民消费率从 46. 1%到 82. 0%不等，算术平均值为 63. 5%，均显著高于中国 37. 4%的水平，足见中国显著提高居民消费率仍然任重道远。

　　在同一发展期间，在人均收入不断提高的同时，以人口金字塔形状变化表现出来的老龄化程度加深，造成诸多抑制消费的因素，不利于居民消费率回归常态和适应新常态。中国人口转变的未富先老特征，较充分地体现在老龄化导致整体消费能力不足和消费意愿下降的态势中，特别表现为人口年龄

① Eichengreen, B. , D. Park & K. Shin, "When Fast-Growing Economies Slow Down: International Evidence and Implications for China," *Asian Economic Papers* 11（2012）: 42-87.

结构与消费年龄结构之间的不对称。一般来说，居民消费水平随着收入提高
而提高，老龄化也是更高发展阶段的表现。因此，按年龄分的人口结构与消
费结构之间的这种不对称性，被称为"人口金字塔消费悖论"。把 2020 年
第七次全国人口普查的城市人口数据，同 2016 年城市居民抽样调查数据结
合起来，我们可以绘制一个图形，从中可以看出，在城市人口年龄结构及其
变化趋势与市民消费平均支出的年龄分布之间，具有一种明显的不匹配关系
（见图 5）。

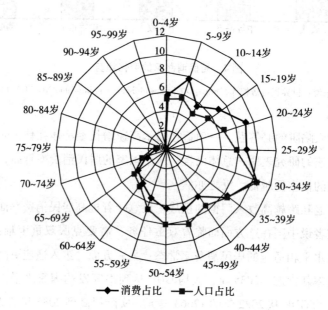

图 5　中国城市分年龄组人口占比和消费占比

资料来源：国家统计局"国家数据"，https：//data. stats. gov. cn/easyquery. htm？cn =
C01；中国社会科学院人口与劳动经济研究所"中国城市劳动力调查"（2016 年）。

　　总体来看，城市里大于 38 岁（全国人口的年龄中位数）人口的比例为
47.0%，其消费总支出只占全部城市居民消费支出的 38.5%。进一步分年龄段
来看。首先，无论是由于人力资本培养的一般规律，还是由于中国家庭溺爱独
生子女以及容忍啃老的特殊原因，儿童和青年的消费水平相对高于其他年龄
组。例如，占全部人口 28.0% 的 0~24 岁人群，消费支出占比为 35.2%。其
次，由于身负缴纳基本养老保险、赡养家庭老人和预防性储蓄三重负担，并且

由于一些人较早退出劳动力市场，年龄偏大的劳动群体消费明显偏弱。人口占比为 29.9% 的 40~59 岁人群，消费占比仅为 24.2%。最后，由于社会养老保险水平和覆盖率偏低，整体而言，老年人的消费能力和消费意愿均较低。占比为 10.8% 的 65 岁及以上人口，消费占比仅为 8.5%。

受到抽样调查范围和规模的局限，这里显示的消费数据仅反映几个大城市的情况，考虑到在较小规模城市和县镇以及农村，老龄化程度明显更高，同时消费能力和消费意愿也更低的因素，图 5 中所描述的情形，还未能充分反映中国作为一个整体，分年龄的现行消费能力（及意愿）与当下及未来人口年龄结构的不相匹配程度。由此可见，破解这个人口金字塔消费悖论，释放居民消费潜力，是保障潜在增长率得以实现、在 2035 年实现成为中等发达国家目标的必要需求侧条件。

三　目标与手段的一致性

以人民为中心的价值取向和奋斗目标，既要以经济增长和社会发展为实现方式，更要在社会发展成果中体现出来。在发展中保障和改善民生，促进人口高质量发展，两者是同途同归的一个过程，并且都包括两方面的任务要求和实现路径。一方面，从供给侧和需求侧发力，保持合理、合意经济增长速度，并通过扩大就业、增加居民收入和改善收入分配，让发展成果更多更公平惠及全体人民。另一方面，坚持尽力而为和量力而行原则，完善基本公共服务制度体系，加强普惠性、基础性、兜底性民生建设。也就是说，提高人口素质和人民生活品质，既要靠经济增长保持家庭收入和财富的持续增长，也要靠再分配保障提供更多、更广泛、更高质量的公共品。促进人口高质量发展，作为目标和手段统一的过程，应该在以下政策方向上得到体现。

（一）人口支持政策与基本公共服务体系

从根源上认识中国人口发展面临的挑战，少子化是长期低生育水平的必然结果，长此以往的人口结构表现便是老龄化。党的二十届三中全会提出"以应对人口老龄化、少子化为重点完善人口发展战略"的要求，明确了"一老一小"两个政策重点，以其引领一系列重大政策举措在相应领域的部署。与

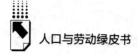
此同时，这两个政策重点并不是相互独立的离散点，而是两点加一线形成的一个连续性区间。这就是人口支持政策体系"全人群、全生命周期"的覆盖范围，或者说从"小"到"老"的无缝衔接，体现在对生育、养育、教育、就业、医疗、住房，以及保障老有所养、促进老有所为和老有所乐诸方面的政策支持。一言以蔽之，这就是一个完整的基本公共服务体系。

从此处着眼和着力，当激励相容、目标一致、措施得当的人口支持政策体系得以形成并完善，预期的影响便可以抵达经济和社会的诸多领域，从而形成生育友好型社会。把这一人口支持政策体系的主要特征，同在普惠性、基础性和兜底性基础上进行的民生建设以及基本公共服务体系的完善对照起来看，由于后一任务也是覆盖全人群、全生命周期的，可以说中国人口政策的实施，与民生建设和基本公共服务体系的完善，是目标完全一致、内容高度重合、措施相辅相成的同一过程。能够支持人们提高生育意愿的政策措施，同时体现在民生的各个方面，构成中国特色的公共品供给体系。

（二）创造性破坏的制度保障

目标和手段高度一致的人口支持政策体系和基本公共服务供给体系，并不仅仅是被动的制度体系，履行社会保障或社会福利网络的职能，还是积极的经济激励制度，保证经济在合理速度区间增长。或者说，在更高的经济社会发展阶段上，社会保障水平与经济活动激励水平之间，越来越不再是一种非此即彼的对立关系，也不是此消彼长的替代关系，而是共同构成一个相互促进、彼此强化的良性循环。

在从中等偏上收入阶段向高收入阶段迈进的发展时期，传统经济增长动能通常会趋于弱化，这既符合经济理论的预期，也为国际经验所印证。能否发掘出新的增长源泉并启动相应的增长新动能，关乎跨越这个关键转折期的成败，决定了一个国家面对分水岭的可能前景。对于中国经济的未来可能性来说，关键在于培育作为新质生产力重要组成部分的新人口红利，支撑可持续和合理的增长速度。新质生产力的核心是新要素和新要素组合，而具有更高人力资本禀赋的劳动者和创业者，便分别是新要素和新要素配置者的载体。

促进要素流动和组合并形成新的生产函数，需要创造和完善与之相适应的新体制环境。可以从三个角度理解这样一个制度建设过程。首先，只有畅通要素的流动渠道从而畅通经济活动载体进入和退出的通道，使优胜劣汰机制充分发挥，才能提高全要素生产率，把新要素和新组合转化为新质生产力。其次，这意味着对传统技术、低效率企业、过剩产能和夕阳产业进行市场结清，非此便不能以较低的要素价格和交易费用为新生产力的产生创造良好环境，也难以开启创新所必需的创造性破坏过程。最后，对于那些丧失竞争力的物质形态要素和生产力，固然有必要予以市场结清，以人为载体的劳动力和人力资本要素却不能按照市场结清的方式进行重新配置。实际上，对人的社会保护机制越是充分和完善，经济活动越是可以后顾无忧地拥抱创造性破坏，才使经济能够更加富有活力和动力。归根结底，以人民为中心的发展思想，决定了社会保障体制、劳动力市场制度和基本公共服务体系，终究是形成新质生产力必需的制度环境。

（三）提高人民生活品质的公共品供给

在人民生活品质或社会福祉的提高过程中，有越来越大的部分来自公共品供给的增加和基本公共服务供给体系的完善，这是一个体现现代化共同特征的现象。在早期实现现代化的国家经验中，有大量的证据帮助研究者归纳出相关的特征化事实或一般规律。例如，德国经济学家阿道夫·瓦格纳发现的一个统计现象就表明，随着人均收入水平的提高，居民或社会对于政府供给公共品的需求趋于增长，相应地，政府通常也顺应这一要求，持续增加公共开支和公共品供给，因此，政府支出占 GDP 的比重显现出逐步提高的趋势[1]。

如果说这个"瓦格纳法则"揭示的是一个公共品供给增长的一般趋势，美国经济学家约翰·肯尼思·加尔布雷思则指出了这个变化，最显著地发生在一个重要的转折点上。这就是，当一个国家在迈入所谓"富裕社会"之际，通常会形成相对充裕的社会财富和私人生产与相对匮乏的公共服务供给之间的巨大落差，这必然要求加快公共品供给的增长速度[2]。可以把 2035 年之前的中国经济发展，类比为迈入"富裕社会"的冲刺过程，统计规律显示，这个时期政府支出占 GDP 比重的提高，应该具有最快的速度和最大的幅度，公共

---

[1] Henrekson , M., "Wagner's Law: A Spurious Relationship?" *Public Finance* 48（1993）: 406-415.

[2] 〔美〕约翰·肯尼思·加尔布雷思：《富裕社会》，赵勇等译，凤凰出版传媒集团、江苏人民出版社，2009。

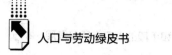

品边界必然得到极大程度的拓展。

当代世界经济面临的种种发展挑战，对公共品供给提出更高的要求。地缘政治冲突和逆全球化对产业链的冲击、气候变化造成的极端性气候以及绿色转型的紧迫性、AI破坏就业岗位的现实和潜在威胁等，都超越了传统边界的外部性，发起的一系列挑战也均具有非常规的特点。对此做出有效应对，不仅必须突破既有的市场作用范围，也要突破传统的制度安排局限。建立健全具有更高保障水平、覆盖率和普惠性的基本公共服务供给体系，不仅在事后确保最大限度降低对人口发展质量的损害，以及对人民生活品质的冲击，还可以在事前有效降低相关威胁的发生概率。

例如，一种要素对另一种要素的替代可能性，归根结底取决于要素之间的替代弹性；一种生产方式对另一种生产方式的替代可能性，则取决于不同生产方式对所处发展阶段和时代特征的适应性。更高的社会福利水平便意味着社会对人的估值更高，也必然引导劳动力市场对劳动要素的估值更高，因而以人为中心的发展理念，便会落实为经济社会进步中的运行机制，从而能够在促进技术进步和产业结构变化的同时，鼓励创业者、创新者和企业强化社会责任，降低产生对人的不必要冲击的概率。

G.2

2024年中国人口发展形势年度报告

郑真真　封　婷*

摘　要： 中国人口规模连续两年缩减，2023年人口减少数量大于2022年人口减少数量。出生率持续降低和死亡率短时期升高是人口降幅快速增大的主要推动力。鉴于死亡率将趋于稳定且变化相对较小，未来中国人口规模的自然变化速度和年龄结构变化将主要取决于生育率。回顾21世纪以来中国人口变化历程，未来生育率还有可能继续在低水平徘徊。随着城镇化和经济发展的持续推进，人口流动仍将活跃，并呈现更为多样化的变化趋势。

关键词： 人口规模　人口结构　生育率　人口流动

中国人口变化格局在21世纪的第三个十年更为清晰，人口发展呈现少子化、老龄化、区域人口增减分化的趋势性特征。人口变化具有自然规律，极少发生突变或急速转向，了解和梳理最近20年的人口变化进程，有助于全面认识人口发展的新常态，对未来人口变化趋势做出合理的判断，从而采取相应的应对措施。本报告介绍21世纪中国人口的主要变化和人口现状，分析近年来的低生育率和出生人口数量减少的主要推动力，并重点讨论劳动年龄人口的近期变化以及人口流动特征。

本报告应用的中国人口数据来自国家统计局发布的《中国统计年鉴》和历次全国人口普查结果。未来人口变动数据来自本团队所做的2024版中国人口预测的中方案，预测应用第七次全国人口普查结果，根据2021~2023年国

---

* 郑真真，博士，中国社会科学院人口与劳动经济研究所研究员，主要研究方向为人口学；封婷，博士，中国社会科学院人口与劳动经济研究所副研究员，主要研究方向为人口统计学。

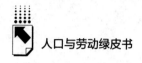
家统计局公布的出生和死亡数据预测至 2100 年的人口变化，包括人口总量和各性别年龄组人口规模的变化及主要影响因素。

一　人口现状与变化趋势

中国人口规模在 21 世纪的第二个十年间保持缓慢增长，自然增长率在波动后于 2017 年开始下降并在此后逐渐趋近于零（见表 1）。2021 年末人口规模达到了 14.1260 亿的峰值，之后开始减少。2023 年人口规模比上一年减少 208 万人，人口下降幅度远远高于 2022 年的 85 万人降幅。2023 年的出生率降低和死亡率升高同时推动了人口降幅的快速增长。

表 1　2010~2023 年中国人口规模、构成和部分指标

年份	年末总人口（万人）	城镇居民比重（%）	人口年龄结构（%）			出生率（‰）	死亡率（‰）	自然增长率（‰）
			0~14 岁	15~64 岁	65 岁及以上			
2010	134091	49.95	16.6	74.5	8.9	11.90	7.11	4.79
2011	134916	52.17	16.5	74.4	9.1	13.27	7.14	6.13
2012	135922	53.10	16.5	74.1	9.4	14.57	7.13	7.43
2013	136726	54.49	16.4	73.9	9.7	13.03	7.13	5.90
2014	137646	55.75	16.5	73.4	10.1	13.83	7.12	6.71
2015	138326	57.33	16.5	73.0	10.5	11.99	7.07	4.93
2016	139232	58.84	16.7	72.5	10.8	13.57	7.04	6.54
2017	140011	60.24	16.8	71.8	11.4	12.64	7.06	5.58
2018	140541	61.50	16.9	71.2	11.9	10.86	7.08	3.78
2019	141008	62.71	16.8	70.6	12.6	10.41	7.09	3.32
2020	141212	63.89	17.9	68.6	13.5	8.52	7.07	1.45
2021	141260	64.72	17.5	68.3	14.2	7.52	7.18	0.34
2022	141175	65.22	16.9	68.2	14.9	6.77	7.37	-0.60
2023	140967	66.20	16.3	68.3	15.4	6.39	7.87	-1.48

资料来源：中国统计年鉴 2024，https：//stats.gov.cn/sj/mdsj/2024/indexch.htm。

人口死亡率的波动与当年人口死亡水平相关，也与人口年龄结构相关。因为主要影响总人口死亡率的是婴幼儿死亡率和老年人的死亡率，所以总人口中

婴幼儿占比升高或老年人占比升高均会导致死亡率上升。中国婴幼儿死亡率在21世纪明显下降，目前已接近发达国家水平。婴幼儿死亡率从2000年的32.2‰下降到2010年的13.1‰，2020年进一步下降到5.4‰；相应年份的5岁以下儿童死亡率分别为39.7‰、16.4‰和7.5‰。主要影响死亡率波动的应是人口结构的老化和老年人口的死亡水平。2021~2023年的死亡率波动可能直接或间接受到新冠疫情的影响。据估计，在全球人口死亡率持续降低的大趋势下，因新冠病毒感染的死亡和疫情流行带来的社会经济和行为变化间接导致的死亡，致使有些国家的死亡水平逆向升高。新冠疫情引起的"额外"死亡主要发生在成年人口中，全球5岁以下儿童死亡率在这两年有持续改善，并未明显受疫情影响①。

平均预期寿命是根据人口年龄别死亡率估算的综合指标，不受人口年龄结构的影响，普遍用于反映人口的总体健康水平。表2显示中国人口的健康水平在21世纪不断改善，平均预期寿命稳步增长。

表2　2000~2020年平均预期寿命及性别差距

单位：岁

年份	合计	男	女	性别差距*
2000	71.40	69.63	73.33	3.70
2005	72.95	70.83	75.25	4.42
2010	74.83	72.38	77.37	4.99
2015	76.34	73.64	79.43	5.79
2020	77.93	75.37	80.88	5.51

注：性别差距为女性人口平均预期寿命与男性人口平均预期寿命之差，表中以 * 表示。
资料来源：国家统计局年度数据，https://data.stats.gov.cn/easyquery.htm?cn=C01。

平均预期寿命的性别差距是监测性别与发展的重要健康指标。男性和女性平均预期寿命之间存在一定差距，一般情况下女性预期寿命高于男性，且随着

---

① GBD 2021 Demographics Collaborators, "Global Age-sex-specific Mortality, Life Expectancy, and Population Estimates in 204 Countries and Territories and 811 Subnational Locations, 1950-2021, and the Impact of the COVID-19 Pandemic: A Comprehensive Demographic Analysis for the Global Burden of Disease Study 2021," *Lancet*, March 11, 2024.

社会经济发展、平均预期寿命提高，男女差距会逐渐增大。如 2015~2020 年全球发达地区的人口平均预期寿命为 79.2 岁，女性预期寿命高于男性 6.1 岁。同期最不发达地区的人口平均预期寿命为 64.7 岁，性别差距为 3.7 岁。对女性死亡率有独特影响的主要是与孕产相关的死亡。中国孕产妇死亡率在 2000年为 53.0/10 万，2010 年降至 30.0/10 万，2020 年继续降至 16.9/10 万。孕产妇死亡率的降低主要归因于农村和欠发达地区孕产保健服务的改善。

未来中国人口总量仍将保持下降势头。2025 年之前中国人口总量下降速度将在 1‰左右徘徊，预计"十五五"时期变化速度加快，年均下降近 300 万人，2020~2030 年累计降幅约为总人口的 1.3%。

在人口总量减少的同时，中国人口年龄结构将进一步老化。出生人口持续下降和不断增长的老年人口规模，共同推动人口年龄中位数的快速提升（见图 1）。2020~2040 年人口年龄中位数升高的速度基本稳定，年均升高 0.52岁①，2023 年起超过 40 岁，达到 40.1 岁，2030 年达到 43.4 岁。

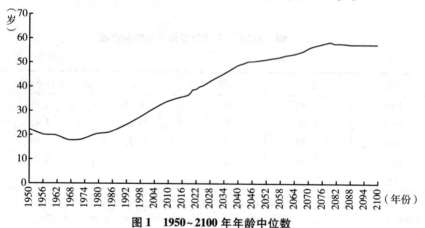

图 1　1950~2100 年年龄中位数

注：2020~2100 年数据来自本团队预测中方案结果。

资料来源：1950~2019 年数据来自联合国《世界人口展望 2022》［World Population Prospects 2022 Online Edition（United Nations, Department of Economic and Social Affairs, Population Division），https：//population.un.org/wpp/, last access：23rd Mar, 2024］。

---

① 可以与此参照的是，假设一个地区没有出生人口也没有发生年龄差异的人口净迁移，换句话说完全没有人口更新，如果再假设没有死亡，在这种纯粹老化的情境中这个地区的年龄中位数每年上升 1 岁。如果存在死亡，由于死亡更多发生在老年阶段，那么该地区的年龄中位数每年上升不足 1 岁。由此可见，超过 0.5 岁的年龄中位数上升是个很大的幅度，意味着人口快速老化。

生育政策调整后以二孩为主的新生人口增加，短时期内维持了青少年人口在总人口中的占比与老年人口相当。未来随着越来越多的人口进入老年行列，老年人口占比将很快超过0~14岁人口占比，同时老年人的健康长寿也将为人口规模增长做出贡献。而在持续的低生育率下，育龄女性人口规模萎缩和年龄结构老化将持续推动出生人口规模下降，从而降低青少年人口在总人口中的占比，导致人口年龄结构的进一步老化。2025年，65岁以上老年人口占比将首次超过0~14岁少年儿童占比。2025~2030年，65岁以上老年人口占比将从15.8%快速上升到19.3%，年均升高0.70个百分点，而0~14岁人口占比将从15.4%下降至12.5%，年均下降0.58个百分点。至2033年，少儿人口规模将减至老年人口的半数以下。

二　低生育率与出生人口变化趋势

近几年，中国出生人口数量持续下降（见图2），其主要原因并不是婚内生育率的下降[1]。中国近几十年低生育进程带来育龄妇女总数不断下降，1990年之前出生高峰人口移出生育旺盛期，均对出生数量产生重大影响，成为2017年以来出生人口快速减少的主要推动力。

图3展示了第七次人口普查的育龄妇女年龄分布与年龄模式。按照人口变

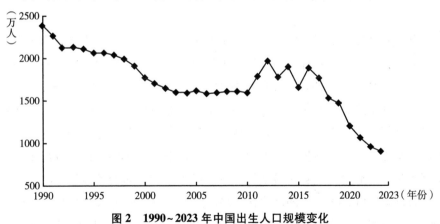

图2　1990~2023年中国出生人口规模变化

资料来源：各年份中国统计年鉴，https://www.stats.gov.cn/sj/ndsj/。

---

[1]　郑真真、封婷：《疫情对生育行为的影响》，载蔡昉、都阳主编《中国人口与劳动问题报告No.24：总人口达峰的影响与政策》，社会科学文献出版社，2023，第47~57页。

动规律，日历年每向后推移 1 年，人的年龄将增长 1 岁，那么图 3 中代表各年龄女性数量的柱形将向右移动 1 岁。2020 年 45~49 岁女性出生于 1971~1975 年，她们人数众多，随着年龄增长即将移出育龄期；而 2005~2010 年出生人数处于低位，使2020 年之后新进入育龄期的女性数量大幅低于移出育龄期的女性数量，因此2021~2025 年具有生育能力的育龄妇女总数将以年均 463.9 万人的速度快速减少。

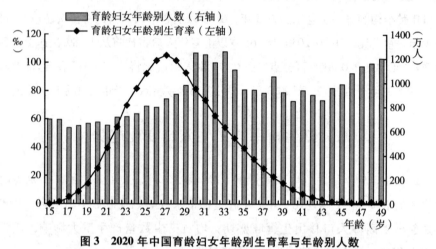

图 3　2020 年中国育龄妇女年龄别生育率与年龄别人数

资料来源：国务院第七次全国人口普查领导小组办公室编《中国人口普查年鉴2020》，中国统计出版社，2022。

育龄妇女总数下降是中国近几十年低生育进程的背景性因素，而生育率和年龄别人数的分布错峰则是近年来出生数逐年下降的突出原因。相比整个生育期中生育率最低的首尾年龄人数的增减变化，生育率峰值年龄 27 岁前后的女性处于生育旺盛年龄，她们的数量变动影响巨大。原因在于，各年龄育龄妇女年龄别生育率与年龄别人数相乘后累加，即为出生人数。那么，在育龄妇女总数一定的前提下，人数集中于生育率高的年龄段将导致出生人口急剧增长。其后育龄妇女年龄增长，而生育率年龄分布变动缓慢，将与生育率分布逐渐错峰，出生数随之快速下降。图 3 中 30~34 岁女性出生于 1986~1990 年，平均每个年龄有 1200 万人，她们从平均生育率在 100‰ 上下的生育旺盛年龄（25~29 岁），随着年龄增长移至平均生育率 70‰ 左右的 30~34岁，带来的出生数减少约为 1200 万人×5×（100‰-70‰）= 180 万人，仅 5个单岁出生队列移出生育旺盛年龄，就会对出生数造成这么大的影响。当然，总出生数的变动为所有育龄出生队列相对变动之和，上述队列移出生育旺盛年龄的同时，相应地也有其他队列从低生育率的年龄移入27岁前后高生育率的年龄，如25~29岁的女性（出生于1991~1995年），是从平均生育率70‰左右的20~24岁，移入现在平均生育率100‰左右的年龄区间，这些队列将给出生数带来正增加。只是她们每一单岁队列的数量在800万人左右，只有1986~1990年出生队列的2/3，不能完全抵消规模较大的队列移出生育旺盛期的负面影响。同样需要注意的是，这些影响不是在一年中完全显现，而是在5年左右逐步显现。

如果将育龄妇女年龄别生育率固定在2020年的水平，与本文预测的2021~2030年育龄妇女数量和年龄结构相结合，可以得到单由育龄妇女数量下降和年龄结构老化带来的出生数下降（见图4）。2021年出生数实际下降138万，育龄妇女减量和老化的影响为37.0万人，贡献率为26.8%；2022年实际下降数106万人中，有37.2万人（35.1%）可以由育龄妇女数量和结构因素解释；2023年相比2022年下降为54万人，其中约36万人来自育龄妇女减量和老化的贡献，占比达到了2/3。虽然图4中育龄妇女减量和老化对出生人口数下降的贡献逐年减少，但2025年之后仍是不可忽视的抵减因素。

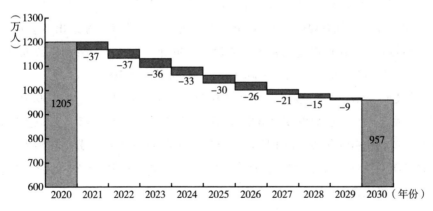

图4 2021~2029年由育龄妇女数量下降和结构老化带来的出生人口下降

资料来源：《中国人口普查年鉴2020》和本团队预测。

生育年龄推迟是年度生育数量减少的另一个重要影响因素。尽管大部分生育发生在35岁以前，但越来越多的女性在35岁以后甚至40岁以后生育。以

35 岁及以上女性生育率占总和生育率比重为例，2020 年该指标为 13.4%，2010 年为 13.1%，而 2000 年该指标仅为 3.3%。不过，2015 年和 2020 年 40~50 岁女性的平均活产子女数一直稳定在 1.5~1.6，意味着女性终身生育水平没有很大变化。相比而言，欧洲一些国家经历过更为显著的生育推迟，如意大利 40 岁以后生育率占总和生育率的 6% 左右①，2020 年中国女性 40 岁以后生育占比为 3.1%（2000 年该指标为 0.9%）。

总之，育龄妇女数量和结构的人口惯性因素是过去几十年低生育进程的结果，将长期存在且难以扭转。尽管我们预期 2023 年及之后数年可能出现疫情后补偿性生育②，估计仅会带动出生率和出生人口的短时期小幅回升。随着年轻一代受教育年限延长，晚婚晚育仍将继续发展，不管是由生育推迟带来的进度效应还是由晚婚晚育导致的生育能力下降，都将持续压低时期生育水平和年度出生人数。

三　劳动年龄人口变化与人口流动

中国总人口规模和劳动年龄人口规模在短期内下降缓慢，但各年龄段的年龄结构老化则逐渐加速。同时，人口流动在很大程度上主导了区域和城乡的人口分布。

2023 年起，随着规模较大的 1963 年及之后出生队列逐渐退出劳动年龄，劳动年龄人口变化加快（见表 3）。2025~2030 年，15~59 岁劳动年龄人口将从 8.70 亿人降至 8.35 亿人，下降 4.0%，年均减少近 700 万人。劳动年龄人口结构趋于老化，中位数年龄将升高 0.75 岁，由 38.43 岁上升到 39.18 岁。不过，由于每年都有规模较大出生队列退出劳动年龄，因此 45 岁及以上劳动年龄人口相比劳动年龄人口下降速度更快，导致 45 岁及以上劳动年龄人口占比在五年间波动下降，2025 年为 37.2%，到 2030 年达到 35.8% 的阶段性低点，随后将快速上升。

---

① Beaujouan, E., "Latest-Late Fertility? Decline and Resurgence of Late Parenthood across the Low-Fertility Countries," *Population and Development Review* 46（2020）：219-247.

② 郑真真、封婷：《疫情对生育行为的影响》，载蔡昉、都阳主编《中国人口与劳动问题报告 No. 24：总人口达峰的影响与政策》，社会科学文献出版社，2023，第 47~57 页。

表3 2023~2030年劳动年龄人口规模和中位数年龄

单位：亿人，岁

年份	规模			中位数年龄		
	15~59岁	20~59岁	20~64岁	15~59岁	20~59岁	20~64岁
2023	8.83	8.02	8.81	38.44	40.48	42.53
2024	8.77	7.93	8.82	38.39	40.54	42.74
2025	8.70	7.84	8.83	38.43	40.53	42.97
2026	8.63	7.76	8.86	38.57	40.50	43.32
2027	8.60	7.71	8.82	38.77	40.59	43.40
2028	8.51	7.61	8.72	38.85	40.67	43.26
2029	8.45	7.54	8.67	39.00	40.84	43.21
2030	8.35	7.45	8.60	39.18	40.94	43.28

资料来源：本团队预测。

在劳动年龄人口老化的前景下，劳动力流动将更为显著地影响劳动年龄人口分布和不同地区的劳动年龄人口构成。与2010年相比，2020年流动人口在规模上有较大幅度增长，但劳动年龄人口占比下降，16~59岁人口在流动人口中占比从83.6%降至75.6%，其中45~59岁人口占比从2010年的12.5%升至2020年的20.7%。流动人口年龄中位数从2010年的29岁升至2020年的33岁[1]。在乡—城流动仍占主导的同时，省际城—城流动规模和占比均快速上升，两者成为人口流动的主流。与2010年相比，人口流动的主要推动力虽然仍以经济差距为主，但人口流入对区域经济发展的贡献更为显著[2]。

根据2020年人口普查汇总结果，户口登记地在外乡镇街道人口的年龄性别结构与流动原因密切相关。因工作就业流动者集中在20~54岁组，性别比均在140以上（见图5），是以男性为主的劳动年龄人口。因学习培训流动者集中在15~24岁组，且性别结构相对均衡，20~24岁组和55岁及以上的女性人数多于男性。

因家庭原因产生户口登记地与常住地分离的人口结构，也与其具体原因高度相关（见图6）。随同离开/投亲靠友者集中在15岁以下儿童，其性别结构

---

[1] 段成荣、邱玉鼎、黄凡等：《从657万到3.76亿：四论中国人口迁移转变》，《人口研究》2022年第6期，第41~58页。

[2] 柯文前、肖宝玉、林李月等：《中国省际城乡流动人口空间格局演变及与区域经济发展的关系》，《地理学报》2023年第8期，第2041~2057页。

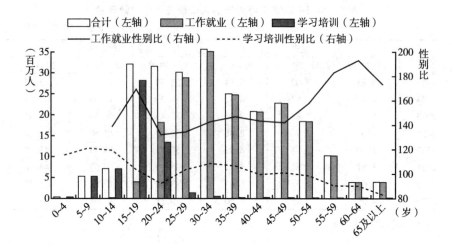

图 5　2020 年经济原因户口登记地在外乡镇街道人口的规模与性别结构

资料来源：《中国人口普查年鉴 2020》，https://www.stats.gov.cn/sj/pcsj/rkpc/7rp/indexce.htm。

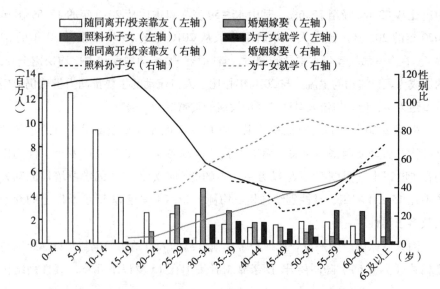

图 6　2020 年家庭原因户口登记地在外乡镇街道人口的规模与性别结构

资料来源：《中国人口普查年鉴 2020》，https://www.stats.gov.cn/sj/pcsj/rkpc/7rp/indexce.htm。

与总人口同年龄组性别结构相似。婚姻嫁娶者集中在 25~39 岁女性。照料孙子女者多为 55 岁及以上女性，而为子女就学发生"移动"①的主要是 30~49 岁女性。

因工作就业、学习培训和随同离开/投亲靠友离开户口登记地的人口以少年儿童和低龄劳动年龄人口为主，以乡—城流动主导的迁移流动推动了城镇人口的增加和农村低年龄人口的减少，明显改变了城乡人口结构。与 2010 年相比，2020 年农村 15~21 岁人口规模明显下降②。

四　小结

21 世纪的中国人口变化呈现了稳定且明确的态势。低生育率持续积累着人口负增长惯性，出生人数的减少和老年人寿命的延长共同推动了人口老龄化向深度发展。2022 年人口总量达峰和 2023 年人口总量进一步减少，意味着中国人口增长停滞。尽管年度人口指标的波动多少受到外部事件的干预，但从发展趋势判断，中国人口负增长时代已经到来。相对于短期内人口总量减少速度较慢而言，人口年龄结构变化将更为显著，少年儿童在总人口中的占比将在不久的将来被老年人口占比超过，当前至 2040 年将是中国人口年龄中位数上升速度最快的时期。

近年来出生人口数量的持续下降，主要归因于育龄女性人口规模缩小和年龄结构变化以及生育的不断推迟。由于未来育龄妇女数量下降和年龄结构老化仍将持续，年度出生人数仍会保持下降趋势。年度总和生育率主要受生育年龄变化的影响，如果多数人进一步推迟生育年龄，生育率则会保持下行趋势。确定女性终身生育水平是否会有相应的变化，还需要更长时期的观察。

在总人口年龄结构老化的同时，各年龄段人口年龄结构均处于老化进程，

---

① 按照人口普查统计口径，"户口登记地在外乡镇街道人口"并不一定处于流动中，而是在常住地已经稳定居住了相当长时间的"人户分离"者，把这些人笼统地称为流动者并不准确。对人口流动统计口径的系统讨论，可参见朱宇、林李月、李亭亭、董雅静《中国流动人口概念和数据的有效性与国际可比性》，《地理学报》2022 年第 12 期，第 2991~3005 页。

② 王广州、刘旭阳：《城乡人口迁移流动新趋势——基于人口普查数据分析》，《中国特色社会主义研究》2023 年第 6 期，第 76~87 页。

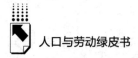

劳动年龄人口也在老化。以青壮年为主、为工作就业迁移流动的人口，将会显著改变地区和城乡的劳动年龄人口规模和年龄结构，对迁入地和迁出地的社会经济发展带来不同影响，同时也会影响迁入地和迁出地人口的婚姻和生育。

回顾 21 世纪以来人口变化和 2023 年人口形势，充分认识当前低生育率和出生人口减少的主要原因，启示我们在建立和完善生育支持体系时需要有长远规划，帮助不同年龄段的育龄女性实现生育计划，而不是设置短期人口目标。面对劳动年龄人口缩减的大趋势，更需要关注人口年龄结构的变化，相应的政策出台和制度改革应顾及不同年龄段劳动力的特点与需求。在少子化和老龄化成为新常态的同时，人口流动将对地区人口变化和社会经济发展起到不可忽视的作用。

G.3
2024年中国劳动力市场年度报告

都 阳 程 杰 韩 笑*

摘 要： 2024年我国失业率总体稳定，月度城镇调查失业率在调控目标下运行，但结构性失业矛盾依然突出。劳动参与率下降，工资增长与劳动生产率增长在放缓中趋同。制造业就业需求继续收缩，服务业成为吸纳就业的主导产业。青年失业率高位运行，农民工总量趋于饱和。劳动力市场面临经济增长放缓与需求不足、人力资源供需错位、人力资本积累不足、人工智能等新兴技术冲击等主要挑战。应强化宏观经济政策，积极推动产业结构升级，强化人力资本体系建设，多渠道创造就业岗位，完善劳动力市场制度，多措并举促进高质量充分就业。

关键词： 劳动力市场 人力资本 技术冲击 产业结构 经济增长

一 劳动力市场发展基本状况与趋势特征

（一）总体就业形势

失业率总体保持稳定。中国经济运行保持平稳，就业形势总体稳定，2024年城镇调查失业率保持在5%左右。过去几年，世界主要经济体的劳动力市场

---

* 都阳，中国社会科学院人口与劳动经济研究所所长、研究员，主要研究方向为劳动经济学、发展经济学、人口经济学。程杰，中国社会科学院人口与劳动经济研究所副研究员，主要研究方向为社会保障与劳动就业。韩笑，中国社会科学院人口与劳动经济研究所助理研究员，主要研究方向为社会保障、人口老龄化和健康经济学。本研究得到中国社会科学院人口仿真与就业监测实验室的支持，曲玥、屈小博、贾朋提供了数据支持。

逐步从疫情冲击中恢复，美国失业率从最高峰（2020年初）的15.0%持续下降至2024年的4.0%左右。日本利用人口结构转变、劳动力短缺的有利条件，过去十多年来将失业率控制在3.0%左右，2024年二季度仅为2.6%，就业市场长期稳定，2024年日本"春斗"①结果为企业平均加薪5.1%，创过去33年最大涨幅。

当前周期性失业问题有所缓和，结构性失业矛盾依然突出。农民工高度集中在市场化部门，对内外经济环境变化反应更灵敏，因此其失业率变动通常可以作为反映短期经济周期的独特指标，2024年二季度，外出农民工失业率下降到4.6%，低于城镇调查失业率0.5个百分点，反映当前经济处于周期性恢复态势（见图1）。但宏观经济的需求不足问题对劳动力市场造成压力，前期外部冲击导致的周期性失业问题尚未完全消化，并可能转化为长期失业问题，演化为自然失业率，人口结构转变、经济结构变化及劳动力市场制度等因素也在持续影响就业结构性矛盾。

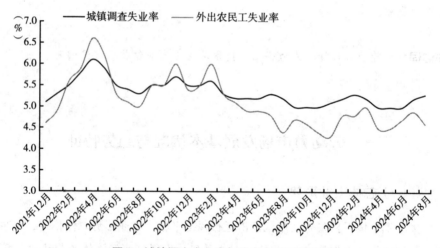

图1 城镇调查失业率与外出农民工失业率

资料来源：国家统计局。

---

① "春斗"指日本劳资双方于春季举行的薪资协商，薪资大幅上涨被视为日本实现经济复苏的积极信号，有助于摆脱长期的通缩格局，为日本央行彻底结束负利率、实现货币政策正常化创造条件。

劳动参与率总体趋于下降，女性参与率下降更为明显。劳动参与率是影响经济增长与社会发展的重要变量，中长期趋势来看，我国劳动年龄人口规模和劳动参与率持续下降[1]，目前经济活动人口占劳动年龄人口的比重下降到58%。从性别角度看，女性劳动参与率降低是总体劳动参与率下降的重要原因[2][3]。根据第五轮中国城市劳动力调查数据，代表性城市人口的劳动参与率随年龄增长呈现先上升、后下降的倒 U 形，劳动年龄人口在 25 岁达到劳动参与率峰值，之后维持较高水平至 50 岁，而后快速下降（见图 2）。劳动参与率的性别差异在育龄阶段逐步拉开，反映了女性群体受到了生育养育影响。女性面对的"母职惩罚"是长期的，劳动参与率的降低在生育后的 10~20 年内持续存在[4]。从教育水平角度看，劳动参与率呈现"两极化趋势"，受教育程度居中的高中（含高职）群体的劳动参与率偏低，本科及以上群体的劳动参与率最高、性别差异最小。

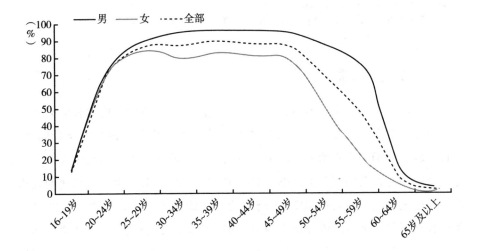

① 蔡昉：《如何开启第二次人口红利？》，《国际经济评论》2020 年第 2 期。

② 都阳、贾朋：《劳动供给与经济增长》，《劳动经济研究》2018 年第 3 期。

③ 杨凡、何雨辰：《中国女性劳动供给中的"母职惩罚"》，《人口研究》2022 年第 5 期。

④ Kleven H., Landais C., and Sogaard J. E., "Children and Gender Inequality：Evidence from Denmark. American Economic Journal," *Applied Economics* 11（2019）：181-209.

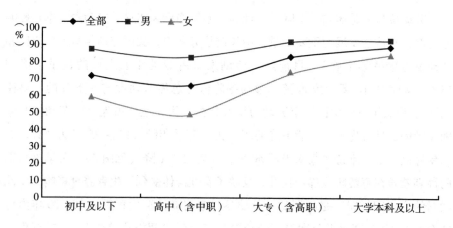

图2　分年龄组及分教育程度的劳动参与率性别差异

注：中国城市劳动力调查（China Urban Labor Survey，CULS）是由中国社会科学院人口与劳动经济研究所组织实施的一项针对城市家庭的抽样调查项目，2023年第五轮调查共收集了8个城市381个居民委员会的9122份家庭问卷和26145份个人问卷。关于调查项目情况可浏览网站，https://www.culs.org.cn/。

资料来源：根据2023年中国城市劳动力调查数据（第五轮）测算整理。

（二）就业质量

工资增长与劳动生产率增长在放缓中趋同，私营单位工资增长滞后于非私营单位。工资与劳动生产率直接关联，从趋势上两者应该基本保持同步，但过去较长时期内工资增速高出全员劳动生产率增速，主要归因于农业和服务业部门相对偏低的劳动生产率。2015年后，工资与劳动生产率增速明显放缓，并逐渐趋同，尤其在2020年疫情后收敛特征更加明显，2023年非私营单位和私营单位平均工资增速分别为5.8%和4.8%，全员劳动生产率增速为5.7%（见图3）。一个值得注意的转折性变化是，2015年后私营单位工资增速被非私营单位赶超，反映出私营经济存在增长动能日趋乏力、生产率提升放缓的问题。同时，私营部门与非私营部门间工资差距趋于扩大，私营部门与非私营部门之间平均工资的绝对差距从2014年的2.0万元扩大到2023年的5.2万元，相对差距从1.55持续提高到1.77。部门内部不同行业之间工资水平也出现分化迹象。私营部门的行业工资差距基尼系数从2014年的0.051逐步提高到2023年的0.085，同期非私营部门的行业工资差距基尼系数从 0.116 提高到 0.141。从劳动力市场变化来看，改善收入分配格局的压力较大。

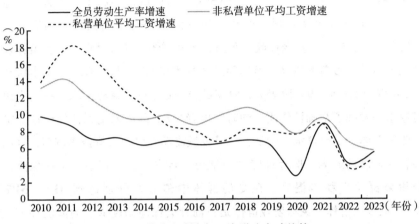

图 3 劳动生产率与工资增速变动趋势

资料来源：根据国家统计局公布数据计算得到。

劳动合同和社会保险覆盖是劳动力市场正规化程度和就业质量的重要反映。根据第五轮中国城市劳动力调查数据，雇员（含机关事业单位正式职工）签订的劳动合同类型以固定期限（占比 52.12%）和无固定期限（占比 28.92%）劳动合同为主，此外还有少量群体签订的是劳务派遣合同（占比 3.57%）和以完成一定工作任务为期限的劳动合同（占比 1.26%），但仍有 14.13% 的劳动者未和单位签订劳动合同，老年群体、教育水平偏低群体、乡城流动人口的未覆盖率较高，青壮年、高学历和本地就业者能更大程度地受到劳动合同的保护。如表 1 所示，2023 年城镇职工基本养老保险覆盖率[①]达到 81.65%，其中女性群体的覆盖率略高于男性，覆盖率随年龄增长或受教育水平提升呈增加趋势。城镇居民社会养老保险[②]和新型农村社会养老保险[③]覆盖

---

① 城镇职工基本养老保险覆盖率=参加城镇职工基本养老保险人数/16 岁及以上非全日制学生中就业或已退休人数。

② 城镇居民社会养老保险覆盖率=参加城镇居民社会养老保险人数/16 岁及以上非全日制学生中非农户口未就业人数（不含已退休人口和已参加职工养老保险人口）。

③ 新型农村社会养老保险覆盖率=参加新型农村社会养老保险人数/16 岁及以上非全日制学生中农业户口未就业人数（不含已退休人口和已参加职工养老保险人口）。

率略低于城镇职工基本养老保险，分别为 76.61% 和 78.95%。第二支柱企业年金（职业年金）① 的覆盖率仍然较低，仅达到 4.99%，且覆盖率随受访者年龄增长呈倒 U 形，表明年轻群体配置补充养老保险的意愿高于老年人；覆盖率随受教育水平提升单调递增，即高学历群体的补充养老储备更为充足。约 10% 的个体未受到任何养老保险的覆盖，年轻群体、受教育水平较低群体及乡城流动人口的未覆盖率较高。城镇职工基本医疗保险② 与城乡居民基本医疗保险③覆盖率分别达到 79% 和 95%，对满足居民基本医疗保障需求、提高人民群众健康水平发挥了基础性作用。同时，仍有 8% 的群体未受到任何医疗保险覆盖，年轻群体、受教育水平较低群体及乡城流动人口的未覆盖率较高，这部分群体存在显著的养老、医疗保障"双缺位"问题。失业保险、工伤保险、住房公积金覆盖率稳步提升，在受访群体中覆盖率分别达到 63%、64% 和 49%④。低收入群体、灵活就业群体是目前社会保险制度覆盖的薄弱环节，也是实现"应保尽保"的重要着力点。

表 1 2023 年养老保险覆盖率

单位：%

分组	城镇职工基本养老保险	城镇居民社会养老保险	新型农村社会养老保险	企业年金（职业年金）
男性	78.85	77.49	87.78	5.73
女性	84.72	75.95	71.72	4.24
16~24 岁	67.69	35.47	32.61	6.63
25~34 岁	78.12	71.92	72.14	5.47
35~44 岁	78.29	86.40	81.29	7.63

① 企业年金（职业年金）覆盖率=参加企业年金（职业年金）人数/参加职工养老保险的人数。

② 城镇职工基本医疗保险覆盖率=参加城镇职工基本医疗保险人数/就业人口或已退休人口数量。

③ 城乡居民基本医疗保险包括城镇居民医疗保险和新型农村合作医疗。城乡居民基本医疗保险覆盖率=参加城乡居民基本医疗保险人数/未就业人数（不含已退休人口和已参加职工医疗保险的人口）。

④ 失业保险、工伤保险、住房公积金覆盖率为参加相应社会保障人数与 16 岁及以上非全日制学生中就业且未退休的人数之比。

分组	城镇职工基本养老保险	城镇居民社会养老保险	新型农村社会养老保险	企业年金（职业年金）
45~54 岁	74.29	89.03	84.67	6.06
55~64 岁	88.20	71.31	81.76	3.24
65 岁及以上	97.61	62.24	80.31	1.50
初中及以下	65.39	77.12	80.97	0.66
高中(含中职)	83.90	82.64	79.72	2.97
大学专科(含高职)	89.85	76.92	54.03	3.94
大学本科及以上	95.53	62.99	57.70	10.92
本地	91.02	74.39	73.87	5.36
城城流动	81.67	67.32	—	4.91
乡城流动	52.05	—	79.78	3.03
总体	81.65	76.61	78.95	4.99

注：1. 2023 年中国城市劳动力调查数据（第五轮）反映全国代表性的大城市养老保险覆盖率，计算结果不代表全国总体水平。2. "—"表示不适用。

资料来源：根据 2023 年中国城市劳动力调查数据（第五轮）测算整理。

（三）就业结构变化

服务业成为国民经济和吸纳就业的主导产业，但部门之间的劳动生产率差异较大。中国就业人口在三次产业的分布和转移符合全球普遍发展规律，第一产业就业人员占比从 2000 年的 50.0%持续下降到 2023 年的 22.8%（见图 4），第二产业就业人员占比经历快速上升后稳定在 29%左右，第三产业就业人员占比从 2000 年的 27.5%提升到目前的约 48%，标志着经济结构向服务化转型。

尽管农业就业数量可能高估，但农业劳动生产率偏低，第一产业就业人口将继续转出，第三产业就业比重仍有提升空间。2023 年，中国第一产业劳均产出水平继续在低水平徘徊，仅为总体水平的 31%。第一产业增加值占 GDP 的比重仅为 7.1%，远低于第一产业就业人员占比（22.8%）。国际经验表明，农业就业人口占比仍有较大下降空间，日、韩、美、德等国农业就业比重基本在 5%以下，第三产业就业人员占比均超过 70%，英国、新加坡甚至超过 80%。按照发达国家经验，中国在 2035 年人均 GDP 水平达到中等发达国家水平时，农业就业比重将降至 10% 以下，服务业就业比重进一步提高，人口在部门和行业之间的分布将发生深刻变化。

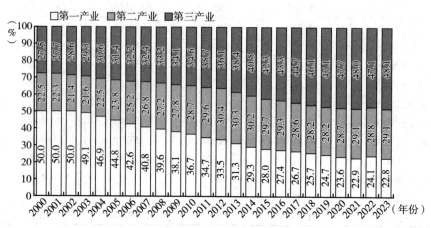

图4　中国就业结构变化趋势

资料来源：国家统计局历年《中国统计年鉴》。

进入后工业化阶段，中国制造业在国民经济中的份额下降、服务业成为主导产业并持续扩张，符合经济发展的一般规律。同时，中国的产业结构变迁还呈现一定的独特性，结构不平衡矛盾尤为突出。全国人口普查数据显示，2000年、2010年、2020年制造业就业人员规模分别为8205万、12059万、11853万人，占非农就业的比重分别为34.9%、32.6%和22.7%，就业比重加速下降。流出的制造业产业工人加速流向更加自由但人力资本折旧更快的平台就业、灵活就业等生活性服务业部门，制造业的过快收缩对发展中大国的经济发展与就业稳定产生冲击。

短期看，产能利用率偏低，制造业就业需求趋于收缩。制造业是实体经济的关键支撑，也是总体就业形势的基本盘，制造业需求收缩与部分行业产能过剩对就业造成明显影响。目前制造业景气度处于收缩区间并持续走低，从业人员指数长期呈现下行趋势。2024年以来，制造业采购经理人指数（PMI）出现了短暂的反弹，但二季度之后再次进入荣枯线之下，8月下降到49.1%（见图5）。制造业从业人员指数始终低于制造业PMI指数，长期处于荣枯线之下，8月进一步下降到48.1%，制造业需求不足矛盾突出。

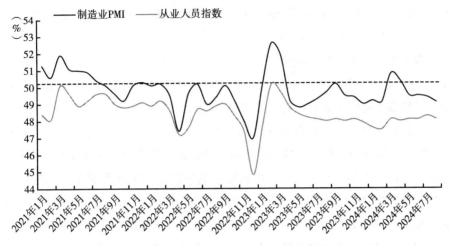

图5 制造业 PMI 与从业人员指数变动

注：制造业采购经理指数（PMI）经过季节性调整，其中，从业人员指数权数为20%。
虚线表示50%的荣枯线。

资料来源：国家统计局。

新兴制造业成为高质量就业的重要动能，但面临体量偏小、人才短板、贸易摩擦等挑战。新兴制造业就业呈现几方面的特征：一是需求增长势头迅猛。2023 年"新三样"（电动载人汽车、锂离子蓄电池、太阳能蓄电池）合计出口首次突破万亿元，同比增长 29.9%；2024 年一季度电动载人汽车、太阳能蓄电池出口同比分别增长 28.5%、24.7%，行业的快速扩张带动了就业增长。以新能源汽车为例，2023 年通过智联招聘平台发布的岗位需求增长 32%，带动产业链上下游（汽车零部件制造、车载软件开发、汽车销售维修金融等）岗位需求增长。二是岗位呈现供给缺口大、薪资水平高、技能要求高的特征。工信部数据显示，到 2025 年节能与新能源汽车的人才总量预计达到 120 万人，缺口高达 100 万人。北京市人力资源和社会保障局（2024）数据显示①，大模型算法工程师等职位月薪中位数达到 4 万元，自动驾驶研发工程师、新能源汽车工程师、车联网测试工程师等月薪也达到 2.5 万元，这类岗位同时也对就业者技能水平提出更高要求。三是就业总规模依然偏小。根据课题组估算，目前

---

① 报告分析资料来源于"前程无忧人才大数据库"及"前程无忧人力资源调研中心专业薪酬数据库"。

"新三样"直接带动的就业规模在 400 万 ~ 500 万人，约相当于非农就业总量的 1%、制造业就业总量的 3% ~ 4%。

服务业就业增长呈现减弱趋势，集中分布于生活性服务业，生产性服务业、高端服务业就业岗位需求不足。非制造业商务活动用工需求加速收缩，从业人员指数与总体失业率变动趋势出现背离。服务业为主的商务活动景气度未能延续恢复态势，持续走低并逼近临界线，从业人员指数呈现加速下行态势（见图 6）。同时，服务业内部也存在结构性矛盾，低技能、劳动密集型的生活性服务业占据主体，高技能、技术密集型的生产性服务业发展滞后。2020 年人口普查数据显示，批发零售业、住宿餐饮业、居民服务业等生活性服务业就业占比高达 29.2%、10.1% 和 7.2%，软件和信息技术服务业、金融业、科学研究和技术服务业就业比重仅为 3.6%、3.0% 和 2.7%。

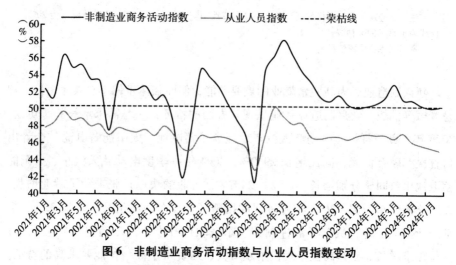

图 6　非制造业商务活动指数与从业人员指数变动

注：非制造业商务活动指数经过季节性调整。
资料来源：国家统计局。

（四）重点群体就业

青年失业率高位运行，摩擦性、结构性和周期性因素共同诱发高校毕业生就业难问题。2024 年高校毕业生规模再创新高，达到 1179 万人。青年群体人力资本水平持续提升，但青年失业率同步攀升，包含在校生的 16 ~ 24 岁青年失业率在2023年二季度曾超过20%。2023年12月统计口径调整后，不包括在校生的16~24岁青年失业率达到14.9%，2024年二季度小幅下降，8月再次上升到18.8%（见图7上）。经济结构性冲击使得部分现代服务业岗位大量损失，高校毕业生就业集中的教育培训、平台经济、文化娱乐、房地产等行业遭受重创。高校毕业生对工作稳定性的重视度提高，选择慢就业、自由职业的意愿增强。智联招聘数据显示，近年求职毕业生中希望进入国企工作的比例逐年提高（见图7下），2024年达到47.7%，排在各类型企业之首。2024年，国家公务员考试报名总人数达到291万人，同比增长16.4%，表明应届毕业生对工作稳定性的重视度提高。应届生慢就业、自由职业比重分别从2023年的18.9%、13.2%增长到2024年的19.1%、13.7%，就业困难导致青年群体以

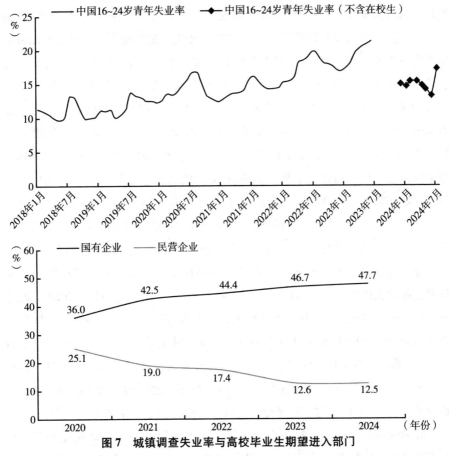

图7 城镇调查失业率与高校毕业生期望进入部门

资料来源：国家统计局，智联招聘《2024大学生就业力调研报告》。

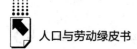

"慢就业"方式游离在劳动力市场边缘，逐渐丧失工作搜寻积极性，阶段性退出劳动力市场，加剧长期失业风险与结构性矛盾，造成人力资本损失。新兴产业聚集的一线城市对高校毕业生吸引力增强，返乡就业满意度较高。人口负增长形势下，各地"抢人大战"愈演愈烈，以省会城市为代表的新一线城市新兴产业发展较快，新能源汽车、高端装备制造、智能家电、集成电路、人工智能等领域就业需求旺盛。《2023年中国本科生就业报告》显示，近5年来应届本科毕业生在一线城市的就业比例趋于下降，而在新一线城市、二线和三线城市的就业比例明显提升，返乡就业意愿也在不断增强。

农民工总量趋于饱和，流动方式呈现明显的"本地化"特征，省内或县域内成为吸纳转移人口的主要区域。过去十年来（2014~2023年），全国农民工总量仅增长8.6%，目前接近3亿人的农民工规模基本保持稳定，预计未来农民工总量将随人口总量负增长与人口结构变化而逐渐减少。农民工流动方式也发生重要变化（见图8），过去十年本地农民工增长了14.4%，而外出农民工净增长5.0%，跨省流动农民工从2014年高峰的7867万人减少到2023年的6751万人，下降了14.2%，更多的农业转移人口和农民工群体向省内或县域内集中。在外出农民工中，省内流动占比从2012年的53.2%提高到2022年的58.9%，迁移距离缩短、流动周期拉长，迁移方式从过去"候鸟式"流动转变为举家搬迁、稳定居住。农民工就业呈现"低端服务化"倾向，面临生产率与工资增速放缓的不利局面。新技术革命短期带来的"就业破坏"效应主要反映在传统行业，劳动力倾向于从生产率较高的制造业转移到生产率更低的生活性服务业，就业结构呈现"服务化"倾向。国家统计局监测数据显示，从事制造业的农民工比重从2015年的31.1%持续下降到2023年的27.5%，而从事服务业的农民工比重从44.5%提高到53.8%。形成矛盾的是，2023年制造业农民工平均月收入为4780元，明显高于批发零售业（4181元）、住宿餐饮业（3998元）和居民服务业（3965元），这意味着农民工就业结构转变呈现"降级"趋向。近年来，农民工工资增速明显放缓，滞后于劳动力市场工资增长。2023年，农民工收入增速仅为3.6%，低于城镇非私营单位（5.8%）和私营单位（4.8%）平均工资增速，也低于全员劳动生产率增速（5.7%）。

灵活就业与平台就业对就业起到了"蓄水池"作用。灵活就业和平台就业能够吸纳大量待业、低学历、低技能、低收入群体，保障其基本劳动收入和

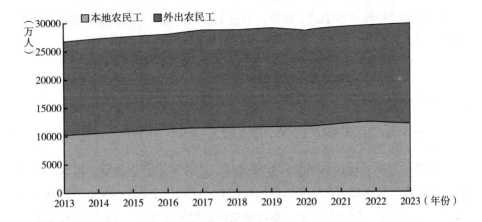

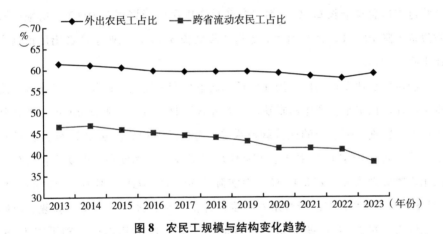

图8 农民工规模与结构变化趋势

注：外出农民工占比指外出农民工数量占全国农民工总量的比例，跨省流动农民工占比指跨省流动农民工数量占外出农民工数量的比例。

资料来源：根据国家统计局《全国农民工监测报告》整理得到。

生活。当前新就业形态的就业不充分、就业质量不高问题突出。根据58同城招聘网站2024年5月以来发布的招聘数据，相比非平台就业招聘样本，平台就业招聘样本的日薪更高、工作强度也更大，69%的工作岗位要求全周无休息日，外卖员、快递员、网约车司机等每天平均工作时长10~12小时，劳动强度较大，就业非正规化特点突出。以平台就业招聘平均日薪272元为例，其平均小时工资仅为23~27元，接近一线大城市最低小时工资标准（如北京市26.2元、天津市24.4元、上海市24元、广州市22.2元）。若以小时工资作为

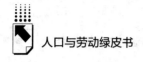

劳动生产率的指标来衡量就业质量，当前平台就业稳定性差、社会保障缺失等问题突出。

二 劳动力市场面临的主要挑战

（一）完成预期增长目标 增加就业需求

2024 年以来，国民经济运行总体稳定，经济增速有所放缓，需求不足矛盾依然存在。二季度国内生产总值同比增长 4.7%，增速较一季度下降 0.6 个百分点。上半年全国规模以上工业增加值同比增长 6.0%，制造业增长 6.5%，货物进出口总额增长 6.1%。固定资产投资中民间投资增长 0.1%，房地产开发投资下降 10.1%，社会消费品零售总额增长 3.7%，工业生产者出厂价格同比下降 2.1%。

经济增长速度持续位于潜在增长率之下会产生失业。目前，经济增长速度低于潜在增长水平，产生需求缺口，并导致失业增加。经济增长速度未能达到生产要素特别是劳动力的充分就业水平，造成就业损失。从 2024 年经济运行情况看，名义 GDP 增长率低于实际 GDP 增长率，一季度和二季度的名义 GDP 同比增速分别为 4.2% 和 4.0%，而实际 GDP 同比增速分别为 5.3% 和 4.7%（见图 9）。从 GDP 缩减指数来看，疫情冲击之后，经济运行逐步恢复，反映宏观价格水平的 GDP 缩减指数出现明显下降，过去几年也呈现下降态势，2024 年一季度降至 104.7。综合来看，当前及未来一段时期经济运行存在通货紧缩风险。

通缩对就业的伤害非常直接，宏观经济在通缩环境下运行（见图 10），即使能完成经济增长目标，也难以完成就业目标。在这种情况下，应更加重视就业目标在宏观经济治理中的作用，加大需求管理的力度，使经济和劳动力市场恢复到正常轨道。造成当前困局的主要原因是就业—收入—消费—增长循环的链条中断。就业一头连着万家灯火，一头系着经济大局。就业不足就会导致收入下降，收入下降直接约束居民的消费增长，消费减少导致经济增长动力不足。在缺乏外部力量刺激的情况下，依靠经济的内生动力难以使经济和劳动力市场运行恢复到正常的轨道。

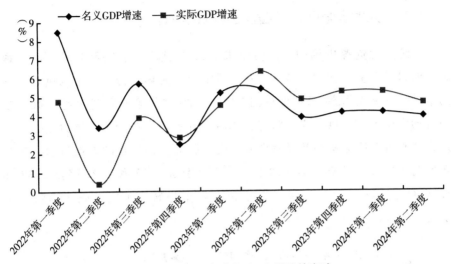

图9 名义 GDP 与实际 GDP 增速的变动

资料来源：根据国家统计局公布数据计算得到。

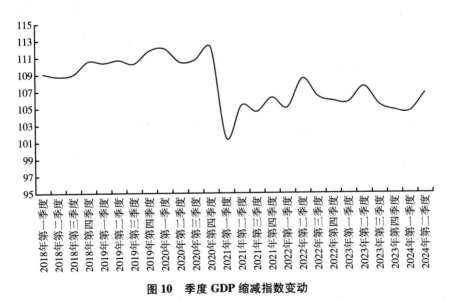

图10 季度 GDP 缩减指数变动

注：GDP 缩减指数为现价 GDP（名义 GDP）与不变价 GDP（实际 GDP）之比，这一指标能够全面反映一般物价水平走向，是对价格水平的宏观测度。

资料来源：根据国家统计局公布数据计算得到。

（二）人力资源供求不匹配与结构性矛盾

传统人力资源市场中，岗位供求关系长期倾向于供不应求、用工紧缺，但目前形势正在发生微妙变化。反映全国总体人力资源市场供求关系的指标——求人倍率①长期保持在 1 以上，2022 年第四季度达到 1.46，表明劳动力市场处于供不应求状态，之后官方不再公布全国总体数据。一些地方公共就业服务机构及经营性人力资源服务机构发布的数据显示，2024年前两个季度，北京、福建的求人倍率分别从 3.27 和 1.27 降至 1.38 和1.16（见图 11、表 2），供求关系正在发生逆转，预期求职压力将持续加大。

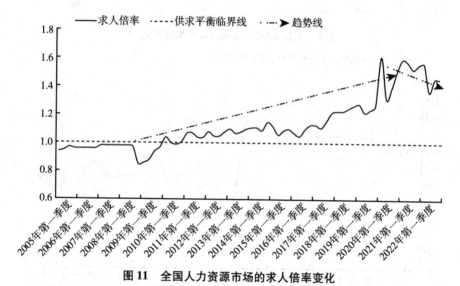

图 11　全国人力资源市场的求人倍率变化

资料来源：人力资源和社会保障部中国人力资源市场信息监测中心开展的百城市公共就业服务机构市场供求信息统计。

①　求人倍率表示一定周期内发布的招聘岗位数相对于求职人数的比例，2023 年之后不再公布。此项数据主要通过公共就业服务机构采集，难以完全反映人力资源市场供求状况，但其趋势变化仍具有参考意义，部分地方也尝试将经营性人力资源服务机构纳入数据采集范围，以更全面地反映实际就业供求形势。

表2　代表性省市人力资源市场求人倍率变化

年季度	公共就业服务机构			公共就业与经营性人力资源服务机构		
	北京	福建	沈阳	四川	广州	贵阳
2022Q1	5.12	1.51	1.59	1.47	0.94	1.14
2022Q2	2.47	1.19	1.59	1.12	1.05	1.14
2022Q3	2.16	1.24	1.53	1.05	1.15	2.04
2022Q4	1.73	1.23	1.26	1.32	1.16	—
2023Q1	3.97	1.30	1.35	1.38	1.16	1.27
2023Q2	1.75	1.22	1.29	1.27	0.98	1.78
2023Q3	1.78	1.19	1.29	1.47	1.02	1.20
2023Q4	1.57	1.21	1.29	1.48	0.99	1.03
2024Q1	3.27	1.27	1.35	1.47	1.34	2.53
2024Q2	1.38	1.16	—	—	—	—

注：公共就业服务机构发布的求人倍率通常高于经营性人力资源服务机构，这与两类机构服务的用人单位与求职群体存在较大差异有关。

资料来源：根据代表性城市人力资源和社会保障部门发布的人力资源市场供求关系报告整理。

　　人力资源市场供求变化也反映出结构性矛盾，制造业岗位需求趋于收缩，生活性服务业岗位需求扩张。以2024年第一季度为例，贵阳市人力资源市场发布的岗位中，制造业岗位占比下降到9.8%，较上年同期降低2.6个百分点；北京市制造业岗位需求总量较上年同期下降23.4%；沈阳市制造业岗位需求占比下降到11.7%，其中生产制造及有关人员岗位需求同比下降18.6%，占比降至7.0%。求人倍率反映用工缺口最突出的岗位从过去制造业岗位转向环境卫生服务、道路运输服务、邮政和快递服务、餐饮住宿服务、护工陪护、生活照料服务等岗位。

　　就业供需不匹配的结构性问题导致人力资本损失。青年群体失业率高、劳动参与率低，以灵活就业方式解决就业的比例持续性提高，但就业质量低、工作转换频繁。课题组调研显示，2024年贵州高校招聘会的初次"人岗匹配率"约1：26.4，上年同期该数据为1：10，求职者需要投递更多次数的简历才能初步达成工作意向。地方人力资源服务平台数据显示，在用人单位对学历的招聘要求中，大专学历占55.68%，本科学历占18.55%，研究生学历占1%；求职人员中，大专学历占26.51%，本科学历占67.2%，研究生学历占3.33%，岗位供求结构矛盾加剧。

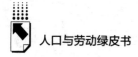

部分行业产能过剩压力较大，带来就业不充分问题，加剧结构性就业矛盾。课题组实地调研发现，贵州某新能源汽车关键零部件制造的国企控股上市公司，从事锂电池正极材料的研发、生产与销售业务，处于产业链中间环节，受原材料价格大幅波动、市场竞争加剧等因素影响，营业收入从 2022 年的 130 亿元大幅下降到 2023 年的 70 亿元，2024 年上半年仅为 9.7 亿元，同期下降 70.2%。目前，8 条生产线仅有 2 条处于开工状态。当前在册员工 2129 人，其中待岗员工 600 人左右，待岗率接近 30%，在岗与待岗一线员工的工资降幅分别达到约 40% 和 60%。

（三）人力资本积累不足

中国整个生命周期的"人力资本曲线"更为陡峭。发展中国家生命周期的"人力资本曲线"呈现随着年龄增长而快速下降的特征，而发达国家的"人力资本曲线"更加平滑。当前中国 15 岁及以上人口平均受教育年限已经提高到近 10 年，但人力资本水平随着年龄增长急速下降，进入 40 岁之后平均受教育年限基本下降到平均水平之下，"人力资本曲线"更为陡峭。不同代际人力资本水平差异很大，对于经济转型带来的需求侧变化也将产生不同反应，就业矛盾将表现为更加突出的群体差异。人力资本积累是一个长期过程，当这样一个供给端的"慢变量"遭遇需求侧的技术变革和经济快速转型时，将加剧劳动力市场的供给匹配矛盾。人力资本水平不能满足新发展阶段和新发展格局的要求，尤其机器人和人工智能等新技术全面渗透劳动力市场，岗位结构和技能需求发生深刻变化，劳动者的人力资本形成与市场需求脱节。背后更深层次的问题在于当前教育和技能培训体系改革发展滞后，难以支撑未来的创新性需求。

农村劳动力的人力资本短板更为突出，成为农业劳动力转移和高质量充分就业的关键障碍。2020 年全国人口普查显示，农村 15 岁及以上人口平均受教育年限仅为 7.6 年，而全国就业人员平均受教育年限达到 10.4 年，制造业从业人员平均受教育年限为 11.0 年，新增劳动力平均受教育年限已经达到 13.8 年（见图 12）。这意味着目前农村劳动力中仅有 30 岁以下年轻人的人力资本水平勉强达到了就业人员平均水平，而 40 岁及以上农村就业人员占到 65%，受教育水平都在 9 年以下（不到初中水平），人力资本与技能难以达到城镇非农就业部门的基本要求，更无法与年轻、人力资本水平高的城镇新成长劳动力竞争，低端的互补型岗位逐渐饱和，就业困难阻碍农业劳动力进一步转移。

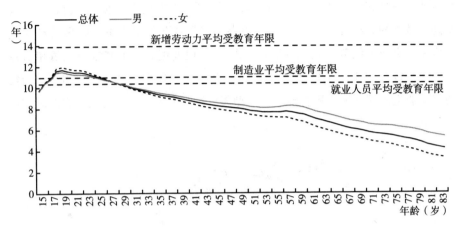

图12 农村劳动力的人力资本分布

资料来源：根据国家统计局2020年全国人口普查数据计算得到分年龄、性别的平均受教育年限。

（四）人工智能对劳动力市场产生冲击

劳动力市场被视为人工智能给人类带来的主要风险领域。从人工智能技术与应用场景可及性看，我国都处于该领域的第一梯队，新技术对劳动力市场影响深远。不同于早期工业化时代，以人工智能为代表的新技术主要影响工作任务（task），而不是工作岗位（job），对就业影响突出表现在加速劳动力市场结构变化与职业转换上。早期工业革命与现代工业机器人技术的应用场景边界更清楚，作用机制相对简单，对就业影响评估的框架也更容易达成共识。人工智能技术的属性、范围、场景等界定尚不统一，自身也在快速变化，对就业影响评估的难度相对较大，相关机构和学者的研究容易存在可比性问题。

课题组采用了基于工作任务的分析框架，基本逻辑是将工作任务分解为若干活动内容，再将活动内容分解为若干需要的行为能力，引入相关机构关于能力的AI暴露程度，便可逐步测算每种任务的暴露程度，最后利用中国城市劳动力调查微观数据，估算每个劳动者受到的影响。研究发现，中国城市劳动力市场中56%的群体暴露在人工智能技术应用中。"暴露"并不意味着被替代，而是否被替代主要取决于其工作任务的属性和内容。"暴露"呈现明显的结构性特征：一是30岁前后的年轻劳动者"暴露"程度更高（见图13）；二是接受高等教育的劳动者"暴露"程度更高；三是专业技术人员、办事人员（包括机关企事业单位负责人）等职业"暴露"程度更高，生产制造人员相对较低；四是技能水平、工资水平更高的劳动者"暴露"程度更高。综合来看，高校毕业生大多从事非重复性、认知型属性较强的工作，是受人工智能影响最大的群体。

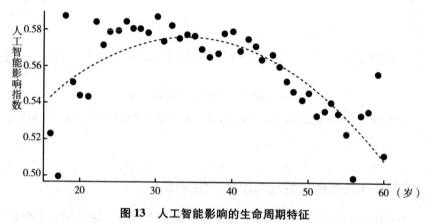

图13 人工智能影响的生命周期特征

资料来源：中国社会科学院人口与劳动经济研究所课题组利用2023年第五轮中国城市劳动力调查（覆盖东中西部的8个省会城市，约1万户3万人）数据，结合 Felten et al.（2021）和 IMF（2023）等研究方法估算。

三 促进劳动力市场发展的政策建议

当前我国人口与经济结构加快转变，新一轮科技革命和产业变革加快演进，要贯彻落实党的二十届三中全会的战略部署，要健全高质量充分就业促进机制，优先启动长短兼顾、"一石多鸟"的重大改革举措，着力解决结构性就业矛盾，深化经济与劳动力市场结构性改革，构建与生命历程和职业生涯相伴的就业与技能体系，促进劳动生产率持续提升。

（一）强化宏观经济政策，稳定就业形势

在保持积极的财政政策和货币政策的同时，更加注重经济与劳动力市场结构性改革。当前失业问题主要由摩擦性、结构性因素驱动，在稳定劳动力市场的方面，存在进一步实施刺激性政策的诉求，但政策空间受限，仅依靠扩张性的货币政策或财政政策恐难达到预期效果。在保持宏观政策稳定、就业需求平稳的基础上，治理失业问题更加注重劳动力市场的结构性改革，提升人力资源匹配效率。同时，要确保宏观经济与社会政策的一致性，做好政策对就业影响的系统性评估，避免宏观调控与行业监管对就业造成过度负面效应，带来民生领域风险。统筹政府、企业、人力资源服务机构等力量，持续挖掘高质量岗位，增强就业匹配度。在经济下行阶段，尤其要做好脱贫地区劳务输出工作，加强东西部协作，稳定外出农民工的就业与收入。

（二）推动产业结构升级，提高劳动生产率

积极化解产能过剩，增强制造业产业体系抵御风险能力。从战略高度应对制造业部门收缩趋势，妥善处理局部地区和行业的产能过剩，促进产业链各环节的协调发展。将战略性新兴产业作为稳定和扩大需求的着力点，新一代信息技术、生物技术、新能源、新材料、高端装备、新能源汽车、绿色环保等战略性新兴产业既是新质生产力的重要载体与主阵地，也是高质量就业需求的增长点。继续强化产业支持政策，采取阶段性、有力度的税费减免措施刺激需求扩张，通过固定资产加速折旧、技术装备进口关税免除等普惠性政策支持企业采用机器人和人工智能等新技术。继续推动大规模设备更新和消费品以旧换新，扩大政策覆盖范围，确保"真金白银"优惠直达企业和消费者。盘活闲置资产，切实降低企业经营负担。着力解决工业厂房闲置与过剩问题，依托工业园、产业园区，改造建设一批公租房，向周边企业提供员工住房服务，鼓励有条件的地方政府或公共平台统一收购、承租长期积压的工业厂房，以低价或定期免费的方式出租给有投资意愿的企业。

（三）强化人力资本体系，应对结构性就业矛盾

着力解决制造业人才供应短板，充分发挥企业在构建人力资源体系中的积

极作用，鼓励和支持校企联合开展专业人才培养机制，加大薄弱环节和前沿领域的人才培养，采取税费减免、培训补贴等举措补偿企业开展技能培训的隐性成本。就业政策既要着眼于当下，扩大就业需求、推动供需匹配，更要构建与生命历程和职业生涯相伴的就业与技能体系，健全终身职业技能培训制度，为新进入劳动力市场群体创造广泛的就业机会。衔接城乡就业"蓄水池"，建立城乡一体化的就业培训体系。农业转移劳动力培训基本思路是"以流出地培训为起点，以流入地培训为重点"，依托城市社区平台，整合来自不同部门和渠道的公共资源，面向农业转移人口开展各类技能培训，全面开放职业教育与高等教育资源，为广大流动青年提供多样化的高等教育机会，通过终身教育和培训阻隔贫困代际传递和阶层固化。

（四）多渠道创造就业岗位，稳定青年就业形势

拓展稳定就业渠道。鼓励科研机构和团队聘用应届毕业生从事科研助理工作，出台科研助理岗位向博士、博士后、编制内科研岗位等衔接政策。鼓励企事业单位和国家重大工程项目有序推进人才招聘工作，开拓重大战略就业岗位。将高校毕业生去基层、边疆就业，返乡就业与乡村振兴、区域协调发展等国家战略有机结合，扩大实施"特岗计划"、"三支一扶"、"西部计划"、乡村教师等国家基层就业项目。完善高校毕业生创新创业政策支持体系，加大财税、融资、社保、房租等补贴力度，创新激励方式和服务模式，切实降低创业成本。建议从失业保险基金结余中划拨一部分资金，专门设立"高校毕业生技能提升基金"和"高校毕业生创业基金"，以贷款、补贴、奖励等方式支持高校毕业生创新创业。新增岗位应着眼于公共服务的扩展领域，以推动"一老一小"公共服务体系建设创造就业岗位，尤其0~3岁儿童早期发展对于阻隔代际贫困至关重要，按照15~20个儿童配备一名育婴辅助员或育儿师，大约能够创造80万~100万个政策性岗位。

（五）完善劳动力市场制度，构建多维度劳动力市场监测体系

建设以人为本的中国式福利国家，现行社会保险制度基于工业文明时代传统雇佣关系，"俾斯麦模式"的社保筹资基于稳定就业者的工薪税（payroll tax），目前普遍出现财务可持续性问题。需要探索建立与新技术新业态相适应

的社会福利体系，未来筹资方向有必要考虑从"人"转向"技术"或"资本"，如"人工智能税""数字税""机器人税"等探索性政策工具，配套全民基本收入（universal basic income）、国民津贴等普惠性支付工具，在不阻碍创新步伐情况下，更好地包容受到新技术冲击的普通群体，改善收入分配格局。

健全现代化的经济社会治理体系，利用新技术增强科学决策与治理能力。适应劳动力市场快速变化的新形势，利用人工智能、大数据等新技术手段，加强宏观经济调控能力，强化宏观政策逆周期和跨周期调节，建立及时有效的劳动力市场监测体系，更准确地判断就业的周期性因素与结构性因素，将就业纳入宏观政策范畴落实到操作层面。跟踪监测人工智能"暴露"风险较高的行业、职业、部门、区域，研究制定应急预案，防范局部性、规模性失业风险引发社会问题。

参考文献

北京市人力资源和社会保障局：《2024年北京市人力资源市场薪酬状况报告（一季度）》，2024年4月。

蔡昉：《人口转变、人口红利与刘易斯转折点》，《经济研究》2010年第4期。

都阳、张翕：《中国自然失业率及其在调控政策中的应用》，《数量经济技术经济研究》2022年第12期。

沈可、章元、鄢萍：《中国女性劳动参与率下降的新解释：家庭结构变迁的视角》，《人口研究》2012年第5期。

中国城市劳动力调查课题组：《理解中国城市劳动力市场——中国城市劳动力调查（第五轮）报告》，《劳动经济研究》2024年第1期。

人口高质量发展的理论逻辑

G.4
全生命周期人口高质量发展的内涵

都阳 曲玥 程杰*

摘 要： 人口问题事关中华民族伟大复兴，具有全局性、战略性和长期性的影响，推动人口高质量发展则是应对新形势、解决新问题的关键抓手。要正确理解适度生育水平和适度人口规模之间的关系，人口数量与质量之间的相互依存关系，积极发挥政策的效能。从全生命周期的视角把握人口高质量发展的政策举措，将托育养育服务纳入公共服务体系，推进全生命周期的人力资本积累，持续推动高质量充分就业，积极应对人口老龄化。

关键词： 全生命周期 人口高质量发展 "一老一小"

---

* 都阳，中国社会科学院人口与劳动经济研究所所长、研究员，主要研究方向为劳动经济学、发展经济学、人口经济学；曲玥，中国社会科学院人口与劳动经济研究所研究员，主要研究方向为劳动经济与人力资本；程杰，中国社会科学院人口与劳动经济研究所副研究员，主要研究方向为社会保障与劳动就业。

一　人口高质量发展的重大意义

推进中国式现代化是最大的政治。只有全面地理解人口高质量发展和中国式现代化的相互关系，才能更好地把握推动人口高质量发展的重大意义。一方面，人口高质量发展是支撑中国式现代化的重要手段；另一方面，推动人口高质量发展也离不开现代化进程提供的物质基础。明确人口高质量发展的重大意义，对于统一思想和认识、统筹好人口高质量发展政策与其他经济社会政策的相互关系有着重要的作用。具体来说体现在以下几个方面。

（一）以人口高质量发展支撑中国式现代化

考虑到现代化的终极目标是人的全面发展，人口高质量发展也是最具持续性的手段。人口是一个国家最重要的基础国情，人口问题的基础性地位伴随着发展的全过程，也同样伴随着中国式现代化的全过程。党的二十大报告高度精练地概括了中国式现代化的五个基本特征，"人口规模巨大的现代化"是首要特征。中国式现代化是 14 亿多人口整体迈进现代化社会，规模超过现有发达国家人口的总和。因此，无论是从目标还是从手段上说，人口高质量发展本来就是中国式现代化的题中应有之义。

作为现代经济中最重要的生产要素，附着于"人"身上的人力资本在经济发展过程中的能动性是推动现代经济增长的核心与关键因素，这一点已经成为普遍的共识，而人力资本的培养与形成离不开人的全面发展。伴随着人力资本理论不断丰富和发展，人力资本积累的全生命周期特征得到了越来越深刻的认识。以人的全面发展为基础，人口高质量发展有着丰富的内涵，既包括微观层面上人的素质的增强、能力的提升、精神的丰富、道德的提升等个体的特征变化，也包括宏观层面上人口规模的适度增长、人口结构的持续改善等人口总体发展的内容。

需要注意的是，由于中国在全面实现现代化前就遇到了复杂的人口问题，很难从目前的发达经济体中借鉴相关的经验。因此，必须构建中国自主的知识体系，解构人口高质量发展与中国式现代化之间的互动关系，形成符合中国国情和时代特征的人口高质量发展政策。

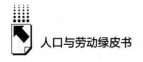

（二）人口高质量发展对经济社会产生全局性影响

作为经济发展和社会进步进程中最积极、最具能动性的因素，人口高质量发展对经济社会的全局性影响体现在以下几个方面。

首先，人口高质量发展从需求侧和供给侧共同影响经济发展进程，是推动形成新质生产力和提升经济增长绩效最基础性的因素。2023 年，我国最终消费占 GDP 的比重已达 53.2%，其中，居民消费占 GDP 的比重为 39.2%，人均消费水平为 34990 元。随着经济增长驱动因素的逐步转变，消费需求已经占我国 GDP 总量的较大比重。消费总需求由两方面因素构成：人均消费水平和总人口数量，在人口负增长趋势已经形成的情况下，进一步扩大需求从根本上看需要更大力度地提升人均消费水平。需要注意的是，在宏观经济运行中，建立起人口高质量发展、居民收入增长和人均消费水平提升的关键联系机制已经成为促进长期经济增长的重要环节，也可能成为宏观经济政策调整的重要领域。

人口高质量发展也从供给侧对长期经济增长产生重要影响，其机制既包括人口素质等质量指标产生的作用，也包括人口数量在现代经济增长中的积极影响。人口高质量发展之所以成为支撑中国式现代化的重要动力，根本的原因是通过人口高质量发展，可以增强人在经济发展中的能动性，推动形成新质生产力。现代经济增长理论及近百年来的实践表明，人力资本是推动长期经济增长最核心的因素，而人力资本的形成归根结底需要通过促进人口高质量发展来实现。在经历了几轮工业革命后，人口数量也成为促进 TFP 增长的因素[1]，正因为如此，要全面地理解人口高质量发展的内涵就不能将人口的数量和质量割裂开来，后文我们将对此进一步加以论述。

其次，尽快推进人口高质量发展的相关政策，也是应对当前经济发展问题的重要抓手。一般来说，相对于经济发展过程中的其他因素，人们通常将人口变量作为一个"慢"变量来处理。相对于其他短期的宏观经济变量，人口因素的确在中短期具有更强的确定性，也具有更强的惯性。所以，在处理人口因素和经济发展的关系时，常常把人口的数量、质量、结构等特征作为既定的约

---

① Jones, C. "The End of Economic Growth? Unintended Consequences of Declining Population," *American Economic Review* 112（2022），3489-3527.

束因素考虑，并使经济政策顺应人口因素所形成的约束条件。然而，人口转变的加速发展不仅是世界范围内的普遍现象，在我国也表现得更为突出。如果一直以静态的观点对待人口问题，不对人口转变加速发展进行及时的政策准备，就会在人口形势出现转折时措手不及。一些短期的经济结构性问题，如地方债务风险、房地产风险、基础设施投资需求不足等，已经与人口增量变化产生更紧密的联系。人口因素的变化对经济发展的短期约束表现得越来越明显，更需要以系统观念统筹经济发展与人口高质量发展的相互关系。

最后，人口高质量发展是解决当前社会主要矛盾的重要突破口。当前，我国社会主要矛盾是人民日益增长的美好生活需要和不平衡不充分的发展之间的矛盾。我国经济社会发展进入新阶段、新征程，解决社会主要矛盾的方式也发生转变。物质资本投资仅仅是发展的手段，通过投资于"物"向主要投资于"人"转变，既可以大幅增加人民的福祉，更好地满足人民日益增长的美好生活需要，也可以为经济社会的发展提供持久的内生动力，实现人口高质量发展和社会高质量发展的统一。

（三）人口高质量发展的中国性与世界性

推动人口高质量发展是面对人口发展新形势和经济发展新阶段的战略选择，首先必须牢牢抓住中国人口转变的独特性，确定切实可行的生育率目标。伴随着经济发展，人口变化体现出的一般规律性早已为人们所充分认识，即以高出生率、高死亡率、低自然增长率为起点，经由高出生率、低死亡率、高自然增长率过渡，最终达到低出生率、低死亡率、低增长率的模式。对世界上186个国家、250年时间跨度的人口数据的分析发现，几乎每个国家都经历了或正在经历上述人口转变过程，而且，从世界范围看，人口转变的速度在加快[①]。高收入国家人口老龄化程度越来越高，总人口达峰越来越普遍；发展中国家的生育率下降也呈加速发展态势。可见在世界范围内看，生育率的变化一直遵循着一定的规律性，理解和应对中国的人口问题同样不能忽视这些规律的作用。与此同时，更有效地解决目前面临的人口问题，也需要对中国人口转变

---

① Delventhal, M., Jesús Fernández-Villaverde, and Nezih Guner, "Demographic Transition across Time and Space," NBER Working Paper No. 29480, 2021.

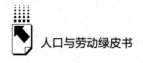

的独特性有更深入的理解。

中国人口转变的独特性主要体现为严格的人口政策和快速的经济发展相继对生育率的下降产生了重要推动作用，进而，生育率的快速下降使得人口转变过程领先于经济发展所能自然推动的进程。经济发展进程与生育率的下降高度相关，仅仅人均 GDP 一个变量就解释了生育率水平六成以上的变异。然而，我国目前 1.09 的超低总和生育率，远远低于其经济发展水平所对应的拟合水平，说明导致目前超低生育率的除了有经济发展的一般规律性因素以外，还有其他具有中国独特性的因素，这也是今后推动我国人口高质量发展所应着力解决的。而且，基于上述经济发展和生育率变化的一般关系，设定未来中国总和生育率的发展目标也是恰当而且可行的。根据《联合国人口展望 2023》数据，中等收入国家的总和生育率平均为 2.10，中上收入国家平均为 1.48，高收入国家平均为 1.47，均较大幅度地高于中国目前的生育率水平。因此，将生育率恢复至发达国家的平均水平应该成为我国人口高质量发展的主要政策目标，也是可以努力实现的目标。

正是由于人口与经济发展表现出的个性特点，中国人口转变的结果总是领先于相应经济发展阶段所能自发达到的人口状态，在生育率下降、劳动年龄人口减少、未富先老及人口快速老龄化、总人口达峰等各个具有标志性的阶段都有明显的体现。因此，需要通过构建自主的知识体系来理解并解决我国人口高质量发展与经济社会互动关系中面临的独特问题。

除了独特的人口转变过程以外，就中国与世界关系而言，中国人口问题的内生性使我国的人口高质量发展成为一个具有世界意义的问题。已经有学者指出，中国的人口转变过程对全球要素供给、价格水平、宏观经济稳定乃至技术进步方式将产生深远的影响①。仅仅从解决人口问题本身来看，中国推动人口高质量发展的世界意义就不容低估。例如，2010 年，我国 65 岁及以上的人口为 1.19 亿人，占世界同年龄组人口的比重为 22.2%；2020 年为 1.91 亿人，占比达到 28.4%，10 年上升了 6.2 个百分点，以后该比重还将由于中国的快速老龄化进程而上升。虽然人口老龄化已经成为世界性的趋势，应对人口老龄化

---

① Goodhart and Pradhan, *The Great Demographic Reversal：Ageing Societies, Waning Inequality and an Inflation Revial*, Springer Nature Switzerland AG, 2020.

是人类面临的共同挑战，但超过 1/4 的老人居住在中国，这意味着中国如果通过积极应对人口老龄化战略实现老年人口的高质量发展，将为全球应对人口老龄化做出重大贡献。

二　认识人口高质量发展的关键理论问题

对人口问题的社会认识是影响人口政策制定和实施的重要因素，一些似是而非的观点不仅对公众产生了广泛的影响，也成为出台合宜的政策的重要阻力。推动人口高质量发展要廓清一些关键的理论问题，只有凝聚了社会共识，才能更有效地发挥出政策效能，人口高质量发展才能沿着正确的路径不断走向深入。

（一）正确理解适度生育水平和适度人口规模

适度生育率和适度人口规模是困扰公众的概念，对形成人口政策的共识也产生了影响，其本质是如何看待人口与经济发展的相互关系。这些概念之所以对公众认知产生影响，是因为我国实行严格生育政策时所秉承的人口与经济发展关系的理念深入人心。实际上，人口既是经济发展中供给侧的生产要素的重要来源，也是需求的主体，人口与经济发展永远是相辅相成、互为因果的动态关系。以静态的眼光去追求适度的人口规模（诸如"经济发展需要多少人口就够了"），虽然易于从观念上解释，但从政策层面看无异于刻舟求剑。

以往曾经盛极一时的人口爆炸理论使公众对人口与经济发展关系形成了刻板思维。在 20 世纪 70 年代以前，对于人口在经济发展中角色的认识基本上是消极的，人口增长"危害论"占据主导地位，尤其强调所谓的"人口爆炸"对经济发展可能造成很强的负面效果。时任世界银行总裁的 McNamara 阐述人口与发展关系的观点，可以说代表了当时政策制定者和学界的主流看法，也对公众的认知产生了较大的影响。他认为，人口过快增长是欠发达国家经济和社会进步的主要障碍，其影响力不亚于核战争[1]。同样的论断在其他一些研究中

---

[1]　McNamara, Robert S., *One Hundred Countries*, *Two Billion People*：*The Dimensions of Development*, NY：Praeger Press, 1973.

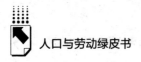

也得到体现。例如，1971 年美国科学院发表了题为"人口快速的增长：后果和政策含义"的研究报告，该报告指出人口增长的结果乏善可陈，而且列出了经济欠发达国家可以从更小的人口规模中获益的 17 条原因①。这一思潮的影响至今没有完全消退，并成为阻碍形成合宜的人口政策的深层次根源。

到了 20 世纪 80 年代初期，经济学理论的发展使人们对制度、技术进步和人力资本积累（而非物质资本）在经济增长中的关键作用有了更清晰的认识，经济学理论开始对悲观的"危害论"提出异议。1986 年，美国国家科学院就人口和经济发展之间的关系发表了一篇全面的研究报告，其观点较之 15 年之前的报告有了明显的改变。在题为"人口增长和经济发展：政策问题"的研究报告中，美国国家科学院的人口学家和经济学家们认为：其一，人口增长和人口规模对经济发展既有正面影响，也有负面影响；其二，人口增长和经济发展之间既有直接联系，也有间接联系；其三，以前认为由人口所引发的问题实际上主要应该归因于其他因素；其四，人口因素的作用在于有时会使一些基本问题恶化，使其症状更早、更明显地得到暴露。对人口增长和经济发展之间的这种认识，实际上代表了人口增长"利弊论"的基本思想。上述主要观点，第三条尤其需要更深入地洞察，要避免把发展中其他因素带来的问题归咎于人口因素。

因此，人口高质量发展真正需要解决的是消除人口发展中制约生育决定回归自然决定的影响因素，而不是沿用以往的思维将生育水平和人口规模调控至某一水平。

（二）人口高质量发展中数量与质量的相互依存

推动人口高质量发展是重大战略安排，但不能忽视人口数量在经济社会发展和人口高质量发展中的重要性。二者的相互依存关系体现在以下两个方面。

一方面，人口的质量和结构依托于人口数量。目前，人口老龄化、少子化以及区域人口增减分化所引发的一系列人口结构问题，已经为社会各界所充分认识，然而，问题产生的本源在于长期低生育率带来的结构性失衡，并最终给

---

① National Academy of Sciences, *Rapid Population Growth*：*Consequences and Policy Implications*, 2 vols, Baltimore：Johns Hopkins U. Press for the National Academy of Sciences, 1971.

人口高质量发展带来巨大挑战。从这个意义上说，即便在人口高质量发展的战略下，也需要高度重视人口质量与人口数量之间相互依存的关系，这是人口均衡发展的一体两面，片面追求任何一方都难以达到人口高质量发展的根本目标。

另一方面，在后工业化时代，随着对经济增长动力的理解逐步深化，人们越来越充分地认识到技术进步对现代经济增长的重要性，在物质资本（乃至人力资本）积累达到一定程度后，技术进步甚至成为长期经济增长的唯一动力。因此，内生增长理论的核心是理解在经济体系中技术进步如何发生。物质资本和人力资本的深化使技术（知识）在企业间外溢，技术进步因而具有非竞争性的属性，从而得以全面提升企业的生产率并推动经济增长。新近的研究从理论上分析了人口规模对于技术进步的重要性，即在现代经济条件下，技术进步的速度内生于人口规模，无论是基于内生增长模型还是半内生增长模型，一旦人口开始出现负增长，技术进步和人均收入都将收敛至稳态水平，进而出现增长停滞。

新时代新征程，我国经济增长的基础和方式已经发生了根本性转变，一方面，物质资本投资的边际收益受递减规律的制约愈加明显，依靠要素积累的增长模式已难以获得持续的经济增长，新质生产力和创新对于经济增长的作用越来越重要；另一方面，人力资本积累的水平也大幅度提升，需要进一步探讨如何优化人力资本投资结构，并使之成为促进经济增长的源泉。在这种情况下，对经济增长中人口数量的作用也应与时俱进地深化，要更多地关注人口数量及由此产生的对 TFP 的促进作用。

（三）正确认识并发挥政策的效能

虽然生育率的下降是世界范围内的普遍现象，高收入国家对提升生育率的诸多尝试已有几十年历史，但收效甚微。究其原因，主要在于没有根据生育行为的社会属性做出有针对性的制度安排，并形成激励相容的政策机制。因此，要根据各个国家的具体情况，分析政策效能的发挥机制，不能因为其他国家的政策效力低，就对提升生育率水平产生悲观情绪，产生政策"无用论"。相反，发挥出我国的制度优势，抓住当前制约生育的主要矛盾，将生育率恢复到发达国家的平均水平还是大有希望的。

激励兼容的政策才能发挥政策效能，因此，必须首先理解生育行为及其与生育政策外部性特征①。主要体现在以下几个方面：一是在人口高质量发展阶段，生育行为的收益是社会化的，难以在家庭决策中内化，因此，社会必须要对家庭高昂的生育成本进行补贴；二是人口的流动性使得地方政府难以直接获取生育行为的外部性收益，收益在各个地区的不可分割性决定了鼓励生育必然主要是中央事权；三是生育成本的负担具有当期属性，而收益具有远期性，鼓励生育的政策必然需要久久为功。这也是鼓励生育在其他国家难以见效，但在中国有望成功的制度因素。

三 推动人口高质量发展具有全生命周期属性

推进人口高质量发展贯穿于生命周期的各个阶段，且各个政策体系相互关联。要从全局性、长期性、战略性的角度考量，坚持系统观念，统筹各方因素，全面推动人口高质量发展。

（一）将托育养育服务纳入公共服务体系

托育服务体系是推动人口高质量发展的重要举措。构建 0～3 岁幼儿托育服务体系是推动人口高质量发展、积极应对人口老龄化的重要举措。2024 年 9 月 10 日，国家卫健委在全国人大常委会所作的《国务院关于推进托育服务工作情况的报告》显示，尽管超过三成的 3 岁以下婴幼儿家庭有送托需求，但目前全国 0～3 岁儿童实际入托率仅为 7.86%，远低于 OECD 国家的平均水平（35%）。供给侧短板抑制了家庭托育服务需求。托育服务的直接目的是为低龄人口提供基础的照料服务，然而其对经济社会的贡献并不限于此。课题组研究测算发现②，托育服务可显著释放女性的劳动参与和经济产出（达到4.3%～7.2%），体现了其巨大的经济外部性。作为公共服务的托育服务体系既是民生事业，其本身更是一个新的经济和就业增长点。

确定托育服务的公共服务属性。公共服务的一般属性为满足低收入等弱势人群的基础需求实现广覆盖，而更广泛人群的高质量多样化需求则需要由社会

---

① 都阳、程杰、曲玥：《生育支持政策的中央事权与顶层设计》，《人口研究》2024 年第 2 期。

② 曲玥、程杰、李冰冰：《托育服务对女性劳动参与和经济产出的影响》，《人口研究》2022年第 5 期。

资源提供。当前托育服务体系面临的问题是政府投入的大量公共资源低效损耗、不能全面覆盖有效群体，同时没有充分调动社会资源，让其提供多样化高质量的服务。具体来说，托育服务的建设规划过度关注规模而忽视质量，导致规划目标与实际需求不匹配。课题组调查研究显示，若当前家庭托育需求保持不变，到 2025 年全国 0~3 岁幼儿入托需求规模为 492 万人，按照目前规划目标和建设任务，托位数将增加到每千人 4.5 个（即 636 万个），出现供过于求、公共资源闲置现象；然而，若假定家庭多元化托育需求充分释放并达到 OECD 国家平均水平（35%的入托率），到 2025 年入托需求规模将增加到 1300 万人，则会出现约 650 万个供给缺口，托位建设目标需要提高到每千人 9.0 个。

将托育服务纳入公共服务体系，切实降低家庭养育成本。对于具有明确外部性的公共服务，应极力改变公共服务体系作为低效"支出"的负担性质，充分释放其"生产性"特征，这成为健全托育服务体系的底层逻辑。公共属性体现在托育服务的建设资金主要来源于公共财政，并且对需求主体无差别覆盖。将托育服务纳入公共服务体系，可以将家庭的育儿照料行为市场化，在解放育龄女性的同时，通过明确的市场定价彰显养育的社会价值。对此，应该明确政府与市场之间的关系、充分整合现有托育和教育资源、调动社会力量提供多样化高质量服务：一是建设全覆盖的公共托育机构。面对中低收入家庭的普惠服务，政府在资源配置中发挥主导作用，各类民营托育和早教机构的运营则充分发挥市场在资源配置中的决定性作用。二是盘活存量资源，探索将城乡闲置的过去长期配置于计划生育、卫生健康等领域的软硬件和公共人力资源，逐步调整配置到生育养育教育相关的公共服务机构。三是需求主导和供给引导。充分考虑不同家庭的差异化需求，创新多样化的服务模式，引导政府、社区、社会与家庭之间协调合作，明确各类主体的责任与角色，合理规划各类服务的构成和布局。

从供需两侧健全托育服务体系的政策工具。托育服务发展的政策工具，按照托育服务供给方和需求方可以分为两大类：一是面向服务供给方，重点是鼓励社会各方力量投入，刺激投资需求，扩大托育服务供给能力，政策工具可以考虑面向投资建设主体的税费减免、信贷支持、场地设施等。二是面向服务需求方，重点是释放家庭托育服务需求，降低养育成本的同时释放家庭生产力，政策工具可以考虑面向中低收入家庭的育儿津贴以及提高个人所得税抵扣标准等。同时，为营造良好的全社会托育文化氛围，鼓励用人单位支持员工协调家庭—工作关系，例如通过工会经费合理使用，支持托育服务发展。尤其重点做好以下几方面：第一，投资托育服务的基础设施。根据中国社会科学院人口与劳动经济研究所课题组调研，当前社区托育服务覆盖率仅为13%。财政需给予公共和普惠性托育机构支持，给予投资建设主体税费减免、信贷优惠、场地设施等支持。第二，建立直达家庭的补贴制度。面向中低收入家庭发放育儿津贴、育儿券，对单亲家庭、低收入家庭定向补贴，加大个税抵扣力度。第三，设立行业标准并加强监管。制定托育机构设置标准，考虑地区发展水平、人口密度、区位等差异，重点关注服务质量和安全。第四，支持人才培养。通过职业教育、高等教育培育人才，壮大专业人才队伍，加强教育学、儿童心理学等基础科研，优化托育和早教内容体系。

（二）推进全生命周期的人力资本积累

生育率持续走低、老龄化快速提升对人力资本提出更高的需求。包含教育事业在内的人力资本积累体系也将从快速扩张、全面普及的发展阶段进入高质量发展阶段。教育投入水平与结构也需要顺应新发展阶段要求，加大对基础薄弱、回报率高、消费与增长带动效应强的学前教育阶段投入，关注人力资本积累体系与劳动力市场需求的动态匹配，实现经济增长与人力资本积累的多重目标与良性互动。

教育学位的供需格局快速变化，教育投入结构需要调整优化。人口形势变化对未来学位需求产生较大影响，未来学位供求格局总体上呈现需求收缩、供给过剩的特征。受生育率和新生儿数量影响最直接的幼儿园当前已经出现了"抢生源"现象。在各教育阶段中，义务教育阶段表现更为突出，到2035年前中学和大学的学位供给存在压力。根据中国社会科学院人口与劳动经济研究所课题组的相关测算，未来学位供需状况的具体表现为：一是小学学位，需求持续收缩，供给过剩压力较大；二是初中学位，从供给不足逐步转变为供给过剩，2032年出现转折点；三是高中学位，2035年之前学位供给处于紧张局面，2037年出现转折点；四是大学学位，普通本科学位在2040年之前保持供给紧张局面，高职（专科）学位将持续呈现供给过剩特征。以往教育的充分发展，包括义务教育的普及、高校规模扩大为我国人力资本和人口素质的提高奠定了扎实的基础。面对人口形势的变化，统筹教育发展与经济社会良性互动的关键在于从结构和质量上优化教育资源配置。

学前教育人力资本投资回报率最高，应该作为教育投入结构优化的重中之重。人力资本投资回报有随年龄递减的特征，研究表明，对 0~5 岁幼儿投资的回报率可达到 13% 左右。加大对教育的早期投入，具有更大的回报率、外部收益和比较优势。世界各国越来越重视儿童早期教育与照护服务，面向 0~5 岁儿童早期教育与照护服务投入逐步提高。然而当前我国学前教育公共投入偏低。OECD 国家面向 0~5 岁儿童早期教育与照护服务投入占全部儿童教育与照护投入比重从 2003 年的 23.8% 提高到 2019 年的 28.4%。财政部公布的 2022 年全国一般公共预算支出决算数据显示，当年普通教育经费投入 3.17 万亿元，其中学前教育阶段仅为 2176 亿元，占比仅为 6.9%。我国正在向高收入国家行列迈进，有必要尽快补齐短板，将教育投入更多向关系下一代人力资本积累的学前教育倾斜。

关注人力资本积累体系与劳动力市场需求的动态匹配。产业经济发展的快速变迁，要求在全生命周期段具有完整的人力资本和技能积累途径。新技术革命冲击下，一些劳动力的技能折旧更快、人力资本更加脆弱，更容易面临失业风险，低通用性和专用性技能群体更容易发生岗位转换。劳动力在学校期间积累的人力资本可能会与进入劳动力市场后的技术进步产生错位。课题组 2023 年开展的中国城市劳动力调查显示，高中受教育程度的劳动参与率最低，体现了其参与劳动力市场意愿的"沮丧"，分受教育程度的情况表明，劳动力市场对不同人力资本的需求既有两极化趋势也有总体高端化趋势。面对当前发展阶段快速变迁的经济结构调整和不断加速的创新变革需求，精确匹配经济社会创新发展需求是发展教育刻不容缓的核心目标。在义务教育阶段，实现教育资源公平，强化素质教育导向，可为未来储备创新人才；在高中阶段，合理制定普职比例，为产业结构加速变迁筹备必要的通识教育和精准的职业教育；此外，还需完善终身培训和人力资源开发以应对快速变迁的技能需求。

加强教育投入、优化投入结构，建设全生命周期人力资本积累体系。一是加大学前教育尤其是早期教育投入，实现教育投入结构平衡。加大对基础薄弱、回报率高、消费与增长带动效应强的学前教育阶段投入，建议"十五五"时期学前教育公共财政投入占 GDP 比重能够达到 1%，学前教育阶段投入占全部教育公共财政投入比重能够达到 25%。二是延长义务教育的范围，按照学前教育、高中教育的优先序逐步完善义务教育体系。由于少子化，小学和初中将分别于 2027 年和 2032 年开始供给过剩，4~18 岁受教育人口和劳动年龄人口之比，即义务教育负担率将快速下降，向前延长至回报率更高的学前教育阶段是一个可行且理应优先的选择。三是加强教育体系与劳动力市场需求的衔接，化解就业结构性矛盾。职业教育注重与市场需求的紧密连接，普通高中和高等教育注重通用知识与能力培养，可及时调整专业设置和课程内容，做好当下技能可匹配性和长期人力资本可累积性之间的权衡，适应经济发展短期需求和长期结构性变化。四是落实产教融合，健全人力资本积累体系，避免人力资本过快折旧。市场更易于捕捉人力资本和技能需求的快速变化，以企业的直接技能需求为依托，对于大学毕业生在企业实习、岗前培训等给予鼓励和适当补贴，探索匹配经济社会发展需要的新兴领域及相关岗位，给予相关产业适当的扶持政策。

（三）持续推动高质量充分就业

高质量充分就业是人口高质量发展的重要基础，是实现人口规模巨大的中国式现代化的重要推动力。当前人口与经济发展都进入新常态，未来十年更是人口结构急速变化的阶段，经济与产业结构在新一轮技术革命冲击下也将加速转型，劳动力市场的供给侧与需求侧均将出现重大变化，就业形势既面临传统的问题，又要面对新的挑战，就业需求不足带来的总量矛盾与人力资本积累不足引发的结构性矛盾同时存在并相互交织。

实现高质量充分就业，需要重点解决几方面紧迫问题：如何在人口负增长阶段继续扩大就业规模？如何顺应劳动力市场转型不断提高配置效率？如何适应新技术变革冲击平衡劳动力市场的灵活性与安全性？如何增强劳动力市场包容性以有效解决脆弱群体的就业难题？解决这些问题的关键是尽快补齐人力资本短板，加快塑造素质优良、总量充裕、结构优化、分布合理的现代化人力资源，要主动适应技术变革、经济结构调整以及劳动力市场变化，努力扩大劳动力市场规模，不断提升劳动者素质，持续提高人力资源配置效率。

一是将就业从民生领域范畴提升到宏观经济与总体国家安全的高度，构建以高质量充分就业为重要瞄准目标的宏观政策体系。在理论认识上，当前对"就业是民生之本"的理解较为狭窄，把就业视为民生领域范畴，没有将其上升到宏观经济的高度；在宏观政策方面，就业政策尚处于从属地位，与财政政策和货币政策脱节，劳动力市场指标未能发挥成熟市场经济体中先行指标的作用，尚未成为短期宏观调控的主要决策依据；在区域发展和产业政策方面，没有将就业目标放在优先重要位置，大型项目建设缺乏带动就业效果评估；在行业监管、公共政策等实施过程中，也没有充分的就业影响论证。如何落实就业优先战略，既是一个理论问题，也是一个行动方案，有必要系统阐释习近平关于就业优先的系列重要讲话精神和重要论述，并将其上升到理论层面，作为指导就业工作的理论遵循和行动指南。完善劳动力市场监测体系，加强自然失业率研究，研判失业成因和就业主要矛盾，将就业指标作为宏观调控的关键决策依据。强化就业政策与财政政策、货币政策之间的协调性，加强宏观政策的就业效果评估，优先选择引致就业需求更强的政策工具，涉及面广、影响大的产业发展政策、行业监管举措、工程建设项目等必须建立就业评估机制。

二是完善劳动力市场制度，着力提高劳动参与率、扩大就业规模。将新进入劳动力市场的青年、育龄女性、临近退休群体作为重点群体，通过加强公共服务体系、强化家庭支持政策、打击就业歧视等举措，努力挖掘潜在劳动供给，稳步提升劳动参与率。继续深化供给侧结构性改革，加大降费减税力度，鼓励技术投入和产业创新力度，充分发挥新经济、新产业、新业态在就业创造中的重要作用，促进数字经济领域就业创业，支持多渠道灵活就业和新就业形态发展。增强劳动力市场的包容性，将平台就业、零工经济、第三方雇佣等非传统就业纳入劳动力市场制度体系中，探索劳动与资本、技术再平衡的社会保障制度。加大青年创新创业和基层就业支持力度，将就业计划与乡村振兴、区域协调发展等国家发展战略有机结合，在组织机构、制度保障、专项奖励等方面建立长效机制。

三是构建现代人力资源体系，积极化解结构性就业矛盾。结构性就业矛盾本质上是经济发展方式转变和人力资本积累问题，根本之道在于全面强化教育和技能培训体系，构建与经济发展相适应的现代人力资源体系。要立足于长

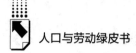

远，注重儿童早期教育和学前教育，着重培养创造力和创新能力，关注农村青少年和城市二代农民工的教育，避免他们过早进入劳动力市场，努力为他们创造接受高等教育或职业教育的机会，将义务教育拓展到学前阶段和高中阶段不失为有力举措。中职与普通高中教育的深度融合，家庭和学生根据兴趣自主选择，顺应全面普及高中阶段教育的发展趋势，高等职业教育为职业教育体系的主体，高职院校与普通高校之间实现融合贯通，学生有条件根据兴趣、经过考核之后申请转换。发挥职业教育在终身学习体系建设中的依托作用，高职院校率先向社会开放，鼓励有技能提升需求的各行各业人员重返校园。高等教育更加重视科学、技术、工程和数学等基础学科建设，强化通识教育，注重提升大学生的学习能力。以市场需求为导向，鼓励企业与高等院校开展合作，发挥企业在培训内容、方式以及效果评估等方面的主导作用，支持企业内部技能培训和转岗培训，补偿企业培训成本和人才流失风险。

（四）积极应对人口老龄化

庞大老龄群体的福利提升、潜在人力资源开发利用，既是积极应对人口老龄化的重要内容，也是人口高质量发展的应有之义。未来十多年是老龄化加速阶段，既要应对人口转变的中长期问题，也需要关注人口队列的短期冲击。

一是推动落实延迟退休改革，继续完善养老保障体系。延迟退休改革将于2025年正式实施，政策引起社会各界广泛关注，目前舆论反应总体平稳，这归因于改革遵循了自愿、弹性的原则，赋予了劳动者充分的自主权。针对不同群体提出的疑惑与问题，以及政策实施中可能存在的不确定性，需要出台相应的配套措施，加强相关政策的协调性，建立改革实施监测评估机制，根据经济社会发展与制度运行情况及时优化方案，确保改革能够实现预期目标。未来十年是养老保险体系可持续性的高风险时期，仅依靠延迟退休这一项政策难以应对困局，需要施行一揽子的改革方案。完善养老金待遇调整机制，综合考虑老年人与年轻人的工资水平、生活成本与消费水平的代际差异，前瞻性地预判未来经济增长放缓与财政支付压力，保持养老金待遇适度增长，主要参考居民消费价格指数（CPI）与城乡居民人均可支配收入增长，避免待遇调整机制对延迟退休决策造成负面激励。多渠道扩充社会保障资源，包括充实社保储备金、划拨国有资本、扩大基金投资运营、发行专项国债等。

二是推动中老年人力资源开发，增强老年人与年轻人在劳动力市场的互补性。开发老年人力资源是世界各国积极应对老龄化的主要举措。2022 年，OECD 国家 65 岁及以上老年人劳动参与率达 16%，其中，美国为 20%，日本为 26%，韩国高达 37%。课题组调研显示，我国退休人口重返劳动力市场的比例很低，不到 5%，65 岁及以上老年人劳动参与率仅为 2%。老年人与年轻人的就业并非此消彼长的替代关系，延迟退休并不必然挤出青年就业岗位。加强老年人力资源的重点包括：推行弹性退休制度，加强其与劳动力市场发展之间的协调。完善保障中老年人就业的法律法规，消除劳动力市场上的年龄歧视。推进终身学习体系建设，搭建面向中老年人的专门就业服务平台，支持用人单位对临近退休员工开展健康干预与技能培训。通过社保缴费返还、税收减免等政策鼓励用人单位续聘或返聘退休人员。积极创造适合老年人的多样化、个性化就业岗位。鼓励具有技能和经验的老年劳动者，以团队合作、"传帮带"等方式提升年轻人就业能力和职业发展。长期来看，应对老龄化与解决青年就业难的根本之道都是持续不断地提高劳动生产率和潜在经济增长。

三是建立深度老龄化的预防性制度，提高老年服务体系的包容性与运行效率。针对深度老龄化引发失能老人增加、老年慢性非传染性疾病增加等情况，尽快出台全国统一的长期照护保险制度，理顺照护保险与医疗保险关系，多渠道、稳定地筹资，提升长期照护体系的协同性，推动从传统医疗模式向"健康—照护"全生命周期模式转变，强调预防、治疗和照护的协同。目前，全国养老护理专业从业者不及百万，存在近千万的人员缺口，50 岁及以上人口劳动参与率急剧下降，应充分开发 50~60 岁的人力资源，补充长期照护队伍。提升老年人口服务体系的包容性，城乡老年人口的服务设施、水平和覆盖存在较大差异，要深化户籍制度改革，落实以人为本的城镇化，集中提供养老设施和服务、提高资源使用效率，增强服务的包容性。在资源约束越来越紧的情况下，服务体系的运行要有"效率"观念，尊重市场机制作用，避免大量未被满足的需求与大量设施闲置、浪费并存的情况，提升老年人口服务管理体系的运行效率。

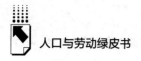

参考文献

蔡昉、都阳主编《中国人口与劳动问题报告 No. 24：总人口达峰的影响与政策》，社会科学文献出版社，2023。

National Research Council. *Population Growth and Economic Development：Policy Questions.* Working Group on Population Growth and Economic Development，Committee on Population，Commission on Behavioral and Social Sciences and Education. Washington，DC：National Academy Press，1986.

G.5

以人口高质量发展促进中华文明现代化

侯慧丽*

摘　要：　在中国式现代化建设进入新发展阶段和人口发展进入负增长与老龄化新常态的背景下，以人口高质量发展推进中华文明现代化建设是必然选择。在中华文明现代化建设的语境下，人口高质量发展需要以家庭为基础制定生育支持政策，提高生育率，实现适度生育水平，巩固家庭养老文化，积极应对人口老龄化。国家作为人口发展和相关系统协同发展的协调者，提供政策和制度保障，为全生命周期的人的全面发展提供支持，提高人口文化素质和健康素质，促进人口有序流动并形成人口合理布局，以开放、包容的思想面对人口发展的多元化趋势，让人口高质量发展为中华文明现代化建设注满活力。

关键词：　人口高质量发展　中华文明现代化　中华文明特性

2023 年 5 月，习近平总书记在主持召开二十届中央财经委员会第一次会议时强调，人口发展是关系中华民族伟大复兴的大事，必须着力提高人口整体素质，以人口高质量发展支撑中国式现代化[①]。同年 6 月，习近平总书记在文化传承发展座谈会上的讲话中又提到，中国式现代化是赓续古老文明的现代化，而不是消灭古老文明的现代化，是从中华大地长出来的现代化，不是照搬照抄其他国家的现代化，是文明更新的结果，不是文明断裂的产物[②]。这两段

---

*　侯慧丽，中国社会科学院人口与劳动经济研究所副研究员，主要研究方向为人口社会学、社会政策。

① 《习近平主持召开二十届中央财经委员会第一次会议》，中国政府网，https://www.gov.cn/yaowen/2023-05/05/content_5754275.htm。

② 《习近平在文化传承发展座谈会上的讲话》，中国政府网，https://www.gov.cn/yaowen/liebiao/202308/content_6901250.htm。

讲话指出了中国式现代化与中华民族文明现代化的关系，同时指出了人口发展的重要性，中国式现代化是中华文明创造性发展与转化的结果，是中华文明发展的新形态，实现中国式现代化与中华文明现代化最根本的基础是人口的发展。实现14亿人的现代化，在全球史无前例，对中国是一个巨大的挑战。同时，14亿人口也为中国实现现代化和中华文明现代化建设提供了丰富的人力资源，为中国式现代化和中华文明现代化建设提供了人口要素的支撑，这意味着14亿人口不仅是中国式现代化建设的强大力量，还是中华文明传承与发展的主体力量。

一　人口高质量发展是中华文明现代化的动力基础

（一）人口是文明诞生和延续的最基本的物质和精神载体

人口规模和人口质量是决定一个文明规模形成和能量的基本要素。对人口规模重要性的认识源于对国家竞争力观念的转变。17世纪以前，国家竞争力在于领土争夺和贸易竞争，17世纪后期，国家竞争力从贸易转向了维护国家统一和安全，以保持长期经济增长活力，作为人力资源的人口越来越被重视起来，各个文明都倾向于保持人口增长[1]。塞缪尔·亨廷顿（Samuel P. Huntington）在分析西方与非西方文明冲突时，也阐述了不同文明之间人口规模和结构的变化对文明兴衰具有重要影响：西方文明复兴时期，正是西方国家人口年龄结构为年轻型人口的时期，创新能力强、人力资源充足，而20世纪后半叶西方世界开始出现衰退迹象的时候也正是人口进入低增长甚至负增长的老龄化时期，西方发达国家人口优势的逐渐丧失和非西方国家人口的快速增加产生的优势，导致了非西方国家文明对西方文明的冲击[2]。人口规模和年龄结构对文明兴衰的影响意味着文明发展的人口要素不仅包括人口数量还包括人口质量，拥有较大人口规模的文明要求该文明必须具有强大的

---

[1] 焦姣：《美国人口统计起源及其治理能力扩张》，《历史研究》2023年第6期，第161~183页。

[2] 〔美〕塞缪尔·亨廷顿：《文明的冲突与世界秩序的重建》，新华出版社，2010，第64~65页。

经济生产、管理能力以及完备的社会治理体系①，历史也证明具有更大人口规模的文明，技术进步的速度也更快②。可见，人口是文明诞生和延续的物质载体。

不论从文明的起源还是发展来看，文明都内嵌于文化之中，具有一定的价值观意义。费尔南·布罗代尔（Fernand Braudel）认为从长时间段来理解文明，就是一群人所共同遵守的某种东西③。这里"某种东西"可以理解为某种文化，是一种共同的独特价值体系、文化内涵和精神气质。而共同的精神气质必须有一定规模的人口作为基础才能创造、发展与传承，人口是文明诞生和延续的精神载体。

中华文明作为自创并能延续至今的文明，前提条件是必须保持一定的人口规模。中国最早明确记载的人口数是公元2年西汉政权直接统治地区的户数和口数，有12233062户，59594978口④。此后到1900年的近两千年中，中国人口规模占世界人口的比重保持在20%～30%之间⑤，一直居于世界前列。一定的人口规模是高水平人口素质的基础，工业革命之前，中国的创新能力位居世界前沿，人口规模较大是关键因素⑥，这成为文明进步的重要力量。中华文明的现代化不仅是中国式现代化的物质现代化的体现，更是精神现代化的体现。中华文明植根于中华优秀传统文化，非常注重"化人"过程中使人成其为人的积极成果，注重"内化于人""化人为善""德行天下"的进步过程⑦。在中华文明的滋养下，中华民族具有一种共同的独特价值观和精神气质，并且这

---

① 都阳：《以人口高质量发展推进中华文明现代化》，《中国工业经济》2023年第7期，第14～17页。

② Kremer，M，"Population Growth and Technological Change：One Million B. C. to 1990,"*Quarterly Journal of Economics*，108（1993）：325－330.

③ 〔法〕费尔南·布罗代尔：《文明史：人类五千年文明的传承与交流》，中信出版社，2014，第68页。

④ 《后汉书》卷四九《仲长统传》李贤注："孝平帝时，凡郡国一百三，县邑一千三百一十四，道三十四，侯国二百四十一。地东西九千三百二里，南北一万三百六十八里。人户一千二百二十三万三千六十二，口五千九百五十九万四千九百七十八。此汉家极盛之时。"

⑤ 葛剑雄：《中国人口发展史》，四川人民出版社，2020，第117～121页。

⑥ 林毅夫：《李约瑟之谜：工业革命为什么没有发源于中国》，载《制度、技术与中国农业发展》，上海三联书店、上海人民出版社，1994，第244～278页。

⑦ 韩庆祥：《从三维逻辑理解和把握中华民族现代文明》，《教学与研究》2023年第10期，第9～12页。

种独特的价值观和精神气质依赖于巨大的人口规模，经历了不断创造、融合、传承和发展的过程而得以延续下来。

（二）人口高质量发展是中华文明现代化的动力来源

工业革命以后，西方国家生育率逐渐下降，人口再生产方式经历了从高出生率、高死亡率、高增长率向低出生率、低死亡率、低增长率的第一次人口转变，20世纪70年代，出现了第二次人口转变，生育率开始持续下降到更替水平以下，一些西方国家出现了人口负增长，并且越来越普遍，如今，生育率下降已经成为全球趋势。20世纪中期全球总和生育率是5，2021年降至2.3，目前，全球有2/3的人口生活在总和生育率低于2.1的国家或地区①。综观世界各国，持续的低生育率是西方国家在现代化过程中遇到的共同问题，西方人口学家将第二次人口转变归因为个体主义意识的兴起，这一思想的变化改变了人们对传统婚姻、家庭和生育的看法，初婚推迟、同居、离婚、不婚、不育现象增多，最终导致生育率下降②。西方国家采取了包括增加津贴、延长产假、减少女性劳动力市场歧视、增加男性产假、改善福利制度等各类激励措施来鼓励生育，结果不仅生育率没有回升或者回升非常有限，反而还加重了政府的财政负担③，西方国家以物质激励为核心的生育支持政策可能并不能改变以文化价值观为基础的生育行为，这种政策错配可能是西方国家生育支持政策没有达到预期的原因之一，也暴露出低生育率问题是西方文明发展带来的一个人类困境。如今中国也面临这一挑战，20世纪90年代以来，中国的总和生育率快速下降并持续在更替水平以下，2022年、2023年连续两年出现了人口负增长。反思西方文明现代化，如何激活中华文明智慧以破解这一人类困境是中国的当务之急④。

中国式现代化是中华文明内生性的现代化，赋予了中华文明现代化力量，

---

① United Nations Department of Economic and Social Affairs, Population Division, World Population Prospects 2022: Summary of Results, UN DESA/POP/2022/TR/NO. 3.

② Ron Lesthaeghe, "The Second Demographic Transition: A Concise Overview of Its Development," PNAS 51（2014）：18112-18115.

③ 张广宇、顾宝昌：《用津贴能促进生育吗？澳大利亚实施鼓励生育政策始末记》，《人口与发展》2018年第6期，第63~71页。

④ 沈湘平：《中国式现代化道路的传统文化根基》，《中国社会科学》2022年第8期，第109~123页。

一定程度上推动了中华文明的现代转型。人口高质量发展是中国式现代化的支撑，也就意味着人口高质量发展是中华文明现代化的动力来源。人口是中华文明现代化建设的主体，也是中华民族现代文明滋养的对象，人口高质量发展服务于中华文明现代化，同时中华文明现代化的目标又是以人为本，满足人的自由全面发展。所以，人口高质量发展与中华文明现代化密不可分、相互促进。

二 中华文明五大突出特性的人口学含义

与世界其他文明相比，中华文明具有五大突出特性：连续性、创新性、统一性、包容性与和平性。这五个特性不仅是中华文明"能以其自创之文化绵永其独立之生命，至于今日岿然独存"的原因①，而且是创造中华文明新形态、建设中华民族现代文明的根基。中华文明发展的一切要素都体现着五大特性。作为文明的物质和精神载体的人口自然也不例外，理解中华文明的特性，人口因素是起点，中华文明能够一直保持巨大的人口规模本身就说明人口发展是中华文明突出特性的综合体现。中华文明的每一个特性都阐释了中华优秀传统文化的本质，并且在五大特性之间存在着有机联系，从它们之间内在联系的角度来理解中华文明五大特性，能够更深入地阐释中华文明与人口发展的关系。

（一）连续性与创新性

人口为文明物质载体和精神载体，中华文明的连续性在人口要素上的表现是保持一定人口规模的连续性，也包括人口素质不断提升而保持中华文明不断壮大的连续性。中华文明历史悠久，目前发现的最早的人口记载也是在文明出现三千年之后的人口数量，也就意味着目前发现的最早的人口记载已经是三千年人口发展的结果。公元2年西汉时期人口数是目前中国最早的也是最具可靠性的全国性的户、口数记录，也是目前世界上最早、最完整、最精确的人口调查记录，说明在中华文明形成初期，已经具有世界上最大的人口规模。虽然在中国历史发展过程中，人口数量表现出大起大落的周期性特征，但是总体上

---

① 梁漱溟：《中国文化要义》，上海人民出版社，2018，第12页。

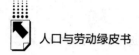
看，人口数量在起伏之中又有增长，其中宋代时期，人口数量曾经超过 1 亿，清代中期，人口数量大幅度增加，接近 4 亿。新中国成立之后，人口数量迅速上升，1953 年第一次全国人口普查人口有 6 亿①，2020 年第七次人口普查时人口达到 14 亿，虽然中国人口生育率于 20 世纪 90 年代下降到更替水平以下并持续至今，人口增速放缓，甚至近两年连续出现了人口负增长，但是由于中国人口规模巨大，人口数量占世界总人口数量比例仍然居于世界前列。同时中国人口素质大幅上升，人力资本不断提升，人口素质的提升弥补了人口数量减少的劣势。2020 年我国 15 岁及以上人口中的文盲率为 2.67%，比 2010 年下降了 1.41 个百分点；每 10 万人中具有大学（大专及以上）文化程度的由 8930 人上升为 15467 人，拥有高中文化程度的由 14032 人上升为 15088 人。巨大人口规模和不断提升的人口素质为中华文明的连续性奠定了人口基础。

文明的创新性与连续性同时存在，正是因为不断的创新意识，才能具有保持连续性的活力。中国人口能够保持一定规模的原因正是人口管理思想的不断创新给人口发展增添了动力。从历史上来看，中华文明保持巨大人口规模延续的背后是中华民族独自创立的一整套的经济、社会、文化与思想的制度支撑。经济上始终通过技术进步和提高农业生产率来保持不断增长的人口与有限的土地资源之间的平衡；人口管理上创造了以户籍制度为基础的人口调查制度，并且结合赋税制度与社区治理制度形成了一套自上而下的人口管理制度；文化上构建了以家庭为中心、围绕家的延续和扩大的一系列礼乐制度，对从出生到死亡的人口行为产生了深刻影响。思想上产生了丰富的有创新意识的人口理论，比如通过生育鼓励政策和吸引外来人口政策来达到增加人口的目的②，通过必须保证一定比例的农业人口来保证足够的粮食产量③。人口学家洪亮吉提出了人口增长的倍数远远高于生产资料和生活资料的增长倍数，所以需要控制人口的思想④，他的理论与马尔萨斯的人口理论十分相似，却早于马尔萨斯。这些制度创新、技术进步和思想变革始终贯穿于中华文明的发展中，即使在人口出

① 《第一次全国人口普查公报》，国家统计局官网，https://www.stats.gov.cn/sj/tjgb/rkpcgb/qgrkpcgb/202302/t20230206_1901986.html。

② 《孟子·尽心上》，十三经注疏本，中华书局，2009，第 6019 页。

③ 蒋礼鸿：《商君书锥指》卷三《农战》，中华书局，1986，第 24 页。

④ （清）洪亮吉：《卷施阁文甲集·治平篇》，刘德权点校，中华书局，2001，第 1 页。

现周期性的起落波动中，中华民族也能凭借制度创新、技术更新而迅速恢复人口再生产，保持人口增长。人口高质量发展也是在人口发展和现代化建设进入新阶段后的思想创新，必将推动中华文明现代化进入新的文明形态。

（二）统一性与包容性

习近平总书记在文化传承发展座谈会上指出：中华文明的统一性从根本上决定了中华民族各民族文化融为一体，即使遭遇重大挫折也牢固凝聚，决定了国土不可分、国家不可乱、民族不可散、文明不可断的共同信念，决定了国家统一永远是中国核心利益的核心，决定了一个坚强统一的国家是各族人民的命运所系。同时还指出：中华文明具有突出的包容性，从根本上决定了中华民族交往交流交融的历史取向，决定了中国各宗教信仰多元并存的和谐格局，决定了中华文化对世界文明兼收并蓄的开放胸怀。统一性与包容性结合起来完整地阐释了中华民族多元一体格局的形成，其人口学的含义则是人口迁移这一人口行为在中华民族共同体形成中的重要作用。

中华文明从起源到发展是"多元并行"到"多元一体"的过程①，"多元"是指多个考古文化区，多个民族族群，多种文化的共同存在，相互交流，和谐共生，表明中华文明正是对不同文化和族群的包容和吸收，同时在多元文化与多元民族之间也存在着融合与包容，但一个特点是不同族群和文化对中原文明更先进的经济生产方式、技术进步以及社会管理制度都具有高度认同感，中原文明也因其包容性不断吸收其他族群的文化，而这一切都是建立在人口迁移的基础上，人口迁移首先实现了人口在空间上的融合，进而才能有文化的交流和互鉴。在人口迁移过程中，人地关系得到相互适应和协调，人口在日渐扩大的空间里分布更均衡，在文化互鉴和融合中，中华文明得以不断壮大和进步，多种文化多个族群共同在中华民族这一共同体中多样化和谐发展。

"一体"是统一性的表现，从"并行"到"一体"，正是通过人口迁移行为完成，反过来说，"大一统"的制度也有助于打破各民族间的隔阂和地区分割，是民族融合的制度基础，所以说人口迁移行为是中华文明实现统一性与包

---

① 江林昌：《中华文明史上的"多元一体"格局及其深远影响》，《学术研究》2023 年第 6 期，第 113~121 页。

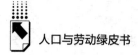

容性的空间条件。中华文明五千年历史上，有两次通过人口迁移实现的民族大融合，分别是南北朝时期和辽、金、元时期。南北朝时期是汉族从中原向周边外迁与周边少数族群向中原内徙频繁的时期，出现了辽河流域、内蒙古自治区和林格尔县和大同平城三个汉族与少数族群文化与经济融合地区，当时辽河流域和平城地区人口猛增至 150 万人左右，达到有史以来人口数量的顶峰①。汉族北迁将中原文明带到了北方，而北方各民族南下走进了中原文明。辽代，出现了汉族人口大规模北徙和契丹人口的大规模南下与西迁的双向迁徙，汉族人向北最远迁徙了三千余里，契丹人向南最远迁徙距离达两千余里，向西迁徙七千余里，构成了中国人口南北迁徙流向的交叉②。在相互迁徙与融合中，汉族成为东北地区第一大民族，北方各族群认同中华文明并融入中华文明，人口迁移助力形成了全方位民族互嵌的格局，增强了中华民族共同体的认同感③。

中华文明统一性的思想基石是家国一体、家国同构文化传统。从人口行为和转变方式来看，中国的人口行为与西方人口行为不同，西方人口转变主要是在个体主义之上的"个人力量从婚姻到生育和死亡的行为延伸的结果"，而中国的人口转变是"从家庭到国家的集体决策过程扩张的结果"④。祖先崇拜和家国一体的规范秩序则是中国人口行为遵循的思想基础⑤，家庭中的生育、婚姻、迁徙、死亡等人口事件都是家庭集体决策的结果，个人利益必须服从家庭利益，同时家庭也为个人提供福利和资源，维护家庭秩序的就是家长，家庭的人口行为决策逐渐扩张到国家层面，使得生育行为成为对家庭和国家利益的责任。这是中华文明多样性与统一性在人口行为上的另一面表现。所以中国的人口发展是国家作为协调者对人口发展及人口与经济社会、环境资源等系统协调

---

① 李凭：《魏晋南北朝时期的移民运动与中华文明的整体升华》，《学习与探索》2007 年第 1 期，第 202~207 页。

② 王孝俊：《中国人口通史》（辽金卷），袁祖亮主编，人民出版社，2012，第 17 页。

③ 段成荣、盛丹阳、巫锡炜、毕忠鹏：《人口迁移流动与全方位民族互嵌格局的发展演化逻辑》，《中华民族共同体研究》2024 年第 1 期，第 131~153 页。

④ 李中清、王丰：《人类的四分之一：马尔萨斯的神话与中国的现实（1700—2000）》，生活·读书·新知三联书店，2000，第 10 页。

⑤ 李中清、王丰：《人类的四分之一：马尔萨斯的神话与中国的现实（1700—2000）》，生活·读书·新知三联书店，2000，第 182 页。

发展的结果。这一点诠释了中华民族现代化文明是协调发展的文明，人口高质量发展是协调发展的充要条件。

（三）和平性

因为中华文明具有的连续性、创新性、统一性和包容性，塑造了中华文明和平性的基础，同时和平性也是连续性、创新性、统一性和包容性实现的价值基础。在中华文明史上，中华文明通过不断的制度、技术创新使得人口数量保持了一定规模，并在人口迁移中得到认同而壮大，巩固了中华民族共同体。其根本原因是秉承了不断追求文明交流互鉴的和平理念，而不是消灭其他族群和其他文化的霸权行为，和平性体现的是和而不同，互相包容，是一种承认、尊重和圆融，以团结求合作，以包容求和谐，承认彼此的不同，并接纳不同，在不同的基础上共同发展，目的就是实现和平发展。正是因为追求和平的发展理念，中华民族才保持了巨大人口规模的延续和中华文明的延续。人口高质量发展促进中华文明现代化也是和平发展的过程，人口高质量发展为中华文明现代化提供人才基础，中华文明现代化的最终目的是实现人的自由全面发展，所以人口高质量发展始终是以人为本的和平发展而不是以利益为本的冲突发展。

三　以人口高质量发展促进中华文明现代化

中华文明现代化转型是中华民族伟大复兴的必经之路、重要任务和题中之义。人口发展是关系中华民族伟大复兴的大事。目前，中国的现代化建设进入新发展阶段，人口发展也进入人口负增长与老龄化新常态的时期，以人口高质量发展促进中华文明现代化建设是必然选择。

首先，从现代化文明发展的视角看，人口高质量发展是中华文明现代化推进的基础。在世界发展的全球化趋势下，中华文明被纳入世界现代文明的新轨道和新秩序之中，不断受到西方现代文明的冲击和挑战，中华文明只有寻求文明的现代化转型和实现自我更新才能使自身焕发新的生命力[1]。人是建设中华民族文明现代化的主体力量，是不断推进中华文明创新性发展的主体力量，同时，

---

[1]　刘凯强、郝保权：《从传统文明到现代文明：中华文明的历史转型与发展图景》，《科学社会主义》2023年第6期，第32~41页。

中华民族现代化文明始终以人为本，是以人为中心的文明形态，所以中华文明现代化建设首先要关注人的存在与发展以及与人相关的系统性的社会整体发展。在中国进入高质量发展新阶段，人口高质量发展是支撑整个社会经济高质量发展的基础。提高人口素质，实现适度生育水平，保持总量充裕和人口可持续发展，为促进中华文明现代化提供动力是必然选择。

其次，从人口发展角度看，人口高质量发展是人口发展进入新阶段的要求。在全球生育率普遍下降的趋势下，中国的生育率下降也是必然趋势，2022年人口自然增长率为-0.60‰，2023年进一步下降到-1.48‰，连续两年出现了人口负增长意味着中国人口发展出现了转折性变化，进入以人口老龄化为核心的人口结构性矛盾日益突出的新阶段，人口抚养比从2010年的34.2%上升到2020年的45.9%，但同时人口素质大幅改善，人力资本不断提升，人口城镇化水平快速上升，人口流动更加活跃，2020年流动人口规模近3.8亿人，比2010年增加了1.5亿人[1]。在人口发展进入新阶段的形势下，人口高质量发展成为加快形成新发展格局的关键，保持人口总量充裕，实现适度生育水平，积极应对人口老龄化，实现人口结构优化、合理分布，用系统性和整体性的思维方式最大限度地发挥人口要素对促进中华文明现代化的作用具有重要意义。

中国现代化发展进入新阶段和人口发展进入转折期都要求中华文明现代化建设必须以人口高质量发展为基础。从中华文明的突出特性来看，人口高质量发展只有植根于中华文明赖以存在与发展的价值观和中华文明的优秀传统文化，植根于中华文明的五大突出特性，人口高质量发展才具有强大的思想基础，并在日用而不觉的价值理念中得以实现，进而促进中华文明现代化。

（一）加强家庭建设，为人口高质量发展提供文化基础

从古至今，家庭是中国国家发展、民族进步、社会和谐的重要基石，是中国社会的最基本单元，家文化是礼制中国的一个重要内容，所以人口高质量发展需要植根于家文化。虽然目前中国年轻一代的家庭观念受到市场化和西方个体化思想的冲击，但是当代年轻人的家庭观念仍然比较浓厚，传统的家庭和婚

---

① 陈功：《我国人口发展呈现新特点与新趋势》，国家统计局官网，https://www.stats.gov.cn/sj/sjjd/202302/t20230202_1896485.html。

姻内的生育行为还是主流①②，提高生育率、实现适度人口生育水平，保持人口总量充裕要充分挖掘传统生育文化仍然稳固的优势，以家庭为基础制定诸如父母产假制度、税收优惠政策等生育支持政策，突出生育的家庭责任，这有助于减少女性因为过度承担生育责任而导致的不育或少育，有利于通过婚姻构建稳定可靠的家庭亲密关系，有利于儿童生育养育在家庭中的有效保障，更有助于延续以家庭为中心的传统价值观，发挥传统文化的当代价值，促进生育率的回升。

习近平总书记曾提出：要加强家庭建设，教育引导人们自觉承担家庭责任、树立良好家风，巩固家庭养老基础地位。中国目前的养老文化仍然是以家庭为基础的家庭养老观念，甚至在年轻人中更为强烈③。但是在现代化进程中，家庭小型化趋势明显，家庭结构发生变化，家庭多代共居的模式越来越少，这些客观条件的变化使得传统家庭的养老方式已经不适应社会发展的需要，在观念与环境的矛盾中，必须进行创造性转化。2021年，中共中央、国务院发布了《关于加强新时代老龄工作的意见》，提到要创新居家社区养老服务模式，鼓励成年子女与老年父母就近居住或共同生活，履行赡养义务、承担照料责任，这是发挥传统文化优势，积极应对人口老龄化的方式，是对党的二十大报告中提出的"加强家庭家教家风建设"的人口学阐释。

（二）家国一体的现代化含义为人口高质量发展提供政策支持和保障

传统文化的家庭中心主义要求个体服从家庭利益，同时家庭也要为个体的发展提供资源和保护。在人口高质量发展中，个体对家庭和国家负有责任和义务，家庭和国家也要为服从家庭利益和国家利益的个体提供资源和保障。国家作为促进人口发展及其相关系统和整体发展的协调者，要以人为本，以满足人的多层次需要作为价值指向，加强在人的全生命周期内的各个阶段的投资来推进人口高质量发展。第一，充分提供家庭福利，推进性别平等，降低生育、养

---

① 陈卫、张凤飞：《中国人口的初婚推迟趋势与特征》，《人口研究》2022年第4期，第14~26页。
② 於嘉、谢宇：《中国的第二次人口转变》，《人口研究》2019年第5期，第3~16页。
③ 侯慧丽：《责任与期待：中国青年的养老观念及代际差异》，《当代青年研究》2023年第2期，第38~49页。

育和婚育成本，提高人民的幸福感和安全感来提供生育支持以提高生育率，实现适度人口规模。第二，加强教育公平，均衡分配教育资源，减少教育焦虑，这既是一项生育支持政策，也是实现共同富裕的基本路径。第三，加强全生命周期的人力资本积累，从学龄前阶段教育投资到低龄老年人口的人力资本投资都是人力资本积累体系的重要组成部分，是提高人口素质、应对人口老龄化的共同要求。加大对年轻人的人力资本投资是提高生产率的要求，以此促进科技创新和产业升级，发挥人才优势，实施人才强国战略。对低龄老年人继续进行人力资本投资是充分挖掘老龄人力资源、应对人口老龄化的需要。目前，中国低龄老年人口是老年人的主体，他们的教育程度、健康状况相比老一代的老年人口都有所提升，对低龄老人的人力资本投资，可以实现人口年龄结构合理均衡，提高人力资源的利用效率。第四，加强基本公共卫生服务，以早期预防来提高公众的健康效益，提高人口的健康素质，健康与教育是人口素质的两个基本内容，同样是人的高品质生活和人的全面发展的表现。

（三）包容与多元化的人口高质量发展为中华文明现代化注满活力

包容性是中华文明最突出的一个特征，中华文明从起源到发展，正是对不同族群和不同文化的包容与接纳、融合，让中华文明充满了活力。实现融合的前提条件是人口迁移，人口迁移让中华文明在人口数量上因为各族群的融入而增加，在空间上不断扩展壮大，对各族群丰富和多样性的文化的接纳更是为中华文明增添了新的活力。传统文化的包容性特征为人口高质量发展注满活力，具体包括几个方面。

一是在生育方面，对现代生育文化多元化和婚姻形式多样性要包容性接纳。改革开放后，在全球化、市场化和西方个体意识的冲击下，中国年轻一代的传统价值观受到一定影响，个体化意识增强，家文化观念逐渐淡薄，最明显的就是婚育行为和家庭形式的多样化，不婚不育现象增多，单人家庭户增加，结婚生子已经不是人生的必然选择，在这种社会变迁趋势下，国家和社会应适应形势发展，提供包容性的多元化生育环境，包括对人们思想观念变化的尊重和对相关政策的支持。二是在人口流动和人口分布方面，增加城市和地区的包容性，深化户籍制度改革，让人口流动更加自由，人口分布更加合理，通过人口流动来缩小区域差距以助力共同富裕。三是在人口老龄化方面，增加社会对老年人口的包容性，增强老年人口适应性，充分开发老年人力资源，发展养老产业，积极应对老龄化等。四是在教育方面，增加教育的包容性，改变教育的单一价值取向，教育价值观的多元化能有效缓解教育焦虑，有助于提高教育质量。适应社会的发展，包容性特征将为人口高质量发展和中华文明现代化增添活力与凝聚力。

四　结语

在中国式现代化迈入新发展阶段、中国人口发展进入人口负增长和人口老龄化为常态的新阶段，人口越来越成为影响经济社会发展和国家竞争力的重要因素，人口高质量发展是全面建设中国式现代化的首要任务。作为文明的物质和精神载体的人口是中华文明现代化建设的主体力量，也需要高质量发展来推进中华文明的现代化转型。中华文明现代化植根于中华优秀传统文化，发展于文化创新之中，所以人口高质量发展要以中华文明赖以存在的价值观为思想基础，植根于中华文明的五大突出特性，充分发挥传统生育文化的当代价值，在目前中国传统生育文化还是主流文化的时期，进行家庭发展能力建设，制定支持生育的家庭政策，提高生育率，实现适度生育水平，以保持人口总量充裕，巩固家庭养老文化，积极应对人口老龄化。同时，国家要建立全生命周期的人力资本积累机制，提高教育质量，提高人口素质，包括人的科学文化素质和人口健康素质，改变因教育过度竞争引起的教育焦虑现象；完善基层健康服务机构，提升人的全面健康水平；缩小城乡和地区差距，形成有序合理的人口流动和分布格局。以开放、包容的思想面对人口发展的多元化趋势，让人口高质量发展为中华文明现代化注满活力。

人口高质量发展是促进中华文明现代化的动力基础，中华文明现代化建设依赖于人的积极性、主动性和创造性的发挥，同时，中华文明现代化建设的目的又是以人为中心，满足人对文明的期待和诉求，满足人民日益增长的美好生活需要，通过文明进步为人的自由全面发展创造条件，所以以人口高质量发展促进中华文明现代化是相互促进、彼此借力的发展过程。

生育养育服务体系建设

G.6
生育养育的公共服务体系建设

牛建林*

摘　要： 本文从公共服务体系的制度内涵和重要特征出发，结合当前中国家庭在生育养育方面的现实需求及其满足状况，剖析制约生育需求满足的主要问题与困难，并探讨完善公共服务体系的思路。研究发现，现阶段，育龄人群中未满足的生育意愿在相当范围内普遍存在，并未随生育年龄的推移而消失，这为公共服务传递了重要的需求信号。生育养育作为人口再生产的核心组成部分，在当代社会的公共价值已远超家庭收益，具备鲜明的社会属性。为此，建立生育养育公共服务体系须以满足与生育养育相关的公共需求为根本目的，为全体居民提供完备的公共产品和服务。这一过程中须突出政府的主体性地位和公共责任，并通过完善体制机制调动多元主体共建共享公共服务，切实推动公共政策的落实。

关键词： 公共服务　公共政策　生育养育　生育意愿

---

* 牛建林，博士，中国社会科学院人口与劳动经济研究所研究员，主要研究方向为人力资本与婚姻家庭的人口统计。

党的十九大报告指出：中国特色社会主义进入新时代，我国社会主要矛盾已经转化为人民日益增长的美好生活需要和不平衡不充分的发展之间的矛盾。这一重要论断明确了时代转换的历史性标志，对社会发展提出了新的任务和要求。在新的发展阶段，人民对美好生活的向往更加强烈，不仅对物质文化生活提出更高要求，而且在民主、法治、公平、正义、安全、环境等方面的要求日益增长。影响满足人民美好生活需要的因素有很多，但主要是发展不平衡不充分问题。准确把握新时代社会发展的主要矛盾，要求坚定不移地推动经济社会高质量发展，着力解决好发展不平衡不充分的问题，以高质量的发展和健全完善的公共服务体系更好地满足人民生产生活和发展等方面日益增长的需要，推动人的全面发展和社会的全面进步。

进入 21 世纪以来，少子化和老龄化成为中国人口发展新常态。据历次全国人口普查统计，全国育龄妇女的总和生育率自 2000 年起已基本处于低于 1.5 的超低水平。持续超低的生育率使得人口达峰和转入负增长的时间比以往多数预测结果更早，总人口与劳动年龄人口老化速度不断加快，经济社会和人口高质量发展面临严峻挑战。为积极应对人口发展新常态、促进人口长期稳定高质量发展，近年来，国家不断调整和完善人口政策。2021 年 7 月，《中共中央　国务院关于优化生育政策促进人口长期均衡发展的决定》提出，实施三孩生育政策及配套支持措施，推动实现适度生育水平，促进人口长期均衡发展①。党的二十大报告进一步明确，"优化人口发展战略，建立生育支持政策体系，降低生育、养育、教育成本"②。为落实中央关于促进人口长期均衡发展的战略部署，近年来，中央及地方政府探索实施了一系列配套支持和改革措施，包括收入税折扣、生育津贴、购房优惠等。然而，截至目前，生育率低迷的现状并未出现明显的改观，年轻人结婚年龄不断推迟、不婚比例上升、生育意愿低迷、婚姻家庭不稳定，以及家庭教育焦虑等社会问题日益突出。在这一现实背景下，实现适度生育水平亟须深入剖析制约育龄人群适时婚育、按意愿生育的核心因素，建立完善的生育养育公共服务和支持体系。

本文从公共服务体系的制度内涵和重要特征出发，结合当前我国家庭在生

---

① https://www.gov.cn/zhengce/2021-07-20/content_ 5626190.htm.

② http://cpc.people.com.cn/GB/64162/448633/.

育养育方面的现实需求及其满足状况，剖析制约生育需求满足的主要问题与困难，探讨完善公共服务体系的思路。本文的研究内容主要包括：一是公共服务的内涵、性质与功能；二是构建生育养育公共服务体系的必要性；三是未满足的生育需求及其制约因素；四是生育养育公共服务与政策发展现状与不足；五是完善生育养育公共服务体系的构想。

一 公共服务的内涵、性质与功能

公共服务是政府与其他公共部门向公众提供公共产品或服务的行为。目前学术界一般认为，"公共服务"的概念最早起源于 19 世纪末，由德国财政经济学家阿道夫·瓦格纳（Adolf Wagner）最先提出。瓦格纳通过分析 19 世纪欧洲主要国家、日本及美国的经验数据，归纳了经济增长与公共支出之间的动态相依关系。其核心观点是，随着工业化和市场经济的发展，一方面，市场关系、社会分配等领域出现复杂变化（包括外部效应对市场供给的影响、国家职能的扩展需求等），在客观上要求增加公共支出，发展和完善公共服务；经济发展与公共服务动态相依，前者为后者提供了物质基础，后者的发展会反作用于前者，拓展公共服务有助于促进经济社会良性互动和可持续发展。这些观点被后人称为瓦格纳法则（Wagner's Law）。

有关公共服务的理论一般认为，公共服务源于公共需求，以追求和实现公共利益为目标[1]。公共服务的最基本特征包括：公共性、连续性和动态可调适性（也即发展性）、服务性。其中，公共性是指公共服务的对象为全社会，涵盖全体公民，而非特定的阶层、群体或个体，公共服务的提供应当满足平等性和非排他性要求。公共服务源于公共需求、体现公共利益，在适应公共需求不断发展变化的过程中，公共服务必须具备连续性和动态可调适性。一方面，具有连续性、持续稳定的公共服务供给有助于构筑良好的社会预期，对经济社会稳定发展至关重要。另一方面，公共需求的发展变化要求公共服务能够及时调

---

① Camenen, Francois-Xavier, "Public Undertakings and Public Service Activities in the European Union," Economic Affairs Series W-21 Working Document, European Parliament, Directorate General for Research, L-2929 Luxembourg, 1996；〔美〕珍妮特·登哈特、罗伯特·登哈特：《新公共服务：服务，而不是掌舵》，丁煌译，中国人民大学出版社，2016。

适，在需求消失后适时退出，以保证公共服务支出的效率①。此外，公共服务的服务性特征也极为重要。新公共理论的奠基者登哈特夫妇在《新公共服务：服务，而不是掌舵》② 一书中强调，新公共服务体系中政府的职能是服务，奉行以人为本、以实现公共利益为目标的宗旨，为全体公民服务，在公共服务设计上注重战略性，服务过程依靠民众、民主参与等。概言之，公共服务的基本特征意味着，公共服务供给应由政府主导，具体服务内容、服务范围和过程由政府负责设计。

随着经济社会发展，公共需求日益多元化、复杂化，公共服务供给逐步由政府负责转向由政府主导、政府委托或授权认证的社会组织及私人部门共同参与的公共服务供给体系，供给主体多元化③。公共服务的领域涵盖教育、卫生、科技、文化、人口等，直接关系人民群众的安全感、幸福感和获得感。其目标在于使人民群众共享发展成果，实现幼有所育、学有所教、劳有所得、病有所医、老有所养、住有所居、弱有所扶④。随着经济社会发展不平衡问题的日益突出，公共服务面临的公共需求更加复杂多元，因而，公共服务体系的建设需综合考虑各方面的公共需求，贯彻系统观念、统筹设计，打破部门壁垒以整合资源，建立协调高效和完善的公共服务系统。发达国家的公共服务实践表明，"一个有效的公共服务体系既要发挥政府的主导作用，又要适当引入市场机制，利用社会各方面的积极性以提高公共服务的覆盖面"⑤。在以政府为主

---

① Camenen, Francois-Xavier, "Public Undertakings and Public Service Activities in the European Union," Economic Affairs Series W – 21 Working Document, European Parliament, Directorate General for Research, L-2929 Luxembourg, 1996.

② 〔美〕珍妮特·登哈特、罗伯特·登哈特：《新公共服务：服务，而不是掌舵》，丁煌译，中国人民大学出版社，2016。

③ Bertot, John, Elsa Estevez, Tomasz Janowski, "Universal and Contextualized Public Services: Digital Public Service Innovation Framework," *Government Information Quarterly*, 33 （2016）: 211-222; Ostrom, V. and Ostrom E., "A Theory for Institutional Analysis of Common Pool Problems," in Garrett Hardin and John Baden （eds.） *Managing the Commons*. San Francisco, CA. W. H. Freeman, 1977; 马春华：《中国儿童托幼服务公共化：整体框架和地方实践》，《妇女研究论丛》2023 年第 4 期。

④ 陈振明、李德国：《以高效能治理引领公共服务高质量发展》，《人民论坛》2020 年第 29 期。

⑤ 马春华：《重构国家和青年家庭之间的契约：儿童养育责任的集体分担》，《青年研究》2015 年第 4 期；Ostner, I., "Farewell to the Family as We Know It: Family Policy Change in Germany," *German Policy Studies*, 6 （2010）。

导的多元供给主体框架下，政府负责对所有公共服务供给进行监管，通过建立健全公共服务的架构平台、制定必要的法律法规，动员并吸引社会力量参与服务体系建设，建成以政府为主导，非政府组织、企业、社区和公众共同参与的公共服务体系，从而更好地满足公众日益丰富和多元的服务需求，并实现资源的优化配置和高效利用①。

综上所述，公共服务以满足公共需求、实现公共利益为目标。在现代社会，随着经济社会不平等程度的提高，公共服务体系对经济社会发展的重要性比以往任何时候都更加突出②。构建完善的公共服务体系不仅是缓解社会发展中矛盾与不平等问题的重要方式，有助于促进经济社会充分、均衡和高质量发展，而且是实现人的全面发展的必然要求。良好的公共服务在保持经济发展与社会发展平衡的同时，能够有力地促进人的全面发展。

二　构建生育养育公共服务体系的必要性

生育和养育是人口再生产的核心组成部分，对健康、教育等人力资本的世代传承与发展起着关键作用。从宏观层面来看，一个社会的生育养育活动从根本上决定着包括人口数量、质量等方面的人口发展态势，对人口与经济社会持续高质量发展至关重要。从微观层面看，生育养育事关家庭的延续、传承与发展，以及生育主体（特别是育龄女性）的个人发展轨迹，是个人与家庭生命历程中的重要事件。

在传统家庭文化和社会实践中，生育养育常被视作私人领域的事务，主要由家庭决策并承担相应的成本和获得相应的收益。例如，经典的经济学理论指出，在传统的生产模式和社会形态下，父母生育养育子女不仅是家庭（/族）世代延续的需要，也是发展家庭生产力、构筑老年保障的重要方式③。随着经济社会的发展，特别是工业化和现代化进程，生产活动不再以家庭为单位独

---

① 刘中一：《私人还是公共：我国托育服务体系供给范式研究》，《内蒙古社会科学》2023 年第 5 期。

② 蔡昉：《社会流动性如何影响生育率？》，《社会学研究》2024 年第 1 期。

③ Cleland, John and Christopher Wilson, "Demand Theory of the Fertility Transition: An Iconoclastic View," *Population Studies*, 41 (1987).

立进行；同时，大规模的社会流动增加了生育养育投入和预期养老保障之间关系的不确定性，生育养育给家庭及父母带来的预期收益明显下降。然而，在社会层面，以生育养育为核心的人口再生产活动从根本上决定着社会的预期劳动力资源和人力资本，对社会财富的创造及社会发展进步起着关键作用。换言之，生育养育的社会收益上升为其价值的主体。这一转变可能带来生育养育决策机制的重大转折，正如经典的财富流理论（Theory of Intergenerational Wealth Flow）所预测的[1]，当家庭的生育养育成本大于收益（也即财富净流向转变为由父代流向子代）时，微观家庭倾向于降低生育意愿、控制生育数量。这些微观决策机制的变化，导致生育率快速下降。在缺乏有效的支持或成本分担机制下，生育率可能陷入持续低迷的状态，进而制约经济社会的持续高质量发展。

近年来，我国多项社会调查结果均表明，受社会经济发展和文化演变的影响，育龄人群的生育动机和生育观念已发生重要转变。生育对微观家庭的预期收益和效用明显下降，对不少家庭而言，孩子不再是必需品。基于中国综合社会调查（China General Social Survey，CGSS）项目的不同年份比较可以发现，2006年全国18~44岁的育龄人口中，男性认同"为了传宗接代，至少要生一个儿子"的比例已不足一半（约44%），女性持相应观念的比例更低（约40.5%）；到2017年，可比年龄组中男性和女性持相应生育观念的比例分别下降到37.8%和28.5%。越年轻的队列中认同相应传统生育观念的比例越低，受教育程度较高的人群持相应观念的比例也显著更低（见图1）。这些结果从一个侧面反映了当代中国居民生育观念的重要变化。

随着生育文化和观念的演变，越来越多的年轻人认同"结婚后不一定要有孩子"。例如，中国综合社会调查数据显示，2006年18~44岁男性中认同相应观念的比例达30.6%，同一年龄段女性的相应比例为31.1%。尽管2017年调查时育龄人群中持相应观念的比例整体有所下降（男女分别为22.6%和29.0%），但两次调查均显示，越年轻的队列中认同"结婚后不一定要有孩子"的比例显著越高。不论男女，与低学历者相比，中、高学历者更有可能认同"结婚后不一

---

① Caldwell, John C. "Toward a Restatement of Demographic Transition Theory," *Population and Development Review*, 2 (1976).

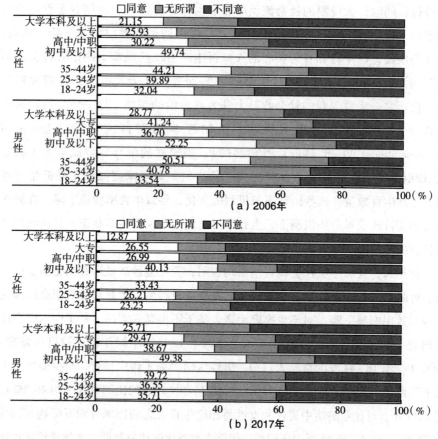

图1　18~44岁育龄人群关于"为了传宗接代，至少要生一个儿子"的认同情况

资料来源：2006年和2017年中国综合社会调查（CGSS）。

定要有孩子"，相应差异呈鲜明的梯度变化趋势（见图2）。这些数据表明，传统的"普育"文化在当代中国正发生着深刻的变化。

与生育文化观念的变化相适应，育龄人群的理想子女数已普遍下降到较低水平。不论性别，现阶段18~44岁育龄人群中，六成左右的人表示理想子女数为2个，三成以上的人理想子女数更低（0个或1个），仅有不足一成的人理想子女数超过2个。例如，2021年中国综合社会调查中育龄男性的理想子女数为0~1个、2个和3个及以上的比例分别为31.8%、60.8%和7.4%，女性相应比例分别为33.5%、59.0%和7.5%。这些数据表明，在年轻人的理想

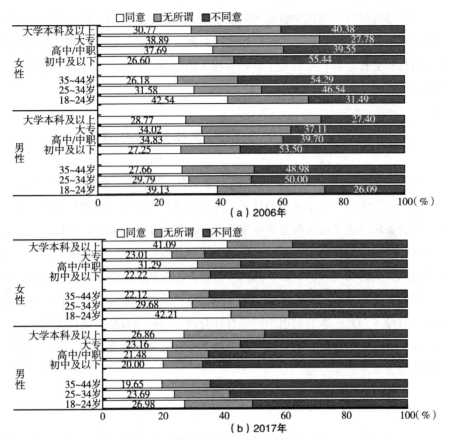

图2 18~44岁育龄人群关于"结婚后不一定要有孩子"的认同情况

资料来源：2006年和2017年中国综合社会调查（CGSS）。

子女数持续走低的同时，一对夫妇生育两个孩子仍是当前育龄人群最主流的生育意愿。如何保障和支持家庭实现理想生育数量，是实现适度生育水平的关键，也是建设和完善生育相关的公共服务体系的重点。

满足育龄人群的生育意愿和需求，是生育养育公共服务的本质要求。因而，公共服务体系建设应当以公共需求为指引，充分体现其公共性、连续性与可调适性、服务性特征。其一，公共服务体系和公共政策设计以全体社会成员为目标对象，避免因过度关注个别特殊人群（如三孩或多孩家庭）导致公共服务低效或丧失公平性等问题；其二，公共服务体系建设须注重连续性和可持

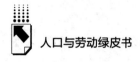

续性，在系统研判公共需求特征及其发展变化的基础上进行系统设计，避免因公共政策不连续、不确定导致的公信力风险和政策失效问题；其三，公共服务体系贯彻服务性宗旨，以满足生育养育相关的公共需求为目标，而非主导或管理生育养育行为。

三　未满足的生育需求及其制约因素

近20年来，我国已进入世界超低生育水平国家之列。既有研究发现，当前育龄人群的实际生育水平普遍低于生育意愿是生育率低迷的部分原因。未满足的生育意愿体现了潜在的公共需求，从侧面揭示了微观家庭在人口再生产过程中面临的困境与障碍。因而，构建和完善公共服务体系，须以低生育率背后未满足的公共需求为导向，科学研判生育养育相关的公共需求、面临的现实问题和障碍，从而有效支持和保障育龄人群按意愿适时生育，实现人口均衡高质量发展目标。为此，本节利用中国综合社会调查的最新数据，结合既有文献的研究发现，剖析现阶段育龄人群未满足的生育意愿及其制约因素，为设计和完善公共服务体系提供参考。

（一）未满足的生育需求

生育历程是一个逐次递进的过程，育龄个体在生育年龄窗口期逐步落实其生育意愿。随着年龄逐渐靠近生育年龄窗口期末，个体的生殖力和生育可能性快速下降。在生育年龄窗口期的不同阶段，个体的实际生育数量与生育意愿的差距反映其生育进度与需求满足情况。

2021年中国综合社会调查中，针对育龄人群询问了"如果没有政策限制，您希望有几个孩子"（以下简称"期望子女数"），并收集了实际曾生子女数信息。对比不同年龄段育龄人群的曾生子女数与期望子女数之间的差距，可以在一定程度上揭示当前育龄人群的生育需求满足情况。分析结果显示，对期望子女数为2个或多个的育龄人群，不论男女，各年龄段均有相当比例的人实际曾生子女数低于期望子女数。这表明，生育意愿未落实或未转化为实际生育行为的情况普遍存在，换言之，现阶段育龄人群存在比较突出的未满足生育需求。

具体而言，期望子女数为3个及以上的育龄人群中，男性实际曾生子女数低于期望子女数的比例在生育周期的各个阶段持续保持在六成以上，女性的相应比例在五成左右或更高。在25~34岁男女中，生育意愿未满足的比例分别为66.7%和50.0%，35~44岁男女的相应比例分别为63.9%和49.3%，45~54岁男女中相应比例分别为76.9%和66.4%（见图3）①。尽管在较低年龄段，相应比例可能存在一定的高估，并不反映年轻队列终身生育意愿未满足的水平，但各年龄组均有一半或更高比例人的生育意愿未满足。

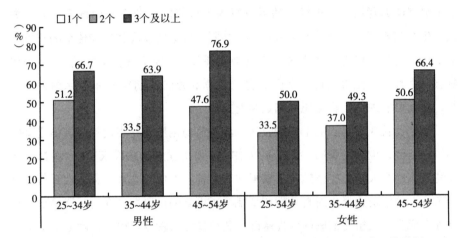

图3 按性别、年龄和期望子女数划分的育龄人群中未落实生育意愿的比例

资料来源：2021年中国综合社会调查（CGSS）。

与期望子女数为3个及以上的育龄人群相类似，期望生育2个孩子的育龄人口中，生育意愿未满足的情况也普遍存在。例如，在图3展示的各年龄段，期望子女数为2个的育龄男女中，生育意愿未满足的比例持续超过1/3。这些结果表明，除期望子女数极少（即0个或1个）的情况外，未满足的生育意愿在相当范围内普遍存在，且多数并未随生育年龄的推移、生育计划的逐步落实而消失。不难看出，这些数值包含了重要的公共需求信息，需要引起公共政策和服务提供者的足够重视。为此，剖析育龄人群未满足的生育意愿的成因，是构建和完善公共服务体系、推动实现适度生育水平的重要着力点。

---

① 由于各队列经历的政策约束不同，处于生育期末的45~54岁人口中生育意愿未满足的比例高于其他年龄组。

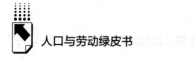

（二）生育的“门槛”与制约因素

育龄人群的生育意愿和需求满足情况，一方面与社会文化中生命事件序次推进的秩序以及实际进度效应有关。例如，在当今中国社会，婚姻依然是生育的前提，结婚的早晚会影响生育计划的推进，以及生育意愿的落实情况。类似地，对多数年轻人来说，获得稳定的工作是进入婚姻、组建家庭的前提，在就业形势严峻的背景下，年轻人的婚育行为也可能因就业压力而推迟。另一方面，生育和养育、教育活动紧密相连，共同构成家庭发展和世代传承的有机组成部分，也是人口再生产系统工程的必要环节。“养不教，父之过”，在当代社会，生育决策在很大程度上受养育、教育资源的预期投入和实际约束的影响，由此可能加剧生育意愿未满足情况。

第一，就业状况影响个人的收入来源及其稳定性，是当代年轻人构建家庭的重要条件，也对生育行为起着约束作用。“不立业，难成家”，在教育大众化背景下，个人社会经济地位的获得在很大程度上依赖教育等自致性因素，婚姻市场上的婚配选择也对自致性特征赋予了更高的重要性。在这一背景下，经济独立成为个人组建家庭的前提基础，获得稳定的就业在很大程度上是结婚和生育的先决条件。有学者利用中国家庭追踪调查 2014～2018 年数据研究发现，成功就业是当代青年人开启婚育进程的重要基础[1]；不稳定的就业、对未来预期的不确定性，均可能降低青年人结婚和生育的概率。

第二，婚姻为社会普遍接受的生育条件，结婚时间和婚姻稳定性影响生育意愿的落实。现阶段，年轻人的结婚年龄大幅推迟，离婚风险明显上升，这些现象通过压缩个人真正可能生育的历险时间，影响生育进程和结果。关于婚姻对生育水平的影响，已有不少经验研究进行了检验，研究结果印证了初婚年龄推迟和婚姻解体风险对满足生育意愿、实现较高生育水平的制约作用[2]。例如，郭志刚和田思钰通过标准化分析估计，若女性年龄别已婚比例保持 1990 年的水平不变，

---

[1] 潘修明、张春泥：《不“立业”，难“成家”——青年—成年转变中的就业状态与婚育行为》，《中国青年研究》2023 年第 8 期。

[2] 郭志刚、田思钰：《当代青年女性晚婚对低生育水平的影响》，《青年研究》2017 年第 6 期；李建新、盛禾：《邦戈茨生育模型演变及其对中国低生育水平的新解释》，《人口与经济》2024 年第 1 期。

则 2010 年和 2015 年标准化的总和生育率比实际水平分别高出 30% 和 50%，可见育龄女性的晚婚行为对降低生育水平具有重大影响。利用 2021 年中国综合社会调查数据计算发现，2021 年 25～34 岁男性中有三到六成尚未结婚，学历越高，未婚的比例越高。同一年龄段的女性未婚比例略低，但也呈现更为明显的学历差异，相对于低学历（初中及以下）女性较低的未婚比例（不超过 5%），中等学历（高中学历）① 女性中未婚比例在 20% 左右，大学本科及以上学历的女性相应比例则接近五成（见图 4）。尽管各年龄均有一定比例的未婚男女处于同居状态，不过到目前为止，在社会实践和文化制度意义上同居均未成为替代婚姻的生育场景。由此不难理解，育龄人群预期结婚时间的延迟必然推迟生育时间、压缩生育历险期，进而提高生育意愿未满足的发生概率。

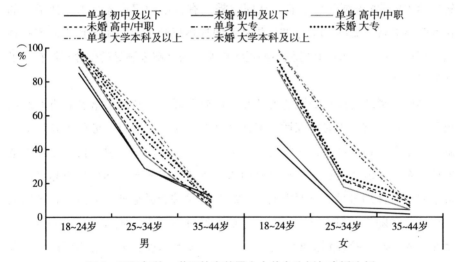

图 4　不同年龄、学历的育龄男女中单身比例与未婚比例

注："单身"指未婚且未同居。

资料来源：2021 年中国综合社会调查（CGSS）。

---

① 各学历未婚及单身比例的具体结果显示，女性中大专学历者的初婚进度与高中及中专学历者更为接近，初婚时间明显早于大学本科及以上学历者。对男性而言，各学历之间呈现较为均匀的梯度差异，大专学历与高中/中职、大学本科学历之间均呈现较明显的差异。其部分原因在于，在婚配实践中女性向上婚的模式仍然占主流，与大专学历女性、大学本科及以上男性相比，大学本科及以上女性的潜在婚配对象更少，因而更有可能推迟结婚。

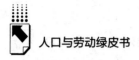

第三，家庭物质资源、住房条件等因素对生育决策具有重要影响。住房是家庭构建和发展必需的物质资源之一，对生育时间和生育数量有着直接的影响①。有研究基于2014年中国家庭追踪调查数据分析发现，住房价格上涨会显著降低家庭生育一孩及二孩的概率。结婚当年的房价每平方米上涨1000元，育龄夫妇生育一孩的可能性降低1.8%~2.9%，初育年龄提高0.14~0.26年；结婚5年后房价每平方米上涨1000元，二孩生育概率会降低2.4%~8.8%②。利用2021年中国综合社会调查数据，分析公众关于住房在生育决策中重要性的认知态度可以发现，拥有自有住房仍是不少年轻人落实生育计划的前提条件。调查结果显示，18~44岁男性和女性认同"需要有自己的房产才可以生孩子"的比例均超过1/4，其中女性相应比例（36.0%）高于1/3。对年龄较轻、学历较高的育龄男女而言，认同"需要有自己的房产才可以生孩子"的比例明显更高（见图5）。这些结果从不同视角反映了以住房为代表的家庭物质资源在当代年轻人婚育进程中的现实影响，为理解未满足的生育意愿补充了新的视角。

第四，婴幼儿照料资源的可及性对育龄人群生育意愿的落实具有客观约束作用。以往有不少研究探讨了家庭照料支持和公共照料服务的可及性对育龄人群生育决策的影响，研究发现，家中长辈能否提供照料支持会影响育龄人群生育二孩的决策；正规托育机构的可及性、服务质量和价格也是育龄人群落实生育计划考量的重要方面。2021年中国综合社会调查通过设计不同的虚拟情境和随机分组实验，调查了育龄人群对不同家庭收入、托育服务、长辈照料支持和一孩性别情境下生育二孩、三孩的态度，为理解不同照料资源对落实生育意愿的影响提供了类实验数据③。针对该调查中处于生育旺盛期（18~44岁）且存在未满足的生育需求的人群，分析不同情境下这些育龄人群认为不应该生二孩的比例，结果如表1和表2所示。一方面，在多数情境下，没有长辈提供照料支持时（即"自己照顾"），育龄人群认为不应该生二孩的

① 魏万青、马静：《从安全规范到抚养体验：住房对青年生育意愿的影响》，《中国青年研究》2023年第8期。

② 葛玉好、张雪梅：《房价对家庭生育决策的影响》，《人口研究》2019年第1期。

③ 关于调查及虚拟情境设计的具体介绍可参见项目官网：http://www.cnsda.org/index.php? r= projects/view&id=65635422。

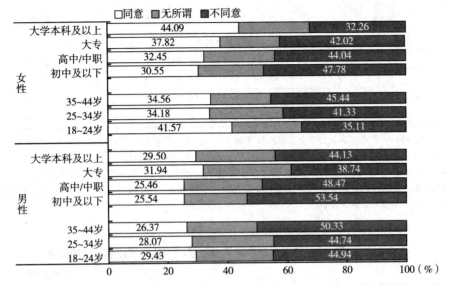

图 5　18~44 岁育龄人群关于"需要有自己的房产才可以生孩子"的认同情况

资料来源：2021 年中国综合社会调查（CGSS）。

比例明显更高；另一方面，相对于有政府或市场提供低价优质的托育服务的情形，无正式托育服务时育龄人群选择不应该生二孩的比例明显更高。这些结果印证了婴幼儿照料资源对生育意愿实现情况的重要作用。

**表 1　18~44 岁生育意愿未满足人群在不同虚拟情境下
认为不该生二孩的比例**

单位：%

托育方式	收入情况	仅有一个儿子		仅有一女儿	
		长辈支持	自己照顾	长辈支持	自己照顾
公共托育	低收入	54.17	71.43	69.23	48.28
	中收入	20.83	10.71	23.08	52.63#
	高收入	9.09	10.71	7.14	3.13
市场托育	低收入	56.52	60.61	19.23	51.85
	中收入	11.11	40.63	19.05	32.00
	高收入	2.94	15.15	12.12	4.55

续表

托育方式	收入情况	仅有一个儿子		仅有一女儿	
		长辈支持	自己照顾	长辈支持	自己照顾
无托育	低收入	63.33	60.00	52.38	72.00
	中收入	46.15	58.33	29.41#	50.00
	高收入	16.13	8.57	10.00	8.00

注：18~44岁有未满足的生育意愿的样本量为481，表中信息综合了原问卷中关于二孩生育意愿的两组问题的填答结果。由于所有被访者均填答两个随机情境，统计频次合计962。表中"不应该"的比例包含认为"1.非常不应该"和"2.不应该"两项。由于样本量较小，不同情境的实际填答人数在30人左右（#对应的有效样本低于20人，分别为17人和19人），表中部分结果可能因随机误差呈现一定的波动。

表2 城乡18~44岁育龄人群在不同虚拟情境下认为不应生二孩的比例

单位：%

托育方式	收入情况	仅有一个儿子		仅有一女儿	
		长辈支持	自己照顾	长辈支持	自己照顾
城镇					
公共托育	低收入	42.62	63.77	48.21	68.97
	中收入	18.03	19.12	24.00	37.68
	高收入	13.21	18.84	7.35	6.90
市场托育	低收入	50.00	56.34	21.31	55.00
	中收入	27.63	34.92	16.42	36.84
	高收入	6.06	19.70	15.79	14.52
无托育	低收入	64.10	84.91	62.12	72.00
	中收入	35.21	52.31	37.29	54.41
	高收入	13.64	15.94	9.38	21.43
农村					
公共托育	低收入	54.55	58.06	34.88	56.10
	中收入	20.00	24.24	19.44	30.77
	高收入	5.41	13.04	5.13	11.90
市场托育	低收入	31.25	39.58	35.90	42.86
	中收入	19.05	27.27	17.86	23.53
	高收入	2.27	15.79	6.67	9.38

续表

托育方式	收入情况	仅有一个儿子		仅有一女儿	
		长辈支持	自己照顾	长辈支持	自己照顾
无托育	低收入	55.26	76.47	40.74	63.16
	中收入	28.95	48.65	27.27	26.47
	高收入	11.11	6.82	18.18	14.29

注：分析对象为期望有 2 个及以上子女的育龄人群，样本量为 1834；由于每个被访者均填答 2 个随机情境问题，表中使用的统计频数合计 3668。

第五，性别平等化进程通过家庭内部性别分工实践，影响育龄夫妇的主观福祉和生育决策。20 世纪 60 年代以来最早从西方社会兴起的性别平等化运动在公共领域取得了显著成就，大量女性参与社会劳动，但家庭领域的性别平等化进程明显滞后。这一"未完成的性别革命"为职业女性带来了平衡"工作—家庭"的特殊困境，强化了职场性别歧视；这些因素在很大程度上抑制了职业女性的婚育意愿[①]。利用 CGSS2021 调查中收集的性别分工观念和态度信息，可以发现，现阶段育龄男女对"夫妻应该平等分担家务"持较高程度的认同（见图 6）。从 18～44 岁人群来看，男女认同"夫妻应该平等分担家务"的比例均在七成以上，且女性认同的比例（89.4%）显著高于男性（71.9%）[②]。尽管多数育龄男女认同家庭性别分工平等的合理性，在具体的情景和实践中，性别不平等观念依然盛行。例如，针对男性和女性因育儿放缓事业追求，不同人持不同态度。在 18～44 岁育龄男女中，认同"相比于母亲，父亲不应当因为照顾孩子而放缓事业上的进取"的比例均在 1/3 左右（男女分别为 35.4% 和 32.5%），反对的比例在四成左右（男女分别为 37.5% 和 45.5%）；另有 1/4 左右的人持"无所谓"的态度（见图 7）。受制度和文化传统等因素影响，社会预期和实践中女性在家务和育儿等方面投入的时间与精力远多于男性，以致于生育养育对育龄男性和女性个人发展的影响完全不同。这与经验研

① 张小鹿、孔海涛、阎虹戎：《父职参与和生育意愿》，《劳动经济研究》2023 年第 1 期。
② 值得一提的是，不同受教育程度的男女对"夫妻应该平等分担家务"的认同程度并非呈单调递升趋势，大学本科及以上学历的男性和女性认同相应观点的比例均不及大专学历和高中/中职学历者。这与以往关于学历越高性别观念越平等的研究发现有所不同，需要在后续研究中进一步检验和探讨其可能原因。

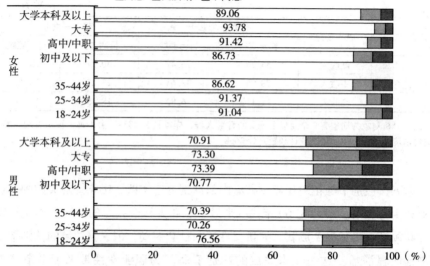

图6　18~44岁育龄人群关于"夫妻应该平等分担家务"的认同情况

资料来源：2021年中国综合社会调查（CGSS）。

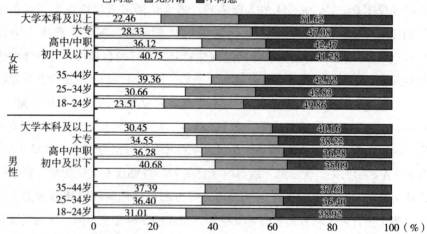

**图7　18~44岁育龄人群关于"相比于母亲，父亲不应当因为照顾孩子
而放缓事业上的进取"的认同情况**

资料来源：2021年中国综合社会调查（CGSS）。

究发现的"母职惩罚"与"父职溢价"效应相吻合①，这也为生育意愿的性别不平等提供了解释②。

最后，教育市场化背景下，优质教育资源总量稀缺加剧了教育竞争，在家庭对子女教育期望高企的背景下教育竞争压力深入家庭，进一步抑制了有效生育意愿。现代社会，家庭对子女教育的重视程度不断提高；在优质教育资源总量不足、分布不均的情形下，教育竞争不断激烈化和低龄化，越来越多有学龄（甚至学前）儿童的家庭被挟裹其中，"卷入"择校、影子教育等教育竞备活动。教育竞争引发了社会性养育教育焦虑，不少家长（主要是母亲）投入大量时间和精力辅导功课、规划和陪读辅导班③，不仅增加了其平衡"工作—家庭"的困难，而且极易引发亲子矛盾④。这些现象会阻碍生育计划的落实，抑制有效生育意愿。

概括起来，从人口再生产过程的各个环节来看，当前制约生育意愿落实的因素突出地体现在以下方面。第一，现阶段年轻人在职场上就业压力大、稳定性差等问题在客观上制约着其适龄婚育。年轻队列的初婚年龄一再推迟，不少年轻人甚至选择不婚。结婚率的下降和初婚年龄的推迟，从人口再生产过程的前端对生育历险人群及时长形成了限制，挤压了潜在生育空间，为生育率持续低迷埋下了伏笔。第二，生育养育负担的家庭化与育龄人群的个人发展需求相冲突，制约了生育意愿的落实。随着社会经济的发展，双职双薪家庭成为社会主流，但托幼等照料活动的社会化进程明显滞后，相应家庭责任有可能使育龄夫妇（特别是女性）的职业发展面临停滞或中断。由于产后需要投入较长时间抚育幼儿，生育和养育的机会成本可能因职场竞争、人力资本贬值等风险而攀升；在缺乏完善的就业保护机制和托育服务体系的情形下，育龄夫妇推迟或降低生育的可能性上升。第三，子女教育活动和升学竞争日益激烈，引发了社会性焦虑，也在相当程度上抑制了育龄人群实际生育行为。孩子质量替代数量是现代化过程中家庭生育

---

① 杨凡、何雨辰：《中国女性劳动供给中的"母职惩罚"》，《人口研究》2022年第5期。

② 张小鹿、孔海涛、阎虹戎：《父职参与和生育意愿》，《劳动经济研究》2023年第1期；石智雷、郑州丽：《性别视角下生育意愿研究》，《财贸研究》2023年第6期。

③ 杨可：《母职的经纪人化——教育市场化背景下的母职变迁》，《妇女研究论丛》2018年第2期。

④ 牛建林、齐亚强：《家庭教育期望的代际偏差、互动及影响》，《社会发展研究》2022年第3期。

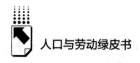

需求变化的重要表现形式，这一变化曾在人口转变过程中对生育率下降起到重要的推动作用。近年来，教育体系内部供求失衡的状况加剧了教育竞争程度，在城乡家庭对子女教育预期普遍较高的背景下，家长在子女教育活动中投入越来越多的时间与精力，这些因素进一步抑制了家庭生育意愿和生育行为。

四 生育养育公共服务与政策发展现状与不足

生育行为的社会属性及其公共价值在客观上要求建立和完善公共服务与政策体系，这也是化解公众生育需求未满足和生育水平持续低迷之间矛盾的必由之路。为了更有效地建设和完善生育养育公共服务体系，有必要对现有的政策和服务体系进行梳理总结。

自市场化改革以来，我国生育养育等领域的公共服务先后经历了去公共化和再公共化的过程。具体来说，20 世纪末，经济体制市场化改革打破了原有计划经济体制下与户口、单位挂钩的一系列福利制度，住房、托育、教育、医疗等领域开始进入市场化轨道。这些市场化改革举措通过剥离企业等经济体的社会功能，促进了经济快速增长；但这一过程也推动了收入差距的不断拉大，以及住房、教育、医疗等商品与服务的价格飙涨，导致市场供给和需求开始分化，中低收入群体的有效需求受到不同程度的约束。21 世纪以来，为推动全体人民共享发展成果，国家出台了一系列政策和改革措施以提高基本公共服务可及性和均等化程度，为促进个人与家庭发展、缓解生育养育的现实困境探索可能的公共服务和制度支持。以下将针对前文分析的生育意愿未满足的制约因素，梳理相关领域的公共服务与政策发展现状，探讨可能存在的问题与不足。

（一）住房

20 世纪末以来，我国住房领域经历了房价快速飙涨、家庭住房财富分化和购房困难等问题[①]。1998 年 7 月 3 日，《国务院关于进一步深化城镇住房制度改革　加快住房建设的通知》（国发〔1998〕23 号）要求彻底停止住房实物分配；7 月 20 日，国务院发布《城市房地产开发经营管理条例》（国务院令

---

① 陈杰：《新中国 70 年城镇住房制度的变迁与展望》，《国家治理》2019 年第 14 期。

第 248 号）明确政府不再对商品住房价格进行管控。这些政策文件的发布标志着我国住房制度进入全面市场化时代。2003 年 8 月 12 日，国务院发布《关于促进房地产市场持续健康发展的通知》（国发〔2003〕18 号），正式确立了房地产作为支柱产业的地位，并将以经济适用房为主的住房政策改为"实现多数家庭购买商品房"。此后，住房价格经历了较长时期的快速攀升。尽管其间国家采取了一系列调控和稳定房价的举措①，但房价飙升仍使多数普通家庭购房困难不断增大。据统计，我国不少城市的房价收入比位居世界前列②，客观上阻碍了年轻人的婚育进度。

近年来，国家在住房领域出台了一系列公共政策，但其主要政策对象是特殊困难的低收入家庭。例如，2007 年 8 月 7 日，国务院办公厅发布《国务院关于解决城市低收入家庭住房困难的若干意见》③（国发〔2007〕24 号）明确，"把解决城市（包括县城，下同）低收入家庭住房困难作为维护群众利益的重要工作和住房制度改革的重要内容，作为政府公共服务的一项重要职责，加快建立健全以廉租住房为重点、多渠道解决城市低收入家庭住房困难的政策体系"。此后，国家进一步扩大保障房建设计划，提高保障覆盖率、优化保障房供应结构。2014 年起，公共租赁住房和廉租住房并轨，发展公共租赁住房制度，推行共有产权住房试点；2016 年中央经济工作会议明确提出"房住不炒"原则，要求加快发展住房租赁市场；党的十九大报告再次强调"房住不炒"，提出"加快建立多主体供给、多渠道保障、租购并举的住房制度"。这些政策举措为住房市场化形势下实现全体人民"住有所居"做出了积极探索，不过，截至目前，住房保障制度的着眼点依然是低收入家庭，尚未形成完备的住房公共服务和支持体系。

从生命历程发展的一般规律来看，年轻人的住房需求具有刚性特征，是其成家、乐业的重要支撑。因此，从系统性观念出发，完善住房领域的公共服务

---

① 例如，2005 年 3 月 26 日，国务院办公厅下发《关于切实稳定住房价格的通知》（国办〔2005〕8 号）（俗称"老国八条"），第一次将房地产市场调控提升到国家层面。随后的"新国八条""七部委八条"等文件分别对房地产供给结构、税收、房贷、违规销售及炒房等方面做出更加严格的规范和要求。

② 刘姝辰：《家庭住房产权与婚姻关系、生育决策》，山东大学博士学位论文，2021。

③ https://www.gov.cn/zwgk/2007-08/13/content_714481.htm.

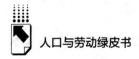

体系，应当重视生命历程不同阶段的突出特征与需求差异，高度重视住房需求对年轻人构建家庭和发展事业的重要意义。通过建立过渡性住房支持和保障制度，缓解年轻人普遍面临的购房困境，助力其适时组建家庭、真正实现安居乐业。在人口与经济社会转入高质量发展的新时代，这些制度安排对促进人口和社会经济高质量发展具有特别重要的意义。

（二）就业支持

"安居"和"乐业"是年轻人对美好生活的基本需求。就业状况及其稳定性预期是多数年轻人构建家庭和落实生育计划的前提，对家庭发展和人口再生产具有重要影响。从国际经验来看，就业领域的制度和公共服务影响家庭发展及生育养育的机制，通过为育龄人群（特别是女性）提供就业权益、育儿支持和就业性别平等（如同工同酬）等方面的制度保障和服务支持，可影响生育行为及其需求满足情况[1]。

我国就业领域与生育养育相关的制度主要为产假制度。现行的法定产假制度最早于1951年出台，此后产假时长和覆盖范围逐步拓展。从全国层面的产假制度来看，法定产假从1951年的56天延长至1988年的90天、2017年的98天；产假覆盖范围由1988年的"国家机关、人民团体、企业、事业单位的女职工"扩展到2012年的"中华人民共和国境内的国家机关、企业、事业单位、社会团体、个体经济组织以及其他社会组织等用人单位及其女职工"。截至目前，城镇非正规就业女性和农业劳动女性未被纳入产假制度的覆盖范围。按照国际劳工组织估计，中国法定产假的覆盖面仅为10%～32%[2]。在地方层面，多数省份的《人口与计划生育条例》规定，按政策生育（2016年以前为"计划生育"）的夫妇中男性享有7～30天的陪产假（或称护理假）用以照顾妻子，休假期间工资替代率为100%；另有10余个省份的《人口与计划生育条例》对女性设置了类似育儿假的假期，与产假时长合计为10.5～17个月。按照条例规定，育儿假仅针对母亲设立，仅新生儿的母亲可以享受。

① 庄渝霞：《母职惩罚理论及其对女性职业地位的解释——理论进展、路径后果及制度安排》，《国外社会科学》2020年第5期。

② Addati, L. "Extending Maternity Protection to All Women: Trends, Challenges and Opportunities," *International Social Security Review*, 1 (2015).

近年来，我国政府出台了一系列促进就业的政策文件，突出强调了公共政策中就业性别平等和家庭友好的就业促进理念。2021年8月27日，《国务院关于印发"十四五"就业促进规划的通知》①（国发〔2021〕14号），提出要"着力打造覆盖全民、贯穿全程、辐射全域、便捷高效的全方位公共就业服务体系"。就业促进规划关于促进平等就业、消除就业歧视的规定明确，要"保障妇女在就业创业、职业发展、技能培训、劳动报酬、职业健康与安全等方面的权益，为因生育中断就业的女性提供再就业培训公共服务"，"将生育友好作为用人单位承担社会责任的重要方面，鼓励用人单位制定有利于职工平衡工作和家庭关系的措施，依法协商确定有利于照顾婴幼儿的灵活休假和弹性工作方式"；同时要"督促企业依法落实工时制度，保障劳动者休息休假权益"。这些规划内容体现了国家政策对就业促进及生育友好的重视，也从侧面反映了目前劳动力市场中客观存在的问题与障碍，包括女性面临的就业歧视、因生育中断职业的风险②、超时工作、刚性工作安排等，这些问题无疑会对家庭生育和养育产生挤压。

除就业促进规划外，《中国妇女发展纲要》也为促进女性就业与发展、消除就业性别歧视提供了重要纲领性文件。2021年9月27日，国务院发布《国务院关于印发中国妇女发展纲要和中国儿童发展纲要的通知》③（国发〔2021〕16号），其中《中国妇女发展纲要（2021—2030年）》（以下简称《纲要》）强调"坚持男女两性平等发展""促进妇女全面发展"。针对女性生育后的职业发展，《纲要》明确，"禁止用人单位因女职工怀孕、生育、哺乳而降低工资、恶意调岗、予以辞退、解除劳动（聘用）合同"④，"推动落实生育奖励假期间的工资待遇，定期开展女职工生育权益保障专项督查"，"为女性生育后回归岗位或再就业提供培训等支持"。《纲要》同时提出，要"完善产假制度，探索实施父母育儿假"，"督促用人单位落实探亲假、职工带薪休假、配偶陪产假

---

① https://www.gov.cn/zhengce/content/2021-08/27/content_5633714.htm.

② 杨凡、何雨辰：《中国女性劳动供给中的"母职惩罚"》，《人口研究》2022年第5期。

③ https://www.gov.cn/zhengce/zhengceku/2021-09/27/content_5639412.htm.

④ 2012年4月28日国务院第200次常务会议通过的《女职工劳动保护特别规定》（国务院令第619号）第五条明确，"用人单位不得因女职工怀孕、生育、哺乳降低其工资、予以辞退、与其解除劳动或者聘用合同"。参见 https://www.gov.cn/zwgk/2012-05/07/content_2131567.htm。

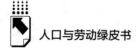
等制度"，"鼓励用人单位实施灵活休假和弹性工作制度"，创造生育友好的工作环境，支持男女职工共同履行家庭责任。

这些政策文件对就业性别歧视、休假制度、工作安排等制约生育的突出矛盾提出了针对性解决思路，为回应生育率持续低迷的时代之问提供了纲领性指导。值得注意的是，这些政策文件的落实是真正解决相应问题与矛盾的关键。目前，相关政策文件还缺乏详细具体的实施方案和完善的体制机制保障，政策的落地实施尚处于探索阶段。因而，必须推动法律和制度建设，通过制定具体的实施细则和配套的奖惩机制、监督管理和执行机制，确保中央政策要求落到实处。从国际经验来看，呼吁和鼓励用人单位承担社会责任仅仅是制度建设的一小步，要真正推动用人单位实施生育友好和育儿支持，必须制定切实有效的支持政策，充分运用税收优惠、金融手段、固定资产折旧管理等方式来真正撬动用人单位的生育友好行动，发挥社会支持和带动效应。

（三）生育、养育和教育

在人口再生产开启少生优育的时代背景下，生育、养育和教育成本成为影响家庭生育决策和需求满足状况的重要因素。据《中国生育成本报告2024》估计，在中国，家庭将孩子从出生抚养到17岁的养育成本均值为53.8万元，城镇和农村分别为66.7万元和36.5万元；将孩子培养到大学本科毕业的成本为62.7万元。按人均GDP水平来折算，我国家庭养育成本相当于人均GDP的6倍以上，超过多数发达国家，几乎处于全球最高水平①。

围绕家庭生育、养育和教育成本过高的问题，近年来，中央政府和相关部委出台了一系列政策文件，致力于解决相应问题。2021年7月20日，《中共中央　国务院关于优化生育政策　促进人口长期均衡发展的决定》②（以下简称《决定》）正式发布，指出"经济负担、子女照料、女性对职业发展的担忧等成为制约生育的主要因素"，提出要"降低生育、养育、教育成本"，"发展普惠托育服务体系"，完善生育休假和生育保险制度，"支持有条件的地方

---

① 据估计，在瑞典，将孩子从出生抚养到年满18岁的抚养成本约相当于人均GDP的2.91倍，法国为2.24倍，德国为3.64倍，澳大利亚为2.08倍，美国为4.11倍，日本为4.26倍，而中国则高达6.3倍。

② https://www.gov.cn/zhengce/2021-07/20/content_5626190.htm。

开展父母育儿假试点，健全假期用工成本分担机制"。围绕这些政策目标，《决定》进一步提出要"研究推动将3岁以下婴幼儿照护费用纳入个人所得税专项附加扣除"，"制定根据养育未成年子女负担情况实施差异化租赁和购买房屋的优惠政策"；针对照料和教育负担，要"推进城镇小区配套幼儿园治理，持续提升普惠性幼儿园覆盖率，适当延长在园时长或提供托管服务"，"推进义务教育优质均衡发展和城乡一体化"，"依托学校教育资源，以公益普惠为原则，全面开展课后文体活动、社会实践项目和托管服务，推动放学时间与父母下班时间衔接"。

《纲要》进一步强调，"完善人口生育相关法律法规政策，推动生育政策与经济社会政策配套衔接"，切实"减轻家庭生育、养育、教育负担"，"完善幼儿养育、青少年发展、老人赡养、病残照料等政策，形成支持完善家庭基本功能、促进男女平等和妇女全面发展的家庭政策体系，增强家庭发展能力"。《纲要》提出，要"拓展支持家庭和妇女全面发展的公共服务"，推动建立普惠的婚姻家庭辅导服务和家庭教育指导服务，"促进夫妻共同承担未成年子女的抚养、教育、保护责任"，创造有利于未成年子女健康成长和发展的家庭环境。

2022年7月，国家卫生健康委、国家发改委等17部门印发《关于进一步完善和落实积极生育支持措施的指导意见》①（国卫人口发〔2022〕26号）"将婚嫁、生育、养育、教育一体考虑"，从7个具体方面完善和落实财政、税收、保险、教育、住房、就业等积极生育支持政策措施，具体包括：一是提高优生优育服务水平，二是发展普惠托育服务体系，三是完善生育休假和待遇保障机制，四是强化住房、税收等支持措施，五是加强优质教育资源供给，六是构建生育友好的就业环境，七是加强宣传引导和服务管理。指导意见共提出20项具体政策，提出"尽力而为、量力而行、综合施策、精准发力"的总体要求，要求"落实政府、用工单位、个人等多方责任"。

综上所述，近年来为适应我国人口和经济社会发展新时代的特点与要求，国家出台了一系列纲领性政策文件，为支持生育养育的制度建设、公共服务及政策举措指明了方向。然而截至目前，这些政策文件的落地实施还处于探索阶段。

---

① http://www.nhsa.gov.cn/art/2022/8/17/art_104_8860.html.

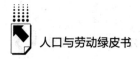

一是目前关于生育养育的公共政策尚未形成系统性、整体性的制度框架和实施细则，制度的法律保障、执行机制和管理程序等方面还存在明显的空白；二是现有相关公共政策散布在不同领域、不同文件中，各领域的政策文件实际覆盖范围不同，未能真正体现公共政策体系的公共性和广覆盖性；三是政策的落地实施涉及多个领域、不同部门，因而亟须能够协调各领域各部门的管理监督机构，真正保障政策能够突破部门壁垒有效实施，这也是现有政策框架缺失的内容。

五　完善生育养育公共服务体系的构想

近年来围绕生育养育的配套支持，国家已出台了不少政策。相关政策的出台为建成覆盖全面、完善的生育养育公共支持和服务体系提供了纲领性指导，但目前政策的落实还处在初始探索阶段，距离建成完善的生育养育公共服务体系还有较长的路。

新公共服务理论指出，公共服务体系建设需要以满足公共需求为目的，充分体现其公共性、服务性和发展性等本质要求。生育养育作为人口再生产的核心组成部分，对人口高质量发展和中国式现代化建设具有直接影响；加之，在当代社会，生育养育产生的社会价值远远超出家庭收益，具备了鲜明的社会属性。因而，建立和完善生育养育公共服务体系须以满足生育养育相关的公共需求为根本目的，为全体居民提供完备的公共产品和服务。结合现阶段生育养育相关的公共需求及其满足情况的基本特征，完善生育养育公共服务体系应当从以下几个方面着力。

首先，明确政府的主体性地位和公共责任。生育养育的社会价值决定了相应公共服务体系建设应当突出政府的主体性地位和公共责任，由中央政府统筹规划并整体推进公共服务体系，以确保制度设计的整体性和系统性，保证制度实施和政策执行协调高效、具有可持续性，不受单个群体或部门利益的干扰。具体来说，政府的主体性地位可以体现在以下方面。一是推动制度与法律体系建设。明确生育养育公共服务建设的责权利主体，为公共服务体系的建设、运行和管理、监督提供完备的法律依据和制度保障。二是在统筹规划、完善顶层设计的基础上，建立完善的运行和管理机制。明确政府各部门的职责分工，为层层落实责任、完善公共服务体系提供实施机制和组织保障。三是健全监督、评价和指导体系。在整体设计的基础上，建立科学有效的监督和评价体系，形成对生育、养育、教育、医疗、住房等方面服务效能的全面、常态化的督查评估，为公共服务体系的动态调整与完善提供科学指导。

其次，通过完善体制机制，调动多元主体的力量共建共享公共服务体系。在公共服务体系的整体框架下，使地方政府、社会组织、市场及家庭发挥应有的作用。如前文所述，现阶段生育养育的制约因素涉及多个方面、反映在不同环节，这意味着公共需求具有多元性、多样性和可变性。政府的主体性地位和公共责任并不意味着政府大包大揽或实行一刀切的高度福利化，这不符合当前我国社会经济发展阶段的特点，而且容易出现低效和财政负担过重、不可持续的问题。因此，在政府统筹设计的框架体系下，按照相应制度和法规，鼓励并调动多元社会主体参与共建具有必要性和可行性。在这一方面，最新的政策文件已明确鼓励多元主体参与。但由于缺乏具体的落实机制，不少政策指令以"鼓励""支持"等表述出现，还停留在指导性意见层面。针对这一现状，一些发达国家的改革和发展实践积累了值得借鉴的重要经验。例如日本通过出台"次世代育成支援对策推进法"，强制地方政府和用人单位制定支持员工育儿的行动计划，规定用人单位必须为有 3 岁以下婴幼儿的员工建立短期工作制度，免除加班义务；通过补贴和政策优惠推动用工单位落实男性员工参与育儿的支持计划，等等。

再次，注重公共服务体系建设的系统性和前瞻性。在统筹规划和整体设计的基础上，建立覆盖婚姻、生育、养育和教育等环节的、全生命周期友好的公共服务支持体系，协调推进公共政策的落实。一方面，要扎牢公共服务网络，为公众生命历程全过程中有序推进重要生命事件、落实社会生产和人口再生产计划提供支持，保障基本公共需求得到满足。另一方面，贯彻公共服务体系建设的系统性要求，从动态发展的角度出发统筹规划和整体设计，注重前瞻性、连续性和动态可调适性。以托育服务体系建设为例，国家"十四五"规划纲要明确提出要增加托位数，以解决托育服务需求。然而，调查研究表明，现实中一半以上的托位处于闲置状态，未得到有效利用①。考虑到新生人口规模近年来已出现快速缩减趋势，托位扩张规划需要基于对出生人

① 马春华：《中国儿童托幼服务公共化：整体框架和地方实践》，《妇女研究论丛》2023 年第 4 期。

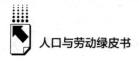

口规模和公共需求的动态趋势的前瞻性研判，在此基础上制定更为科学有效的发展规划，包括托幼一体化发展、整合养老托幼服务资源等，避免重复建设和有限的公共资源被浪费的情况。这一过程离不开行政管理的协同推进，解决部门分割（例如目前0~2岁幼儿由卫生健康部门负责、3~5岁儿童由教育部门负责）导致的行政管理低效失效等问题，这其中政府统筹设计和整体推动起着至关重要的作用。

生育支持政策的瞄准、效率与可持续性

马 超*

摘 要： 我国生育支持政策顶层设计已初步完成，但以提高政策有效性和可持续性为目的的政策瞄准机制尚不健全。本文首先以扶贫政策为例系统介绍社会政策瞄准方法，并从识别指标和群体两个维度突出了生育支持的政策瞄准特点，随后概述了我国生育支持的政策瞄准现状。基于统计年鉴、历次人口普查汇总数据和微观调查数据的分析发现：首先，我国各年龄段未育妇女的生育意愿显著高于已育妇女，提高一孩生育率仍应是当前生育支持政策关注的重点。其次，我国的生育峰值年龄有明显推迟的趋势，在政策瞄准时也应相应向生育峰值年龄段的育龄妇女倾斜。再次，乡村、镇的一孩生育率下降明显，二孩及以上生育率增幅也呈现放缓趋势，生育支持的政策瞄准也应充分考虑城乡差异。最后，30~39岁已育高收入女性未来3年有生育计划比例高于低收入女性，因此有针对性地提升高人力资本家庭生育率也可有效提高生育支持政策瞄准精度。

关键词： 生育支持政策 政策瞄准 生育率

我国生育支持政策体系的建立是党中央应对人口总量趋势性转折、促进人口长期均衡发展的重要部署。2021年6月，中共中央、国务院发布《关于优化生育政策促进人口长期均衡发展的决定》，提出实施"三孩生育政策及配套支持措施"，建立"积极生育支持政策"。2022年8月，国家卫生健康委、国家发展改革委等17部门联合印发《关于进一步完善和落实积极生育支持措施的指导意见》，从优生优育服务、普惠托育服务、生育休假和待遇保障、住房

---

* 马超，中国社会科学院人口与劳动经济研究所助理研究员，主要研究方向为劳动经济学。

税收支持、优质教育资源供给、生育友好的就业环境等维度提出要"加快建立积极生育支持政策体系"。至此，我国生育支持政策体系的顶层设计初步完成。从政策定位的角度，我国的生育支持政策实际上融合了国际上普遍实施的鼓励生育政策（Pronatalist Policy）和家庭政策（Family Policy）①，是在生育率持续低迷背景下提出的为育龄人群和家庭提供生育支持和服务的一体化政策②。

社会政策的成本与收益决定了政策的可持续性。然而，与其他人力资本投资相关的社会政策类似，生育支持政策的综合收益较难度量。这主要体现在受益主体难以确定（家庭、企业、地方政府、中央政府等），以及收益难以量化（例如青年人口数量增加对技术创新的正向影响）。因此，对于生育支持政策的评估主要集中在如何以最少的财政投入实现给定的生育目标，即生育支持政策的有效性评价。以扶贫政策为代表，政策瞄准方法的应用显著提高了普惠型社会政策的有效性。本文在社会政策瞄准的分析框架下，利用统计年鉴、人口普查汇总数据和微观调查数据，识别了生育支持政策的重点瞄准人群，并以政策瞄准为基础讨论如何提高我国生育支持政策的有效性和可持续性。

一 生育支持的政策瞄准特点

有效识别政策目标人群是社会政策实施的关键。生育支持的政策瞄准在方法和机制上与其他社会政策瞄准有很多相似之处，但又具有自身的特点。本节通过比较生育支持与其他社会政策在政策瞄准方面的异同，探讨生育支持的政策瞄准内涵、方法和机制，为后文的实证分析提供理论支撑。

（一）社会政策瞄准方法：以扶贫政策为例

长期以来，社会政策制定者面临的最主要问题就是如何将有限的公共资源向最需要的人群倾斜，这促进了政策瞄准作为政策工具广泛应用于社会实践。

---

① 任正委、包芊颖、张兴文等：《生育支持的政策瞄准——基于"初婚—生育孩次"递进模型的发现》，《中国人口科学》2024 年第 2 期，第 35~50 页。

② 宋健、阿里米热·阿里木：《生育支持政策的评估：欧洲实践与中国思考》，《西北人口》2023 年第 3 期，第 1~11 页。

政策瞄准过程是在既定政策定位下明确政策目标，继而选择瞄准机制并应用瞄准方法①，其中瞄准方法的选择对政策瞄准效果起到了决定作用。以扶贫政策为例，较为通行的扶贫政策瞄准方法包括家计调查（Means Tests）、代理家计调查（Proxy Means Tests）、社区瞄准（Community-based Targeting）、地区瞄准（Geographic Targeting）和自我瞄准（Self-targeting）。政策瞄准有效促进了政策资金向最贫困家庭倾斜，提高了扶贫政策的有效性。当政府面临较大财政收支压力时，越来越多的发展中国家运用不同政策瞄准方法组合以实现对贫困人群的精准识别。表1总结了不同扶贫政策瞄准方法的优劣势。

表1　扶贫政策瞄准方法比较

瞄准方法	描述	优势	劣势
家计调查	真实消费或收入与贫困线比较以识别贫困户	当真实消费或收入数据可得时可以非常精确识别贫困户	收集潜在贫困户的消费或收入数据成本较高
代理家计调查	以可观测、易获得且可核实的指标替代消费或收入，与贫困标准比较以识别贫困户	可以较为精准且节约成本地识别长期贫困户	无法评估短期冲击对贫困户消费或收入的影响
社区瞄准	社区管理者决定贫困户资格	融合了社区对家户的认知，且可以充分考量短期冲击对家户消费和收入的影响；可以为家户提供社区层面的支持	贫困户评定过程欠透明因而容易产生寻租空间
地区瞄准	以地域确定瞄准对象，包括地区内的所有家户	便于实施且过程透明；可以迅速瞄准因自然灾害而受冲击的贫困户	未考虑地域内家户间的消费或收入差异
自我瞄准	贫困家庭根据补贴水平和申领成本自我选择是否申请	便于实施且政策实施成本低	易给申领者带来羞耻感；政策宣传不力将降低参与率

资料来源：根据 Leite, P. "Effective Targeting for the Poor and Vulnerable," *Social Protection Discussion Papers and Notes* (2014) 整理得到。

---

① Gilbert, N. *Targeting Social Benefits：International Perspectives and Trends*, New York：Routledge, 2001.

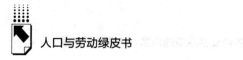

在扶贫实践中,组合运用多种政策瞄准方法的瞄准效果优于依靠单一瞄准方法的识别效果。例如,在政策实施前期社区可以先提供辖区内潜在贫困户名单,再利用代理家计调查在潜在贫困户名单中遴选或确认最终贫困户。综合运用政策瞄准方法的好处在于方法组合可以实现不同瞄准方法间的优势互补,以最小化政策瞄准偏差。

(二)生育支持的政策瞄准特点

根据国外的政策实践,生育支持的政策瞄准首先进行类别瞄准,即根据育龄妇女年龄、孩次识别对总和生育率影响最大的人群,以期提高生育率、增加出生人口。类别瞄准方法主要是总和生育率分解法。其次,在类别瞄准基础上进行贫困瞄准,即根据家庭消费、收入等指标识别生育养育负担重的人群,以期减轻家庭生育养育负担、提高生育水平。生育支持政策中的类别瞄准和贫困瞄准分别体现了鼓励生育政策和家庭政策的政策定位。有别于其他社会政策瞄准,生育支持的政策瞄准具有自身特点,主要体现如下。

1. 生育支持的政策瞄准识别指标难以度量

有别于扶贫政策瞄准可使用真实消费、收入或替代指标识别贫困户,生育支持的政策瞄准主要基于生育意愿的测量,而生育意愿又可拓展为包括生育动机、生育愿望和生育计划的序列性指标体系。其中生育愿望(Fertility Desires)度量了人们渴望生育子女的数量,与家庭经济条件、受教育程度、健康和工作状态等现实状况相关性低,回答的是"想不想生和想生几个"的问题;生育计划(Fertility Intentions)是家庭根据经济条件、健康状况和工作状况综合计算生育的机会成本后做出的生育决策,与现实状况有较高的相关性,回答了"敢不敢生和敢生几个"的问题。

研究认为,生育愿望与价值观念、成长与生育经历等有关,短时间内无法改变。生育计划与生育愿望的差距反映了育龄夫妇因生育机会成本无法实现的生育数量,是生育支持政策最佳的介入点。因此可以说,生育支持政策主要目的是缓解"想生而不敢生"的问题,缩小生育愿望与生育计划间的差距①。关

---

① 王军、王广州:《中国三孩政策下的低生育意愿研究及其政策意涵》,《清华大学学报》(哲学社会科学版)2022年第2期,第201~212页。

于生育意愿的测量方法，学界普遍使用理想子女数、期望生育子女数、生育意向和生育计划等指标①。理想子女数反映了生育观念，期望子女数即"您计划生几个孩子"，生育意向即"是否打算再要一个孩子"，生育计划纳入了时间维度用以度量育龄夫妇的实际生育打算。与此同时，生育意愿的测量也经历了从单一测量向量表测量的转变。例如生育愿望可分为"愿望子女数量"和"愿望强度"两个维度，后者即采用了量表测量的方式。

综上所述，生育支持的政策瞄准要准确识别"想生而不敢生"的群体，即生育愿望大于生育计划的育龄夫妇。然而在社会调查中，生育计划本身就是受访者综合了当前经济、工作、健康状况的主观判断，会受到短期经济波动和长期经济预期的影响。其次，社会调查中的主观回答也受到调查环境和访员特征的影响，存在较大的测量误差。生育意愿指标体系的构建也是一个不断完善的过程。因此，生育支持的政策瞄准识别标准的度量存在难以量化、测量误差较大等问题，这加大了生育支持的政策瞄准难度。

2. 仅靠消费、收入信息进行瞄准忽视了对高收入群体的生育支持

生育支持政策的贫困瞄准旨在识别生育养育负担重的人群，以期减轻家庭生育养育负担。家庭生育养育负担一部分是以货币形式体现，例如生育养育子女期间花费的医疗、教育、食品、交通等直接成本。而另一部分则以父母的时间成本体现（即机会成本）。时间成本的本质是父母为了生育养育子女而放弃了工作、闲暇机会所产生的间接成本。生育养育的时间成本一般以父母单位时间工资收入乘以生育养育所耗时间计算。由于人力资本在人群中服从一定分布，这导致不同人力资本水平家庭的单位时间工资收入（即单位时间工资率与人力资本存量的乘积）存在差异，因此生育养育子女的时间成本在不同人力资本水平家庭也不尽相同。

如果以家庭消费或收入作为生育支持政策贫困瞄准的指标，则突出了对生育养育的直接货币成本的度量而忽略了生育养育的时间成本测算。由于富裕家庭的工资收入较高，与贫困家庭相比生育养育相同数量子女的时间成本更高，生育养育负担更重。与之相反，贫困家庭虽然生育养育子女的直接成本占家庭总支出比重较高，但以工资收入衡量的时间成本相对较低。因此，

---

① 郑真真：《生育意愿的测量与应用》，《中国人口科学》2014 年第 6 期，第 15~25 页。

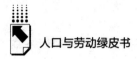
仅依靠家庭消费或收入信息识别生育养育负担重的人群会遗漏高人力资本水平人群。这显然降低了生育支持的政策瞄准精度。此外，根据经济学经典的子女数量—质量权衡取舍机制（Quantity-Quality Trade-off），高收入家庭选择减少生育子女数量、增加子女的教育投入以实现"以质换量"。提升高收入家庭生育水平、减轻数量—质量权衡取舍机制对高收入家庭生育行为的负向影响，不仅有助于提升全社会整体生育水平，也有助于提高社会平均人力资本水平（高收入家庭对子女的教育投入更大）。很明显，生育支持政策的贫困瞄准方法无法识别生育养育负担较重的高收入群体，从生育数量—质量权衡取舍的视角也不利于人口高质量发展。

（三）我国生育支持的政策瞄准现状

目前我国尚未出台国家层面统一的生育支持政策，各地根据自身实际情况相继出台了一系列旨在降低生育成本、提高生育率的生育支持政策。政策类别上按照政策对象划分，包括面向家庭的支持政策，如3岁以下婴幼儿照护个人所得税专项附加扣除、产假陪产假延长、生育补贴、托育补贴等；面向托育和教育机构的支持政策，如托育机构建设补贴、运营补贴和示范奖励补贴等；以及面向用人单位和城乡社区的支持政策。政策瞄准主要应用于面向家庭的生育支持政策。

瞄准方法上，全国层面出台的旨在减轻育儿负担的税收减免政策本质上是普惠型社会政策。2023年8月，为了进一步减轻家庭生育的支出负担，国务院印发《关于提高个人所得税有关专项附加扣除标准的通知》。根据《通知》要求，3岁以下婴幼儿照护专项附加扣除标准，由每个婴幼儿每月1000元提高至2000元；子女教育专项附加扣除标准，由每个子女每月1000元提高至2000元。个人所得税专项附加扣除需要符合资格的申领人在个税App上填报申请外，又具备一部分自我瞄准的特征。

地方层面出台的生育养育补贴政策的瞄准方法主要是类别瞄准。一次性生育补贴根据孩次、夫妻户籍识别政策对象。例如，深圳市对一孩、二孩、三孩的一次性生育补贴标准分别为3000元、5000元和10000元。部分地方的一次性生育补贴仅面向二孩、三孩，例如，云南省的生育补贴仅针对二孩、三孩，补贴标准分别为2000元和5000元；长沙市仅针对三孩提供一次性10000元的生育补贴。此外，部分地方也依据孩次按月、按年或一次性提供育儿补贴。例如深圳市对一孩、二孩、三孩按年提供标准分别为1500元、2000元和3000元的育儿补贴；哈尔滨市对二孩、三孩按月提供标准分别为500元和1000元的育儿补贴；杭州市则面向二孩、三孩家庭一次性提供5000元和20000元的育儿补贴。按月和按年发放的育儿补贴，除武汉东湖高新区发放至6周岁外，其余地区均发放至3周岁。此外，地方层面的生育养育补贴政策还以户籍识别政策对象，普遍要求夫妻一方或双方为本地户籍，部分地方同时要求子女入户。

此外，地方层面出台的面向家庭的生育支持政策还包括住房支持、托育服务、医疗服务、社会保险、养老服务和创业服务。政策瞄准方法上仍依据孩次、夫妻户籍进行类别识别。部分地方面向未满3周岁婴幼儿家庭提供的托育服务消费券只能在定点托育服务机构使用，具有一定的地区瞄准特征。

综上，我国的生育支持政策实践仍处在起步阶段，政策瞄准方法相对单一。全国层面的生育支持政策具有普惠型社会政策的特点，政策瞄准方法上虽然应用了自我瞄准，但普惠特征更为凸显，申领人并非根据生育意愿与补贴标准做出申领决策。地方层面的生育支持政策依据孩子、夫妻户籍对政策对象进行类别瞄准，并未综合考量不同家庭生育意愿的差异，政策瞄准缺乏有效性，存在一定的瞄准偏差。

二 生育支持的政策瞄准的实证分析

本节基于统计年鉴和历次人口普查汇总数据，并结合微观劳动力市场调查数据，从实证角度对我国生育支持政策进行瞄准分析。

（一）不同孩次总和生育率变动趋势

图1展示了2011~2022年我国15~49岁育龄妇女分孩次总和生育率的变动趋势，数据体现了如下三个特征：首先，一孩总和生育率整体呈现下降趋势，从2012年最高点的0.797下降至2021年的0.520，后又出现小幅反弹升至2022年的0.610；其次，数据显示全面二孩政策效应消退显著，2013~2017年二孩生育意愿集中释放，总和生育率从0.390迅速提升至0.806，而后迅速回落至2022年的0.315，与2011年二孩生育率基本持平；最后，三孩总和生育率缓慢增加，三

孩政策效应并未充分体现。综合以上数据，提高一孩生育率、瞄准未生育的育龄夫妇，是当前生育支持政策应关注的重点。

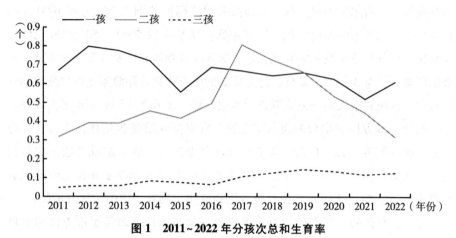

图1 2011~2022年分孩次总和生育率

资料来源：根据历年《中国人口和就业统计年鉴》计算得到。

2011~2022年分孩次出生人数占比如图2所示。与图1趋势一致，全面二孩政策使二孩出生人数占比一度达到了2017年51.8%的峰值，而后缓慢回落至2022年的31.7%。一孩出生人数占比从2011年的66.4%下降至2018年的41.3%，而后逐步回升至2022年的55.2%。三孩出生人数占比自2011年的

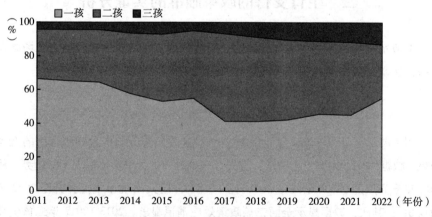

图2 2011~2022年分孩次出生人数占比

资料来源：根据历年《中国人口和就业统计年鉴》计算得到。

4.3%稳步增加至2022年的13.1%。根据图2可知，生育政策改革对不同孩次出生人数结构产生了一定影响，一度出现二孩出生人数占比高于一孩的现象。但从长期趋势看，我国出生孩次结构仍以一孩为主体，二孩三孩占比虽有增长但仍居次席。

（二）生育率年龄分布

年龄组生育率反映了一年内某年龄段育龄妇生育的孩子数与该年龄组妇女人数之比。根据第六、七次全国人口普查数据以及2015年全国1%人口抽样调查数据，图3展示了不同年龄组育龄妇女的生育率变动趋势。首先，女性生育峰值年龄明显推迟。历次人口普查数据显示虽然25~29岁妇女是主力生育人群（2010年、2015年和2020年该年龄组生育率分别为84.1‰、74.3‰和99.0‰），但2010年生育率最大值出现在24岁，为99.1‰，而2020年生育峰值年龄为27岁，生育率为105.6‰。2020年，20~24岁年龄组妇女生育率为55.2‰，低于2010年的69.5‰。但2020年30~34岁年龄组妇女生育率为65.1‰，高于2010年的45.8‰。生育率年龄分布峰值明显向右移动。2022年，20~24岁、25~29岁、30~34岁妇女生育率分别为32.6‰、81.2‰和58.6‰。20~24岁年龄组生育率降幅最大，生育率年龄分布集中趋势更加明显。

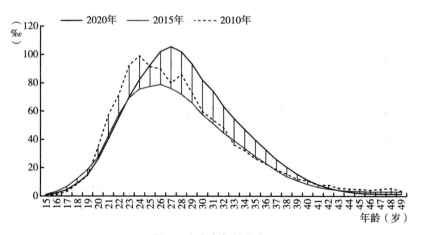

图3　生育率年龄分布

资料来源：根据2010年第六次全国人口普查、2015年全国1%人口抽样调查和2020年第七次全国人口普查数据汇总数据计算得到。

分孩次观察生育率年龄分布的变动趋势则更为明显。如图 4 所示，2010年，20~24 岁妇女是一孩主力生育人群，平均生育率为 59.1‰。2020 年，一孩主力生育人群变为 25~29 岁妇女，平均生育率为 53.8‰。不仅一孩生育峰值年龄向后推迟，且生育率水平也呈下降趋势。二孩及以上生育率年龄分布方面，如图 5 所示，历次人口普查数据均显示 28~29 岁妇女二孩及以上生育率

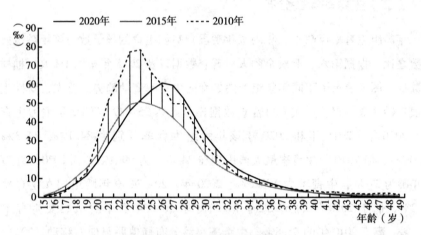

图 4　一孩生育率年龄分布

资料来源：根据 2010 年第六次全国人口普查、2015 年全国 1% 人口抽样调查和2020 年第七次全国人口普查数据汇总数据计算得到。

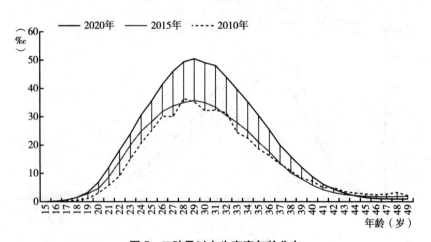

图 5　二孩及以上生育率年龄分布

资料来源：根据 2010 年第六次全国人口普查、2015 年全国 1% 人口抽样调查和2020 年第七次全国人口普查数据汇总数据计算得到。

最高，生育年龄并未明显后移。但得益于全面二孩、三孩政策，二孩及以上生育率水平显著提升，2020年29岁妇女二孩及以上生育率为50.4‰，显著高于2010年28岁妇女36.4‰的二孩及以上生育峰值，增幅达38.7%。

（三）生育行为的教育分布

根据第六次和第七次全国人口普查汇总数据，如图6所示，15~64岁妇女生育行为与受教育程度呈现两个趋势性特征：一是两次普查数据均显示妇女平均存活子女数与受教育程度成反比，2010年和2020年未上过学妇女的平均存活子女数分别为2.47人和2.12人，显著高于研究生学历妇女的0.37人和0.56人；二是不同受教育程度妇女的生育行为差异在缩小。2020年，初中、高中、大学专科、大学本科和研究生学历妇女平均存活子女数分别比2010年相应学历组高0.25人、0.20人、0.20人、0.20人和0.19人，增幅分别为19.8%、27.8%、35.7%、48.8%和51.4%。2020年，未上过学和小学学历妇女的平均存活子女数比2010年下降0.35人和0.14人，降幅分别为14.2%和6.8%。此外，描述统计也验证了前文关于生育养育机会成本的讨论，即高人力资本家庭生育养育子女的机会成本高于低人力资本家庭，降低了高人力资本家庭生育子女的数量。

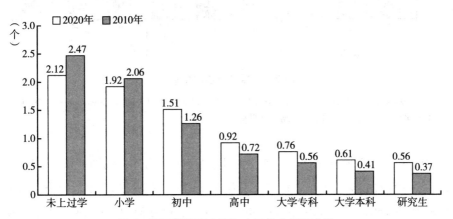

图6 不同受教育水平妇女平均存活子女数

资料来源：根据2010年第六次全国人口普查和2020年第七次全国人口普查数据汇总数据计算得到。

（四）城乡生育率差异

图7展示了我国分孩次生育率的城乡分布差异。如图7所示，生育率的城乡差异呈现如下特征。首先，一孩生育率呈现下降趋势，但乡村生育率降幅最为显著。2010年城市、镇、乡村的一孩生育率分别为20.21‰、19.41‰和21.63‰，至2020年分别下降至17.88‰、16.48‰和16.23‰，降幅分别为11.5%、15.1%和25.0%。其次，城市二孩生育率增幅显著，但生育率水平仍然低于乡村。2010~2020年城市、镇、乡村二孩生育率增幅分别为161.0%、69.8%和23.6%。最后，乡村、镇的三孩及以上生育率仍然高于城市生育率水平。

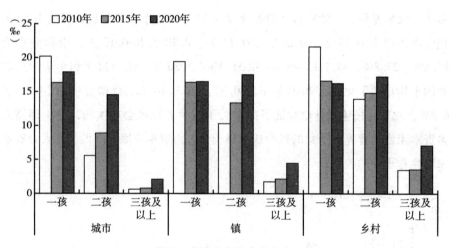

图7 分城乡分孩次生育率

资料来源：根据2010年第六次全国人口普查、2015年全国1%人口抽样调查和2020年第七次全国人口普查数据汇总数据计算得到。

图8展示了2020年城市、镇、乡村生育率年龄分布。如图8所示，城市、镇、乡村育龄妇女的生育峰值年龄分别为28岁、26岁和25岁，峰值生育率分别为96.26‰、117.12‰和118.49‰。乡村、镇育龄妇女在28岁以前的生育率显著高于城市同年龄妇女。但31岁以后，城市、镇、乡村的育龄妇女生育率迅速下降，且生育率水平基本一致。这表明31岁以后生育率不存在显著的城乡差异。

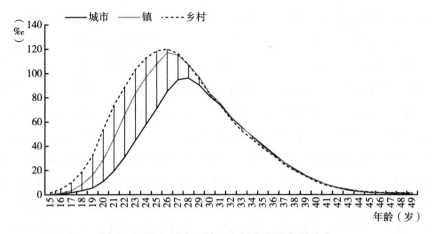

图8　2020 年城市、镇、乡村生育率年龄分布

资料来源：根据 2020 年第七次全国人口普查数据汇总数据计算得到。

（五）基于微观劳动力市场调查数据的政策瞄准分析

本小节基于 2023 年中国城市劳动力调查（CULS）丰富的社会人口学数据，从微观视角进行生育支持政策瞄准分析。中国城市劳动力调查在 2001 年、2005 年、2010 年和 2016 年分别开展了前四轮调查。2023 年为 CULS 第五轮调查，样本覆盖上海、成都、广州、武汉、西安、沈阳、福州、贵阳 8 个主要城市，调查采用三阶段与规模成比例的概率抽样（PPS）方法，调查样本城市具有代表性。调查对象为抽中本地户籍家庭和外来人口家庭中的全部人口和家庭成员的全部子女。调查内容涵盖家庭基本信息、住房、收入、支出，以及家庭成员基本信息、生育意愿、就业、工作技能、工作环境、教育培训、社会保障等。本轮调查共收集了分布在 381 个居委会的住户问卷 9122 份、个人问卷 26145 份，为反映高质量发展时期中国城市劳动力市场变迁以及社会、经济、人口发展提供了第一手科研资料[①]。

为了分析育龄妇女的生育计划是否随年龄、生育状况和工资收入水平变化，本文将目标样本限制在 30~44 岁已婚且工作类型为受雇的育龄妇女。生

---

① 中国城市劳动力调查课题组：《理解中国城市劳动力市场——中国城市劳动力调查（第五轮）报告》，《劳动经济研究》2024 年第 1 期，第 3~27 页。

育计划的测量根据 CULS 个人问卷中"未来 3 年内，您是否要小孩/再要一个小孩"进行定义。本文将"可能会要小孩"或"肯定会要小孩"定义为有生育计划；"肯定不会要小孩"或"可能不会要小孩"定义为无生育计划。删除关键变量缺失的样本，最终纳入分析的观测值为 731 例。分析结果如表 2 所示：30~34 岁和 35~39 岁已育妇女有生育计划的比重均为 10%左右，但 40~44 岁已育妇女的有生育计划占比迅速下降至 3.24%。对于未育女性，随着年龄的增加有生育计划的女性占比迅速下降，从 30~34 岁年龄组的 81.40%迅速下降至 40~44 岁年龄组的 46.67%。此外，对于未育女性，30~34 岁和 40~44 岁年龄组有生育计划女性占比随工资收入的增加而降低，验证了妇女生育意愿随生育养育机会成本增加而降低的论断。与之相反，对于已育妇女，有生育计划妇女占比与工资收入呈现明显正相关关系。以上结论表明，随着年龄增长和工资收入的增加，未育女性的生育意愿随之降低，但对于已育且工资收入较高群体，其生育意愿显著高于其他工资收入群体。生育支持政策瞄准也应根据育龄妇女年龄、工资收入以及生育状况做出相应调整。

表 2 分年龄别、生育状况和工资收入的生育计划

单位：%

年龄组	是否有子女	生育计划:可能或肯定会要小孩占比				
		全体样本	工资收入四分位分布			
			第一	第二	第三	第四
30~34 岁	否	81.40	100.00	83.33	88.89	71.43
	是	10.77	3.85	9.43	9.52	20.00
35~39 岁	否	60.00	33.33	70.00	66.67	50.00
	是	9.04	0.00	9.52	12.50	14.00
40~44 岁	否	46.67	75.00	25.00	50.00	33.33
	是	3.24	1.82	5.26	3.70	2.17

资料来源：根据 2023 年第五轮 CULS 调查数据计算得到。

三 政策建议

我国自 1979 年开始实行"独生子女"政策。在过去的数十年中，人口控

制政策起到了预期的效果，降低了人口增长速度，提升了人口质量，为改革开放以来的经济高速发展奠定了坚实的人口基础。但是，随着人口、社会与经济的发展，我国的人口政策也达到了需要调整的关键节点。在生育率持续降低、人口老龄化日趋严重的背景下，中央逐步调整了人口控制政策：2014 年开始实施"单独二孩"政策；2016 年放开"全面二孩"政策；2021 年进一步调整至"三孩政策"，力图扭转生育率持续走低的现状。但是，生育率仅在实施二孩政策后短暂回升，之后持续下降至历史低位。第七次全国人口普查数据显示，2020 年我国育龄妇女总和生育率仅为 1.3，远低于 2.1 这一国际公认的可维持健康人口结构的替代生育率。人口控制政策的放松仅减缓了生育率自然下降的速度，并没有形成趋势性的改变。因此，在现阶段寻找合适的时机实施生育支持政策，符合我国长期人口均衡发展乃至经济健康发展的需要。在此关键节点，我国相继出台了一系列生育支持政策，旨在减轻家庭生育养育负担、提高生育水平。然而，如何在经济高质量发展阶段更有效、更有针对性地实施生育支持政策，是关系生育支持政策可持续性的重大问题。政策瞄准工具的应用为解决这一难题提供了切实可行的实践路径。

（一）科学运用多种政策瞄准工具提高生育支持政策瞄准精度

前文分析表明，我国的生育支持政策具有普惠特点，政策瞄准上仍以孩次、户籍等社会人口特征进行类别瞄准，忽视了不同育龄妇女群体间的异质性。基于微观调查数据的分析表明，不同年龄段未育妇女的生育意愿显著高于已育妇女。这说明当前地方层面出台的只针对二孩、三孩的生育养育补贴政策瞄准存在较大偏差，提高一孩生育率仍应是当前生育支持政策关注的重点。此外，生育率年龄分布表明，我国的生育峰值年龄有明显推迟的趋势。因此，在政策瞄准时也应相应向生育峰值年龄段的育龄妇女倾斜。生育率的城乡差异方面，分析显示乡村、镇的一孩生育率下降明显，二孩及以上生育率增幅也呈现放缓趋势。生育支持的政策瞄准也应充分考虑城乡差异，有针对性地出台生育养育补贴政策。

自我瞄准一直以来被认为是最精准且成本较低的政策瞄准方法。有别于扶贫政策的自我瞄准，生育支持政策的自我瞄准不会给申领者带来羞耻感。如前文所述，我国的个税专项附加扣除需要申领人在个税 App 上提交申请，因此

具备了一些自我瞄准的特征。但个税专项附加扣除政策具有普惠性，未体现出群体间的差异。同时申领人也不必承担申领成本，因此个税专项附加扣除政策瞄准不是严格意义上的自我瞄准。如何有效利用自我瞄准工具精准识别生育意愿强烈的群体，是我国未来生育支持政策瞄准的发展方向。

（二）有针对性地促进高人力资本水平群体生育率

普惠型生育支持政策无法根据人群的人力资本分布进行有针对性的生育养育补贴，因此当前的生育支持政策对高人力资本水平家庭的吸引力较弱。微观调查数据显示，30~34岁未育女性的生育意愿随工资收入的提高而降低。降低高人力资本水平妇女生育养育的机会成本，根据社会人力资本水平分布对不同人群提供差异化的生育养育补贴，才能有效提高社会整体生育意愿。

在生育养育补贴方式上，提供补贴"时间"或补贴"金钱"的选择，是满足不同人力资本水平家庭生育养育需求的有效途径。加强托育机构建设、提升3岁以下儿童入托率、提高公立幼儿园覆盖率、增加中小学课后兴趣活动，使孩子放学时间与父母下班时间更匹配、补贴隔代照料等都是以降低父母时间成本为目的养育补贴。有针对性地提供这类"时间"补贴，可以有效吸引高人力资本水平家庭进行自我瞄准，从而提高生育支持的政策瞄准精度以及政策有效性。

教育改革与早期
人力资本投资

G.8

人民满意的教育：从教育回报视角
探讨教育体系改革

曲 玥 李冰冰 程 杰*

摘 要： 教育既是民生所需，又是全面推动经济社会发展的重要动力。与经济发展和劳动力市场充分匹配，可以持续获得合理回报的教育，是人民满意的教育的根本之义。本文利用中国城市劳动力调查2001~2023年的数据分析发现，我国教育回报持续提升，但在经济结构变迁背景下各教育阶段发展并不平衡，各阶段受教育回报出现了代际变化，中职、高中、大专等在对技能需求的两极化过程中成为"中洼"地带，最新的情况显示受教育程度较高的劳动力集中的部分行业正在经历经济发展动能转换过程中的冲击。进一步建设人民满意的教育体系，需要加快构建普职融通、产教融合的职业教育体系，推动高等

---

* 曲玥，中国社会科学院人口与劳动经济研究所研究员，主要研究方向为劳动经济与人力资本；李冰冰，中国社会科学院人口与劳动经济研究所助理研究员，研究方向为劳动经济；程杰，中国社会科学院人口与劳动经济研究所副研究员，主要研究方向为社会保障与劳动就业。

教育改革与劳动力市场发展的协调，建立终身学习体系，并进一步完善劳动力市场制度和公共服务体系。

关键词： 教育回报　劳动力市场匹配　结构变迁

　　教育是国之大计、党之大计，党的二十大报告提出"办好人民满意的教育"。教育既是民生所需，又是全面推动经济社会发展的重要动力。无论是从经济社会发展还是人民需求的视角来看，与经济发展和劳动力市场充分匹配、可以持续获得合理回报的教育，是人民满意的教育的根本之义。

　　本文我们采用中国城市劳动力调查（China Urban Labor Survey，CULS）数据，这套数据从 2001 年开始进行，分别在 2001 年、2005 年、2010 年、2016 年和 2023 年进行了 5 轮调查，利用这套数据可以方便地观察过去 23 年来劳动力市场的重要特征及其变化。在探析教育的发展、教育的质量方面，可以细分受教育程度、分群体详细计算教育的回报，了解不同类型教育、不同人群技能与经济发展和劳动力市场的匹配情况，揭示教育发展及其与经济发展和劳动力市场的匹配过程中的重要特征及其变化，了解教育发展亟待解决的关键领域以及值得重点关注的群体。中国城市劳动力调查（CULS）的调查内容包括城市本地户籍家庭和外来人口家庭及其成员的就业、工作技能、工作环境、教育培训、收入支出、社会保障等情况。CULS 调查覆盖全国不同区域有代表性的大城市，2001 年、2005 年调查覆盖沈阳、上海、福州、武汉、西安 5 个城市，2010 年、2016 年增加对广州的调查，2023 年最新增加了对成都和贵阳的调查。利用这套数据既可以了解 2023 年劳动力市场的最新情况，也可以比较过去 23 年来的变化趋势。

一　新世纪以来我国教育回报持续提升

　　教育回报是了解劳动力市场教育供给需求匹配情况的重要指标，如果教育回报下降，则反映了劳动力市场对教育的相对需求下降。通过观察教育回报的水平和变化，可以为判断教育的发展是否符合经济发展需求并获得人民满意提供基础的依据。

在劳动经济学的经典分析框架中，教育回报的估算采用 Mincer 方程来估计获取，其方程设定如下：

$$lwage = \alpha \times schooling + \beta_1 \times exp + \beta_2 \times exp^2 + X$$

其中 lwage 表示工资对数，这里工资采用小时工资。schooling 表示受教育年限，α 的估计值即为受教育年限回报。方程控制经验（exp）及其二次项，由于 CULS 调查详细记录了受访者的当前工作、上一份工作和第一份工作情况，对于有 3 份及以下工作经历的受访者，可以采用"调查年份—第一份工作开始年份—工作转换间的中断年份"衡量实际经验；对于有 3 份以上工作经历的受访者，用以上方法计算可能导致高估实际经验，但数据显示有过 3 次以上工作经历的占比不足 10%，实际经验的测量偏差可能较小。模型的控制变量 X 包括性别、城市虚拟变量、户口类型。

采用以上方程对 5 轮的调查数据分别进行估算，可以得到过去 23 年以来 5 个时间点上反映的受教育年限回报的基本变化情况。在做时间趋势比较时，考虑到不同年份覆盖的调查城市有区别，我们选取每一轮调查都覆盖的 5 个城市（沈阳、上海、福州、武汉、西安）样本的估计结果进行比较。

值得说明的是，CULS 调查涵盖的就业人员既包含工薪劳动者也包括自营职业和个体工商户，如果我们仅从针对工薪劳动者的相关结果来看，多接受一年教育带来的回报从 2001 年的 8.16% 上升至 2010 年的 10.2%，2010 年后仍保持在 10% 以上。进一步地，如果将每一轮调查覆盖的全部城市都包括进来，2001~2016 年估算的全部城市教育年限回报率与 5 城市的变化趋势大体一致。

图 1 还展示了进一步加入自雇佣群体的样本后得到的全部劳动者的受教育年限回报情况，这一结果低于工薪劳动者的受教育年限回报，但整体趋势并未发生根本改变，即 2001~2010 年教育回报上升较快，2010 年之后仍稳定处于较高的水平。2023 年加入自雇佣样本之后的全部劳动者受教育年限回报有较大上升，意味着对于自雇佣群体而言，其教育给予工资收入的回报更加显著。观察就业人员的构成可以发现（见表 1），全部劳动者中自雇佣群体的规模为

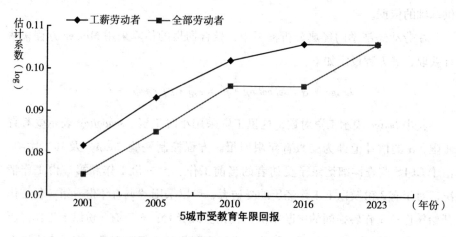

5城市受教育年限回报

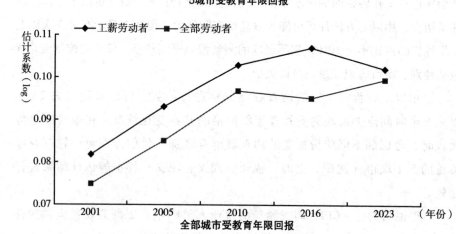

全部城市受教育年限回报

图1　受教育年限的回报

注：因变量为小时工资对数，图中展示的是受教育年限变量的估计系数，自变量还控制了性别、实际经验及其平方项、城市虚拟变量、户口类型。

资料来源：根据中国城市劳动力调查数据测算整理。

15%~20%。自雇佣群体的受教育程度相对较低，约50%为初中及以下学历，但随着劳动力总体受教育程度的提高，自雇佣群体中本科及以上学历的占比也随时间逐步提升。尤为值得注意的是，对于2023年的表现，相比于之前的年份，自雇佣群体的特征发生了显著的改变，其可能从以往相对弱势的非正规就业群体更多地转向受教育程度更高、劳动参与更加积极的主动创业群体，成为劳动力市场上更具活力的先进要素。

表1 自雇佣群体占比及劳动者受教育程度

单位：%

年份	自雇佣群体占比	自雇佣群体受教育程度					
		平均受教育年限	初中及以下	高中	中职	大专	本科及以上
5 城市							
2001	20.58	10.42	69.82	22.63	2.83	3.00	1.73
2005	19.21	10.87	54.82	32.36	4.94	5.32	2.55
2010	16.22	10.79	53.81	26.29	7.89	7.25	4.76
2016	21.51	10.42	49.90	20.99	7.08	11.34	10.69
2023	16.51	10.87	52.49	11.65	6.75	11.78	17.33
全部城市		10.79					
2010	18.95	10.42	53.43	26.61	7.35	7.68	4.93
2016	23.76	10.87	49.79	21.36	6.80	11.61	10.44
2023	18.97	10.79	54.52	12.19	7.17	11.05	15.07
年份	—	工薪劳动者受教育程度					
		平均受教育年限	初中及以下	高中	中职	大专	本科及以上
5 城市							
2001		11.47	35.11	28.75	11.33	14.54	10.26
2005		11.99	25.92	35.26	12.47	13.41	12.93
2010	—	12.70	22.27	27.50	10.34	22.10	17.78
2016		13.57	17.99	17.49	7.78	22.61	34.13
2023		14.01	18.87	9.74	6.43	20.26	44.70
全部城市							
2010		12.67	22.78	26.95	10.37	21.73	18.17
2016	—	13.50	18.46	17.47	7.83	21.66	34.57
2023		13.53	22.62	10.51	7.64	19.54	39.69

资料来源：根据中国城市劳动力调查数据测算整理。

从根本上讲，个体依靠教育获得的回报，依赖于教育的供给方也即受教育者的教育水平，以及教育的需求方也即经济发展过程中劳动力市场对于教育的需求两方面的影响。从这个角度上看，一方面，在我国经济快速起飞发展的过程中，产生了充足的对于教育、人力资本的需求，因此带来教育回报有了显著提高。而另一方面，在过去的几十年间，教育的供给方也同样发生

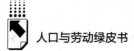

了很大的变化，即义务教育普及、高等教育扩招等教育的全面扩张。那么教育扩张的过程中，各阶段接受教育的群体规模总体扩大，假定总人群的基础素质分布是不变的，那么各阶段受教育生源的质量会发生系统性下降的变化。要获得更准确的纯粹的教育本身的回报率应该排除掉这些因素。我国高等教育规模迅速扩张，在中国城市劳动力调查的5个城市中，就业人口中有本科及以上学历的占比从2001年8.5%提高至2023年的40.08%，有大专及以上学历的占比从2001年的20.66%提高至2023年的58.99%。如果考虑到生源规模的扩大及有可能与之相关的生源质量下降等因素，纯粹的教育过程带来的回报或许更加乐观。

持续提升的教育回报率，意味着中国自2001年以来，经济发展给予以教育为代表的人力资本充分的需求、认可和回报。持续提升的人民的教育水平和人力资本水平给予经济发展充分的支撑，而个人也从中获得越来越丰厚的回报。教育的发展支撑了经济社会发展，教育也因此获得了人民的满意。

二　结构变迁下各教育阶段发展并不平衡

中国经济发展的故事向来有着丰富的构成和持续的动态变化，这同样体现在劳动力市场对于劳动的需求方面。改革开放以来，中国凭借充足的劳动力方面的优势，获得了制造业特别是沿海地区劳动密集型产业的快速发展。在赶超发展阶段，与劳动密集型产业相适配的是大量受教育程度不高的非技能劳动者，劳动供给和劳动需求均为数量庞大、人力资本构成单一的低技能劳动力，供需双方数量和结构匹配，给我国经济发展带来了丰厚的红利。而伴随着生育率的快速下降，我国人口和劳动力供求态势快速转变，劳动力成本大幅提高。在劳动供给发生重大转变的同时，劳动需求方也发生着深刻的变化，产业结构的转型需要更高技能和受教育水平的劳动力，企业的机器替代、智能替代快速发生。劳动力市场供求双方的结构性特征开始逐渐显现。这意味着不同教育和人力资本构成的群体，并不能在劳动力市场上得到同样的相对需求的增长和动态的变化。经济发展和结构变迁的一般规律告诉我们，工资的快速上涨使得资本和劳动两种生产要素的相对价格发生变化，企业更倾向于以资本和技术（包括机器人）替代劳动，这也是经济结构变迁和产业结构升级的过程。智能化和自动化对从事常规性劳动的大量替代，大多为人力资本水平和收入分布中处于中间位置的岗位，"机器换人"加速了就业的两极化，中低人力资本水平的劳动者面临更大挑战。

这里旨在进一步通过观察不同教育阶段的回报及其变化，以了解不同受教育程度的劳动力与经济发展匹配的程度及其相对变化。图2给出了不同口径的样本测算的各教育阶段各自的回报，估计模型如下：

$$lwage = \gamma_j \times edulevel_j + \beta_1 \times exp + \beta_2 \times exp^2 + X$$

其中 $edulevel_j$ 表示不同的受教育程度虚拟变量，γ_j 的估计值即为不同教育阶段 j 的教育回报，参照组为初中及以下学历。

从图2可以看到，总体上来说，相比于初中及以下被义务教育覆盖的群

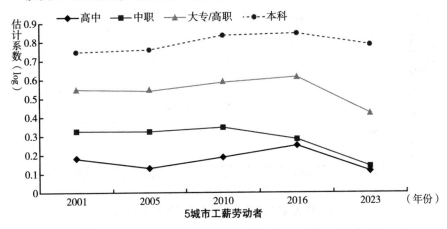

5城市工薪劳动者

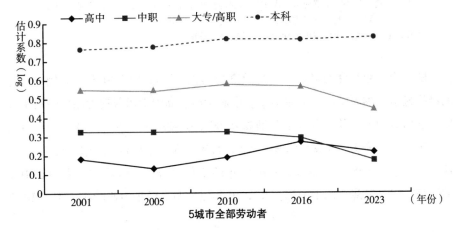

5城市全部劳动者

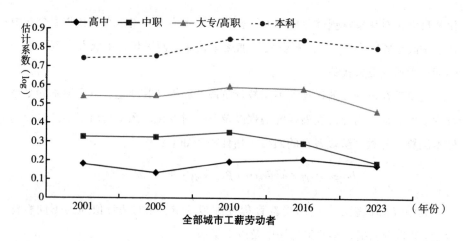

全部城市工薪劳动者

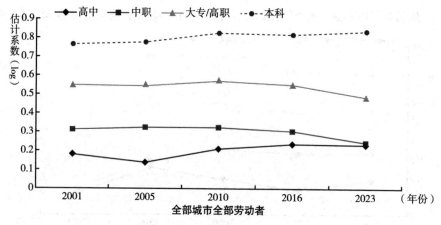

全部城市全部劳动者

图2　各教育阶段相对于初中及以下学历的回报

注：因变量为小时工资对数，图中展示的是各教育阶段虚拟变量的估计系数，自变量还控制了性别、实际经验及其平方项、城市虚拟变量、户口类型。

资料来源：根据中国城市劳动力调查数据测算整理。

体，随着受教育程度的提升，其受教育的回报也更高。以2023年为例，估算的结果显示，本科学历、大专学历、中职学历、高中学历劳动力相较于初中及以下学历劳动力，其工资水平分别高0.787、0.421、0.135、0.109个对数值，相当于绝对工资高120%、52%、14%、11%，本科学历的工资溢价远高于其他学历。进一步地，观察2001～2023年的变化趋势，可以看到，高中和中职的回报有明显下降。高中的回报在2010年以前明显低于中职学历，但2010年后两者差距逐步缩小，中职教育回报逐步下降，到 2016 年两者接近。2023 年高中和中职的回报都明显下降。大专和高职的回报在 2023 年也有明显下降。本科学历的回报相对稳定。高中/中职回报逐步下降，与本科学历回报呈两极分化现象，显示高中/中职阶段教育正成为人民"不太满意"的教育的部分。结合劳动参与率来看，根据 CULS 调查，高中及以下学历的劳动参与率较低，尤其是高中/中职学历的劳动参与率不断下降，表现出"高不成低不就"的特征，体现了其积极参与劳动力市场意愿的"沮丧"。

在教育回报全面提升，持续保持高位的大背景下，那些回报未能获得充分提升，甚至回报出现下降的受教育阶段尤其值得关注，其成为教育发展和人力资本积累体系中的薄弱环节和亟待解决的领域。关注这些教育阶段的教育质量、内容和定位，找到其在人力资本培养中未被充分认可的内容并加以调整，替换成更加匹配经济发展和劳动力市场技能需求的部分，是教育能够获得人民进一步满意的关键。这里观察到的现象显示，受教育程度居中的劳动者，突出体现在中职、高中、大专等群体上，其逐渐在技术进步和经济结构变迁对技能需求的两极化过程成为"中洼"地带。教育的发展要获得这个群体的满意，需要更加细致地度量其知识的构成、技能的构成及分别与经济发展的匹配度。完善教育的顶层设计，明确各阶段教育的通用知识和专业技能的构成，获得"职普平衡"成为完善教育体系的重要方面。对于直接面向劳动力市场的教育阶段，职业教育更应注重与市场需求的紧密连接，普通高中和高等教育更应注重通用知识与能力培养。对此，应加快教育的顶层设计，结合产业发展趋势和国家重大需求，及时调整专业设置和课程内容，明确通识教育、专业知识和岗位技能在各层级教育中的构成和定位，做好当下技能可匹配性和长期人力资本可累积性之间的权衡，充分适应经济发展短期需求和长期动态变化。

三　贯穿在代际中教育发展的时代轨迹

教育发展的时代轨迹，更加鲜活地体现在不同代际群体的身上。具体而言，不同出生队列的人受教育程度差别很大，这体现了教育的扩张等数量方面的变化，并且就不同出生队列群体而言，各阶段教育的回报也展示出显著的差异，这体现了随时代发展，教育与经济发展匹配情况的动态变化。这里我们按照出生代际分组来观察教育发展的时代特征。根据 CULS 调查数据结果（见表2），1950~1959 年出生的群体平均受教育年限为 10.04 年，超过 50%受教育程度为初中及以下，大专及以上学历的比例仅为 10%左右。而 1980~1989 年出生的群体，平均受教育年限为 13.64 年，仅有 20%左右为初中及以下学历，大专及以上学历占比超过 60%，1990~1999 年出生的群体大专及以上学历占比达到 70%。年轻群体的受教育程度更高、人力资本水平也更高。

表 2　2023 年不同出生队列受教育程度

单位：%

出生年份	平均受教育年限	受教育程度构成					
		初中及以下	高中	中职	大专	本科及以上	合计
1950~1959	10.04	56.90	25.96	6.96	7.06	3.12	100
1960~1969	10.58	48.93	28.65	5.48	8.87	8.07	100
1970~1979	11.38	45.01	15.89	8.29	11.85	18.96	100
1980~1989	13.64	23.43	8.16	7.12	20.56	40.73	100
1990~1999	14.40	14.14	7.29	7.66	22.82	48.09	100

资料来源：根据中国城市劳动力调查数据测算整理。

即使同样的受教育程度，不同出生对列由于身处不同年代，其接受的各个教育程度的定位和特点也是不同的。举例来说，在改革开放之初，包含中专、大专、技校等在内的职业教育，具有明确稳定向好的就业出路，其技能培训直接对标企业用工需求，成为与劳动力市场直接匹配并且可迅速获得回报的教育类别。在当时的时代，制造业产业飞速发展，个体与家庭也更加倾向与职业教育对应的行业和岗位，相比于上一代的就业与生活，优秀生源倾向于选择可以尽快获得稳定收入的就业岗位对应的这类职业教育。职业教育的供给方提供的教育更加匹配经济需求，职业教育的需求方具有更高的生源质量，因此最终显示出的名义回报较高。然而，随着经济发展的推进，我国产业结构的逐渐升级和变迁，职业教育在供需双方过去所具有的特征已不复存在，教育的供给方提供的教育内容难以迅速适应逐渐加快的技术变革，教育的需求方对于职业教育对应的工作岗位认同度也快速降低。职业教育已经丧失了传统的定位和优势，其回报率迅速下降。

具体通过观察不同代际人群不同教育阶段的回报可以了解时代推进过程中，各层级教育的真实属性和变迁过程。这里我们以 10 年为一组，分别对每一出生组每一年份的样本依据估算各教育阶段回报的模型设定，估算得到各出生组的教育回报随年份的变化情况。每一出生组每一年份的模型设定如下：

$$lwage = \gamma_{jc} \times edulevel_j + \beta_{1c} \times exp + \beta_{2c} \times exp^2 + X$$

其中 γ_{jc} 为每一个出生组 c 在教育阶段 j 相对于初中及以下教育的回报。

从时间趋势看，1950~1959 年、1960~1969 年出生的样本其教育回报总体上在退休之前保持稳定的提升。值得注意的是，对于出生于 1950~1959 年的群体，2001~2005 年，本科学历的回报大幅提高，而高中学历的回报明显下降。结合年龄来看，这一群体在 2005 年国企改革即将完成时为"4050"人员，而在各个受教育程度中，这一群体受到的冲击更大。与此对应，本科学历历经国企改革的筛选，其人力资本得到更充分的认可，回报明显提升。但进一步的，具有高中学历在当时的年代，基础的人力资本水平较高，在后续劳动力市场充分发展后再次获得更丰厚的回报（2005~2010 年）。总体而言，对于 1950~1959 年出生的群体，各阶段教育的回报基本随着年份逐步上升；对于 1960~1969 年出生的群体，大专和本科的回报稳步提升，高中和中职的回报基本稳定。

进一步观察 1970~1979 年出生的样本，教育回报的变化已经更加复杂。在 2010 年前，总体上各阶段教育回报还处于一定的提高趋势。然而突出的体现为，中职、高中和大专的回报在 2016 年后显著下降。这在一定的程度上反映了技术进步对于处于中间段技能劳动的替代导致的就业两极化趋势。而对于 1980~1989 年、1990~1999 年出生的样本，其教育回报的变化更多地显示出下降的趋势，除了其中 1980~1989 年出生群体的本科回报略有波动外。无论是 1980~1989 年出生的群体还是 1990 年~1999 年出生的群体，本科学历的回报均低于 1970~1979 年群体。此外，1980~1989 年出生的群体，其大专学历、中职学历、高中学历的回报都随年份大幅下降，大专学历的回报降至与中职学历、高中学历相近的水平。1990~1999 年出生的群体，各个教育阶段的回报在 2016~2023 年之间均有明显下降。尤其是高中和中职教育在 2023 年相比于初中没有回报，其收入和初中及以下学历的收入没有差异（见图 3）。

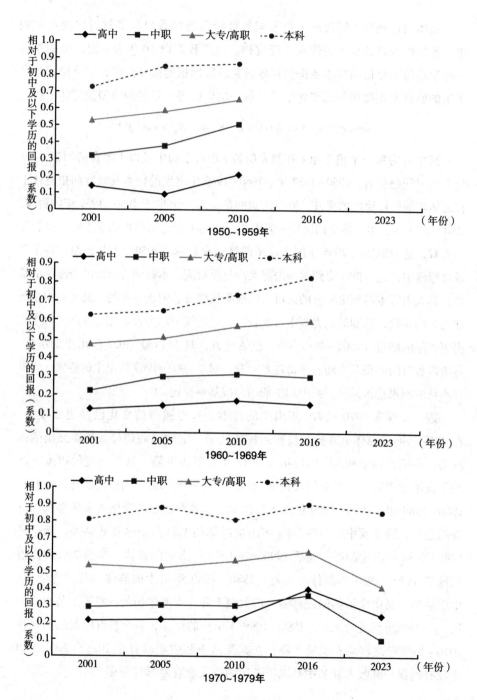

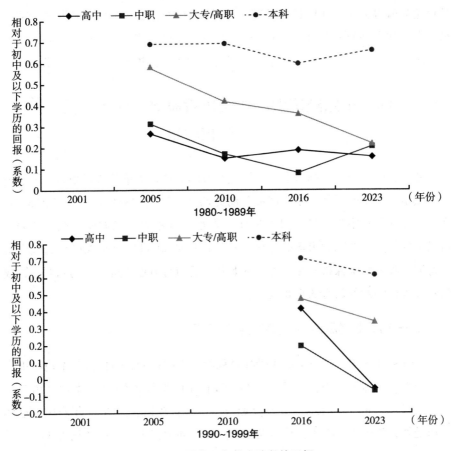

图3 不同代际各教育阶段的回报

注：5城市全部劳动者样本回归结果。因变量为小时工资对数，图中展示的是各教育阶段虚拟变量的估计系数，自变量还控制了性别、实际经验及其平方项、城市虚拟变量、户口类型。

资料来源：根据中国城市劳动力调查数据测算整理。

结合教育回报率总体稳定提升的趋势，发生在不同出生代际上的相比于初中学历的各阶段受教育程度回报的下降，一方面，这与高校扩招、职业教育生源质量下降、职业教育内容与市场需求不匹配等密切相关；另一方面，阶段性教育回报的下降更多地体现为教育回报的相对下降。经济发展的需求带来了教育回报的总体提升，而经济结构变迁对于更高人力资本的特定需求并未能从各个更高的受教育阶段得到充分的匹配，其中相对于初中接近于0的高中和中职

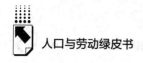

教育尤为值得关注，其更长的教育年限并未有效地为经济发展提供边际的贡献，大专和本科的相对回报的下降也为进一步明确教育的顶层设计、确定合意的普职比以及普通高等教育和职业教育的构成和定位提出了明确的要求。

四 中国经济发展的突出贡献者：农民工的教育和回报

外来农民工成为中国劳动力市场上特有的群体，改革开放以来为中国经济发展做出了突出的贡献。中国城市劳动力调查尤其关注对农民工群体的覆盖，在每一轮的调查中都通过"过度抽样"来重点观察农民工群体在城市劳动力市场上的就业和劳动力市场的综合表现。这里从 21 世纪以来农民工的人力资本特征、收入状况探析其在人力资本尤其是受教育方面尚待解决的问题，这成为建设人民满意的教育的重要内容。

（一）越来越高的受教育程度和工资水平

2001～2023 年，农民工群体受教育程度有大幅提升，但仍低于本地城市户口劳动力，具体表现为，农民工平均受教育年限增长 3.06 年，本地城市户口劳动力增长 2.88 年，农民工平均受教育年限增长较快。但 2023 年农民工群体平均受教育年限 11.32 年，较本地城市户口劳动力仍少 3.3 年（见表 3）。

表 3　不同户口类型劳动力平均受教育年限

单位：年

年份	本地城市户口	外地城市户口	农村户口
2001	11.74	11.23	8.26
2005	12.06	11.21	8.96
2010	12.70	13.36	9.74
2016	13.73	13.83	10.49
2023	14.62	13.92	11.32

资料来源：根据中国城市劳动力调查数据测算整理。

在 2023 年调查覆盖的 8 个城市（沈阳、上海、福州、武汉、西安、广州、成都、贵阳）的农民工群体中，其平均受教育年限 10.86 年，52.95%学历为初中及以下，高中（含中职）的占比为 18.47%，大专（含高职）、本科及以上的占比分别为 14.14% 和 14.44%。而本地城市户口群体，平均受教育年限为 14.35 年，47.77% 为本科及以上学历，大专（含高职）、高中（含中职）的比例分别为 20.21%、19.09%，初中及以下的占比仅为 12.94%。新生代农民工群体的受教育程度更高。35 岁以下农民工平均受教育年限 12.83 年，初中及以下占比降为 27.93%，高中（含中职）、大专（含高职）、本科及以上的占比分别为 22.39%、23.47%、26.21%（见表 4）。

表 4　2023 年调查城市分户口类型受教育构成

单位：%

劳动力分类	平均受教育年限	受教育程度构成					
		初中及以下	高中	中职	大专（含高职）	本科及以上	合计
全部劳动力							
本地城市户口	14.35	12.94	11.37	7.72	20.21	47.77	100
外地城市户口	13.76	21.72	8.15	5.93	19.79	44.41	100
农村户口	10.86	52.95	10.72	7.75	14.14	14.44	100
35 岁以下劳动力							
本地城市户口	15.54	3.19	3.26	4.59	26.04	62.92	100
外地城市户口	14.78	10.03	5.28	6.80	24.09	53.80	100
农村户口	12.83	27.93	11.54	10.85	23.47	26.21	100

资料来源：根据中国城市劳动力调查数据测算整理。

进一步观察农民工群体的工资水平并与城市本地劳动力做出比较发现，在控制个人特征和城市虚拟变量的基础上，给定相同的教育水平等个人特征，2001~2010 年间农民工工资显著低于本地城市户口劳动力，但 2016~2023 年农民工的小时工资显著高于本地城市户口劳动力。如果考虑全部劳动者样本，2016 年农民工的小时工资仍显著高于本地城市户口劳动力，2023 年农民工的小时工资与本地城市户口劳动力差距不显著。值得说明的是，这里农民工更高的工资，并非教育回报的作用，而是体现于其户籍的系数上，在一定程度上意味着农民工由于户籍闲置无法获得隐性福利而得到的补偿性工资（见表 5）。

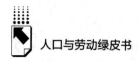

表 5　农村户口相对于本地城市户口的工资差距

	2001 年	2005 年	2010 年	2016 年	2023 年
工薪劳动者样本					
农村户口	− 0. 469 ***	− 0. 505 ***	− 0. 287 ***	− 0. 100 ***	− 0. 230 ***
	(0. 0250)	(0. 0410)	(0. 0272)	(0. 0326)	(0. 0266)
控制个人特征和城市	否	否	否	否	否
观测值	4596	4380	6239	4315	4626
工薪劳动者样本					
农村户口	− 0. 277 ***	− 0. 198 ***	− 0. 118 ***	0. 116 ***	0. 0541 **
	(0. 0239)	(0. 0336)	(0. 0233)	(0. 0303)	(0. 0255)
控制个人特征和城市	是	是	是	是	是
观测值	4596	4380	6239	4315	4626
全部劳动者样本					
农村户口	− 0. 326 ***	− 0. 599 ***	− 0. 314 ***	− 0. 200 ***	− 0. 304 ***
	(0. 0185)	(0. 0226)	(0. 0196)	(0. 0265)	(0. 0248)
控制个人特征和城市	否	否	否	否	否
观测值	6327	7252	9096	5906	5595
全部劳动者样本					
农村户口	− 0. 170 ***	− 0. 261 ***	− 0. 119 ***	0. 0467 *	0. 0208
	(0. 0186)	(0. 0201)	(0. 0177)	(0. 0264)	(0. 0252)
控制个人特征和城市	是	是	是	是	是
观测值	6327	7252	9096	5906	5595

注：5 城市样本回归结果。因变量为小时工资对数，表中展示的是农村户口的估计系数，对照组是本地城市户口，所有回归中还控制了外地城市户口虚拟变量。控制变量包括个人特征和城市虚拟变量，其中个人特征包括性别、各阶段教育虚拟变量、实际经验及其平方项。

资料来源：根据中国城市劳动力调查数据测算整理。

（二）始终偏低的教育回报

农民工较之本地劳动者受教育水平偏低，但在近年来提升很快。进一步通过明瑟方程估算农民工的教育回报发现，农民工群体的受教育年限回报在提高，但仍始终低于本地城市户口劳动力。农民工受教育年限回报从 2001 年的 3.6%左右上升至 2023 年的 8.7%，本地城市户口劳动力受教育年限回报从 2001 年的 8.5%左右上升至 2023 年的 11.1%。虽然受教育回报的差距在缩小，但 2023 年农民工受教育回报较本地城市户口劳动力仍低 2.4 个百分点（见图 4）。

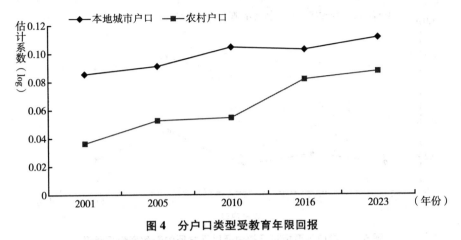

图4 分户口类型受教育年限回报

注：5城市全部劳动者样本回归结果。因变量为小时工资对数，图中展示的是受教育年限的估计系数，自变量还控制了性别、实际经验及其平方项、城市虚拟变量

资料来源：根据中国城市劳动力调查数据测算整理。

如果细分教育阶段来看，本地城市户口劳动力，本科学历的回报在2010年以前有所上升，2010年后稳定在较高的水平；大专/高职、中职的回报在2010年以前上升，但2010年后下降明显；中职教育的回报在2023年降至高中以下。农民工本科、大专/高职的回报在2010~2016年有所上升，但2016~2023年下降。中职和高中学历回报2016年~2023年有所下降，尤其是中职学历回报下降幅度很大，2023年中职教育相对于初中及以下教育的回报接近为0（见图5）。

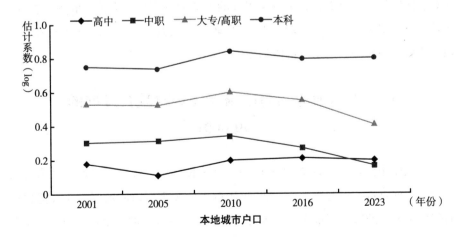

本地城市户口

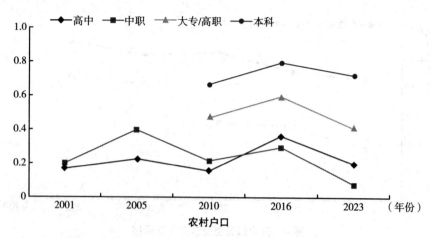

图5　分户口类型相对于初中及以下学历的受教育阶段回报

注：5城市全部劳动者样本回归结果。因变量为小时工资对数，图中展示的是各教育阶段虚拟变量的估计系数，自变量还控制了性别、实际经验及其平方项、城市虚拟变量。

资料来源：根据中国城市劳动力调查数据测算整理。

虽然农民工群体的受教育水平在提高，但总体受教育水平仍然较低，人力资本水平仍有很大提升空间。与此同时，农民工较之本地劳动力更多集中在教育回报率低的受教育程度上。并且值得注意的是，在最近的2016～2023年，各个受教育程度的农民工，其教育回报下降的都较之本地劳动力更明显，不能与本地劳动力获取同等的回报，在面临系统性负面影响时受到更大的冲击，这对于农民工来说，其未能得到与人力资本匹配的收入，对于劳动力市场的配置和对经济增长的贡献而言，是一定程度的配置效率损失。无论是农民工群体，还是其更多集中的高中、中职、大专/高职等阶段教育，都是教育和人力资本积累体系进一步完善的重点群体和领域。

五　以当前劳动力市场表现观察教育发展的重点领域

第五轮中国城市劳动力调查于2023年刚刚完成，反映了当前劳动力市场上的最新重要特征。这里基于2023年所调查的8个城市的数据，并且把教育的获得从传统的教育回报中进一步延展，以受教育程度的视角全面观察劳动者在劳动参与和就业状况、工资水平、所从事的行业等各方面的表现，据此深入探索对于深化教育发展、获得与经济发展充分匹配、劳动者个体从中可以得到广泛回报和满意度的关键思路。

（一）劳动参与率和就业率

从劳动参与率来看，初中及以下、高中/中职学历群体的劳动参与率较低，分别为71.28%、65.49%，大专/高职学历群体的劳动参与率为81.61%，大学本科及以上群体的劳动参与率达到87.08%（见表6）。高中受教育程度人口的劳动参与率最低，而在大专及以上表现出学历越高劳动参与率越高，劳动参与率呈现教育两极化趋势（居中的高中学历群体就业率最低）。总体上高中和初中及以下学历劳动力的劳动参与率远低于大专及以上学历。高中及以下学历的劳动参与率较低，体现了其参与劳动力市场意愿的"沮丧"，也在一定程度上反映了劳动力市场对于不同受教育水平劳动者的相对需求状况。

表6　2023年16~59岁不同学历群体劳动参与率

单位：%

学历	劳动参与率（包含全日制学生）	劳动参与率（不包含全日制学生）
初中及以下	71.28	71.35
高中/中职	65.49	72.58
大专/高职	81.61	83.71
大学本科及以上	87.08	91.39

资料来源：根据中国城市劳动力调查数据测算整理。

从图6中同时也可以观察到劳动参与率随年龄变化的倒U形特征，这一特征在男性群体中体现得更为明显，即在16~24岁，随着不同群体受教育完成开始逐渐进入劳动力市场，在30~49岁期间劳动参与率基本保持稳定，在50岁之后劳动参与率逐步下降，在达到退休年龄（女性50~55岁，男性55~60岁）后快速下降。相比于男性，女性的劳动参与情况在年龄上的分布更凸显生育冲击的影响，即其在30~49岁劳动参与率基本平稳期间，额外面临一个育龄影响下劳动参与的洼地（30~35岁），在35岁之后劳动参与率有一定反弹，在35~39岁达到83.26%，但始终未恢复至最高水平（25~29岁的

84.42%)，随后进一步逐渐下降并从 50 岁就开始快速下降。女性受教育水平逐年提高，2001 年、2005 年、2010 年、2016 年、2023 年，16~59 岁女性平均受教育年限分别为 10.35 年、11.18 年、11.68 年、12.19 年、12.55 年，2001~2023 年提高 2.2 年。

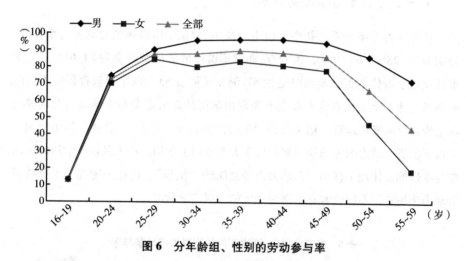

图 6　分年龄组、性别的劳动参与率

资料来源：根据中国城市劳动力调查数据测算整理。

由此引发的一个思考超越教育发展本身之外，但仍然在教育的更广泛范畴之内，也即具有越来越高人力资本水平的女性，在育龄阶段面对生育养育负担时更多地退出劳动力市场，无法获得劳动力市场的回报，无法为经济发展发挥本可以发挥的贡献。事实上男性和女性所面对的生育养育负担是相同的，但所承担的生育养育成本是不平等的，这对于人力资本的配置来说是明确的效率损失。因此，通过公共政策降低生育养育成本对于已有教育获得更多的回报有较大的空间。

（二）更广泛的收入度量

从不同受教育程度的劳动力在工资收入方面的表现来看，高学历人群在工资方面具有突出优势。中国城市劳动力调查不仅调查了就业者在当前主要工作的收入情况，对奖金、补贴以及兼职收入等也做了全面的调查。

就当前主要工作的收入来看，以初中及以下受教育程度的劳动者为参照对象，本科及以上高学历就业人员平均月收入相当于初中及以下人员的 1.99 倍。如果将不按月发放的奖金、补贴和实物折现折算入月工资，则本科及以上学历人员的平均月收入相当于初中及以下人员的 2.24 倍，差距进一步拉大。考虑到兼职和多份工作的存在，比较过去一年全部工作的收入，本科及以上学历人员年收入均值为 14.78 万元，是初中及以下人员的 2.21 倍。

高中（含中职）学历、大专（含高职）学历相对于初中及以下学历收入溢价较低。高中学历就业人员年均收入仅为初中及以下学历的 1.24 倍，大专学历就业人员年均收入为初中及以下学历的 1.36 倍，远低于本科学历。在高等教育扩张和普及化过程中，大学专科（含高职）学历的溢价程度较低，本科及以上学历的溢价程度仍然较高，这从第一部分关于分阶段教育回报的分析中也可以看出（见表 7）。

表 7　分教育程度收入情况

单位：元

学历	全部工作年收入	当前主要工作	
		月工资 1	月工资 2
初中及以下	66838	5379	5513
高中（含中职）	82796	6384	6840
大专（含高职）	91264	6709	7541
本科及以上	147832	10706	12322

注：月工资 1 指上个月当前主要工作实际拿到手的收入；月工资 2 将过去 12 个月不按月发放的奖金、补贴和实物折现总额按过去 12 个月实际工作月数折算入月工资。

资料来源：根据中国城市劳动力调查数据测算整理。

（三）就业行业

从各受教育程度劳动者具体从事的行业来看。高学历劳动力更多在技能密集型行业就业。本科及以上学历就业比例超过 10% 的行业有信息传输、软件和信息技术服务业以及教育行业。本科及以上学历劳动力在科学研究和技术服务业，公共管理、社会保障和社会组织，卫生和社会工作，金融业的就业比例也明显高于其他学历，在批发和零售业，住宿和餐饮业，居民服务、修理和其他服务业，制造业，建筑业的就业比例明显低于其他学历劳动力。初中及以下

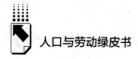

学历劳动力就业集中的行业有批发和零售业、制造业、住宿和餐饮业、建筑业，在这些行业就业比例超过10%。高中（中职）学历劳动力就业集中的行业包括批发和零售业，制造业，交通运输、仓储和邮政业，在这些行业就业比例超过10%。大专（高职）就业比例超过10%的行业有批发和零售业、制造业（见表8）。

表8　不同教育程度劳动力的行业分布

单位：%

行业分布	初中及以下	高中（含中职）	大专（含高职）	大学本科及以上
农、林、牧、渔业	0.46	0.19	0.11	0.24
采矿业	0.00	0.06	0.17	0.44
制造业	17.15	14.21	10.72	9.13
电力、热力、燃气及水生产和供应业	0.68	1.56	1.81	1.80
建筑业	11.77	5.21	6.77	5.75
交通运输、仓储和邮政业	7.91	10.76	7.60	4.64
信息传输、软件和信息技术服务业	0.37	2.51	7.97	10.67
批发和零售业	23.24	19.24	15.90	9.23
住宿和餐饮业	12.90	9.34	5.24	1.10
金融业	0.63	1.73	3.17	6.62
房地产业	4.64	7.15	5.13	3.12
租赁和商务服务业	2.33	5.46	6.99	6.44
科学研究和技术服务业	0.41	1.87	5.84	8.56
水利、环境和公共设施管理业	1.16	0.55	0.69	0.75
居民服务、修理和其他服务业	9.89	7.08	3.63	1.61
教育	1.30	2.16	4.27	10.43
卫生和社会工作	1.36	2.13	3.70	7.49
文化、体育和娱乐业	1.24	3.15	3.69	2.61
公共管理、社会保障和社会组织	2.57	5.64	6.58	9.35
合计	100.00	100.00	100.00	100.00

资料来源：根据中国城市劳动力调查数据测算整理。

　　然而最新的劳动力市场调研发现，受教育程度较高的劳动力集中的部分行业正在经历经济发展动能转换过程中的冲击，面临这样的经济发展背景，更多受教育程度较高的劳动者或被动选择对技能要求不高的行业、职业和岗位。这样导致的结果是，一方面其已获得的人力资本水平无法获得有效回报，另一方面未来的技能水平难以得到有效积累。从这个角度来看，教育、人力资本的发展从来不是孤立于经济发展和社会发展而独立存在的，只有与经济发展需求相匹配的教育水平和结构才是人民满意的教育。

六　结论

人民满意的教育，必然是能够获得公平教育机会、实现高质量充分就业、与劳动力市场需求相匹配、获取合理回报的教育。本文利用 CULS 调查 2001～2023 年的数据分析发现，总体上教育回报保持相对稳定，投资教育对于家庭、社会和国家来说都是值得的，在教育持续扩张过程中，教育发展与经济发展需求基本匹配。习近平总书记在二十届中央财经委员会第一次会议上提出，必须着力提高人口整体素质，以人口高质量发展支撑中国式现代化，把教育强国建设作为人口高质量发展的战略工程。办好人民满意的教育，需要特别关注不同教育阶段的重点群体。

一是加快构建普职融通、产教融合的职业教育体系，保持普通教育与职业教育的回报率持续同步提高。研究发现，高中和中职教育回报呈现下降趋势，尤其是 1980 年、1990 年后出生的群体的高中和中职教育回报显著下降，反映到劳动力市场中，高中和中职学历群体的劳动参与率明显较低。教育体系改革要更加尊重家庭意愿和教育发展规律，弱化普通教育与职业教育的比例结构调配，注重生源的均衡，提高教育质量，将市场的回报率作为主要信号，来引导和优化普通教育与职业教育之间的结构。

二是积极化解结构性就业矛盾，推动高等教育改革与劳动力市场发展的协调性。青年群体中大专/本科毕业生的初期就业率较低，1990 年后出生的群体中大专/本科教育回报均在下降，反映出高等教育与劳动力市场的匹配度仍有待提高，这是劳动力市场上的结构性问题的突出体现。要统筹推进教育科技人才体制机制一体改革，分类推进高校改革，建立科技发展、国家战略需求牵引的学科设置调整机制和人才培养模式，超常布局急需学科专业，加大理工农医专业的招生比例，建立劳动力市场前瞻性分析，为高等教育改革发展提供决策

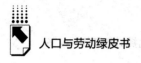
依据。

三是更加重视教育机会公平，建立终身学习体系，让弱势群体能够分享教育发展的红利。农民工群体大多丧失了接受高等教育的机会，受教育程度仍有很大提升空间，高等教育大门应该进一步开放，通过学分制、奖励入学、弹性学习方式等为这一群体创造接受高等教育和职业教育的机会，这也是提升劳动力市场群体受教育水平的最直接有效的途径。农民工群体受教育的回报率在下降，尤其是当前农民工接受中职教育的回报近乎为0时，弱势群体的人力资本投资方式需要创新，教育培训的内容也需要与经济转型中的技能需求变化相适应。

四是完善劳动力市场制度和公共服务体系，提高人力资源配置效率和教育回报率。年轻一代女性受教育水平已经实现了大幅提升，在高中教育、大学教育、研究生教育等各阶段赶超了男性，但劳动力市场制度尚不健全，性别歧视依然存在，女性同时承担着职场压力和生育养育负担，导致具备较高人力资本的女性中断职业发展，劳动参与率偏低，造成人力资本和经济增长的损失。继续强化性别公平的劳动力市场制度，完善女性友好与生育友好的公共服务体系，能够实现提高人力资源配置效率、提升教育回报率、促进生育率水平回升、实现人口高质量发展等多重红利。

超越 Heckman 曲线：早期人力资本
投资的综合回报

曲 玥 程 杰 李冰冰*

摘 要： Heckman 曲线基于人力资本回报的机制揭示了投资于更早期的人力资本有更高的回报。多学科的证据表明，儿童早期的发育和发展对于儿童认知和非认知能力的形成、对于成年后的教育获得、就业、收入、犯罪行为等都具有深远影响。如果将早期人力资本的投入所获得的各方面改善全面进行归纳的话，相应的回报不仅限于个体层面。本文通过梳理我国城镇家庭的养育、照料负担发现，将儿童早期发展纳入公共服务可以有效提高人力资本、提升劳动力市场配置效率，进而获得更广泛的高回报，早期人力资本投资的综合投入回报比或达 6 倍以上。

关键词： Heckman 曲线 早期人力资本投资 人力资本回报 儿童早期发展

党的二十届三中全会提出，要健全覆盖全人群、全生命周期的人口服务体系，促进人口高质量发展。在人口负增长、劳动力短缺的阶段，资本报酬递减现象加剧，较之投资于物资，投资于人具有更大的比较优势。而人的发展历经各个阶段，在整个生命周期中，在儿童发展早期、学前教育阶段进行人力资本投资带来的回报最高。狭义的人力资本投资通常指教育、培训等方面的支出和投入，而人力资本早期投入的构成更为广泛，对于幼儿来讲，对其基础的养育

* 曲玥，中国社会科学院人口与劳动经济研究所研究员，主要研究方向为劳动经济与人力资本；程杰，中国社会科学院人口与劳动经济研究所副研究员，主要研究方向为社会保障与劳动就业；李冰冰，中国社会科学院人口与劳动经济研究所助理研究员，主要研究方向为劳动经济。

和相关的教育是难以完全拆分的。而养育对应的照料和陪伴本身也成为早期人力资本投资的部分。从这个角度上看，对应于 0~6 岁儿童早期阶段的人力资本投资既涉及养育也涉及教育，其成本更是既涉及直接花费也涉及照料和陪伴的时间。从人力资本的回报上看，传统的 Heckman 曲线基于劳动经济学人力资本回报的机制揭示了投资于更早期的人力资本具有更高的回报。早期人力资本投资更广泛的回报不仅在于其个体层面，其对于母亲的劳动参与及经济产出、对于经济社会发展的长期回报均更为可观。基于早期人力资本投入具有更为明显和广泛外部性的天然属性，将其纳入公共服务的覆盖范围具有学理依据。

本文旨在从梳理儿童早期发展的相关理论出发，刻画家庭对于生育养育所支出的具体花费和照料时间等相应成本，观察对于儿童早期阶段的各方面投入状况以及在群体间的差异程度，依据早期人力资本投资在学业表现、劳动力市场上的回报现状，探讨相关公共服务在降低家庭养育负担、提升劳动参与和长期人力资本方面的潜在价值和经济产出。也即从传统 Heckman 曲线解释的早期人力资本投入回报出发，探讨早期人力资本投入更广泛更深远的回报，探索公共服务在早期人力资本投入方面更有效的设计和配置方向。

一 儿童早期发展的理论基础

在学术研究和理论探讨方面，不仅来自经济学的人力资本理论关注儿童早期发展，来自脑神经学、营养学、心理学、经济社会学等多学科的证据也表明了儿童早期发展的重要性[1]。儿童早期的发育和发展对于儿童认知和非认知能力的形成、对于成年后的教育获得、就业、收入、犯罪行为等都具有深远影响。其背后的机制与理论可以总结为以下几个方面（见表1）。

---

[1] Knudsen, E. I., Heckman, J. J., Cameron, J. L., & Shonkoff, J. P. "Economic, Neurobiological, and Behavioral Perspectives on Building America's Future Workforce," *Proceedings of the national Academy of Sciences*, 103 (2006): 10155-10162.

表1　儿童早期发展的相关理论

学科	理论假说与主要观点
脑神经学	①生命前1000天是大脑发育和能力形成的关键窗口期。在儿童出生的第一年里，影响听力、视觉及语言能力的神经元突触生成达到最高峰，3岁前影响高级认知功能的神经元突触生成达到最高峰。 ②环境和基因对大脑的发育同样重要，环境的刺激影响了神经元的连接和神经网络结构。经常受到刺激的大脑通路逐渐加粗加强，没有受到足够刺激的大脑通路则会萎缩。随着发育成熟，个体形成以环境模式为基础的神经网络结构，并影响终身。 ③早期养育通过抚养人不断的语言和互动刺激促进大脑的发育，生命早期遭遇持续的有害压力会损伤大脑结构。 ④贫困对儿童大脑发育产生影响，不同经济环境中成长的儿童大脑结构（脑灰质、海马体）有差异，进而影响到语言能力和未来的学习成绩
营养学	①营养为大脑早期发育提供能源，刺激神经元连接，缓冲压力对大脑产生的不利影响，影响儿童基因的表达方式和幼儿大脑的结构与功能。 ②早期营养不良，特别是蛋白质、铁和锌的缺乏，会影响大脑发育，并造成多个脑区域的损伤。 ③早期营养不良影响儿童当下的发病率和死亡率，导致体格发育和精神发育迟缓；还会产生长期影响，对智商发育、学习能力、运动能力、语言能力、社会情绪及心理正常发育、未来工作能力产生影响，增加成年后患冠心病、中风、2型糖尿病及高血压等慢性病风险
心理学	儿童时期负面经历导致成年期的心理健康和行为问题，早期亲子关系缺失和养育环境不良导致成年后的家庭暴力和犯罪等反社会行为
经济社会学	①能力是多样性的，非认知能力比认知能力的影响更大。 ②能力发展是一个"能力产生能力"（capabilities beget capabilities）的过程，早期形成的能力有助于进一步的学习，前一阶段的能力将促进下一阶段能力的发展。 ③能力并非在出生时一成不变，会在很大程度上受到人力资本投入和环境因素的影响而发生改变。 ④儿童的早期教育对各项技能和能力的形成至关重要。如果社会及早对儿童生命周期采取连贯一致的干预措施，将促进弱势儿童的认知和社会情感能力发展。 ⑤早期学习比后来的学习更有效，早期教育带来的收益也远比后期的补救性培训更高

注：①Thompson RA, Nelson CA. "Developmental Science and the Media. Early Brain Development," *Am Psychol*, 56（2001）：5-15.

②National Scientific Council on the Developing Child, The Science of Early Childhood Development: Closing the Gap Between What We Know and What We Do, Center on the Developing Child, Harvard University, 2007.

③ Radley, J. J., Sisti, H. M., Hao, J., Rocher, A., McCall, T., Hof, P. R., ...& Morrison, J. H.. Chronic Behavioral Stress Induces Apical Dendritic Reorganization in Pyramidal Neurons of the Medial Prefrontal Cortex, *Neuroscience*, 125（2004）：1-6.

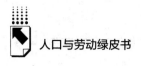
④Hanson，J. L.，Hair，N.，Shen，D. G.，Shi，F.，Gilmore，J. H.，Wolfe，B. L.，& Pollak，S. D. Family Poverty Affects the Rate of Human Infant Brain Growth. *PLOS one*，8（2013），e80954.

⑤Katsnelson，A. "The Neuroscience of Poverty," *Proceedings of the National Academy of Sciences*，112（2015）：15530-15532.

⑥Hart，Betty Risley，Todd R. The Early Catastrophe：The 30 Million Word Gap by Age 3，*American Educator*，27（2003）：4-9.

⑦Wachs，T. D.，Georgieff，M.，Cusick，S.，& McEwen，B. S. Issues in the Timing of Integrated Early Interventions：Contributions from Nutrition，Neuroscience，and Psychological Research，*Annals of the New York Academy of Sciences*，1308（2014）：89-106.

⑧中国发展研究基金会：《中国儿童发展报告2017》，中国发展出版社，2017，第51~53页。

⑨朱宗涵：《我国儿童保健和儿童早期发展的历程和启示》，载中国发展研究基金会《反贫困与儿童发展》，2013，第48页；周念丽，《超越贫困：促进农村幼儿心理发展的分析与思考》，载中国发展研究基金会《反贫困与儿童发展》，2013，第52页。Wachs，T. D.，Georgieff，M.，Cusick，S.，& McEwen，B. S.. Issues in the Timing of Integrated Early Interventions：Contributions from Nutrition，neuroscience，and Psychological Research. Annals of the New York Academy of Sciences，1308（2014）：89-106.

⑩詹姆斯·海克曼：《能力形成与贫困儿童早期发展政策》，载中国发展研究基金会《反贫困与儿童发展》，2013，第20~27页。

资料来源：根据相关学科理论与文献整理得到。

其一，大脑结构和个体能力的形成均同时受基因和个体早期经历环境的交互影响。安全和值得信赖的环境、抚养人良好的互动和语言刺激有利于大脑的发育。不利的儿童早期环境和经历，如贫困、营养不良、父母有心理问题、家庭暴力、缺乏关爱等，将损害大脑中的神经元连接，导致早期发育迟缓。不同收入家庭儿童大脑灰质体积随月龄增长差距不断扩大，社会经济状况较低的孩子的海马体普遍相对较小，其大脑皮质区中反映阅读能力的重要区域表现出了较低水平的特征。贫困家庭孩子与富裕家庭孩子大脑结构存在差异，进而导致学习成绩差异。

其二，技能的形成及其背后神经通路的发展遵循分层递进、从下到上的顺序原则。后期的能力发展以前期的能力为基础，上一阶段的能力形成有助于促进下一阶段能力的发展。神经网络从最基本的形成开始，逐步发展到语言网络结构以及高级认知网络结构，越早的神经网络越成为基础，越影响后期的神经网络结构形成。

其三，能力形成存在敏感期。大脑在儿童早期发展最为迅速，在这一敏感期，神经元的发展及相应的能力和行为可塑性很高，很容易受到外部环境干预的影响。如果在早期对贫困儿童发展进行干预，将促进儿童认知和非认知能力发展，并对成年后的劳动力市场表现、心理行为等产生积极效果。儿童早期干预措施具有较高的成本收益比和投资回报率，对儿童早期发展的干预比后期的补救性干预措施（如学校教育阶段的干预和成年后的在职培训等）效果更好①，后期的补救措施往往回报较低或者效果不能持久。

二　儿童早期人力资本投入的综合回报

传统的劳动经济学相关理论在关注人力资本投资的早期阶段，更加着眼于观察其对于个体后续劳动力市场表现方面所获得的回报。如果将早期人力资本的投入所获得的各方面改善全面进行归纳的话，会发现相应的回报不仅限于个体层面，在 Heckman 曲线所揭示的早期人力资本投入的更多回报之外，早期人力资本投入还有更广泛和深远的经济社会影响。

（一）学校阶段的学业表现

早期人力资本投资之所以回报率高，在于其终身受益，并伴随着整个生命周期持续积累。Heckman 曲线刻画的早期人力资本投资回报率，实质上是通过劳动力市场观察到的终身"积累"结果，在不同生命周期阶段都可以表现。最早可以直接观察到的投资回报反映在幼儿园或在校学习阶段的学业表现。本质上，儿童养育与早期教育是一个连续的过程，从宏观视角或国家层面来看，入园率可以被视为儿童早期投资的重要指标。国际经验表明，0~2 岁幼儿入托率影响了后一阶段 3~5 岁儿童入园率，两者之间呈现递增的正相关关系，这意味着早期儿童发展的干预一定程度上有助于提高下一阶段儿童接受教育的机会与质量，并且这一积极效应将传递和积累到之后的教育阶段。人力资本投资是生命周期中的一个连续过程，更好的儿童养育不仅对于当前阶段，对于未来人生发展阶段都具有积极而深远的影响。

儿童早期干预的更直接效果体现在在校阶段的学业表现方面。国际上

---

① Carneiro, P. & Heckman, J. J. Human Capital Policy. NBER Working Paper, 2003, No. 9495.

诸多早期干预项目的实践经验表明，接受干预的儿童在入学后有更好的学习成绩与学业表现，认知能力与非认知能力都有明显提升。从宏观视角或国家层面也可以观察到这一积极影响，幼儿阶段的平均入托率反映出一个国家和地区的儿童早期投入力度，青少年阶段的素质能力测试（Programme for International Student Assessment，PISA）成绩则是认知能力的国际可比性指标。观察这两者之间的关系有助于我们理解儿童早期发展对儿童人力资本积累的影响。OECD 国家的经验研究表明，2000 年以来 0~2 岁幼儿平均入托率与 2015 年 15 岁青少年 PISA 测试成绩呈现显著的正相关关系，入托率越高的国家，青少年阅读水平越高，数学计算能力越强，科学素养也更高，男性和女性青少年都呈现类似特征。考虑到国家经济社会发展等因素影响，我们尝试利用计量经济模型进一步观察发现，0~2 岁幼儿入托率对 15 岁青少年阅读水平的边际影响更大，其次是科学素养和数学水平[1]。儿童早期人力资本投资意味着更高质量的教育发展、更优质的青少年发展，也意味着更高质量的劳动力队伍（见图 1）。

（二）劳动力市场的人力资本回报

早期教育对儿童人力资本积累的重要性已经达成共识，幼儿出生后的 1000 天被视为影响未来长远发展的关键阶段或"窗口期"，这一阶段投资的终生回报率最高。Heckman 曲线的核心要义是劳动力市场的工资回报，人力资本投入的回报率随儿童年龄的增加而不断递减，0~3 岁幼儿早期教育投入的回报率高达 16% 左右[2]，而全社会平均教育回报率一般在 6%~12%[3]。我们可以将其理解为狭义的 Heckman 曲线。

代表性的国际儿童干预项目实践表明，儿童人力资本投资的回报率确实非

---

[1] 在控制经济发展水平等因素情况下，0~2 岁平均入托率对男性青少年阅读水平测试成绩的边际效应为 0.43，科学素养和数学水平的边际效应分别为 0.19 和 0.09；0~2 岁平均入托率对女性青少年阅读水平、科学素养和数学水平测试成绩的边际效应分别为 0.27、0.17 和 0.12。

[2] James J. Heckman, "Policies to Foster Human Capital," *Research in Economics*, Vol. 54, No. 1, 2000, pp. 3-56.

[3] Robert J. Barro, Jong-Wha Lee, "A New Data Set of Education Attainment in the World: 1950-2010," *NBER Working Paper*, No. 15902, 2010.

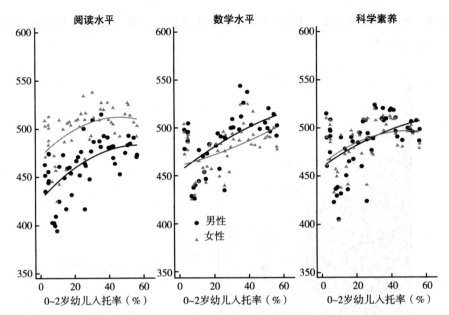

图 1　OECD 主要国家 0~2 岁幼儿入托率与 15 岁青少年 PISA 测试成绩

注：青少年阅读水平为 15 岁青少年 PISA 测试阅读水平得分，数学水平为 PISA 测试数学水平得分，科学素养为 PISA 测试科学素养得分。以 2015 年 PISA 测试成绩为观察对象。

资料来源：OECD Family Database。

常可观。儿童启蒙法项目（Abecedarian）干预对象为 111 名 1972~1977 年出生的贫困儿童（主要是非裔美国人），干预组 57 名，对照组 54 名。对儿童在 0~8 岁、12 岁、15 岁、21 岁和 30 岁时进行跟踪。项目对智商的影响较为持久，干预组儿童智商（IQ）优势在成年后持续存在，项目提高了干预组儿童的教育水平、健康水平等。根据评估发现，该项目人力资本投资的内部回报率为 13.7%，收益成本比高达 7.3[①]。佩里学前教育项目干预对象为 123 名非裔美国出生贫困儿童；干预组 58 名，对照组 65 名，项目对儿童在 3~15 岁、19 岁、27 岁和 40 岁时进行跟踪调查。项目评估发现，对成年后的教育水平、就业、收入、健康均有积极影响，长期效果对非认知能力（学习动机、行为控

---

① García, J. L., Heckman, J. J., Leaf, D. E., & Prados, M. J. Quantifying the Life-cycle Benefits of An Influential Early-childhood Program. *Journal of Political Economy*, 128（2020）：2502-2541.

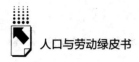
制等）的影响更为突出。根据评估发现，该项目人力资本投资的内部回报率为 6% ~ 10%[①]。

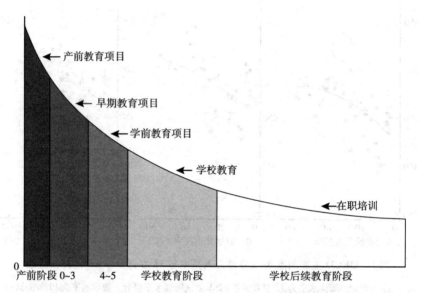

图 2　狭义的 Heckman 曲线：不同阶段人力资本投资的回报率

资料来源：Heckman, J. "Policies to Foster Human Capital," *Research in Economics* 54 (2000): 3-56。

　　实际上，早期人力资本投资的回报远不止于此，其可观察的与不可观察的"正外部性"尚没有被全面理解和充分评估，可观察的部分包括儿童照护与养育释放的家庭照护者的潜在劳动供给，以及降低养育成本而释放的家庭预算约束及其社会消费需求等，不可观察的部分包括早期干预降低的青少年不良行为发生率、犯罪率以及相应的社会成本等。我们有必要扩展一条更为广义的Heckman 曲线。

（三）家庭养育者的劳动参与及其经济产出

　　对 0~6 岁幼儿的照料负担会挤占家庭成员，包括父母、隔代长辈的可支

---

① Heckman, James J. , Seong Hyeok Moon, Rodrigo Pinto, Peter A. Savelyev, and Adam Yavitz, "The Rate of Return to the HighScope Perry Preschool Program," *Journal of Public Economics*. 94 (2010): 114-28.

配时间和精力，其中对母亲的时间占用最为突出，进而带来在就业方面的相应损失。无论是劳动参与程度的下降还是收入下降，事实上都体现了家庭承担的儿童的养育教育成本对于社会经济会带来损失。因而，换一个角度来说，如果公共服务可以覆盖到对 0~6 岁儿童的养育和教育，据此释放的劳动参与和经济产出将通过拉弗曲线效应予以更深远的回报。以母亲来说，中国劳动力市场上女性具有越来越高的人力资本水平，但由于相应的养育教育负担未能就业，或从事收入更低的工作未获得充分就业，其岗位的生产率更低，这些人力资本未能充分发挥在社会经济生产中的贡献，最终带来的是全社会生产率和产出的降低。从女性和家庭的角度来看，如果由于养育方面的负担未能充分从事收入更高的工作，这并不体现在生育养育的直接花费当中，但成为生育养育的机会成本存在。这里基于家庭动态调查数据，利用反事实假设，把有 0~6 岁子女的女性如果没有养育负担可改善的收入计为儿童养育中由家庭承担的机会成本，将有 0~6 岁子女家庭直接花费于托育、早教等方面的支出视为直接成本，总体而言，家庭生育养育的直接成本为 56.4%，机会成本为 43.8%，对于未工作的女性而言，更多的成本在机会成本方面（占 78%），对于工作的女性来说，成本更多地体现为直接养育支出（为 94.8%）。从这样估算可以简单推算，如果公共服务可以让女性更有效地参与劳动力市场，可获得相对于总养育成本中约 43.8% 的经济回报（见图 3）。

因此，如果在制度供给方面能够提供更加有效的托幼服务，在理论上这部分人力资本的潜在损失可以得以减少甚至消除。因此，公共服务对于早期儿童养育的覆盖、托育制度建设的潜在收益就体现在女性在获得托育服务后带来的劳动参与以及收入提高。通过估算就业决定和收入决定方程[①]

$$Probit(employed) = \beta_1 \times child_{age3} + \beta_2 \times ECEC + X + \varepsilon$$
$$lnincome = \beta_1 \times child_{age3} + \beta_2 \times ECEC + X + \varepsilon$$

如果以不同的模拟目标为基准（所有群体获得现有水准的托育公共服务或者所有群体获得完全消除养育负担的公共服务），从群体均值上看，总体女

---

① 其中协变量矩阵 X 包括年龄、年龄平方、受教育年限和受教育年限平方、户籍和居住性质虚拟变量、城市虚拟变量，在就业决定方程中还含婚姻状况变量和他人人均收入（对数）变量。

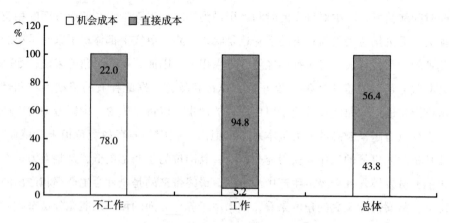

图3　生育养育总体成本估算与结构特征

资料来源：依据《2019年全国人口与家庭动态监测调查》测算整理。

性劳动参与率从当前的66.1%提高至68.22%或69.1%，提高了2~3个百分点；女性平均年收入从当前的23164元提高至23738元或23748元，带来的实际经济贡献占当前女性总经济产出的5.55%~6.95%，如果考虑到女性获取的收入是其经济贡献的一部分，所带来的经济产出更高；进一步地所提高的收入在通过拉动家庭消费产生的效应，最终托育制度作为公共服务的综合回报会再提高。

三　中国家庭儿童养育教育投入状况——基于微观调查数据的刻画

中国公办教育体系的覆盖范围从小学开始，涵盖义务教育、高中教育和高等教育。因此教育体系和人力资本形成体系尚未完整覆盖0~6岁的幼儿，针对0~6岁儿童的养育教育等人力资本投资更多由家庭承担。其中，传统的幼儿园可实现对3~6岁儿童的吸纳，而面对0~3岁的托育服务体系尚处于建设阶段。因此，中国当前针对养育教育等儿童发展的支出在主体上仍然由家庭负担。我们可以依据中国城市劳动力调查数据，将养育教育的对应由家庭承担的直接负担分别以金钱花费和投入时间进行度量，调查涉及1409个学前儿童样本。

（一）儿童养育的家庭负担状况

表 2 将照料养育教育及其对应的时间和支出进行了统一梳理。可以看到，在支出方面，在有相关支出的样本中，托育支出的涉及范围和程度在儿童养育教育中尤为重要，为每月 1878 元，有 813 个孩子有相关支出；早教支出有 2165 元，381 个孩子有早教相关支出；而保姆支出较高，每月在 5000 元以上，但只有 50 个孩子涉及了保姆费的支出。进而如果将未进行相关支出的样本全部计入测算，平均下来托育的相关支出最多，为每月 1858 元，早教涉及支出次之，为 682 元。

表 2　儿童养育支出水平与结构

项目	支出（元/月）		
	托育	保姆费	早教费
均值	1878. 38	5897. 91	2165. 49
均值（含 0 样本）	1858. 18	340. 07	681. 68
观测值	813	50	381

项目	时间（小时/天）		
	母亲照料	父亲照料	长辈照料
均值	5. 14	2. 69	5. 70
均值（含 0 样本）	4. 66	2. 12	3. 04
观测值	1205	1052	683

资料来源：中国城市劳动力调查数据第五轮（CULS5）。

继续观察对儿童提供照料者的照料时间的具体情况可以看到，母亲是儿童最为普遍的照料者，有 1205 个样本由母亲照料，平均每天照料时间为 5 个小时以上；父亲照料的样本略少，为 1052 个，但平均照料时长显著更少，约为母亲照料时长的一半，每天 2. 69 小时。值得注意的是，虽然长辈照料的观测值只有母亲照料的一半，但其照料时长更长，为每天 5. 70 小时（见表 2）。

（二）家庭托育费用及群体特征

前面了解到，在早期人力资本投入的各项费用中，托育服务是需求最广泛的一类，并且也最有条件为公共服务体系所覆盖。如前所述，涉及保姆家政服

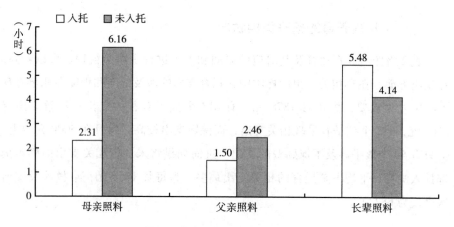

图4　儿童照料群体的照料时间

资料来源：中国城市劳动力调查数据第五轮（CULS5）。

务的样本只有50个，并非养育的普遍需求，因此不是公共服务的一般性质；而早教涉及的样本虽然也较多，但更多对应的是个性化的需求，也非普惠性的公共服务最紧迫的职责范畴。具体观察托育服务的入园花费可以看到，按照所入托育服务的类型，公立园的平均费用最低，月均1322元；普惠园的费用略高，月均2496元；私立园的花费最高，月均2558元。但公立园的覆盖约为一半，36%的孩子入托私立机构（见图5）。

　　进一步，如果将家庭对于养育和教育的支出占家庭收入的比重看作养育儿童带给家庭的负担程度的话，可以看到，儿童养育综合负担系数为13.8%，其中托育平均花费的负担系数为9.72%，在收入5等分组中最低收入分组两项负担系数显著更高，分别为近40%和30%。其中所花费的费用随母亲的受教育程度大致呈现倒U形的特点，学历居中的大专学历母亲的家庭养育负担系数最高。而对中国劳动力市场的最新刻画表明，大专受教育程度在劳动力市场上的劳动参与和就业状况以及工资收入都更显弱势[1]，对应负担系数中的作为收入的分母更小，面对养育负担的实际承受能力更弱（见表3）。

---

[1]　中国城市劳动力调查课题组：《理解中国城市劳动力市场——中国城市劳动力调查（第五轮）报告》，《劳动经济研究》2024年第1期，第3~27页。

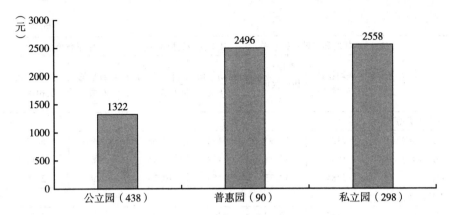

图5　主要托育机构月均支出

资料来源：中国城市劳动力调查数据第五轮（CULS5）。

表3　照料花费及其负担水平

单位：元，%

分项	托幼和早教负担水平		其中托幼负担水平		其中早教负担水平	
	平均托幼和早教费用	平均托幼和早教负担水平	托幼平均花费	平均托幼负担水平	早教平均花费	平均早教负担水平
合计	1845	13.80	1163	9.72	682	4.08
分城市						
沈阳	1496	14.31	1061	10.43	435	3.88
上海	2045	9.41	993	5.01	1053	4.40
福州	1306	13.44	925	9.70	381	3.74
武汉	2396	16.25	1407	10.66	989	5.59
广州	1790	14.27	1281	10.72	509	3.55
成都	2258	17.35	1495	12.75	763	4.60
贵阳	863	10.76	637	8.69	226	2.07
西安	1140	14.89	843	11.24	296	3.65
分母亲受教育水平						
初中及以下	1039	12.62	872	10.65	167	1.98
高中（含中职）	1158	11.27	990	9.89	167	1.38
大专（含高职）	1897	18.30	1344	13.30	553	5.00
本科及以上	2371	12.92	1257	7.65	1115	5.28

续表

分项	托幼和早教负担水平		其中托幼负担水平		其中早教负担水平	
	平均托幼和早教费用	平均托幼和早教负担水平	托幼平均花费	平均托幼负担水平	早教平均花费	平均早教负担水平
分户籍类型						
本地城市户口	2131	14.94	1192	9.66	939	5.27
外地城市户口	1655	12.34	1139	9.23	516	3.11
农村户口	1384	12.35	1155	10.25	229	2.10
五等分收入						
20%低收入组	1855	39.10	1394	29.99	462	9.11
20%中等偏下组	2539	27.38	2013	22.18	526	5.19
20%中等收入组	2177	18.82	1633	14.38	543	4.44
20%中等偏上组	2658	15.45	1865	10.83	794	4.63
20%高收入组	4431	13.70	2063	5.66	2369	8.04

资料来源：中国城市劳动力调查数据第五轮（CULS5）。

（三）家庭照料时间及其群体差异

除了直接的花费支出以外，家庭对儿童的养育教育成本还涵盖对孩子的照料时间。观察家庭中各个主体对0~6岁幼儿的照料时间可以看到，母亲的照料时间显著更多，父亲照料时间更少。而值得注意的是，在高密度照料的群体中（每天照料达到8小时以上），母亲和长辈的占比是相似的（见图6）。

值得说明的是，分组的情况表明，对孩子的照料时间并不依群体的差别而有明显的趋势性不同。但有两个特征值得引起关注。第一，照料儿童的时间，在母亲和父亲间存在显著差异，男女对应的照料负担是一致的，但对于照料的承担情况有显著差异，这样的性别差异显然进一步带来劳动力市场上的性别差异以及相应的效率损失。第二，唯有母亲受教育程度在本科及以上的群体，其照料时间明显更少，但长辈的照料时间明显更长。从这个角度上看，受教育程度更高的女性由于照料的机会成本更高，可能更多从事工作，进而挤占照料时间，但被挤占的时间由长辈照料弥补。在我国日益老龄化的背景下，年轻的老

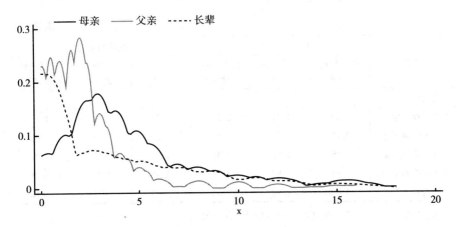

图6 不同家庭照料者的照料时间分布特征

资料来源：中国城市劳动力调查数据第五轮（CULS5）。

人仍然具有劳动参与和就业的潜力，而对于儿童的照料进一步挤占了其创造经济产出的潜力空间。从这样两个方面来看，有效地面向家庭提供儿童照料、养育和教育的公共服务通过释放家庭对儿童照料时间，可以在一定程度上降低性别照料负担差异并提升劳动力市场上的性别平等，扭转性别差异的配置效率损失，并且可能进一步释放老年人的劳动参与，释放更多的潜在经济产出（见表4）。

表4 照料时间（加权后）

分项	保留时间为0			剔除时间为0		
	母亲照料时间	父亲照料时间	长辈照料时间	母亲照料时间	父亲照料时间	长辈照料时间
合计	4.66	2.12	3.04	5.14	2.69	5.70
分母亲受教育水平						
初中及以下	5.52	1.68	2.74	6.27	2.40	4.78
高中(含中职)	5.34	2.36	1.97	5.98	2.91	4.37
大专(含高职)	5.36	2.30	2.93	5.99	3.02	5.75
本科及以上	3.74	2.14	3.42	4.05	2.59	6.21
分户籍类型						
本地城市户口	4.15	2.24	3.15	4.49	2.68	5.85
外地城市户口	4.70	1.86	2.80	5.64	3.01	5.69
农村户口	5.65	2.03	2.76	6.37	2.63	5.25

分项	保留时间为0			剔除时间为0		
	母亲照料时间	父亲照料时间	长辈照料时间	母亲照料时间	父亲照料时间	长辈照料时间
五等分收入						
20%低收入组	4.28	1.37	2.23	5.20	2.21	4.33
20%中等偏下组	3.70	2.41	1.56	3.94	2.75	3.68
20%中等收入组	4.16	1.98	2.53	4.51	2.55	4.91
20%中等偏上组	3.61	1.93	2.71	3.98	2.34	5.21
20%高收入组	3.42	1.88	2.84	3.67	2.31	5.18

资料来源：中国城市劳动力调查数据第五轮（CULS5）。

四 儿童早期人力资本投资的广义回报率

依据前述阐述的早期人力资本的广泛回报，大致可以分为：一是传统人力资本投资回报，也即针对当前儿童早期人力资本投资在未来劳动力市场上更具效率的表现获得更高的收入，其发挥效应的年限约为 40 年（以 20 岁进入劳动力市场，60 岁退休为大致参照）；二是将儿童早期发展投入纳入公共服务可降低当前家庭的生育养育成本，提高家庭成员的劳动参与率和产出水平，其发挥效应的年限约为 30 年（以 30 岁生育完成至 60 岁退休为大致参照）；三是以上提升的收入通过对消费产生的乘数效应进一步带动产出提升。

需要说明的是，所有的收益将随其未来具体发生效应的年份距离当前的期限具有相应的贴现率，但与此同时相应的收益（收入、消费）也随未来年限的远近具有名义增长，在理想的状态下二者是一致的，因此这里抽象掉两个方向的效果，既不考虑贴现也不考虑名义增长，以实际值与名义值一致来测算相应成本和收益的综合效果。逐一测算以上三项收益的具体方法如下。

（一）Heckman 意义上的人力资本回报

人力资本回报率的含义为，每 1 单位货币投入在未来可获得的年化回报。也即在儿童获得该人力资本投资回报时，估计其收入决定方程：

$$lnwage = \beta \times HI + X$$

其中，*HI* 为对儿童的人力资本投资金额，*lnwage* 为儿童的工资收入的对数，这样的半弹性模型估算出的系数的含义为投资于儿童的人力资本回报率。根据相关研究的估计，该回报率大约为 13%，意味着当前投入儿童的一单位货币，在这个儿童所具有的人力资本在未来劳动力市场获得收入时，显现出来年回报为 0.13 单位的货币。如前所假定，若我们忽略掉所有与利率、贴现等远期与近期相折算的因素，那么最初投入的一元钱最终获得的总回报取决于每年获得的 0.13 元，以及这一每年获得的回报会持续多少年。假定儿童平均在 20 岁进入劳动力市场，并且在 60 岁退休，那么这一人力资本 0.13 的年回报将持续获得 40 年，最终每一元的投入，获取 5.2 元的回报（0.13×40），对应的投入回报比为 5.2。

（二）Heckman 意义之上的人力资本回报：释放养育者的经济产出

将儿童的托育养育纳入公共服务的覆盖范围，可以有效降低对孩子提供照料的家庭成员的照料时间，并释放其参与劳动力市场的潜力，获得该养育者人力资本的合理回报。通过设定女性收入方程，估计对于有养育负担的女性而言，托育服务的获得可以使其劳动参与和收入水平得到多大程度的提升，具体为：

$$\frac{Probit(employed)}{lnincome} = \beta_1 \times chlid + \beta_2 \times ECEC + X + \varepsilon$$

其中 *employed* 和 *lnincome* 分别代表"是否就业"和"女性工资收入"，*child* 和 *ECEC* 分别代表是否有养育负担，以及是否得到了托育服务。依次替换 *child* 和 *ECEC* 的 0/1 取值，即可得到托育服务对于女性就业收入的释放。课题组的测算结果表明，从不同的基准条件设定的托育服务的水平来看，若所有女性可获得现有质量水准的托育服务，对其释放的劳动参与可获得的经济产出将提升 4.27% 左右；若托育服务的质量进一步提升至完全降低家庭的养育负担，女性的劳动参与可获得的经济产出将提升 7% 左右[①]。值得说明的是，在现实

---

① 曲玥、程杰、李冰冰：《托育服务对女性劳动参与和经济产出的影响》，《人口研究》2022 年第 5 期，第 33~47 页。

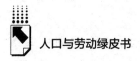

经济运行当中，女性所获得的可见的实际工作收入，仅为其经济产出的一部分，另外的部分会以税收、企业利润等形式流通在其他经济主体之中，如果简单以劳动收入份额占经济份额的2/3来折算的话，相应的以两个基准来测算的托育服务对于女性劳动参与所产生的经济效应分别为6.4%和10.5%。鉴于第二个基准的托育公共服务并非现实存在，当前也无法得知可完全消除家庭养育负担的托育服务对应的成本和价格是多少，这里我们暂且参照第一个基准（6.4%）来估算托育服务的提供可获得的回报。具体来说，当前不含任何公共投入支持的市场化托育的平均价格约为2500元/月，也即30000元/年。因此投资于托育服务的30000元的公共投入可使得女性的经济产出提升6.4%。依据中国城市劳动力调查数据，女性的年均工作收入为每年8万元。以此为参照，假定托育的公共服务需要持续投入6年，总投入水平为18万元。假定女性在生育后从30岁工作到60岁，托育服务可释放的经济产出每年为5120元，共释放30年，总的回报为15.36万元。假定托育服务的投入为6年，总投入金额为18万元，对应的投入回报比为0.85（15.36/18）见表5。

表5 儿童早期发展投入的综合回报

项目	未来人力资本回报	托育服务的劳动参与回报
投入		
投入单位	单位货币	托育服务的价格
投入水平(元/年)a1	1	30000
投入年限(年)a2	1	6
总投入水平 a=a1×a2	1	180000
回报		
回报机制	投资回报率	女性收入的改善程度
回报的取值 b1	13%	6.4%
回报的作用基准(元)b2	1	80000
获得回报的年限 b3	40	30
总回报 b=b1×b2×b3	5.2	1536000
总回报率 b/a	5.2	0.85
儿童早期发展投入综合回报率	6.05	—

至此，对于儿童早期发展的投入可获得的明确的两方面回报分别为当前可释放的照料者的经济产出和未来该儿童人力资本的回报，总的投入回报比为6.05，也即公共服务在儿童早期发展方面每投入 1 元，可通过类似"拉佛曲线"效应获得明确的 6.05 元的回报。公共服务的投入得以通过未来人力资本的改善和当前人力资本的有效利用两个途径，在经济产出中发挥明确的拉动效应，获得显著的投资回报。

最后，某一事件对于经济的拉动并非作用于当期，其更长远广泛的经济拉动作用体现在收入改善带动消费提升，消费再次拉动就业和收入这样持续的正向循环中，假定当前消费倾向为 75%[①]，那么依据乘数作用的计算公式，这样的投资于儿童早期发展的公共服务带来的收入改善进一步可拉动的经济为1/ (1~0.75)，也即最终 4 倍于最初的效应，结合刚刚测算的 6.05 的投资回报比，更长远广泛的经济回报或达到 20 倍以上。但是，鉴于乘数所发挥作用的链条无限长，这里无从得知这些乘数效果的获得具体发生的年限范围，我们不把这一回报纳入用于政策考量的测算分析。

五　优化公共服务资源配置，加强儿童早期人力资本

投资儿童就是投资未来，将儿童早期发展纳入国家公共政策是人口高质量发展的应有之义。国家发展战略与公共政策应该遵循儿童优先的原则，将儿童早期发展纳入"十五五"规划与基本公共服务范围，从财政投入、资源配置与体制机制等方面予以保障。

首先，儿童早期发展主要属于中央事权，将其纳入国家基本公共服务范围，以中央对地方转移支付方式承担全部资金，具有财政上的可行性。课题组测算显示，若瞄准农村地区实施儿童早期发展计划，未来财政每年仅需要投入400 亿~500 亿元资金，相当于目前中央对地方转移支付总额的 0.5%左右。若政策覆盖面扩展到镇，未来财政每年投入也仅需要 600 亿~800 亿元，即便实

---

① 　程杰、尹熙：《流动人口市民化的消费潜力有多大？——基于新时期中国流动人口消费弹性估算》，《城市与环境研究》2020 年第 1 期，第 34~54 页。

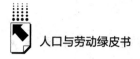

现城乡所有孩子一视同仁，政策覆盖全国，当前财政投入资金也仅需1000亿元左右，到2035年仅增加到1500亿元左右，财政负担可控。

其次，新增公共财政资源优先配置，公共财政资源结构调整优化。中央财政可以通过"增量优先、结构调整"的方式实施儿童早期发展计划，总体方向是从投资于物转向投资于人，从基础设施投资逐渐偏向于投资教育等民生领域。具体路径包括几方面：一是将0~3岁儿童早期发展纳入国家基本公共服务清单范围，在共同财政事权转移支付中专门设置"0~3岁儿童早期发展资金"，起步阶段投入规模不低于"学前教育发展资金"，"十五五"时期预算目标不低于中央转移支付总额的1%（即约1000亿元）。二是新增财政预算支出优先用于儿童早期发展等教育事业领域的短板，新增中央对地方转移支付的预算支出主要用于儿童早期发展等中央事权属性更强的领域。三是调整转移支付项目结构，从税收返还及固定补助、体制补助、基建、政府运行保障等支出划拨部分资金，用于儿童早期发展等领域。从操作可行性来看，优先考虑从均衡性转移支付、税收返还及固定补助中直接划拨资金，补充"0~3岁儿童早期发展资金"。

再次，挖掘盘活存量公共财政资源，探索新增资源渠道。在经济增速趋于放缓、财政资源日趋紧张的背景下，优化现有资源配置是加强公共服务体系建设的切实选择。一方面，由于人口结构的迅速变化，以前一些领域的公共投资逐渐失去了需求，盘活存量资源是优先选择，要积极推动与人口相关的各类资源转型，探索将城乡闲置的教育、培训、卫生等软硬件转化为生育养育相关的公共服务机构，将各级政府尤其基层政府过去长期从事计划生育、卫生健康的公共人力资源，逐步调整配置到儿童早期发展、鼓励生育等公共服务领域，目前乡村、镇在闲置的学校、卫生所、文化站等方面仍然有可以进一步整合利用的软硬件资源。另一方面，积极探索与新发展阶段相适应的筹资渠道。如数字税、人工智能税等新技术革命背景下的政策工具，符合以人为本的发展理念；针对外部性强、回报周期长的公共投资项目，类似于基础设施建设专项债券，可以考虑设计发行"儿童发展"专项债券。

最后，建立促进儿童早期发展的组织机构与体制机制。儿童早期发展既是教育问题，也是健康问题和家庭发展问题，涉及多个领域、多个部门。需要加强顶层设计，可以考虑由中央相关部门牵头，建立教育、卫健、发改、民政、妇儿工委等多部门协作的儿童早期发展的工作机制。建设儿童友好型社会，整合社会资源，协调城乡社区、社会组织（尤其是公益机构）、科研院所、政府机构等多方参与儿童早期发展事业中。完善促进儿童早期发展的配套政策，支持职业院校和高等院校开展儿童早期发展相关的专业，加强人才队伍建设，鼓励各类培训机构开展育婴师、育儿师等专业培训，鼓励高校毕业生到基层从事儿童早期发展事业，加强基层公共服务经办人员力量。

G.10
早期人力资本干预项目的实施方法

何 阳 李冰冰*

摘 要： 早期人力资本奠定儿童终身发展基础，投资早期人力资本的重要性体现在个体、家庭、社会等多个层面。本文深入探究早期人力资本投资项目的实施方法，通过对设计原则、核心影响因素及成效机制的细致剖析，为政策规划者与实际操作者提供兼具理论深度与实践价值的参考框架。本文系统性地论述了通过提供营养干预、早期教育启蒙、家庭环境优化及健康保健服务等策略，有效促进儿童早期人力资本积累，为个人长远发展奠定稳固的基础。此外，本文深入考察了两个未达到预期效果的案例经验，为建立健全且高效的早期人力资本投资体系建设提供参考依据。

关键词： 早期人力资本投资 项目设计原则 早期教育 健康保健 社区参与

引 言

在全球化进程加速与知识经济崛起的背景下，人力资本作为推动经济社会发展的核心要素，其重要性日益凸显。儿童作为未来社会的基石，其早期发展质量直接关系个体终身福祉及国家整体竞争力的提升。因此，投资于儿童早期人力资本，不仅是对个体潜力的深度挖掘，更是对国家长远发展的战略投资。

联合国可持续发展目标（Sustainable Development Goals，SDGs）在改善全球儿童健康方面取得了显著进展。儿童生存率大幅提高，全球 5 岁以下儿童死

---

* 何阳，中国社会科学院人口与劳动经济研究所助理研究员，主要研究方向为劳动经济与教育经济；李冰冰，中国社会科学院人口与劳动经济研究所助理研究员，主要研究方向为劳动经济。

亡率自 2000 年以来下降了 51%①。然而，儿童生存率的提高仅仅是第一步，如何确保儿童在生存的基础上实现全面发展，成为摆在人类面前的新课题。联合国儿童基金会的数据揭示了一个严峻的现实：尽管儿童死亡率大幅下降，但仍有大量儿童面临发展滞后的风险，这些儿童在认知、社会情感、身体健康等多方面未能得到充分发展，进而可能在未来教育、就业及社会参与中遭遇障碍②。

儿童早期是人生发展的黄金时期，在此期间大脑发育迅速、学习能力强、可塑性高，是干预措施产生最佳效果的关键阶段。因此，在这一时期实施科学、全面、持续的干预项目，对于促进儿童全面发展、缩小发展差距、提升社会整体福祉具有不可估量的价值③④⑤⑥。

本文旨在深入探讨早期人力资本投资项目的具体做法与效果成因，通过分析设计原则、关键影响因素及成效机制，为政策制定者与实践者提供实践参考。本文综合多学科的研究成果，特别是教育学、心理学、公共卫生学等领域的最新进展，系统阐述如何通过营养支持、早期教育、家庭支持及健康保健等综合性措施，有效提升儿童早期人力资本水平，为其终身发展奠定坚实基础。同时也关注全球范围内的案例与经验分享，以期为构建更加完善、高效的早期人力资本投资体系贡献力量。

① World Bank, *Levels and Trends in Child Mortality：Estimates Developed by the UN Inter-agency Group for Child Mortality Estimation（IGME）-report 2023*, New York：New York United Nations Children's Fund, 2023.

② Shonkoff, J. P., Boyce, W. T., & McEwen, B. S. "Neuroscience, Molecular Biology, and the Childhood Roots of Health Disparities：Building a New Framework for Health Promotion and Disease Prevention," *JAMA* 301（2009）：2252-2259.

③ Black, Maureen M, et al. "Early Childhood Development Coming of Age：Science through the Life Course," *Lancet* 389（2017）.

④ Heckman, J. J., & Masterov, D. V. "The Productivity Argument for Investing in Young Children," *Applied Economic Perspectives & Policy*（2007）.

⑤ Gertler, P. J., Heckman, J. J., Pinto, R., Zanolini, A., Vermeersch, C. M., Walker, S. P., & Grantham-McGregor, S. M. "Labor Market Returns to an Early Childhood Stimulation Intervention in Jamaica," *Science* 344（2014）：998.

⑥ Walker, S. P., Chang, S. M., Powell, C. A., Grantham-McGregor, S. M., & Baker-Henningham, H. "Early Childhood Stimulation Benefits Adult Competence and Reduces Violent Behavior," *Pediatrics* 127（2011）：849.

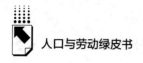

一 早期干预项目的设计原则

设计早期干预项目是一项复杂而精细的任务，涉及多维度、多层次的考量，从而构建一个全面且高效的系统工程。这一过程不仅要求对目标群体的需求进行深入分析，以确保项目能够精准对接并解决实际问题，还必须考虑社会文化背景、经济条件及政策环境等外部因素的影响。早期干预项目的设计原则包括综合性、早期性、个体化、科学性、可持续性、可及性和文化敏感性，且需强调完善的评估与反馈监测体系。

首先，综合性原则要求项目涵盖多个领域，包括教育、健康、营养、社会情感发展等，通过综合性的干预措施，促进儿童的全面发展。项目应涉及教育、卫生、社会福利等部门通力合作，确保资源的有效整合和利用，提供全方位的服务。美国的 Head Start 项目就是一个典型的综合性干预项目。该项目不仅为低收入家庭的孕妇和 0~3 岁儿童提供早期教育服务，还涵盖了健康检查、营养支持和家庭支持等方面，确保儿童在多个领域得到全面发展①。

其次，早期性原则强调及早识别有发展风险的儿童，通过筛查和评估工具，尽早发现潜在问题，为早期干预提供依据。一旦发现问题，应立即采取干预措施，避免问题的恶化。研究表明，早期干预的效果通常优于后期补救。1999 年，英国政府制定的开端计划（Sure Start）作为政府政策的一部分，旨在通过提供优质的学前教育、游戏活动和健康服务，为特殊儿童提供发展支持，并为其家长提供生活和工作支援，从而提高学前特殊儿童的生活质量②。该计划直接惠及 4 岁以下有特殊教育需要的婴幼儿及其父母。通过与父母和儿童的紧密合作，该计划有效帮助了学前自闭症儿童克服在生理、智力、社会和情绪发展过程中的困难，确保他们能够顺利做好入学准备。项目中使用到的筛查和评估工具包括 "Denver Developmental Screening Test（DDST）" 和 "Strengths and

① Miller, L. D. L. "Does Head Start Improve Children's Life Chances? Evidence from a Regression Discontinuity Design," *Quarterly Journal of Economics* 122（2007）: 159-208.
② Reading, R. "Effects of Fully-established Sure Start Local Programmes on 3-year-old Children and Their Families Living in England: A Quasi-experimental Observational Study," *Lancet* 372（2009）: 1641-1647.

Difficulties Questionnaire（SDQ）"等，用以评估儿童的发展状况和行为问题。该项目为参与儿童的未来教育和生活打下了坚实的基础。

个体化原则要求项目根据每个儿童的具体情况，制订个性化的干预方案。家庭是儿童成长的重要环境，项目应鼓励家庭的积极参与，提供家庭支持和培训，帮助家长更好地支持孩子的成长。加拿大的学龄前儿童家庭教育计划（Home Instruction for Parents of Preschool Youngsters，HIPPY）是由政府资助的一项早期教育计划，已在加拿大运行超过 20 年。该项目帮助少数族裔女性（通常是母亲）创造就业机会并提供专业发展机会，这些女性通常需要灵活的工作安排来建立技能和网络，同时履行自己的照顾责任。项目为家长提供个性化的育儿指导和支持，帮助家长在家中教育学龄前儿童，使儿童能够及早熟悉加拿大的语言、文化和生活方式，同时加强家长与社区之间的联系。

科学性原则强调项目的设计和实施应基于科学研究和实证数据，确保干预措施的有效性和可靠性。项目应借鉴国内外成功的干预模式和经验，结合本地实际情况，采用经过验证的干预方法和技术。例如，可以借鉴最新的自闭症研究成果，采用经过验证的有效干预方法，如应用行为分析（ABA）、结构化教学（TEACCH）等。这些方法已被证明在改善自闭症儿童的症状和促进其发展方面具有显著效果。英国的 Sure Start 项目基于大量的科学研究和实证数据，设计了一套科学的早期干预方案，包括家庭支持、早期教育和健康保健等多方面的干预措施，确保项目的有效性和可靠性。美国的 Perry Preschool Project 始于 1962 年，旨在为低收入家庭的 3~4 岁儿童提供高质量的学前教育。项目的设计和实施基于认知发展理论和教育心理学的研究成果。长期追踪研究发现，参与项目的儿童在成年后的健康状况、教育成就和就业率等方面均优于未参与项目的同龄人（Heckman and Karapakula，2019）。

可持续性原则要求项目有明确的长期规划，确保干预措施的持续性和稳定性。项目应建立社区支持网络，动员社区资源，确保项目的可持续发展，并争取政府的政策支持和财政投入，为项目的长期运行提供保障。为儿童提供长期的跟踪服务，定期评估其发展状况，并根据需要调整干预计划。同时，还可以为家长提供持续的支持和指导，帮助他们在家中继续对儿童进行干预。巴西的幸福计划（Programa Criança Feliz）通过政府的长期规划和财政支持，建立了广泛的社区支持网络，确保项目能够持续有效地实施，惠及更多的低收入家庭

175

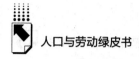

儿童。美国的起点计划（Head Start Program）启动于 1965 年，旨在减少脆弱家庭儿童在入学前与其他同龄儿童之间的差距。自项目实施之初，美国联邦政府及各州政府便提供了持续且充足的资金支持。至 2003 年，该计划的年度财政预算已达到 67 亿美元。研究显示，接受"起点计划"资助的学龄前儿童在接受正式学校教育之后，其适应能力和学业表现均表现出显著的积极影响。项目通过定期收集和分析数据，不断优化服务内容和实施策略，确保项目的科学性和有效性。

可及性原则要求项目覆盖所有有需要的儿童，特别是弱势群体和偏远地区的孩子，确保公平性和包容性。项目应提供便捷的服务渠道，如家庭访问、社区中心、移动服务等，确保儿童和家庭能够方便地获取干预服务。1975 年，印度政府启动了"儿童发展综合服务计划"（Integrated Child Development Services，ICDS），又称 Anganwadi 计划。印度作为世界上婴儿死亡率、发病率和营养不良比例最高的国家之一，孕妇分娩时的死亡率也较高。Anganwadi 计划的目标是提供一揽子综合服务来改善孕妇和幼儿的健康状况，并为贫困和低种姓儿童提供教育、免疫和预防药物。该项目确保了偏远地区的儿童能够获得必要的支持和发展机会。孟加拉国的非政府组织跨社区资源建设组织（Bangladesh Rural Advancement Committee，BRAC）利用低成本、易推广的教育模式，帮助孟加拉国 1400 余万名儿童从学校毕业。优先帮助失学儿童、女童、残疾儿童以及农村儿童。

评估与反馈原则强调建立完善的监测体系，定期收集和分析项目实施过程中的数据，评估干预效果。项目应将评估结果及时反馈给项目管理者和实施者，根据反馈进行调整和改进以确保项目的有效性。多数政府支持的项目，包括美国的 Perry Preschool Project、英国的 Sure Start 等，在设计和实施过程中都会强调监测体系的重要性。

文化敏感性原则要求项目尊重不同文化背景和习俗，确保干预措施符合当地的文化和社会特点。项目应与当地社区和文化机构合作，确保项目的实施符合社区的需求和期望。通过遵循这些原则，可以确保早期干预项目的有效实施和长期可持续性，为儿童的全面发展提供有力支持。在土耳其，3~5 岁儿童接受托儿所和学前班的比例仅为不到一半，而在经济合作与发展组织（OECD）国家这一比例接近 90%。为应对这一挑战，土耳其于 1993 年成立了 AÇEV 项目（Anadolu Çocuk Eğitim Vakfı，即安纳托利亚儿童教育基金会），旨在通过促进儿童在家中社交、情感和认知发展的育儿计划，填补早期教育的空白。AÇEV 项目通过与当地社区和文化机构的合作，设计了符合当地文化特点的干预措施，显著提高了项目的社会接受度和实施效果①。AÇEV 项目的成功经验不仅在土耳其国内产生了积极影响，还在中东、欧洲和亚洲的 15 个低收入和中等收入国家/地区得到了复制和推广。这些国家通过借鉴 AÇEV 的成功模式并进行了本土化，进一步提升了本国早期教育的质量和覆盖面，为更多儿童的全面发展提供了支持。

二 干预措施的具体做法

在儿童早期发展的关键阶段，有效的干预措施不仅是提升儿童认知、社会情感和身体健康的重要手段，更是实现社会公平和可持续发展的基石。然而，设计和实施有效的干预措施并非易事，需要综合考虑多方面的因素和策略。本节将详细探讨几种主要的干预措施及其具体做法，包括营养支持、早期教育、家庭支持与亲子互动、健康保健和社区参与。通过这些具体措施，可以全面促进儿童的健康发展，为其未来的成长奠定坚实基础。

（一）营养支持

营养支持是早期干预项目中的重要组成部分，通过确保儿童获得充足的营养，促进其身体健康和认知发展。定期为儿童提供必要的营养补充品，如铁剂、维生素 A 和维生素 D 等，以预防营养不良。印度的 Anganwadi 中心提供补充食品以及由混合豆类、谷物、油、糖和碘盐组成的热餐。中心严格监测儿童的身体发育情况，包括身高和体重。服务对象包括 15～45 岁的女性，确保满足她们的营养和健康需求，以有效地照顾她们的孩子。

开展营养教育活动，组织家长培训课程，教授科学的营养知识和烹饪技巧，帮助家长为孩子准备健康、均衡的饮食。孟加拉国的 BRAC 项目组织定期

---

① Gungor, R. "Social Support among Women in Adult Literacy Classrooms: The Case of the Mother Child Education Foundation (AÇEV) in Turkey," 2015.

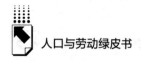

的营养教育课程，向家长传授有关营养的基本知识，包括各类食物的营养价值、均衡饮食的重要性以及如何搭配食物以满足儿童的营养需求。这些课程由专业的营养师和健康教育工作者授课，确保信息的准确性和实用性。项目团队定期进行家庭访问，提供一对一的营养咨询，解答家长在日常饮食中的疑问，帮助他们制订具体的饮食计划。通过家庭访问，项目团队能够更直接地了解家庭的实际需求，并提供个性化的建议。项目还设立了示范厨房，举办烹饪班，教授家长如何制作营养丰富且经济实惠的菜肴。这些活动不仅提高了家长的烹饪技能，还增强了他们对健康饮食的兴趣和信心。

在学校和社区中心设立营养餐计划，提供健康、均衡的餐食，确保儿童在成长的关键时期获得必要的营养支持。营养不良的双重负担严重困扰着肯尼亚的学龄儿童和青少年，这些儿童和青少年占肯尼亚人口的36%。在肯尼亚，学龄儿童和青少年大部分时间（约占每年时间的75%）都在学校度过，并且他们每天摄入的食物中有超过一半是在学校食用的。因此，学校是促进和提供健康饮食的适宜平台。肯尼亚政府充分认识到学校在儿童生活中的教育和营养方面的关键作用，于1980年启动了学校供餐计划，为公立小学的儿童提供午餐，特别是那些生活在干旱、半干旱地区和城市贫民窟的儿童。2009年，学校供餐计划被重组为更具可持续性和国有的本土学校供餐计划（Home-Grown School Meals Programme，HGSMP），该计划优先考虑向学校提供当地生产的食品。政府直接向学校拨付资金，并在学校膳食的关键方面提供指导方针，包括食品的营养成分、适当的采购流程和监测/评估。学校则负责采购当地生产且文化可接受的食品，确保膳食的多样性和营养价值。通过这一计划，政府不仅改善了学生的营养状况，还促进了当地农业的发展，增强了社区的经济活力。

（二）早期教育

早期教育是促进儿童认知和社会情感发展的重要途径。项目可以通过设立高质量的学前教育机构，提供丰富的学习资源和活动，如阅读、绘画、音乐和游戏，激发儿童的学习兴趣和探索精神。美国的Head Start项目提供经过精心设计的教育课程，涵盖认知、语言、数学、科学和社会研究等多个领域。这些课程旨在培养儿童的基本学习技能，如阅读、写作和计算能力，为他们未来的学习成功奠定基础。除了认知能力的教育，Head Start项目还非常重视儿童的社会情感发展。项目通过各种活动和课程，帮助儿童培养自信心、社交技能和情绪管理能力。比如通过小组活动和角色扮演，儿童学会如何与他人合作、表达自己的感受和自行解决冲突。项目鼓励家长积极参与儿童的教育过程，提供家长培训和家庭访问服务。家长可以学习如何在家中继续支持孩子的学习和发展，增强家庭与学校的联系，形成合力促进儿童的全面发展。

教师应接受专业的培训，掌握先进的教学方法和评估技巧，确保教学活动的有效性和针对性。英国的 Sure Start 项目提供系统的培训课程，涵盖早期教育的各个方面，包括儿童发展理论、教学方法、课堂管理、评估技巧等。这些课程由经验丰富的教育专家和培训师讲授，确保教师能够获得最新的教育理念和实用的教学技巧。项目不仅提供初始培训，还注重教师的持续专业发展。通过定期的工作坊、研讨会和在线课程，教师可以不断更新知识和技能，保持教学的先进性和有效性。此外，项目还鼓励教师参加学术会议和专业交流，拓宽视野，分享最佳实践。项目安排资深教师和教育顾问进行现场指导，观察教师的教学过程，提供具体的改进建议。这种手把手的指导方式有助于教师快速提升教学水平。经过系统的培训，教师们采用了更多互动式和探究式的教学方法，提高了课堂教学的趣味性和有效性。学生在课堂上的参与度和学习积极性显著提高[1]。

家长也可以通过参加亲子教育活动，学习如何在家中创造有利于儿童发展的学习环境。组织亲子教育活动，如亲子阅读、亲子游戏和亲子手工制作，增进家长与孩子之间的情感联系，促进儿童的社会情感发展。HIPPY 项目派遣经过专业培训的家访员定期访问参与家庭，提供个性化的指导和支持。家访员教授科学的育儿方法和教育技巧，帮助家长更好地理解孩子的心理和生理发展需求。该项目为家长提供丰富的教育资源和材料，包括书籍、教学手册、玩具和游戏工具。这些资源不仅帮助家长在家中创造一个有利于孩子学习和发展的环境，还激发了孩子的学习兴趣和探索欲望。家长通过系统的培训和家访指导，掌握了更多的育儿知识，了解了儿童发展的各个阶段和相应的教育方法。

---

① Karoly, L. A., Kilburn, M. R., & Cannon, J. S. "Proven Benefits of Early Childhood Interventions," *Interventions/Curricula* (2005).

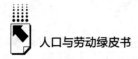

项目提供的亲子互动技巧培训，帮助家长学会了如何与孩子进行有效的沟通和互动。家长与孩子之间的关系变得更加亲密，亲子互动的质量显著提高。

项目可以利用现代技术手段，如在线教育平台和互动应用程序，为儿童提供多样化的学习资源，拓宽他们的知识面和视野。联合国儿童发展基金会的LearnECD项目通过在线教育平台，为儿童提供丰富的学习资源。孟加拉国的BRAC项目恰好是在2020年新冠疫情席卷全球前制定的。随着全世界都因为疫情被困家中，BRAC立即采取行动，利用人人都有的手机，推出了Pashe Achhi（孟加拉语，意为"在你身边"）模式。这个项目通过与孟加拉国考克斯巴扎尔地区的查科利亚乡（Chakoria）0～5岁儿童的母亲定期进行20分钟的一对一通话，向母亲宣传关于母亲健康和儿童早期发展的必要知识，为父母提供学习经验以及社会情感支援①。

（三）健康保健

健康保健是确保儿童身体健康的重要措施。项目可以通过定期为儿童进行健康检查，及时发现和解决健康问题，如贫血、视力问题和牙齿问题。巴西的幸福计划（Programa Criança Feliz）给参与家庭的儿童提供定期的健康检查，包括身体检查、视力和听力测试、口腔健康检查等。这些检查由专业的医疗团队进行，确保能够及时发现和处理潜在的健康问题。项目通过家庭访问和社区活动，向家长提供健康教育，帮助他们了解儿童健康护理的基本知识和技能。教育内容包括营养知识、个人卫生、疾病预防和急救技巧等。幸福计划帮助家庭连接到当地的医疗资源，项目与医院、诊所和公共卫生机构合作，为家庭提供转诊服务，确保儿童在需要时能够及时就医。

建立儿童健康档案，记录儿童的生长发育情况，为家长和医生提供参考。美国的Perry Preschool Project为每位参与项目的儿童建立了详细的健康档案。这些档案记录了儿童的身高、体重、视力、听力、牙齿健康等各项生理指标，以及他们的心理和行为发展情况。健康档案由专业的医疗和教育团队定期更新，确保信息的准确性和时效性。

---

① Hadi, A. "Integrating Prevention of Acute Respiratory Infections with Micro-credit Programme: Experience of BRAC, Bangladesh," *Public Health* 116 (2002): 238-244.

项目可以提供基本的医疗保健服务，如疫苗接种、常见疾病的预防和治疗，确保儿童能够获得及时的医疗服务。肯尼亚的 School Health Program（学校健康计划）为学生安排定期的健康检查，包括身体检查、视力和听力测试、口腔健康检查等。这些检查由专业的医疗团队进行，确保能够及时发现和处理潜在的健康问题。项目提供常规的疫苗接种服务，确保学生能够按时接种必要的疫苗，预防常见的传染病。这有助于减少因疾病导致的缺勤，提高学生的出勤率和学习效率[1]。

通过健康教育活动，向家长和儿童普及健康知识，培养良好的生活习惯，比如合理的饮食安排、适量的体育锻炼和充足的睡眠时间。印度的 Anganwadi 项目定期组织健康教育讲座和工作坊，邀请专业医疗人员和健康教育专家为家长和儿童讲解健康知识。通过互动式的学习活动，如角色扮演、游戏和实践活动，使家长和儿童在轻松愉快的活动氛围中学习有关健康的知识。这些活动不仅增加了学习的趣味性，还提高了知识的吸收和应用效果。

从 Bowlby 在依恋和丧失领域的开创性研究开始，已有大量证据表明，母亲的抑郁症状对儿童的早期发展和养育质量产生不利影响。全球范围内约有 6%~27% 的新生儿母亲在产后经历了不同程度的抑郁症[2][3][4]，这些问题可以通过使用简单可靠的工具进行识别。尽管如此，孕产妇心理健康问题仍然是一个严重但未被充分认识的公共卫生问题。通过帮助母亲提高其护理技能并根据需要治疗其潜在疾病，可以有效保护幼儿免受不良影响。这些干预措施可以整合到卫生服务中，并由辅助专业人员通过家访、母亲团体或受过专门培训的社区卫生工作者来实施。

---

[1] Takeshi, A., Njenga, S. M., Wairimu, N. D., Rie, T., Haruki, K., & Alex, M. "Implementation of Kenyan Comprehensive School Health Program: Improvement and Association with Students' Academic Attainment," *Health Promotion International* (2020).

[2] Britton, J. R. "Maternal Anxiety: Course and Antecedents during the Early Postpartum Period," *Depression & Anxiety*, 25 (2010): 793-800.

[3] Wenzel, A., Haugen, E. N., Jackson, L. C., & Robinson, K. "Prevalence of Generalized Anxiety at Eight Weeks Postpartum," *Archives of Women's Mental Health*, 6 (2003): 43-49.

[4] Wenzel, A., Haugen, E. N., Jackson, L. C., & Brendle, J. R. "Anxiety Symptoms and Disorders at Eight Weeks Postpartum," *Journal of Anxiety Disorders*, 19 (2005): 295-311.

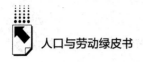

（四）社区参与

社区参与是确保项目可持续性和广泛覆盖的重要手段。项目可以通过建立社区支持网络，动员社区资源，为儿童和家庭提供多方面的支持和服务。该项目在社区中心设立儿童活动室、图书馆和游乐场，为儿童提供安全、丰富的活动场所。项目可以邀请和吸引社区志愿者和专业人士参与其中，提供志愿服务和技术支持，增强项目的社会影响力。通过社区宣传活动，提高公众对早期干预重要性的认识，激发社区居民的参与热情，形成良好的社会氛围。

美国的"Head Start"项目与当地的各种组织和机构建立合作伙伴关系，包括学校、医院、诊所、社会服务机构、非营利组织和企业。这些合作伙伴共同为低收入家庭的儿童提供多方面的支持和服务。该项目积极招募和培训社区志愿者，这些志愿者在项目中担任助教、家访员、活动组织者等多种角色，为低收入家庭提供额外的支持和帮助。项目与社区内的各种资源进行共享，如图书馆、公园、博物馆等，为儿童提供丰富的学习和娱乐场所。

三　干预效果产生的机制

在探讨早期干预项目的有效性时，理解干预效果产生的机制至关重要。这些机制不仅解释了为什么某些干预措施能够取得显著成效，还为设计和实施更为有效的干预项目提供了理论基础。本节将详细探讨干预效果产生的机制，包括直接效应、间接效应和长期效应，以及这些效应如何相互作用，共同促进儿童的全面发展。

首先，直接效应是指干预措施对儿童的直接积极影响。在营养支持方面，提供铁剂和维生素 A 补充品可以直接改善儿童的营养状况，减少贫血和维生素 A 缺乏症的发生率。这种直接的营养支持不仅有助于儿童的身体健康，还能促进其认知发展[1]。这些直接效应表明，干预措施在短期内能够迅速改善儿童的健康和认知状况。

---

[1] Black，Maureen M，et al. "Early Childhood Development Coming of Age：Science through the Life Course," *Lancet* 389（2017）.

其次，间接效应是指干预措施通过影响家庭和社会环境，间接促进儿童的发展。家庭环境是儿童成长的重要因素，家长的教育水平、育儿态度和参与度对儿童的发展有着深远的影响①②。通过家庭访问计划和家长培训课程，可以提高家长的育儿知识和技能，从而间接促进儿童的发展。此外，社区支持网络的建立可以动员社区资源，为儿童和家庭提供多方面的支持和服务，从而间接促进儿童的全面发展。

最后，长期效应是指干预措施对儿童未来发展的持续影响。早期干预不仅在短期内能够改善儿童的健康和认知状况，还能对其长期发展产生深远的影响③④。通过早期教育和家庭支持，可以提高儿童的学业成绩和社交能力，为其未来的成功奠定基础。美国的"Perry Preschool Project"通过提供高质量的学前教育，显著提高了参与项目的儿童在成年后的高中毕业率、就业率和收入水平。此外，早期干预还可以减少社会问题的发生，如犯罪和贫困。通过提供综合性的干预措施，可以打破贫困的代际传递，促进社会公平和可持续发展。

四 干预措施的成功要素

干预措施的成功是一个系统性的工程，涉及政策支持、多部门合作、社区参与、专业人员培训和持续监测等多个方面。通过综合考虑这些要素，可以确保早期干预项目的有效实施和长期可持续性。政策制定者和实践者应充分认识到这些要素的重要性，并采取切实可行的措施，共同推动儿童早期发展事业的进步。

---

① Frosch, C. A., Schoppe-Sullivan, S. J., & O'Banion, D. D. Parenting and Child Development: A Relational Health Perspective. *American Journal of Lifestyle Medicine*, 15 (2019), 45–59.

② National Academies of Sciences, Engineering, and Medicine, *Parenting Matters: Supporting Parents of Children Ages 0–8*, National Academies Press, 2016.

③ Black, Maureen M, et al. "Early Childhood Development Coming of Age: Science through the Life Course," *Lancet* 389 (2017).

④ Sandler, I., Ingram, A., Wolchik, S., Jenn-Yun Tein, & Winslow, E. "Long-Term Effects of Parenting-Focused Preventive Interventions to Promote Resilience of Children and Adolescents," *Child Development Perspectives* 9 (2015).

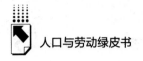

（一）政策支持与资金保障

政策支持与资金保障是早期干预项目成功的基础。明确的政策框架为项目的实施提供了法律和制度保障，确保项目的规范性和可持续性。政府的高度重视和持续支持是项目成功的关键。政策框架应包括项目的目标、实施计划、监管机制和评估标准，确保项目的透明度和有效性。政府还应提供稳定的财政支持，鼓励社会各界的捐赠和资助，形成多元化的资金来源。此外，政策支持还包括跨部门合作机制的建立，确保教育、卫生、社会福利等部门之间的信息共享和行动一致，从而提供全方位的服务。通过这些措施，项目可以获得必要的资源和保障，确保其顺利实施和持续优化。

（二）多部门合作

多部门合作是确保项目资源有效整合和利用的重要手段。早期干预项目涉及教育、卫生、社会福利等多个领域，需要各部门之间的密切合作。通过建立跨部门协调机制，确保信息共享、资源互补和行动一致。例如，教育部门提供优质的学前教育，卫生部门提供全面的健康服务，社会福利部门提供家庭支持和经济援助。多部门合作不仅能够提高项目的整体效果，还可形成合力，解决儿童及其家庭的多方面需求。

（三）社区参与与家庭支持

社区参与与家庭支持是项目成功的重要保障。社区的积极参与可以增强项目的影响力和覆盖面，通过开展社区宣传活动、培训社区志愿者、建立社区支持网络，提高社区居民对早期干预重要性的认识，激发他们的参与热情。社区中心、图书馆、公园等公共设施可以为儿童提供丰富的学习和发展机会，拓展其生活体验。此外，社区内的志愿者和专业人士可以为有特殊需要的儿童提供额外的支持和帮助。家庭是儿童成长的第一环境，家长的积极参与和支持对项目的成功至关重要。通过家庭访问、家长培训、亲子活动等方式，帮助家长掌握科学的育儿知识和技能，提高其育儿能力。家庭支持不仅能够增强儿童的自信心和自尊心，还能提高其学习动机和社交技能。

（四）专业人员培训与能力建设

专业人员培训与能力建设是确保项目质量的关键。教师、医护人员和社区工作者是早期干预项目的核心力量，他们的专业素养和服务能力直接影响项目的实施效果。通过系统的培训和持续的专业发展，可以提高专业人员的教学能力和服务水平。培训内容应涵盖儿童发展理论、教学方法、评估技巧等方面，帮助专业人员掌握最新的研究成果和实践经验。此外，项目应建立专业人员的持续支持和监督机制，确保他们在实践中不断提升和改进。

（五）持续监测与评估

持续监测与评估是确保项目效果的重要手段。建立完善的监测体系，定期收集和分析项目实施过程中的数据，可以全面评估项目的实施效果和影响。评估方法应科学合理，如随机对照试验、准实验设计、案例研究等，确保评估结果的可靠性和有效性。将评估结果及时反馈给项目管理者和实施者，根据反馈进行调整和改进，可以确保项目的持续优化和改进。通过持续监测与评估，项目可以及时发现和解决问题，提高项目的有效性和可持续性。

五　案例分析

尽管许多早期干预项目取得了显著的成功，这些项目不仅在短期内提高了儿童的认知和社会技能，还在长期内显著提升了其教育成就、就业机会和收入水平，但也有一些项目因各种原因未能达到预期效果。这些相对失败的项目提供了宝贵的经验教训，侧面验证了项目设计、实施和维护阶段关键要素的必要性，有助于政策制定者和实践者更好地理解和改进相关干预项目。本文将通过分析两个未达预期效果的早期干预案例，探讨资金不足和项目实施过程中的管理问题对项目效果的影响，揭示早期干预项目设计和实施过程中可能遇到的关键问题，并提出相应的改进建议，以期为未来的项目设计和管理提供参考和借鉴。

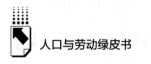
（一）项目资金不足导致可能面临中断——美国的 Women, Infants,and Children（WIC）项目

WIC 是一项专门设计的补充性营养支持项目，目标群体为低收入家庭中的孕妇、哺乳期女性、婴儿及儿童。该项目的核心目的在于通过提供营养补充品、健康与营养教育以及医疗保健服务，来改善并保障上述特定人群的健康状况（Barker and Luman，2001）。自 1974 年成立以来，WIC 项目在美国各地广泛实施，已成为一项重要的公共健康项目，受到两党支持，并在过去 25 年中一直获得全额资金。

进入 2024 财年两个多月后，国会仍未能为 WIC 项目提供本财年所需的额外资金，几十年来首次拒绝符合条件的幼儿和孕妇及低收入的产后母亲。由于参与人数和食品成本高于预期，WIC 项目的资金需求显著增长。食品价格的上涨也增加了 WIC 项目的运营成本。食品通胀使得同样的预算无法购买同样数量的营养食品，进一步加剧了资金短缺问题。WIC 项目在预测参与人数和食品成本时存在偏差，导致资金需求超出预期。资金不足迫使各州将符合条件的新父母和准父母及幼儿列入营养援助的等待名单，从而危及在儿童发展的重要窗口期获得这一高效计划的机会。这将直接影响数百万低收入家庭的健康和福祉，尤其是那些最需要帮助的黑人和西班牙裔家庭。

为了有效解决 WIC 项目面临的资金短缺问题，可以考虑从多个方面入手，加强项目的管理和实施。首先，加强资金保障是至关重要的。项目管理团队应提前进行详细的资金需求预测，确保预算申请的准确性和及时性。同时，政府和立法者应继续支持 WIC 项目，确保其获得稳定的资金来源。在政治和经济不确定时期，更需要加强政策支持，确保低收入家庭的健康和福祉不受影响。其次，提高管理效率也是必不可少的。项目管理团队应建立更有效的资源分配机制，确保资金和物资能够公平、高效地分配到各个地区。此外，建立严格的监督和评估机制，确保项目实施过程中的协调和监督机制健全。定期进行项目评估，及时发现和解决问题，可以大大提高项目的运行效率和效果。最后，增强透明度和沟通对于项目的顺利实施也非常重要。项目管理团队应提高项目的透明度，公开资金使用情况和项目进展，增强公众信任。同时，建立有效的沟通渠道，确保信息在决策层和执行层之间顺畅传递。定期召开项目协调会议，及时解决项目实施过程中出现的问题，可以有效提升项目的管理水平。

（二）项目实施过程中存在管理问题——印度的 Integrated Child Development Services（ICDS）项目

1975 年，印度政府启动了 ICDS 项目，旨在通过提供营养支持、早期教育、健康保健和家庭支持，促进儿童的全面发展。项目初期得到了政府和社区的大力支持，但在实施过程中出现了管理混乱和执行不力的问题，导致项目效果不佳。最终评估结果表明，与没有使用 ICDS 服务的儿童相比，接受 ICDS 服务的儿童更有可能发育迟缓、消瘦和体重不足[1][2]。

上述问题的根源在于管理混乱、执行不力和评估机制缺失。首先，项目管理团队缺乏有效的协调和监督机制，导致资源分配不均和信息沟通不畅。例如，不同地区和部门之间资源分配不均衡，一些地区获得了过多的资源，而另一些地区则资源匮乏。此外，信息传递渠道不畅通，导致决策层和执行层之间的信息不对称，影响了项目的整体效率和效果。其次，项目执行人员缺乏必要的专业培训和指导，未能在家庭访问和支持计划中提供有效的服务。很多执行人员对项目目标和具体操作流程不够熟悉，缺乏必要的专业知识和技能，导致在实际工作中无法提供高质量的服务。在家庭访问中，执行人员可能无法准确评估家庭的实际需求，提供的建议和指导也不够科学和有效。最后，项目缺乏有效的评估机制，无法及时收集和分析项目实施过程中的数据，导致问题难以及时发现和解决。由于缺乏定期的数据收集和分析，项目管理者无法全面了解项目的进展情况和存在的问题，难以采取有效的改进措施。这使得项目在实施过程中的一些关键问题得不到及时解决，影响了项目的整体效果。

为了改善项目效果，需要加强项目管理，建立有效的项目管理团队，确保项目实施过程中的协调和监督机制健全。项目管理团队应明确职责分工，建立

---

[1] Dixit, P., Gupta, A., Dwivedi, L. K., & Coomar, D. "Impact Evaluation of Integrated Child Development Services in Rural India: Propensity Score Matching Analysis," *Sage Open* 8 (2018): 215824401878571.

[2] Lokshin, M., Gupta, M. D., Gragnolati, M., & Ivaschenko, O. "Improving Child Nutrition? The Integrated Child Development Services in India," *Development & Change* 36 (2010).

187

高效的沟通渠道，确保资源的合理分配和信息的及时传递。同时，应定期召开项目协调会议，及时解决项目实施过程中出现的问题。为项目执行人员提供必要的专业培训和指导，提高其服务能力和水平。培训内容应涵盖项目目标、操作流程、专业知识和技能等方面，确保执行人员能够胜任各自的工作。此外，应定期组织培训和考核，确保执行人员的服务质量不断提高。建立完善的评估机制，定期收集和分析项目实施过程中的数据，及时发现和解决问题，确保项目的有效性和持续改进。项目应设立专门的评估团队，负责数据的收集、整理和分析，并定期发布评估报告。评估结果应及时反馈给项目管理团队和执行人员，以便采取相应的改进措施。

六　政策建议

为了确保早期干预项目的有效性和可持续性，需要从多个方面进行综合施策。

一是加强政策支持和资金保障。政府应制定明确的政策框架，为早期干预项目提供制度保障和法律支持。在此基础上，需确保提供稳定的财政支持，通过设立专项基金、纳入年度预算等方式，保障项目的资金需求。同时，政府应积极鼓励社会各界捐赠和资助，通过税收优惠、公共宣传等手段，吸引企业、非营利组织和个人的广泛参与，形成多元化的资金来源。这种多元化的资金结构能够增强项目的财务稳定性和可持续性，促进社会各界对早期干预项目的关注和支持，共同推动儿童早期发展的全面进步。

二是推动多部门合作。儿童早期发展不仅是一个教育问题，也是一个健康问题和家庭发展问题，涉及多个领域和多个部门。应建立跨部门协调机制，确保教育、卫生、社会福利等部门之间的信息共享和行动一致，提供全方位的服务。这种协作机制有助于资源整合，提高项目的整体效能，确保儿童在各个领域都能获得必要的支持。

三是增强社区参与和家庭支持。通过社区动员、家庭访问和支持项目，提高社区和家庭的参与度和支持力度，为儿童提供多方面的支持和服务。家庭和社区的积极参与不仅能够增强项目的影响力，还能提高家长的育儿能力和参与度，形成良好的社会支持网络。

四是提高专业人员的素质和培训。通过系统的培训和持续的专业发展，提升教师、医护人员和社区工作者的专业素养和服务能力。这不仅有助于提供更高质量的服务，还能确保项目在实施过程中的一致性和专业性。

五是建立完善的监测和评估体系。定期收集和分析项目实施过程中的数据，评估项目的实施效果和影响，及时反馈和调整。通过科学的监测和评估，可以确保项目的持续优化和改进，及时发现和解决实施过程中的问题，提高项目的整体效果。

参考文献

Barker, L. E., & Luman, E. T. "Vaccination status of Children in the Women, Infants, and Children (WIC) Program: Are We Doing Enough to Improve Coverage?" *American Journal of Preventive Medicine* 20 (2001): 28-31.

Heckman, J. J., & Karapakula, G. "Intergenerational and Intragenerational Externalities of the Perry Preschool Project," Working Papers, 2019.

Shonkoff, J. P., & Phillips, D. A. "From Neurons to Neighborhoods: The Science of Early Childhood Development," *Journal of the American Academy of Child & Adolescent Psychiatry* (2002).

G.11
早期人力资本投资的效果：国际经验

李冰冰　何　阳*

摘　要： 本文介绍了一些国际上典型的儿童早期发展干预项目，包括进行了几十年长期追踪的小规模干预实验和在全国层面大规模推广的发展计划。基于对儿童早期干预自然实验的长期追踪结果，总结了早期干预带来的短期和长期效果，发现早期干预对于认知和非认知能力、成年后的教育水平、劳动力市场表现等均产生积极影响。与在生命周期其他阶段进行人力资本投资相比，对儿童早期进行干预的效果更明显。我国有必要进一步加大对儿童早期人力资本的投资，扩大儿童早期基本公共服务范围，增加财政投入、优化财政支出结构，优先开展对农村地区儿童的早期发展干预。

关键词： 儿童早期发展　人力资本投资　国际经验

儿童早期技能的形成对于其未来的发展至关重要，不同学科的理论均强调了儿童早期发展的重要性。早期处于不良环境将损害儿童的大脑结构、导致认知和非认知能力发育迟缓，进而影响到成年后的教育获得、就业、收入、心理健康等。对贫困家庭儿童及早进行干预有利于提高人力资本水平、阻断贫困的代际传递。本文介绍了国际上一些典型的儿童早期发展干预项目，总结了对儿童早期进行人力资本投资带来的短期和长期效果。同时还比较了青少年阶段的干预、公共培训项目等后期干预项目的效果，由于能力形成存在敏感期，因此早期干预较后期干预影响更大。

---

* 李冰冰，中国社会科学院人口与劳动经济研究所助理研究员，主要研究方向为劳动经济；何阳，中国社会科学院人口与劳动经济研究所助理研究员，主要研究方向为劳动经济学和教育经济学。

一　早期人力资本投资的国际典型项目介绍

早期儿童发展干预项目模式通常采用中心式（center-based）、家庭式（home-based）或者两者结合的方式。中心式儿童早期发展项目主要形式如幼儿园、托儿所、日托中心等；家庭式儿童早期发展项目主要基于家庭进行营养干预和抚养环境刺激等，通过干预加强家长与孩子互动、提高互动质量，营造有利于提高学习、语言和认知能力的家庭环境。中心式干预项目的典型代表如美国的 ABCD 儿童启蒙法干预项目和佩里学前教育项目，家庭式干预项目的典型代表如牙买加项目。尽管这些项目的干预规模较小，但通过自然实验的方法并经过数十年的追踪评估，结果发现项目在短期和长期都表现出显著的干预效果，对全世界产生了广泛的影响，下文对这三个项目进行简单介绍。此外，本文还介绍了巴西和美国在全国范围推广的针对低收入家庭儿童的两个大型干预项目。

（一）儿童启蒙法项目

卡罗来纳州 ABCD 儿童启蒙法项目（Carolina Abecedarian Project）是一项内容丰富的儿童保育项目，项目实施地点位于北卡罗来纳州教堂山镇（Chapel Hill，North Carolina）。项目开始于 1972 年，114 名 1972~1976 年出生的儿童参与该项目，其中干预组 58 名，对照组 56 名，大部分为低收入家庭的非裔美国儿童。

ABCD 儿童启蒙法项目的实施分两个阶段，第一个阶段是从出生到 5 岁，第二个阶段是 6~8 岁，即进入学校后的前 3 年。

对于 0~5 岁儿童采用中心式干预模式，干预组儿童接受全年全天的儿童照护。保育中心为孩子提供全年 50 周、每周 5 天、每天从早上 7：30 到晚上 5：30 的保育服务。婴儿的师生配置比为 1：3，年龄较大儿童的师生配置比为 1：6。服务内容包括营养、医疗、教育等。项目课程强调通过丰富的体验活动，如阅读、玩游戏和日常互动，来提高幼儿的认知能力和解决问题的能力。其核心理念在于重视孩子的体验过程，引导孩子自己去认识和思考，而非直接灌输结果和答案。项目强调一对一的个性化教学，确保每个孩子都能得到针对

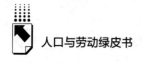

性的指导和关注。

对 6~8 岁学龄儿童的干预内容主要是为干预组儿童家庭配备联系老师，促进家长参与到儿童的学习中。由课堂教师基于儿童的需求制定适用于每个儿童的个性化课程包，确保课程内容符合每个儿童的学习需求和发展水平。联系老师每隔一周将课程包送至儿童家中，确保家长能够及时获取课程内容。鼓励家长每天至少花 15 分钟根据课程包内容与孩子交流互动，增强家长在孩子学习过程中的参与度。联系老师将家长的反馈及时与学校沟通，确保家庭与学校之间的信息沟通顺畅，增强双方的合作与联系。

（二）佩里学前教育项目

佩里学前教育项目（Perry Preschool Program）于 1960 年代中期在美国密歇根州伊普西兰蒂市（Ypsilanti）实施，目标人群是低收入家庭的非裔美国儿童。共有 123 名 3 岁儿童参加了这一项目，其中 47% 的儿童在 3 岁时家中没有父亲。参加项目儿童中有 51 名女孩（干预组 25 名，控制组 26 名）和 72 名男孩（干预组 33 名，控制组 39 名）。

项目为期 2 年。干预组儿童在每个学年参加每周 5 天、每次 2.5 小时的课程。项目课程基于积极的互动式学习（active participatory learning）原则，旨在提高儿童的社会技能，包括与他人合作和解决人际冲突的能力，以及提高儿童的自我控制能力，计划、执行、评估任务的能力。此外，干预组儿童家长还需接受每周 1.5 小时的家访，家访目的在于使家长参与到孩子的社会情感能力发展中，进行家访的老师都至少拥有本科及以上学历。

佩里学前教育项目实施时间早于美国的开端计划（Head Start）。项目的成功使其成为很多学前教育项目的参考基础。目前，美国约 30% 的开端计划学习中心提供佩里学前教育项目版本的课程。

（三）牙买加项目

牙买加项目于 1987~1989 年在牙买加金斯顿附近的贫困地区开展，共有 129 名发育迟缓（体重低于平均值两个标准差）的 9~24 月龄儿童参与项目。儿童被随机分为四组：社会心理刺激组（32 名），营养补充组（32 名），同时进行社会心理刺激和营养补充组（32 名），以及控制组（33 名）。

干预时长为 2 年。干预以家庭为基础，主要措施包括提供营养补充和提高母亲与儿童的互动质量。项目对干预组家庭每周进行 1 小时的家访，由社区公共卫生服务人员指导家长与孩子互动。参加项目的社区公共卫生服务人员一般为中等教育水平，接受过健康和营养方面的培训，同时还接受关于儿童发展、教学方法和玩具制作等方面为期 4 周的培训。项目课程设计旨在促进儿童认知能力、语言能力和社会心理能力发展。营养干预内容是每周提供 1 公斤乳基配方奶粉（milk-based formula）。

对儿童的长期跟踪发现项目对干预组的认知能力有较大且长久的积极影响。项目结果表明，仅对儿童早期进行营养干预没有长期显著的效果，而社会心理刺激配合营养补充干预的效果最佳。牙买加项目证明了对低收入贫困家庭儿童进行早期干预有巨大的经济回报，因此该项目影响力广泛，已在全世界许多地方进行了复制。

（四）巴西"幸福计划"项目

作为中等收入国家，巴西政府在推动儿童早期发展项目方面发挥了重要作用，是这一领域的先行者之一。2003 年，巴西政府在南里奥格兰德州（Rio Grande do Sul）启动了儿童早期发展项目——PIM（Primeira Infância Melhor，意为"更好的早期童年"），此后项目得到了进一步的推广，覆盖了数十万名儿童。2016 年，在 PIM 项目基础上，巴西政府又启动了一项全国性的儿童早期发展项目——"幸福计划"（Programa Criança Feliz）。

"幸福计划"的目标人群是低收入家庭的孕妇、0~3 岁儿童及其看护人。项目主要通过家访开展，由经过培训的家访人员对 0~3 岁儿童进行每周一次家访，主要进行认知能力、情感和社会心理发展等方面的训练。项目目标是覆盖全国 400 万名低收入家庭儿童。截至 2022 年，该项目已惠及超过 100 万家庭，覆盖了巴西超过 50% 的城市。

儿童早期发展干预项目涉及卫生、教育、社会保障等多方面内容，具有跨部门性。巴西各政府部门达成共识，项目由巴西公民和社会行动部牵头，成立专门的机构负责项目的落实执行，同时与医疗卫生、教育、社会保障等多个部门合作，整合相关资源。为了确保项目的成功实施，政府承诺提供大量资金支

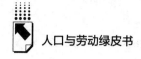

持，联邦政府根据各州、市项目受益儿童数量支付经费给州政府，由州政府拨付给各市政府，同时一些州政府也会补充配套资金。

（五）美国"开端计划"和"早期开端计划"

20世纪60年代，在美国经济飞速发展背后，贫困现象仍然严重，为此，美国推出了"向贫困宣战"的改革，其中包括学前教育扶贫项目，以期通过教育打破代际贫困传递。1965年，联邦政府实施了针对贫困家庭3~5岁儿童的学前教育干预项目——"开端计划"（Head Start Program），该项目为贫困家庭儿童提供保育、教育、健康及心理方面的干预和资助。1995年，又出台"早期开端计划"（Early Head Strat Program），主要对象为贫困家庭0~3岁儿童。

"早期开端计划"项目提供密集的、综合的儿童发展支持，包括早教育、早期保育及家庭服务，以促进儿童的身体健康、认知和语言能力、社交情感能力全方位的发展。其服务模式多种多样，包括家庭式的服务、中心式服务及两种方式结合等多种形式。2022年，有21万名0~3岁儿童参与了"早期开端计划"。

项目由美国卫生和公众服务部（Department of Health and Human Services）儿童与家庭管理局（Administration for Children and Families）规划统筹，设立开端计划全国办公室（Office of Head Start）负责资金、监管等工作。联邦政府拨款不经过州政府，由开端计划全国办公室直接拨付给实施开端计划服务的机构（如学校、私人非营利组织等）。联邦政府提供80%的资金，州政府配套20%。

二 早期人力资本投资项目的效果

儿童早期发展干预项目带来的干预效果是广泛且深远的，其短期效果主要体现在认知能力和非认知能力的提升，长期效果还体现在教育产出、就业、收入、健康、犯罪率等方面。

（一）认知能力

牙买加项目和 ABCD 儿童启蒙法的结果都显示早期干预在短期和长期都有

助于认知能力的提升。ABCD 儿童启蒙法的经验表明①，干预组儿童在 18 个月到整个学前教育阶段的智商测试得分都高于控制组儿童，后续的跟踪研究发现在 15 岁、21 岁时干预组儿童的智商得分优势仍然保持。在学习成绩方面，干预组儿童在小学阶段的数学和阅读成绩都更高，在 12 岁、15 岁、21 岁时的数学、阅读等技能水平也仍然更高，并且数学和阅读成绩是儿童参与项目时长的线性函数。牙买加项目的评估结果显示，原先发展迟缓的儿童经过两年的干预后，综合发展得分（包括手眼协调能力、运动能力、听力和语言能力等）显著高于控制组，接受社会心理刺激干预的儿童 11~12 岁时在 IQ 得分、语言能力、词汇和推理能力方面都显著高于控制组，在 17 岁、22 岁、31 岁时 IQ 得分、词汇、语言、阅读、数学等认知能力的优势都仍然显著②③④⑤⑥。

佩里学前教育项目的结果则显示早期干预对早期的 IQ 得分有显著效果，但随着年龄增长效果减弱甚至消失⑦。儿童在 3 岁开始接受干预，在 4 岁和 5

---

① Campbell, F. A., Ramey, C. T., Pungello, E., Sparling, J. & Miller-Johnson, S., "Early Childhood Education: Young Adult Outcomes from The Abecedarian Project," *Applied Developmental Science*, 6 (2002): pp. 42-57.

② Grantham-McGregor, S. M., Powell, C. A., Walker, S. P. & Himes, J. H., "Nutritional Supplementation, Psychosocial Stimulation, and Mental Development of Stunted Children: The Jamaican Study," *The Lancet*, 338 (1991): pp. 1-5.

③ Walker, S. P., Grantham-McGregor, S. M., Powell, C. A. & Chang, S. M., "Effects of Growth Restriction in Early Childhood on Growth, IQ, and Cognition at Age 11 to 12 Years and the Benefits of Nutritional Supplementation and Psychosocial Stimulation," *The Journal of Pediatrics*, 137 (2000): pp. 36-41.

④ Walker, S. P., Chang, S. M., Powell, C. A. & Grantham-McGregor, S. M., "Effects of Early Childhood Psychosocial Stimulation and Nutritional Supplementation on Cognition and Education in Growth-Stunted Jamaican Children: Prospective Cohort Study," *The Lancet*, 366 (2005): pp. 1804-1807.

⑤ Walker, S. P., Chang, S. M., Vera-Hernández, M. & Grantham-McGregor, S., "Early Childhood Stimulation Benefits Adult Competence and Reduces Violent Behavior," *Pediatrics*, 127 (2011): pp. 849-857.

⑥ Walker, S. P., Chang, S. M., Wright, A. S., Pinto, R., Heckman, J. J. & Grantham-McGregor, S. M., "Cognitive, Psychosocial, and Behaviour Gains at Age 31 Years from the Jamaica Early Childhood Stimulation Trial," *Journal of Child Psychology and Psychiatry*, 63 (2022): pp. 626-635.

⑦ Heckman, J., Pinto, R. & Savelyev, P., "Understanding the Mechanisms Through Which an Influential Early Childhood Program Boosted Adult Outcomes," *American Economic Review*, 103 (2013): pp. 2052-2086.

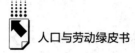

岁时，干预组儿童的 Stanford-Binet IQ 测试得分有大幅提升并远高于控制组。但是当项目结束后，干预组儿童的 IQ 得分优势不断下降，在 8 岁之后干预组儿童的 IQ 得分优势消失，与控制组儿童的 IQ 得分不再有显著差异。这一结果与其他项目结果存在差异可能是由于不同项目的干预内容重点不同。

（二）非认知能力

牙买加项目和佩里学前教育项目的结果都表明干预改善了社会情感能力。牙买加项目的结果显示，接受社会心理刺激干预的人群在 22 岁时表现出更少的打架或严重暴力行为，也表现出更少的抑郁和社会抑制症状，31 岁时的跟踪发现干预组人群有更高的毅力和责任心，抑郁症状更少[1][2]。佩里学前教育项目结果表明项目明显减少了干预组儿童的外化行为（externalizing behaviors）。外化行为表现为攻击性、反社会、不遵守规则等行为，如破坏课堂秩序、咒骂、偷窃、撒谎或欺骗、捣乱影响他人、攻击同伴、戏弄或激怒他人等，儿童时期的这些外化行为特征往往与青少年阶段或成年后的犯罪行为相关，与教育水平负相关[3]。

（三）教育产出

一些经典干预项目都显示干预有助于提升教育水平。ABCD 儿童启蒙法项目对 12 岁、15 岁、21 岁的评估发现，干预组儿童在学校留级的比例更少、进入特殊教育的比例也显著更少，到 21 岁时平均受教育年限更高，36%的干预组人群进入大学，对照组仅有 14%进入大学[4]。到 30 岁时，干预组人群平均受教育年

① Walker, S. P., Chang, S. M., Vera-Hernández, M. & Grantham-McGregor, S., " Early Childhood Stimulation Benefits Adult Competence and Reduces Violent Behavior," *Pediatrics*, 127 (2011): pp. 849-857.

② Walker, S. P., Chang, S. M., Wright, A. S., Pinto, R., Heckman, J. J. & Grantham-McGregor, S. M., " Cognitive, Psychosocial, and Behaviour Gains at Age 31 Years from the Jamaica Early Childhood Stimulation Trial," *Journal of Child Psychology and Psychiatry*, 63 (2022): pp. 626-635.

③ Heckman, J., Pinto, R. & Savelyev, P., "Understanding the Mechanisms Through Which an Influential Early Childhood Program Boosted Adult Outcomes," *American Economic Review*, 103 (2013): pp. 2052-2086.

④ Campbell, F. A., Ramey, C. T., Pungello, E., Sparling, J. & Miller-Johnson, S., " Early Childhood Education: Young Adult Outcomes from The Abecedarian Project," *Applied Developmental Science*, 6 (2002): pp. 42-57.

限较对照组显著高 1.2 年，23.1%的干预组人群从大学毕业（对照组这一比例仅为 6.1%），干预组大学毕业的比例是对照组的 4 倍[1]。牙买加项目在 22 岁时的跟踪结果表明干预组的受教育程度更高，通过中学阶段考试的次数也更高；31 岁时干预组人群受教育年限较控制组高 0.77 年，接受大学教育的比例高 14 个百分点，从高中毕业的比例高 26 个百分点，且对女性教育产出的影响高于男性[2]。佩里学前教育项目虽然没有发现干预组儿童的 IQ 优势长期显著，却发现项目提高了干预组儿童的学习动力，如对学习的兴趣、持久性和主动性，对 27 岁时的跟踪发现干预组有更高的高中毕业率，但这一效果主要体现在女孩方面[3]。

（四）就业和收入

干预项目对儿童成年后进入劳动力市场的表现也产生深远影响。

早期干预有助于提高就业比例、减少失业。佩里学前教育项目的跟踪研究显示，27 岁时干预组的失业比例显著低于对照组，40 岁时干预组的就业比例显著高于对照组[4]。相比之下，牙买加项目在就业比例上未发现显著差异。然而，ABCD 儿童启蒙法项目的跟踪研究显示，尽管干预组和对照组 21 岁时的就业比例差异不显著，但干预组从事技能较高工作的比重显著更高。在 30 岁时的跟踪结果进一步发现，干预组在过去两年至少工作 16 个月的比例为 75%，对照组仅为 53%，干预组就业的比例显著高于对照组[5]。

[1] Campbell, F. A., Pungello, E. P., Burchinal, M., Kainz, K., Pan, Y., Wasik, B. H., ...& Ramey, C. T., "Adult Outcomes as a Function of an Early Childhood Educational Program: an Abecedarian Project Follow-Up," *Developmental Psychology*, *48* (2012): pp. 1033-1043.

[2] Gertler, P., Heckman, J. J., Pinto, R., Chang, S. M., Grantham-McGregor, S., Vermeersch, C., ...& Wright, A, "Effect of The Jamaica Early Childhood Stimulation Intervention on Labor Market Outcomes at Age 31," NBER Working Paper (2021), No. w29292.

[3] Heckman, J., Pinto, R. & Savelyev, P., "Understanding the Mechanisms Through Which an Influential Early Childhood Program Boosted Adult Outcomes," *American Economic Review*, *103* (2013): pp. 2052-2086.

[4] Heckman, J., Pinto, R. & Savelyev, P., "Understanding the Mechanisms Through Which an Influential Early Childhood Program Boosted Adult Outcomes," *American Economic Review*, *103* (2013): pp. 2052-2086.

[5] Campbell, F. A., Pungello, E. P., Burchinal, M., Kainz, K., Pan, Y., Wasik, B. H., ...& Ramey, C. T., "Adult Outcomes as a Function of an Early Childhood Educational Program: an Abecedarian Project Follow-Up," *Developmental Psychology*, *48* (2012): pp. 1033-1043.

早期干预有助于收入的提升。牙买加项目表明干预对收入的积极效果随着年龄增长而扩大[1]：22 岁时干预组的收入较控制组高 25%；31 岁时干预组的工资较控制组高 43%，总收入较控制组高 37%，且女性的干预效果高于男性。佩里学前教育项目在 27 岁时的跟踪结果也发现干预组人群的收入显著高于控制组[2]。ABCD 儿童启蒙法项目的跟踪结果发现 30 岁时干预组的收入略高于对照组，但统计上不显著。然而，项目发现干预组在 22.5~30 岁领取政府经济援助或社会福利救助的比例仅为 3.9%，对照组则为 20.4%，干预组显著低于对照组[3]。

（五）其他效果

早期干预有助于减少损害健康的行为。牙买加项目在 31 岁时的跟踪结果、佩里学前教育项目在 27 岁时的跟踪结果、ABCD 儿童启蒙法在 21 岁时的跟踪结果均显示，干预组表现出更少的酗酒、习惯性吸烟、使用大麻或毒品等危害健康的行为，也表现出更少其他损害健康或不利于工作的冒险行为[4][5][6]。

早期干预还有助于减少犯罪率。佩里学前教育项目在 27 岁和 40 岁的跟踪

---

[1] Gertler, P., Heckman, J. J., Pinto, R., Chang, S. M., Grantham-McGregor, S., Vermeersch, C., & Wright, A, "Effect of The Jamaica Early Childhood Stimulation Intervention on Labor Market Outcomes at Age 31," NBER Working Paper (2021), No. w29292.

[2] Heckman, J., Pinto, R. & Savelyev, P., "Understanding the Mechanisms Through Which an Influential Early Childhood Program Boosted Adult Outcomes," *American Economic Review*, *103* (2013): pp. 2052-2086.

[3] Campbell, F. A., Pungello, E. P., Burchinal, M., Kainz, K., Pan, Y., Wasik, B. H., & Ramey, C. T., "Adult Outcomes as a Function of an Early Childhood Educational Program: an Abecedarian Project Follow-Up," *Developmental Psychology*, *48* (2012): pp. 1033-1043.

[4] Walker, S. P., Chang, S. M., Wright, A. S., Pinto, R., Heckman, J. J. & Grantham-McGregor, S. M., "Cognitive, Psychosocial, and Behaviour Gains at Age 31 Years from the Jamaica Early Childhood Stimulation Trial," *Journal of Child Psychology and Psychiatry*, *63* (2022): pp. 626-635.

[5] Heckman, J., Pinto, R. & Savelyev, P., "Understanding the Mechanisms Through Which an Influential Early Childhood Program Boosted Adult Outcomes," *American Economic Review*, *103* (2013): pp. 2052-2086.

[6] Campbell, F. A., Ramey, C. T., Pungello, E., Sparling, J. & Miller-Johnson, S., "Early Childhood Education: Young Adult Outcomes from The Abecedarian Project," *Applied Developmental Science*, *6* (2002): pp. 42-57.

结果显示，项目减少了干预组儿童成年后的犯罪率，在无论是因轻罪还是重罪被逮捕的次数上，干预组儿童都显著低于控制组[1]。

三 与其他阶段人力资本投资项目的对比

理论表明儿童早期形成的能力有助于促进后期能力的形成、进而产生持续的影响。因此，相较于对青少年时期或者成年期进行人力资本投资，对儿童早期进行投资的效果会更明显。下文总结了国际上的一些后期干预项目效果，这些项目的效果差别较大，尤其是公共培训项目的效果有限。

（一）对青少年阶段教育干预

Carnerio & Heckman[2] 总结了三类针对青少年阶段教育干预项目的研究，发现不同项目的效果存在差别。第一类是导师计划（mentoring programs），为10~16岁或者高中阶段的单亲家庭儿童、少数族裔儿童随机分配成年导师，提供榜样、支持、鼓励或代理家长的作用。评估结果发现，干预有助于提升儿童的社会技能、帮助他们更好地融入社会。第二类项目是为青少年家长提供资金激励，鼓励孩子留在学校继续接受教育。评估结果发现对于干预时仍然在上学的孩子，干预有助于提高高中毕业率，并对毕业之后的就业和收入有积极效果，但是对于干预时已经辍学的孩子则没有效果。第三类项目是为低收入家庭青少年提供教育干预和暑期工作，如 STEP 计划，项目参与者在暑假学习110课时并参加90小时兼职工作，项目短期内展现出一定效果，学生的数学能力和阅读能力都得到提升，但是长期效果不明显，项目对2~3年后的高中毕业率、学习成绩、就业都没有显著效果。

总体上，一些对青少年阶段进行干预的项目对在校学生未来的收入和就业产生积极促进作用，但对干预时已经辍学的青少年群体则效果有限，并且一些

---

[1] Heckman, J., Pinto, R. & Savelyev, P., "Understanding the Mechanisms Through Which an Influential Early Childhood Program Boosted Adult Outcomes," *American Economic Review*, *103* (2013): pp. 2052-2086.

[2] Carneiro, P. & Heckman, J. J., "Human Capital Policy," NBER Working Paper (2003), No. w9495.

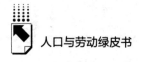

项目的长期效果尚没有得到支持。后期的干预只能减缓、但不能逆转早期不良家庭环境带来的损害。

（二）对公共培训项目的评估

OECD 国家每年都推出大量的积极劳动力市场政策，用于这些政策的财政支出占 GDP 的比重接近 1%，其中公共培训是最重要的政策之一。公共培训项目旨在通过对失业人员或低技能、低收入人员的培训，弥补他们通用技能的缺失或者为他们提供从事某些职业所必要的特定职业技能培训。

对 OECD 国家公共培训项目的评估结果发现[1][2]：大部分公共培训项目的收益很低，带来的回报率不足 10%；如果从成本有效性分析，考虑项目带来收益的持续时间和收益的折旧、筹集项目资金的税收带来的福利成本等因素后，很多培训项目的净收益为负；培训项目只对某些群体有效，不同公共培训项目评估结果显示培训往往对成年女性有效果，但对失学青少年的效果并不明显；培训的效果主要体现在增加了就业机会而不是提高了小时工资，并且通过培训得到的年收入提高仍不足以使大部分家庭脱离贫困。

从美国著名的公共培训项目 Job Corps 和 ABCD 儿童启蒙法项目的对比来看，儿童早期干预项目的效果更优。Job Corps 是美国联邦政府对 16~24 岁低收入家庭青少年提供就业支持的培训项目。采用实验方法对其评估发现，参与项目后第 3~4 年参与者的收入显著高于对照组，但是从评估跟踪的整个 4 年期看，参与者收入提高的幅度较小且在统计上不显著[3][4]，后续利用税收数据

① Heckman, J. J., LaLonde, R. J. & Smith, J. A, "The Economics and Econometrics of Active Labor Market Programs," in Orley Ashenfelter and David Card, ed., *Handbook of Labor Economics* (*Vol.* 3) (North Holland: Elsevier, 1999), pp. 1865-2097.

② Martin, J. P. & Grubb, D., "What Works and For Whom: a Review of OECD Countries' Experiences With Active Labour Market Policies," *Swedish Economic Policy Review*, 8 (2001): pp. 9-56.

③ Burghardt, J. & Schochet, P. Z., National Job Corps Study: Impacts by Center Characteristics, Executive Summary, (Princeton: Mathematica Policy Research, Inc, 2001), Report submitted to U. S. Department of Labor Employment and Training Administration Office of Policy and Research.

④ Schochet, P. Z., Burghardt, J. A. & Glazerman S., National Job Corps Study: The Impacts of Job Corps on Participants' Employment and Related Outcomes. (Princeton: Mathematica Policy Research, Inc, 2001), Report submitted to U. S. Department of Labor Employment and Training Administration Office of Policy and Research.

对参与项目后第5~9年的收入分析发现，项目对收入的提升效应在年龄较小的参与者中很难持续，第5年之后的收益提升并不明显[①]。成本收益分析发现，如果考虑项目带来的效果存在折旧，则项目净收益为负；如果再考虑筹集项目资金的税收所带来的社会成本，这一负值更大。而ABCD儿童启蒙法项目在考虑了税收带来的福利损失之后，仍然得到成本收益比7.3，内部回报率13.7%[②]。无论是回报率还是成本收益比，早期干预项目的效果都优于公共培训项目，难以依赖公共就业培训项目大幅弥补或消除早期阶段不良经验导致的技能损失[③]。

四 国际经验的启示

基于已有儿童早期发展干预项目的国际经验，得出对中国的启示如下。

一是加强对儿童早期发展干预的财政投入。国际经验表明对儿童早期进行人力资本投资会产生一系列短期和长期效果，各国也在纷纷加强对儿童早期发展的投入，OECD国家对0~3岁儿童早期教育的支出占GDP的比重为0.4%，其中财政性经费占GDP的比重为0.28%。我国实现人口高质量发展离不开儿童早期的高质量发展。近年来，我国逐步扩大"幼有所育"的基本公共服务范围，同时也加强了针对3岁以下儿童普惠托育服务体系建设，但2024年最新数据显示，全国3岁以下儿童实际入托率仅为7.86%，远低于OECD国家平均水平。中国财政用于儿童早期的基本公共服务支出占GDP比重远低于0.1%，用于托育服务、早期教育的比重则更少。

二是扩大基本公共服务范围，同时注重对儿童早期认知和非认知能力的干预。国际经验表明，仅有营养干预是不足的，需要配合对认知和社会情绪能力

① Schochet, P. Z., Burghardt, J. & McConnell, S., "Does Job Corps Work? Impact Findings from The National Job Corps Study," *American Economic Review*, 98 (2008): pp. 1864-1886.

② García, J. L., Heckman, J. J., Leaf, D. E. & Prados, M. J., "Quantifying the Life-Cycle Benefits of an Influential Early-Childhood Program," *Journal of Political Economy*, 128 (2020): pp. 2502-2541.

③ Carneiro, P. & Heckman, J. J., "Human Capital Policy," NBER Working Paper (2003), No. w9495.

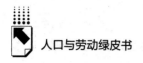
的干预才会有长远效果，尤其是非认知能力对个体未来的发展是必要的。当前我国针对儿童早期发展的公共服务仍然不足，根据《国家基本公共服务标准（2023年版）》，我国针对幼儿早期的基本公共服务内容包括优孕优生服务、儿童健康服务、儿童关爱服务3大块共10项基本公共服务内容。这些服务内容更多地集中于儿童营养和健康管理，缺乏对认知和社会心理等非认知能力方面的基本公共服务。

三是优化财政支出内部结构，基于科学的资金绩效评估，在保证后期公共教育和培训项目质量的前提下，适度分配更多公共资源到儿童早期。一方面，国际经验表明早期干预的影响更大，后期干预的质量往往受到儿童早期技能形成的影响，后期干预很难逆转早期不良环境导致的技能损害；另一方面，早期干预叠加后期持续的支持会产生更加显著的效果。我国近年来教育支出占GDP的比重约4%，义务教育阶段、高中教育阶段、高等教育阶段占教育总支出的比重分别约为44%、16%、27%；一般公共预算用于包括职业培训在内的就业补助资金每年超过1000亿元，占GDP比重接近0.1%。有必要对财政经费的投入绩效进行科学评估，在保证教育和培训质量的前提下，适度压缩绩效较低的财政支出项目，将更多财政资金分配到回报较高的儿童早期发展干预方面。

四是重点加强对农村地区尤其是脱贫地区儿童的发展干预。理论表明儿童早期的生活环境会影响基因表达并影响能力形成，贫困的环境会损害儿童大脑结构发育、同时不利于技能的形成。国际经验表明对贫困家庭儿童及早进行干预有助于减缓贫困的不良影响，很多欧洲国家加大了对脆弱社区儿童早期发展的投入，美国也从1995年推出了"早期开端计划"，由联邦政府为低收入家庭0~3岁儿童提供高质量的保育、教育服务，作为发展中国家的巴西也推出了全国范围针对贫困家庭儿童的早期干预项目。根据2020年第七次全国人口普查，我国有36%的0~3岁儿童生活在乡村地区，这其中留守儿童尤其是脱贫地区儿童照养质量较低、面临发育迟缓的风险，早期能力发展不足将导致未来就业技能、社会技能缺失，中国需要首先加强对这些弱势儿童的早期发展干预。

G.12
儿童早期发展的外部干预
——以"毕节实验"的中国实践为例

摘　要： 本文从外部干预的视角出发，系统地分析了我国儿童早期发展的现状。虽然中国0~3岁儿童在营养状况、生长发育和健康水平等方面取得伟大成就，但农村地区0~3岁儿童早期发展与城市儿童差距较大，具有明显的认知发展风险。进一步梳理儿童早期发展的政策体系可以发现，针对0~3岁儿童早期教育的公共服务长期缺位，是农村地区儿童早期人力资本发育迟缓的重要原因。本文介绍了中国发展研究基金会这一社会组织在贵州毕节市为农村儿童提供早期发展公共服务支持的案例，针对其运作模式、干预效果和面临的挑战进行了分析。结论表明，提供有效的入户育指导是除基本卫生公共服务之外，推动农村儿童人力资本长期发展的重要途径。这意味着，依托于社会组织开展的农村儿童早期入户养育指导的社会试验，应转化为一项制度化的公共政策在全国农村地区进一步推广，以期全面提升农村儿童早期的人力资本积累。

关键词： 人力资本　儿童早期发展　儿童认知能力　入户养育指导

　　0~3岁是儿童脑部发育的黄金期，大脑的神经元在这一阶段迅速生长，外部的刺激和社会互动会进一步激发大脑的潜能。如果在儿童生命0~3岁阶段给予充足的营养支持和有效的外部刺激，将对儿童未来的学业表现、人力资本形成产生积极的影响。诺贝尔经济学奖获得者赫克曼（Heckman）的研究表明，投资儿童早期发展的回报率高达1∶17，早期人力资本培育的社会收益率在全生命周

---

* 韩天阔，中国社会科学院人口与劳动经济研究所助理研究员，主要研究方向为劳动经济与区域经济。

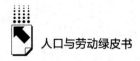

期中最高。过去 30 余年，我国经济高速增长的条件发生了转变，对传统生产要素推动经济增长的发展模式提出了挑战，不断提高全要素生产率是经济高质量发展的内在体现和有效支撑，而增强经济的创新力和竞争力在很大程度上依赖劳动者素质的提升①②。人力资本在经济高质量发展中的重要性愈加凸显，如何在儿童早期发展的黄金阶段提升人力资本积累成为重要议题。

投资儿童早期发展，就是投资未来的人力资本。世界银行（Word Bank）、经济合作与发展组织（OECD）认为，儿童早期发展是提升经济生产力和社会凝聚力的有效发展策略之一，并且具备长期性、低成本和高收益的特征。针对儿童早期发展投资不仅是家庭内部的决策范畴，鉴于人力资本的外部性特征，以及打破代际贫困传递的重要意义，向儿童早期发展投资还受到了各国政府的高度关注。各国政府频繁出台针对性的政策，以促进儿童早期发展，为实现未来高质量的人力资本提供保障。我国始终高度重视儿童的早期发展，不仅搭建了促进早期人力资本积累的政策框架，使得儿童生存、受保护和发展得到了有力保障，而且全国范围内的儿童早期发展政策体系提升了婴幼儿的健康水平。但受限于经济发展的结构性差异，我国农村地区在儿童 0~3 岁早期教育方面存在明显短板。基于此，我们有必要从外部干预的视角，针对我国儿童的发展现状进行系统性分析，把握儿童早期发展的不足和挑战，以期有的放矢地找准全面提升早期人力资本积累的政策着力点，为贯彻新发展理念、推进经济高质量发展、实现中华民族伟大复兴提供持续、长远、高水平的人力资本保障。

一　中国0~3岁儿童早期发展的现状与政策环境

（一）儿童早期发展成就显著但城乡差异突出

1. 我国儿童营养不良状况持续改善，0~5岁儿童因蛋白质—能量营养不良而导致的患病率和生长迟缓率下降明显

岳爱基于中国疾病防控中心、全国营养调查和中国食物与营养监测系统的研究数据表明，与 1990 年相比，2016 年全国 0~5 岁儿童的低体重率下降了

---

① 都阳：《以更高的人力资本水平为新时代的发展提供动力》，《劳动经济研究》2017 年第 6 期。
② 都阳：《人口高质量发展的主要内容》，《新型城镇化》2023 年第 7 期。

86.9%，整体的儿童低体重率为 2.5%。此外，儿童生长迟缓率同样是衡量个体早期健康水平和国家儿童发展的重要指标，我国 2013 年儿童生长迟缓率为 8.1%，较 1990 年下降了 75.7%，我国儿童早期的营养条件和健康水平持续改善①。联合国儿童基金会发布的《2012 年世界儿童状况报告》的数据显示，我国 0~5 岁儿童的低体重率和发育迟缓率低于大多数发展中国家，与欧美等发达国家的差距在持续缩小②。

2. 营养状况改善提高了我国儿童的生存质量和健康水平

一方面，2000 年，我国 0~5 岁儿童因营养不良而导致的死亡占比达 22%③，相关的研究估算，这一数字在 10 年后下降至 13.1%，下降幅度为 40.45%④，这意味着营养状况改善使儿童生存质量明显提升，儿童早期发展不再受营养不良而制约。另一方面，因为儿童早期的身体状况和营养摄入对其未来的健康水平起到重要的影响，因此降低婴幼儿早期死亡率能够显著延长国民寿命，对全社会的健康人力资本水平起到积极的效果。国家卫健委数据显示，2021 年全国婴儿死亡率为 5‰，0~5 岁儿童死亡率为 7.1‰。我国总体的预期寿命从 1981 年的 67.8 岁上升至 2023 年的 78.6 岁，上升幅度达 15.93%，这离不开儿童早期营养状况改善和健康水平提升所带来的贡献。

3. 我国儿童营养不良状况仍存在显著的城乡差异，但两者之间的差距在逐渐缩小

从儿童体重发育指标来看，1992 年全国营养调查数据的结果表明，我国乡城儿童的低体重率之比接近 3。在随后的 30 余年里，这一体现儿童早期发展城乡差异的数字在持续下降。岳爱的研究结果表明，2016 年我国城市 5 岁以下儿童的低体重率为 1.7%，而农村为 3.2%，后者是前者的接近 2 倍⑤。从儿童死亡率指标来看，2010 年，我国城市和农村 0~5 岁儿童死亡率分别为 7.3‰和 20.1‰，较 2000 年儿童死亡率分别下降了 47.1%和 56%，乡城比

---

① 岳爱：《我国西部农村地区 0—3 岁儿童早期发展研究——儿童早期发展领域 10 年的探索与实践》，华东师范大学出版社，2023。
② 联合国儿童基金会：《2012 世界儿童状况报告》，2012。
③ 陈春明：《营养改善与相关政策研究》，华夏出版社，2009。
④ 岳爱：《我国西部农村地区 0—3 岁儿童早期发展研究》，华东师范大学出版社，2023。
⑤ 岳爱：《我国西部农村地区 0—3 岁儿童早期发展研究》，华东师范大学出版社，2023。

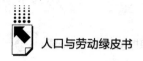

从 2000 年的 3.3 倍下降至 2010 年的 2.8 倍①。2021 年，我国城市地区的婴儿死亡率为 4.1‰，农村地区的这一数字为 8.5‰，两者之间的差距在持续下降②。

（二）0~3岁农村儿童早期发展面临认知风险

1. 我国农村儿童认知发展出现滞后的风险较城市儿童更为明显

单文婕等的研究表明，中国农村儿童认知发展滞后的数量占比高达 39%~48%，与之形成鲜明对比的是，城市儿童认知发展水平的这一数字低于 11%。人力资本积累是一个持续的过程，中国农村儿童的认知发展滞后风险背后还表现出了明显的年龄效应，即随着儿童个体年龄的增长，早期认知发展的滞后会形成年龄上的传递，进一步扩大城乡个体之间的认知发展差距，并一直持续到在校期间表现和劳动力市场表现③。Yue et al. 的研究结果表明，我国农村儿童在 6~12 月、12~18 月、18~24 月、24~30 月等 4 个时间节点的认知和语言发展滞后的占比分别高达 28%、32%、41% 和 53%。进一步分析来看，上述数据不仅意味着我国农村地区儿童早期发展面临着认知发展的风险，而且随着儿童年龄推移，认知发展风险逐步扩大，如果不开展任何外部有效的干预活动，仅仅依靠家庭内部的照料和养育，中国农村儿童认知发展风险难以得到有效控制，这显然不利于长期的人力资本积累④。

2. 我国农村儿童高级认知能力发展不足

儿童早期的高级认知能力发育决定了其未来复杂的认知能力发育，包括记忆力、注意力和执行功能等。农村儿童的各种高级认知能力发展水平明显滞后于城市儿童，即使两者处于相同的社会经济地位，高级复杂的认知能力差异依旧较为明显。相比于城市，农村地区的建筑物、信号灯等充分引起儿童注意的视觉刺激相对缺乏，因此发育环境的稀缺在塑造大脑神经元发育的过程中产生

---

① 卫生部：《2012 年中国 0—6 岁儿童营养发展报告》，2012。
② 资料来源：《2021 年我国卫生健康事业发展统计公报》。
③ 单文婕、张云婷、林青敏等：《中国八省市城乡婴幼儿早期发展现状研究》，《中国儿童保健杂志》2019 年第 4 期。
④ Yue, A., L. Marsh, H. Zhou, et al., "Nutritional Deficiencies, the Absence of Information and Caregiver Shortcomings: A Qualitative Analysis of Infant Feeding Practices in Rural China", *PLoS ONE*, 2016, 11 (4), e0153385.

了不利影响①。中国农村儿童在学业成绩、执行功能和工作记忆等方面明显落后于城市儿童，高级认知能力发展不足的问题会衍生出城乡发展分化的各类问题，换言之，早期的人力资本培育水平不同可能是造成城乡发展差距的一个"源头"。总之，既有文献在关于中国城乡儿童发展认知能力差异方面形成了广泛共识，农村儿童认知发展和高级认知能力出现滞后的比例显著高于城市地区儿童，中国农村儿童在成长过程中所面临的各种问题受限于初始的认知能力水平。

3. 我国农村儿童早期认知风险是各种不利因素的多重叠加

一是较低家庭经济地位（如父母受教育程度、职业和收入）无法提供充足的物质和非物质资源来支持儿童早期的发展，因此需要外部的资源支持来促进农村儿童早期人力资本积累。二是"乡—城"方向的劳动力流动所衍生的留守问题使得农村儿童早期认知发育面临不利条件。相比于城市父母共同抚养的儿童，留守儿童在早期发展过程中缺乏与父母的互动，不利于儿童未来的发展。中国留守儿童的脑成像研究结果支持了这一观点，即农村留守儿童早期脑结构发育异常，不利于后续高级认知能力和认知发展②。三是农村地区缺乏认知资源的外部支持。从家庭内部来看，农村父母难以为儿童早期发育提供充足的认知刺激资料，如书籍、音像等物质资料。从外部环境来看，城乡之间的公共服务差异、基础设施差异都是造成城乡儿童早期认知发展差异的重要原因。

（三）公共政策缺乏对0~3岁农村儿童教育的外部支持

通过对中国儿童早期发展现状的分析可以发现，营养状况改善优于认知发展，认知能力城乡差距明显是贯穿整个儿童早期人力资本培育的逻辑主线。一方面，我国儿童早期发展不再受健康问题所制约，这很大程度上是经济发展水平和外部政策支持所带来的结果。另一方面，人力资本积累不仅有健康层面的

---

① 赵鑫、傅安国：《中国乡村儿童认知发展：特征、影响因素以及干预对策》，《首都师范大学学报》（社会科学版）2023年第1期。

② Raffington，L.，J. J. Prindle，and Y. L. Shing，"Income Gains Predict Cognitive Functioning Longitudinally Throughout Later Childhood in Poor Children"，*Developmental Psychology*，2018，54（7），1232-1243.

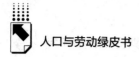
含义，其认知发展还可能是更高阶的要求，我国农村 0~3 岁儿童早期的教育问题显然是主要面临的挑战。农村地区本身就面临着早期教育资源匮乏的先天不足，往往需要外部的支持来进行改善。基于此，本部分将对我国自 1981 年首次强调早教重要意义的公共政策进行梳理，以期从外部支持的视角寻求中国农村儿童早期发展所面临风险的学理性解释，尝试探索支撑农村儿童早期高质量发展的现实路径和政策支持。

如图 1 所示，自 1981 年以来，我国儿童早期发展的政策调整与演化过程围绕改善儿童营养状况、提高儿童健康水平和优化学前教育质量的主线而展开，依托于精准扶贫、提振生育率等政策体系，我国包括农村地区在内的婴幼儿发展得到了改善。从中我们可以清晰地发现，我国农村儿童早期发展的政策体系经历了从城市试点向农村覆盖、从改善营养状况到重视教育综合改进、从幼儿园教育向 0~3 岁早期阶段养育"前移"等三个维度的转变。

1. 国家政策支持是我国儿童早期发展取得显著成就的重要原因

早在 1981 年，卫生部所制定的《三岁前小儿教养大纲（草案）》首次在官方层面强调了早期教育的重要意义，提出了托儿所教养工作的主要任务。直到 2000 年，我国整体上基本实现了纲要中的发展目标，在儿童健康、成长和发展层面取得了重要的进步。截至 2020 年底，我国婴儿死亡率从 2010 年的 13.1‰下降至 5.4‰，0~5 岁儿童死亡率从 2010 年的 16.4‰下降至 7.5‰，这与外部的政策环境支持密不可分。值得注意的是，此阶段儿童发展的外部政策环境以提供基础营养、改善健康状况为主要目标。虽然学前教育毛入园率从 2010 年的 56.6%上升到 85.2%，但针对 0~3 岁儿童的早期教育并未形成明确的框架。

2. 国家政策层面已经认识到 0~3 岁儿童早期教育问题的重要意义，但缺乏相应的政策实践来切实提升儿童早期人力资本水平

进入 21 世纪后，我国儿童早期发展议题的主要矛盾已经从提升健康水平向提高综合教育水平转变，基本的政策着力点围绕提高综合人力资本水平而展开。国务院和教育部等部门分别在 2001 年和 2003 年出台了《中国儿童发展纲要（2001—2010 年）》和《关于幼儿教育改革和发展的指导意见》，强调了要针对儿童早期发展提供有效的早期保护和服务，以提升公共服务水平为主要目标，强化覆盖城乡社区的儿童服务网络的基本格局。2010 年《国家中长期

教育改革和发展规划纲要（2010—2020年）》强调了要"重视0~3岁婴幼儿教育"。2011年《中国儿童发展纲要（2011—2020年）》以提供儿童早期发展人力保障为抓手，强调了要通过培养儿童早期养育专业化人才来提升早期人力资本积累。虽然儿童早期教育已经受到了充分重视，但在政策叙述上相对模糊，建立针对0~3岁儿童早期教育的实践依旧处于探索和起步阶段，并未能有效地依靠外部政策资源支持来提升儿童早期教育水平。

3. 国家政策层面积极地将农村儿童早期发展与乡村振兴战略相衔接，开始探索农村早期人力资本积累的路径

2014年，国家开始意识到贫困农村地区儿童早期发展的重要性，着重通过与扶贫战略相结合，出台了《国家贫困地区儿童发展规划（2014—2020年）》，强调了开展婴幼儿早期保教，依托幼儿园办学条件，采取多样化的形式为农村儿童提供教育指导服务。2019年，"中央一号文件"明确提出，要强化农村地区的早期教育和学前教育，同年发布的《国务院办公厅关于促进3岁以下婴幼儿照护服务发展的指导意见》针对农村儿童早期教育和发展问题进行了规划，要"加大对农村和贫困地区婴幼儿照护服务的支持，推广婴幼儿早期发展项目"。

4. 国家政策层面通过积极扶持托育服务产业的发展，以期为儿童早期的人力资本积累提供基本保障

2017年中央经济工作会议则进一步针对解决婴幼儿照顾问题进行了部署，相关部门后续制定了0~3岁儿童早期发展的基本规划。进一步通过完善行业标准，出台专项措施来设立婴幼儿发展引导员为国家职业，从人力资源保障上支持0~3岁儿童的早期发展。2019年可以视为托育行业的元年，自《国务院办公厅关于促进3岁以下婴幼儿照护服务发展的指导意见》发布以来，儿童早期照料服务行业的发展极大地保障了儿童早期的人力资本培育。2020年《中共中央关于制定国民经济和社会发展第十四个五年规划和二〇三五年远景目标的建议》从人口长期发展战略的层面强调了要降低生育政策成本，增强生育政策包容性，提高优生优育服务水平。党的二十届三中全会也重点提出要加快普惠育幼服务体系建设，随后在2024年9月国务院常务会议中也针对此问题进行了重点研究。

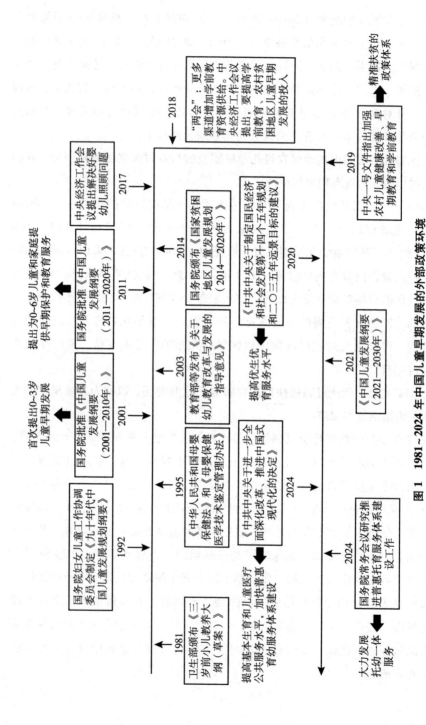

图 1　1981～2024 年中国儿童早期发展的外部政策环境

综上所述，我国针对农村儿童早期发展的政策体系在改善营养状况、提升健康水平等方面上起到了积极作用，但随着社会经济发展对人力资本水平所提出的更高要求，我国农村 0~3 岁儿童发展的主要矛盾已经转变为全面提升早期教育水平。虽然自 2010 年起，相关政策已经充分意识到通过有效干预来促进农村 0~3 岁儿童早期发展的重要意义，但多为模糊的政策表述，缺乏相应切实的政策实践来带动农村儿童的教育发展。一方面，受限于初始经济禀赋，现阶段针对儿童照护服务产业化的探索难以辐射到农村地区，未来针对农村儿童，尤其是贫困儿童的早期教育问题更应通过公共服务支持的方式来开展；另一方面，农村地区儿童认知风险和高认知能力发展不足的问题可能难以通过家庭内部人力资本投资的方式进行解决，相应的公共政策缺位在很大程度上是农村儿童发展落后的原因。因此，应以外部各种方式积极干预来支持农村 0~3 岁儿童早期的教育和照护。

二 毕节农村儿童发展综合示范区的外部干预案例

为贯彻落实习近平总书记关于将毕节试验区建成贯彻新发展理念示范区的重要指示，中国发展研究基金会与贵州省、市、区三级政府及多个部门共同推进了毕节试验区"农村儿童发展综合示范区"项目的建设。该项目以儿童营养、教育和关爱保护为重点，采取精准干预和信息化手段，实现填空白、补短板、提质量、试模式、促协调目标，倡导通过把农村儿童从出生到就业全周期阶段的一些成功的干预措施和地方经验转换为有效的公共政策，"让每个中国儿童都能有阳光起点，都能健康成长，都有光明的未来"，为儿童早期人力资本积累、乡村振兴及相关政策制定提供依据。

（一）毕节农村儿童发展综合示范区项目的干预模式

为了充分把握公共政策体系之外中国社会组织积极干预儿童早期发展的基本模式特征，本文从整个项目的历史演进过程、权力合作网络、基础干预特色、重点任务主线和区域差异模式等五个方面，详细梳理了毕节农村发展综合示范区建设的主要做法。值得注意的是，针对农村 0~3 岁儿童早期教育发展的入户家访只是农村儿童发展综合区的一个子项目，本文力图描绘整个试验区

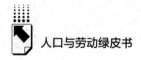

项目的全貌，以期为解决人力资本培育"最初一公里"的公共政策实践提供有益借鉴。

第一，毕节农村儿童发展综合示范区是早期人力资本培育历史项目和干预经验的系统性集成。中国发展研究基金会长期从事儿童发展社会试验的工作，探索适合农村儿童发展的教育、营养和干预措施，积累了大量具有中国儿童发展方案的经验。自2012年起，中国发展研究基金会先后在毕节市实施了旨在缩小城乡学前教育差距的"一村一园：山村幼儿园计划"项目，将入户养育指导和营养干预相结合的"慧育中国：山村入户早教计划"，以及针对职业技能培养的"赢未来：职业教育提升计划"等项目。在以上重点项目建设经验和基本干预框架的基础上，中国发展研究基金会打包其他社会试验项目（如新生儿大礼包项目、教育数字化项目等），借鉴美国的"早期开端计划"、牙买加的"家访项目"、巴西的"快乐儿童计划"等国际经验，于2021年9月在贵州省毕节市建立了"农村儿童发展综合示范区"。整个综合性计划覆盖了从儿童出生到就业全周期各个阶段，汇聚了前期农村儿童社会行动干预的体系基础和方案经验，各类项目环环相扣，为农村地区儿童提供健康营养、教育、保护等方面系统性的干预服务。

第二，毕节农村儿童发展综合示范区是各级政府和社会组织通力合作的网络干预模式。项目在落地的过程中得到卫健委家庭司以及贵州省、毕节市各级政府的高度重视和大力支持，社会组织、企业和媒体积极参与，形成了较为完善的执行、监督、管理和宣传机制。如在试点过程中，入户家访项目采用了"县—乡（镇）—村"三级管理服务网络，主要以卫健或妇幼系统为依托。县级由分管副县长、县卫健局牵头，县妇幼站具体执行，在县级设置"项目办公室"，并聘用县级督导，对项目进行整体协调和监督指导；乡镇（社区）级根据干预幼儿数，各乡镇卫生院设"乡镇督导"数名。因此，毕节农村儿童发展综合示范区整合了多方力量，积极发挥各主体的自身优势，形成了社会组织主导、中央政府政策支持、地方政府参与的网络化农村儿童高质量发展干预模式。

第三，毕节农村儿童发展综合示范区是针对儿童从出生到就业全周期的无缝衔接干预模式。根据儿童早期发展的研究经验可以发现，针对儿童生命周期系统性的干预收益较单一阶段的零散式服务供给更为明显。因此，该项目并不仅仅停留于某一时间节点或短期内的儿童发展，而是着力推动儿童早期人力资本积累和全周期的人力资源开发，通过多项目无缝衔接，对欠发达农村地区0~18岁儿童及青少年实现全面覆盖，综合实施从出生到就业的社会试验项目。毕节儿童示范区项目具体分为：一是孕产期至婴儿6月龄营养干预和新生儿大礼包；二是6~36月龄（0~3岁）婴幼儿早期养育指导及营养干预；三是3~6岁农村儿童学前教育有质量普及；四是6~15岁义务教育阶段营养保障及教学质量提升；五是15~18岁职业教育质量提升。这一综合全面的项目能够对儿童发展政策各个阶段的有效衔接做出很好的示范，形成的多部门合作经验将为其他地区实施类似项目提供借鉴。

第四，毕节农村儿童发展综合示范区是以营养和教育为主线的协同推进干预模式。一方面，从营养学的角度而言，幼儿仍处于生长发育的旺盛期，对蛋白质、脂肪、碳水化合物及其他营养素的需要量相对高于成人。幼儿的能量需要包括基础代谢、身体活动、食物的特殊动力作用、能量储存、排泄耗能以及生长发育所需。另一方面，从脑神经科学来看，在0~3岁儿童大脑发育的关键时期，给予儿童充分的营养和刺激有利于增强他们的认知能力，儿童早期的人力资本积累非常重要。基于此，中国发展研究基金会参考了多学科的研究经验，以营养和教育为共同抓手，以充分培养农村儿童"硬件"和"软件"协同为路径而开展的系统性干预，力求农村儿童高质量发展服务供给达到"1+1>2"的效果。

第五，毕节农村儿童发展综合示范区是积极探索儿童养育多样化的因地制宜干预模式。一方面，基金会在前期根据毕节市不同地区特征，陆续开展了差异化的农村儿童发展干预的社会行动，并积极总结各地区发展模式的经验，采取由点及面的扩散方式，先后在七星关区朱昌镇、大银镇、林口镇、层台镇等4个乡镇开展毕节儿童示范区工作试点。到2022年，示范区扩展到了七星关区14个乡镇，以及毕节其他县（区）的7个乡镇，2025年计划扩展到七星关全区，并在毕节试验区全面推广。另一方面，中国发展研究基金会更大的愿景在于将毕节农村儿童发展综合示范区的干预经验因地制宜地推广到全国更大范围的农村地区，力图以"星火燎原"之势，点亮中国农村儿童早期人力资本高质量发展的火把，探寻适合地区发展一般性和特殊性的发展道路。

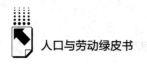

（二）毕节农村儿童发展综合示范区项目的主要举措

图2展示了毕节农村儿童发展综合示范区项目在儿童从出生到就业全周期阶段的项目规划，从中可以发现，毕节农村儿童发展综合示范区是针对0~18岁儿童从出生到就业全周期无缝衔接的干预计划，其主要以提供营养支持和提高教育质量为抓手，采取多元化、系统化的集成措施，全方位地促进农村儿童的早期人力资本积累和人力资源开发。毕节农村儿童发展综合示范区项目具体的干预措施可以总结如下。

第一，孕产期至6个月阶段。本阶段项目将通过提供"孕妇营养包"及"阳光起点大礼包"、组织妇幼工作者培训、开展母婴知识科普教育活动等项目，提高农村地区母婴健康水平。首先，"孕妇营养包"项目将通过向七星关区及4个试点乡镇建档孕妇发放孕期营养包的方式，帮助产检指标异常的孕妇补充孕期必要营养，降低低体重新生儿比例。其次，"阳光起点大礼包"项目为七星关区及4个试点乡镇中已参加五次产检的孕妇发放新生儿大礼包，提高孕妇产前检查率，减少新生儿出生缺陷的发生。最后，这一阶段的干预根据妇幼信息系统及数据管理系统，明确信息系统升级需求和数据管理流程，考察了孕妇营养包和新生儿大礼包存放处，将项目发放流程及监管方式进行规范化和制度化的管理。

第二，6~36月早期养育阶段。本阶段项目采用"精准家访"和"中心式集体养育指导"模式相结合的方式，为适龄婴幼儿及其家庭提供成本合理、服务可及、有质量、可复制的儿童早期综合发展服务。首先，2017年开始实施"慧育中国：山村入户早教计划"，已完成在七星关区增扩朱昌镇、林口镇、层台镇三个乡镇的项目实施计划，新聘总督导、督导员、养育指导师等项目执行人员共计58名。其次，编写《婴幼儿养育指导课程》（四册），并基于养育指导课程配套的移动客户端"慧育中国"小程序系统的开发，同时面向127名项目执行人员开展相关的专业培训。最后，大力建设中心式的养育园区，聚集养育社会资源，由七星关区卫健局牵头，第一批11个村（社区）早期养育中心为农村儿童早期养育提供了支持。

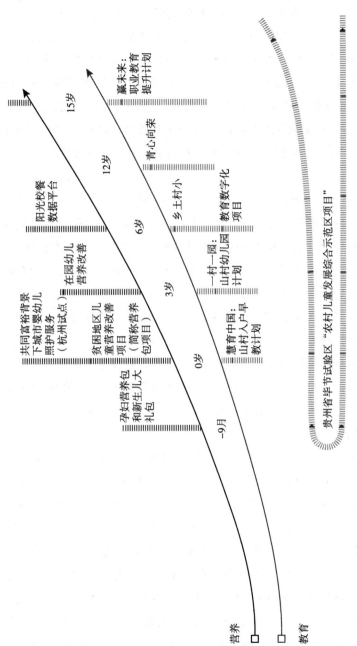

图 2 毕节农村儿童发展综合示范区项目全生命周期举措干预示意

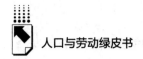

第三，3~6岁学前教育阶段。本阶段项目旨在帮助农村儿童就近获得有质量的学前教育，并注重幼儿园与小学科学衔接，帮助儿童做好入学身心准备、生活准备、社会准备和学习准备。首先，在硬件提升方面，根据前期积累经验，项目制定了山村幼儿园教学软硬件配置标准并进行配置供给，5所山村幼儿园学位数从原有的113位扩大到420位。其次，在师资培训方面，"山村幼儿园—童学探索课堂"项目正式启动，通过对6所项目园组织开展实地集中培训、入园观摩及线上评课，提升保教质量。最后，458名幼教志愿者参加秋季学期第一期教学培训，并与童行书院合作，开展毕节山村幼教老师赋能培训。

第四，6~15岁义务教育阶段。本阶段项目探索通过教育信息化促进教育公平、通过乡土课程提升教育质量、通过学校营养餐保障儿童健康成长的可持续发展路径，旨在为其他欠发达地区提供示范模式。首先，在方案设计方面，项目加强与联想、高木学习、田字格、情系远山等工作机构的合作，针对学校的课程设置、师资配备、硬件设备以及营养改善计划实施等多方面开展了充分的调研，并基于当地义务教育阶段的现状有针对性地设计项目实施方案。其次，在试点学校选择方面，"乡土村小：农村小学教育质量提升计划"选取5所试点学校并开展了项目动员和培训工作，"乡村儿童教育信息化"项目选取朱昌镇和层台镇的6所学校开展试点。最后，整个阶段的项目干预也基于阳光校餐数据平台在毕节积极推进农村义务教育学生营养改善计划的信息上报、校餐质量提升和研究分析工作。

第五，15~18岁职业教育阶段。本阶段项目旨在提升职业教育质量，加强中等职业学校学生心理健康、文化知识和专业能力建设，推进职校教师能力建设，培养乡村振兴领军人才，开展相关研究工作。开展项目摸底及试点选取工作。首先，推进职校心理健康工作建设项目。组织毕节市5所试点学校18名心理教师参加抑郁症专题线上讲座，并开展面向教师的系统培训及面向学生的心理普测。其次，强化文化知识提升项目。在开展学校情况摸底工作的基础上，项目扎实推进服务方案制定工作，并针对学生的通识教育，加强文化课教师培训工作。再次，开展深度校企合作项目。发起"赢未来"校企合作行动计划，现已联合近20家合作企业，汇集了养老、托育、机械制造、互联网、人工智能、乡村振兴等培训资源。最后，开展"1+X"证书制度试点项目。项目制定了"1+X"证书制度试点项目方案，并邀请试点学校代表参加职业教育国际会议，了解职业教育领域最新动态。

（三）毕节农村儿童发展综合示范区项目的独特之处

毕节农村儿童发展综合示范区项目是中国发展研究基金会根据国际儿童发展干预经验而迭代升级的系统性集成，虽然从中可以发现国际儿童发展社会试验项目的一般性特征，但其整个干预措施流程的规模性、系统性和多元主体参与模式展现了毕节农村儿童发展综合示范区项目的独特之处。

第一，毕节农村儿童发展综合示范区项目覆盖的群体远超国际上通行的儿童发展干预小样本的社会试验。一方面，从被干预群体规模上而言，综合示范区覆盖的群体规模更大，目前覆盖毕节市 8 个县（市、区）11 个乡镇 141 个行政村，受益儿童达 3500 多名。而著名的美国佩里学前教育项目仅有 123 名儿童参加，牙买加项目也只是针对 129 名贫困儿童进行了早期干预。另一方面，从项目的外部性规模上来看，毕节农村儿童发展综合示范区项目是一个多方受益的体系，除促进儿童早期人力资本积累的意义外，整个项目还具有规模庞大的正外部性特征，显然这种大规模社会试验协同经济社会发展的模式在国际上较为罕见。举例而言，毕节乡村早期养育中心有 61 个，早期养育服务队伍 300 多人，这不仅对提高当地农村女性就业率和生育率具有显著效果，而且拉动了当地的消费，有助于为村庄经济注入活力。

第二，毕节农村儿童发展综合示范区项目更加强调农村儿童高质量发展的综合性服务支持。整个项目建立了全国首个欠发达地区儿童综合发展示范区，着力推动人力资源开发，不仅停留于某一时间节点或短期内的儿童发展，而且通过覆盖儿童从出生到就业全周期的多项目无缝衔接，对贫困地区 0~18 岁儿童及青少年发展提供服务支持。与之相比，牛津大学的"学前教育有效提供计划"只是针对 3 岁儿童早期教育的质量而进行的研究干预，而古巴儿童早期发展项目也只是覆盖了 0~5 岁儿童的服务支持，显然这很难达成全周期覆盖"1+1>2"的预期效果。

第三，毕节农村儿童发展综合示范区项目讲述了多层级政府与社会组织通力合作的中国故事和毕节经验。毕节农村儿童发展综合示范区项目是中国发展研究基金会与贵州省、市、区三级政府及多个部门共同推进的欠发达地区农村

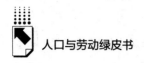

儿童发展示范项目。与国际上通行的社会试验项目不同的是，毕节项目获得了各级政府的大力支持，社会各界广泛参与。省一级政府成立由分管领导主持的协调机制，市、区政府成立了领导小组，负责领导和协调当地相关部门开展工作。发改、教育、卫健、民政、妇联等各部门通力合作、各司其职、明确分工，协同社会公益部门的平台和研究优势，搭建起了一个网络化的农村儿童早期高质量发展服务支持体系。

三　毕节市农村儿童早期干预项目的问题分析

中国发展研究基金会于 2021 年 9 月与毕节市人民政府共同合作建立"毕节试验区农村儿童发展综合示范区"。其中，0~3 岁儿童早期养育项目是毕节农村儿童发展综合示范区工作的重点，该项目在"慧育中国：山村入户早教计划"的基础上演变而来，旨在通过科学干预，来帮助中西部农村家庭改善养育儿童的方式，促进农村儿童早期的全面发展。项目采用以入户养育指导为主的方法，由经过专业培训的、本地招募的育婴辅导员为农村家庭免费提供每周一次的入户养育指导服务，给予儿童充分的营养和刺激，激发大脑潜能，提升农村儿童的发展潜力和综合能力。2024 年，基金会联合多方合作伙伴，共同发起"阳光起点：十万农村婴幼儿入户养育指导行动计划"。截至 2023 年项目已在全国 10 个省区市 24 个县开展试点，惠及超过 4.5 万名农村婴幼儿。

本文在一个统一的框架内针对毕节市农村儿童早期干预项目所面临的挑战进行解析：一方面，以"项目干预效果"为基本主线，着重分析项目本身所存在的问题；另一方面，针对"项目在全国更大范围内推广"所面临的制约条件，从学理上解释"存在即合理"式的政策转化悖论，阐释该项目如果作为一项制度化的公共政策在全国农村地区推广所面临的潜在约束，旨在通过分析毕节市儿童早期发展项目的局部困境，以期为在全国范围内建设农村 0~3 岁入户家访的公共服务政策体系和制度保障提供借鉴。

（一）毕节农村儿童入户干预项目实施过程中面临的问题与挑战

毕节 0~3 岁儿童早期养育项目主要通过对试点乡镇孕产妇提供产检和养育指导、对 0~3 岁农村适龄儿童及其监护人提供一对一入户养育指导及集中养育服务，促进儿童早期发展并提升监护人的科学养育观念。整个项目由中国发展研究基金会积极推动，是各级政府和社会组织通力合作的网络干预模式。虽然前期的评估结果表明，入户家访干预提高了儿童的各项技能，降低了发育迟缓风险，显著提升了项目儿童38%进入大学的概率，但基于实地调研可以发现，项目自身依然存在干预效果有待提升、人员稳定性和经费持续性等方面的问题。

1. 项目干预效果依然具有一定的提升空间

第一，从项目干预的质量控制来看。国外相对较为成熟的儿童早期干预社会试验项目的理论和实践表明，把控干预活动的质量是决定儿童早期发展效果的中心环节[1]。笔者在实地调查干预活动时，发现存在养育干预工作明显低于现场展示状态的情形，且家长后续的参与度不高。这就要求后续的项目工作以加强监督机制为抓手，提高家访员入户前、中、后家访行为的标准。第二，从业务培训来看。调研过程中发现，虽然整个项目涉及了家访员入职前培训和集中备课环节，但针对育婴师培训活动的形式相对单一，频次相对缺乏，这可能会影响到项目的实施效果和对育婴师整体的技能培养。第三，从区域间业务交流来看。毕节儿童综合发展示范区项目是我国中西部农村儿童综合干预的旗舰项目，但现实中可以发现，毕节市各县区之间的业务交流相对不足。集中体现在织金县养马镇作为刚刚开始试点的地区，并不充分了解本市其他农村儿童入户家访的先进经验和基本做法，后续应强化区域间的业务交流活动，提高家访员的服务能力和业务能力。

2. 育婴师的工作稳定性有待进一步增强

第一，从职业激励来看。整个项目针对家访员的激励机制还不够完善，工资待遇和社会福利体系不够健全，这不利于家访员的职业稳定性，更不利于项目整体的实施效果。以为家访员缴纳养老保险为例，只有毕节市七星关区一地解决了这个问题。更为直观地讲，后续的优化路径应该围绕"使家访员（育婴师）成为一项体面的工作"为主线，通过物质激励强化家访员工作的积极性和责任心。第二，从人员离职率来看。虽然在调研过程中观察到了代表性家

---

① The Fletcher School, Tufts University, J. Schaffner, P. Glewwe, et al., "Evaluation of Secondary School Teacher Training under the School Sector Development Programme in Nepal", *International Initiative for Impact Evaluation*（3ie）, 2021.

访员对于养育服务工作的归属感和热情，但我们依旧应对项目整体的家访员离职率有谨慎的认识。应根据已有数据科学分析影响离职率的因素，以期增强职业稳定性。第三，从家访员离职的应对措施来看。应对养育人员离职的接续措施应向体系化和常态化进一步完善。一方面，"一户一人"的工作模式特征决定了儿童与家访员有特定的感情，更为重要的是，工作内容的特殊性使得他们对家户的基本情况更为了解。因此，应进一步建立应对家访员离职的基本工作机制，如"一户两人"的入户养育模式，保证针对每一个家庭的干预效果具有持续性。

3. 项目资金渠道有待进一步拓宽

目前，毕节市0~3岁儿童早期养育项目的建设经费主要由中国发展研究基金会、东西部协作帮扶经费、省级补助经费、省妇联及项目县（市、区）政府支持。自项目启动至今，共投入经费5679万元，其中：中国发展研究基金会是整个项目的主要推动者，共投资4209万元，占毕节市农村儿童早期养育项目总体的76.82%，东西部协作帮扶经费410万元、省级补助经费600万元、省妇联帮扶314万元、七星关区购买社会保险146万元。从中可以发现，毕节农村0~3岁儿童早期干预项目本质上还是社会慈善力量主导的社会试验，依靠基金会维持运作是整个项目的基本底色。

因此衍生出了几项潜在的资金可持续性问题：第一，仅依靠中国发展研究基金会不利于项目在更大地区范围内扩点增效，更不利于更多的中西部农村儿童享受入户家访的公共服务。第二，参考政治经济学和公共经济学关于政府权责一致性的研究共识，人力资本存在外部性特征，政府应是提供公共服务的主体，因此现阶段项目运行模式所衍生的少部分地区推动力度不足、政府工作人员积极性不高等问题，本质上是政府责任缺位的后果，不利于项目的可持续发展及农村儿童早期人力资本提高。第三，前文中所提到的育婴师职业激励等问题同样可以归因于政府投入资金的缺位这一根本性原因，一旦将此项目以制度化的形式确定下来，成为一项基本的公共服务，很多问题便可迎刃而解。未来应积极寻求农村儿童早期入户家访政策转化的有效路径，以公共服务的形式在全国范围内推广开来，以可持续的公共服务投入促进农村早期人力资本的积累和培育。

（二）向全国农村地区进一步推广所面临的潜在约束

既然我们已经明晰针对农村儿童的入户干预是一个有益的项目，那为什么国家没有推广到更一般性的政策？这个问题的背后更深层次的逻辑在于，只有搞清楚项目本身不利于进一步推广的特征，才能找准社会试验向政策转化的路径，打破"存在即合理"的现实悖论。

将中国发展研究基金会主要投入转向常态化、制度化的公共政策不仅是在全国范围内提升农村早期人力资本建设的必要之举，更是积极推动 0~3 岁农村儿童早期教育项目可持续发展的现实路径。本部分以毕节市农村儿童早期干预项目为分析单元，着重针对其现存的、不利于进一步推广的潜在问题展开讨论，以期为项目真正的转化为"多方受益"的公共服务体系做前瞻性的分析。

1. 全局的项目干预效果值得进一步研究

毕节市位于贵州省西北部、川滇黔三省交界、乌蒙山腹地，自 20 世纪 80 年代以来，毕节经济落后、生态恶化、人口膨胀等问题使得农村 0~3 岁儿童早期干预项目存在非常大的特殊性。一方面，毕节市大量外出务工人员使得农村留守儿童数量大大高于全国平均水平，且被干预的对象主要是这部分群体，其自身低发展水平的先天条件决定了项目的高收益率。因此，毕节当前的项目效果净值并不是一个很好的参考依据，很有可能会高估项目在全国农村推广的项目收益率，一旦向全国推广入户家访干预项目，项目的总体效果可能会打折扣。另一方面，毕节的项目收益率同样可能会低于潜在的全国平均水平，这是由于入户家访的根本宗旨，是要与家庭看护人形成良性互动，通过改善家长的养育习惯来全面提升儿童的综合发展水平。因此从这一角度上来看，如果将项目在全国推广开来，在高人力资本地区的效果可能会更好。综上所述，鉴于项目实施地的特殊性，项目干预效果面临着不确定性，这显然不利于在一个一般性框架中全面审视农村儿童入户家访项目的政策效果，未来应该从科学研究上展开对此问题的评估，充分考虑一般性和特殊性，为农村早期人力资本提供智力支持。

2. 政府资金来源与配置的约束问题

如果将农村 0~3 岁儿童早期干预项目转化为常态化的公共政策，最重要的就是明确资金来源问题。首先是项目主体责任需进一步明晰。人力资本投资

有非常大的正外部性效果，针对 0~3 岁儿童发展项目投资在全国范围内的正外部性更大。因此这是属于中央政府合理的责任范围，更要强调其在构建政策体系、推动农村儿童高质量发展项目落地的核心角色。其次是明确项目资金的配置从何处划拨。面临经济形势下行的压力，政府面临的财政资金压力与日俱增，"分蛋糕"的问题在项目落地过程中的重要性也愈加突出。这部分的资金具体可以从优化积极就业资金的角度而展开，事实上国家针对职业培训的资金投入效率不高，可以将这部分资金转移到儿童高质量发展的政策上来，而不是让中央政府重新进行大量资金投入。最后是明确资金投入的层级性问题。本质上是围绕农村儿童早期教育体系公共服务、政府纵向间事权分配问题，由于这一事项在我国并没有体系化、制度化的运作经验，不同层级间政府的资金投入比例应值得进一步讨论。

3. 入户家访工作的体制机制需进一步完善

毕节 0~3 岁农村儿童早期养育项目的工作主线是按照"政府主推、部门协同"的模式开展而来，在毕节农村儿童发展示范区工作领导小组的基础上调整为毕节农村儿童发展综合示范区联席会议机制。主要由毕节市卫健委牵头，参与部门还有市教育局、市农业农村局等 11 家工作单位。因此，如果将这一项目制度化地确定下来，还需要在部门间确定主要责任方，以进一步明晰儿童早期养育项目的体制机制。在现有中国发展研究基金会作为主要资金投入方的运行模式下，卫健委是政府方面主要的责任单位，因此背后关于儿童早期养育这一事项的定位是基本的健康卫生服务，事实上，鉴于儿童早期发展的人力资本积累特征，需要进一步与学前教育阶段相衔接，这一责任主体应陆续地向教育部门过渡。进一步分析来看，现阶段所面临的问题是顶层设计上关于0~3 岁儿童教育的定位不明晰，以至于相应工作的体制机制不能与未来制度化、体系化和常态化的公共政策相匹配。应加强关于儿童早期教育及其城乡差异性的学理性讨论，强化中央政府责任，通过充足的财政投入、明晰的事权划分和完善的体制机制来协同推进农村儿童早期人力资本体系建设。

高质量充分就业 ⟫

G.13
继续以扩大就业促进经济增长

都 阳 封永刚*

摘 要: 高质量充分就业和经济发展之间存在着相互依存的关系,从短期和长期的不同视角认识二者之间的关系具有政策的针对性。我国已经连续迈过劳动年龄人口和总人口达峰两大关键转折点,但仍然可以通过提高劳动力市场配置人力资源的水平,提高就业率、扩大非农就业规模。在构建就业友好型的发展方式下,短期的政策应更加注重宏观经济政策对维持劳动力市场平衡的积极作用,长期的政策则应通过积极的就业政策促进经济增长。

关键词: 扩大就业 劳动再配置 经济增长

高质量充分就业与经济增长之间历来是相互依存的关系,即就业岗位的增

---

* 都阳,中国社会科学院人口与劳动经济研究所所长、研究员,主要研究方向为劳动经济学、人口经济学与经济发展;封永刚,管理学博士,中国社会科学院人口与劳动经济研究所助理研究员,主要研究方向为经济增长与就业。

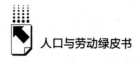

长需要以经济增长为载体，而经济增长则需要依靠包括劳动在内的生产要素的不断投入和使用效率的持续改善。如果仅仅从相互依存的关系看待高质量充分就业与经济发展，那么，对于政策的设计与实施而言，难以把握重点。实际上，尽管高质量充分就业与经济增长相互依存，但二者在短期和长期的影响方向不尽相同，这为我们把握二者的关系，在不同的时期以"手段"和"目标"分别确定二者的角色提供了依据。一言以蔽之，短期的就业优先政策需要侧重通过宏观管理手段，综合使用各种宏观经济政策，使经济增长达到潜在经济增长水平，消除需求缺口和周期性失业，实现劳动力市场的供求平衡。从长期看，则需要更加注重劳动力作为生产要素在促进经济增长中的作用，要通过提升劳动力市场的运行效率，不断优化劳动在不同部门之间的配置，使非农就业扩大成为经济增长的重要源泉。

一　扩大非农就业规模仍然有潜力

改革开放以来，我国非农就业规模持续扩大，并成为促进经济发展的重要来源。农村劳动力向非农部门的转移，成为支撑工业化和城市化进程的重要动力，也是生产要素积累的增长方式下，经济增长的最重要源泉之一。今后，虽然在构建新发展格局的过程中，需要以提升经济发展的效率为基础，不断发展新质生产力推动经济增长，但扩大非农就业规模仍然具有一定的潜力。而且，仍然可以成为支撑经济增长的重要因素。

（一）非农就业规模的变化趋势

对于是否在未来的发展过程中继续扩大非农就业规模的疑虑主要来自以下几个方面的因素。首先，人口形势已经较之改革开放之初发生了巨大转变。早在2012年，中国16~59岁的劳动年龄人口就已经达到了峰值，在今后相当长的时间内该年龄组的人口都将以较快的速度减少。即便以不同年龄组来定义劳动年龄人口，如16~64岁或20~64岁，未来劳动年龄人口数量的变化趋势都不会改变。与劳动年龄人口数量下降相伴相生的是人口的快速老龄化。需要指出的一点是，人口老龄化对于劳动力市场的含义不仅仅是劳动年龄人口与老龄人口比例关系的变化，劳动年龄人口组内的平均年龄也在不断增长，即劳动年龄人口的老化。2022 年，我国总人口也达到了峰值，人口负增长显然成为继续扩大非农就业规模的不利因素。

其次，工业化和城市化进程进入尾声，使得伴随经济发展进程中就业结构的转变不再明显。就业结构的转变推动的非农就业规模增长，伴随着中国经济结构转换的全过程，大量农业剩余劳动力在非农部门就业不仅推动了快速的城市化进程，也使中国经济成长为世界制造业的中心。然而，在工业化和城市化达到一定水平后，可以预期，农村劳动力继续向非农部门转移的速度将下降。

此外，随着经济发展水平的进一步提升和人民生活水平的改善，收入来源的构成日渐多元化，加之社会保障体系的不断完善，财产收入等非劳动收入在居民收入中的比重可能会逐步上升，在客观上有抑制劳动参与的效果。劳动参与率的下降也成为继续扩大非农就业规模的制约因素。

然而，对发达国家就业状况的分析表明，随着经济发展即便是在高收入国家等成熟经济体，仍然存在非农就业规模随着人均 GDP 的增长不断上升的趋势，即非农就业率（非农就业规模占总人口的比重）随着经济发展而不断增加。上述影响中国非农就业率继续增长的因素，也都存在于发达国家，而且其程度较之中国更高。这就意味着，即便在人口老龄化时代、经济结构进入后工业化时期、社会结构转型完成了城市化进程等情形下，仍然有可能通过提升就业率，不断扩大劳动力市场的总体规模，并使其成为促进经济增长的因素。以下，我们将使用能够反映中国非农就业总体规模的数据，观察中国劳动力市场规模的变化趋势，并以此为基础，讨论以扩大就业促进经济增长的可能性。

根据 1995~2020 年逢 "5" 年份的全国 1% 人口抽样调查，以及逢 "0" 年份的全国人口普查资料计算：一方面，我国总就业规模由 1995 年的 6.69 亿人上升至 2010 年的 7.49 亿人之后，逐步下降至 2020 年的 6.67 亿人，呈现先升后降的变化趋势；另一方面，我国非农就业规模由 1995 年的 2.02 亿人持续上升至 2020 年的 5.30 亿人（见图 1），年均复合增长率高达 3.93%，非农劳动力市场规模不断扩大，为我国非农经济增长注入了强大的动力来源。因此，我国当前就业总规模的减少主要源于农业就业规模的缩小，但这符合劳动力从低生产率部门向高生产率部门配置的大方向。

进一步从非农就业内部来看，制造业的就业规模由 1995 年的 0.78 亿人上

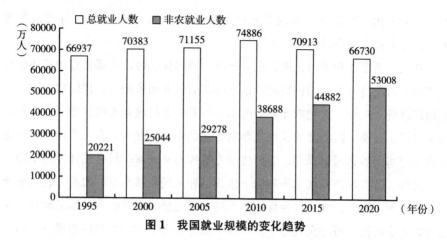

图1 我国就业规模的变化趋势

资料来源：2000年、2010年和2020年分行业就业人数来源于《中国2000年人口普查资料》《中国2010年人口普查资料》《中国人口普查年鉴-2020》，并根据长表的抽样比例，还原为总体就业人数；1995年、2005年2015年分行业就业人数根据全国1%人口抽样调查微观数据汇总得到，并结合抽样比例，还原为总体就业人数。

升至2015年的1.29亿人之后，小幅下降至2020年的1.21亿人；建筑业的就业规模由1995年的0.13亿人持续上升至2020年的0.75亿人；服务业的就业规模由1995年的1.01亿人持续上升至2020年的3.23亿人。随着我国工业机器人、数字技术的采用，制造业就业规模在近期小幅下降，而越来越多的就业随着我国基础设施的建设和消费结构的升级，将不断涌向建筑业和服务业。

（二）非农部门内的就业结构转变

改革开放以来我国的就业结构不断升级，以顺应产业结构优化的趋势，为经济增长持续提供动力。改革开放之初，农业占GDP和总就业份额均较高，随着社会主义市场经济的建设和发展，一方面，国家统计局的数据显示，农业增加值占GDP的比重在1995~2023年，由19.6%下降至7.1%；另一方面，根据1995~2020年逢"5"年份的全国1%人口抽样调查和逢"0"年份的全国人口普查资料计算，农业就业占总就业的比重在1995~2020年，由69.79%下降至20.56%，结合Cai等[①]的研究可知，如果考虑农业就业的特点、农村人口

---

① Cai F, Du Y, Wang M. "Demystify the Labor Statistics in China". *China Economic Journal*, 2013, 6（2-3）：123-133.

的非农参与等因素，实际的农业就业份额可能更低。虽然从直观上来看，我国农业就业份额仍然明显高于其增加值份额，但进一步结合《中国人口普查年鉴（2020）》所公布的分行业就业人员年龄结构和受教育情况数据可以发现，一方面，从年龄结构来看，2020年我国农业就业中50岁及以上人员占比已高达59.75%，倒金字塔特征已然形成，若剔除高龄就业人员，16~59岁、16~49岁的农业就业人员份额在2020年分别为14.74%、8.28%，与增加值的份额已经较为接近，由此可以判断农业的就业与产业结构已脱离严重的不平衡状态，正在向平衡状态转换之中；另一方面，从人力资本水平来看，受教育程度高的农村劳动力主要在非农部门就业，总体上农村劳动力进一步向非农部门流动的余地较小，就业从农业部门向非农部门流动的结构转换逐渐进入尾声。

我国就业格局从农业向非农行业再配置的进程已经明显减弱，这也是改革开放40多年来经济社会快速发展的重要成果。但在非农行业内部，产生了由低生产率非农行业部门，向高生产率非农行业部门再配置的新趋势。如表1所示，随着工业化进程的推进，在后工业化阶段，新型工业化发展展现出诸多新特征。首先，制造业就业占非农就业的比重由1995年的38.50%下降至2020年的22.74%，制造业的非农就业份额下行趋势愈加明显。其次，建筑业的就业占非农就业的比重由1995年的6.36%上升至2020年的14.19%，服务业的就业占非农就业的比重由1995年的50.07%上升至2020年的60.88%，就业从制造业向第二产业的建筑业，或是第三产业进行转移成为新的就业再配置方向。此外，虽然从行业门类来看，制造业的生产率总体高于生活性服务业，但进一步分析制造业细分行业的非农就业份额变化趋势可知，由制造业转移出来的就业人员主要来自食品和饮料加工及制品业、纺织业、纺织服装、服饰业等劳动生产率较低的制造业，而计算机、通信和其他电子设备制造业等劳动生产率较高的制造业其就业规模和就业份额均还在上升。因此，我国就业再配置的方向由传统的农业部门向非农部门配置，转变为在非农部门内部向生产率更高的制造业、建筑业和服务业进行再配置。

表 1　中国非农就业结构的演变趋势

单位：%

行业名称		1995 年	2010 年	2020 年
采矿业		3.38	2.19	1.09
制造业		38.50	32.63	22.74
电力、热力、燃气及水生产和供应业		1.69	1.34	1.10
建筑业		6.36	10.60	14.19
服务业	批发和零售业	15.47	18.01	17.77
	交通运输、仓储和邮政业	7.11	6.88	6.29
	住宿和餐饮业	3.29	5.28	6.17
	信息传输、软件和信息技术服务业	0.53	1.19	2.17
	金融业	1.50	1.57	1.85
	房地产业	0.43	1.30	2.40
	租赁和商务服务业	0.66	1.33	3.45
	科学研究和技术服务业	0.99	0.62	1.62
	其他社会服务业	2.78	4.48	5.38
	教育	6.75	4.47	5.21
	卫生和社会工作	2.96	2.22	2.57
	文化、体育和娱乐业	0.76	0.88	0.91
	公共管理、社会保障和社会组织	6.83	5.00	5.10

　　资料来源：2010 年和 2020 年就业结构数据根据《中国 2010 年人口普查资料》《中国人口普查年鉴（2020）》计算得到；1995 年分行业就业人数根据全国 1% 人口抽样调查微观数据计算得到。

（三）新技术革命对就业的可能影响

　　当前以数字技术为核心的新一轮科技革命对就业的影响，较以往任何时期都显得更加突出和复杂。本轮新技术革命，与历史上历次重大技术变革相同，在替代部分旧岗位的同时，也在创造新的就业岗位，呈现明显的双刃剑特征。一方面，新技术革命将通过提高全要素生产率和促进产业结构优化，加强机器替人的程度，尤其是减少低技能、常规性和重复工作的就业机会；另一方面，新技术革命也能够创造新的产业发展和开辟新的就业岗位。旧岗位的消失和新岗位的创造过程中，传统岗位就业人员是否具备到新岗位就业的相关技能，决定了我国结构性失业水平的高低。因此，需要摸清我国就业岗位新旧交替的趋势，明确新技术革命创造和带动就业的总体方向，明晰就业人员当前工作技能与新岗位技能需求之间的差距，有效提供工作技能培训，从而减缓结构性失业问题对经济增长带来的冲击。

2023年中央经济工作会议提出，"积极主动适应和引领新一轮科技革命和产业变革，大力发展数字经济，加快发展人工智能，打造生物制造、商业航天、低空经济等若干战略性新兴产业，开辟量子、脑科学等未来产业新赛道，鼓励绿色低碳产业发展。要运用数智技术、绿色技术等先进适用技术为传统产业注入新动能，加快实现转型升级"，确定了我国未来实现高质量充分就业应该着力的主要内容和方向。从新古典增长理论来看，让就业在经济增长过程中不断接近充分就业水平，也就是达到自然失业率水平①，推动经济实际增长率向潜在增长率靠拢，是宏观经济平衡、保持高水平宏观调控的重要特征。

二 扩大就业规模对经济增长的影响

如前所述，从长期看，就业规模的扩大意味着人力资源得到了更充分的利用，是经济增长的重要推动力。具体来说，高质量充分就业可以从两个方面促进经济增长，其一，作为生产要素的重要组成部分，劳动投入的增长蕴含于就业的扩大，本身就会产生推动经济增长的效果；其二，就业在不同部门的配置可以提升经济效率，通过提升全要素生产率获取经济增长源泉。以下，我们结合中国的现实情况，实证分析扩大就业规模对中国经济增长的影响。

（一）扩大就业与经济增长之间相互依存

首先，从经济增长的供给侧视角出发，如图2所示，以新古典增长理论为基础，可以将经济增速进一步拆解为：就业规模变动、资本存量变动和全要素生产率变动三类构成要素。具体来看，遵循经典的Solow增长核算方程，可以将经济增长动能分解为式（1）的形式：

---

① 都阳、张翕：《中国自然失业率及其在调控政策中的应用》，《数量经济与技术经济研究》2022年第12期，第26~45页。

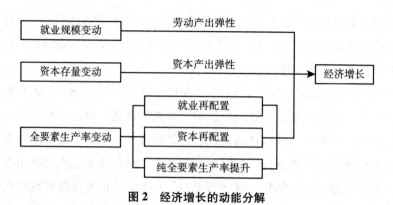

图 2 经济增长的动能分解

$$\frac{\dot{Y}}{Y} = \frac{\dot{A}}{A} + \alpha \frac{\dot{L}}{L} + (1 - \alpha) \frac{\dot{K}}{K} \tag{1}$$

其中，Y 为经济产出，A 为全要素生产率，L 为就业规模，K 为资本存量。经济增速（$\frac{\dot{Y}}{Y}$）受到三部分因素的影响，一是就业规模的增长率（$\frac{\dot{L}}{L}$）通过劳动产出弹性 α 对经济增速产生影响。二是资本存量的增长率（$\frac{\dot{K}}{K}$）通过资本产出弹性（$1 - \alpha$）对经济增速产生影响。三是全要素生产率增长率对经济增速的影响，其中全要素生产率变动又可以进一步细分为就业再配置、资本再配置和纯全要素生产率提升三个部分。

图 2 中扩大就业对经济增长的影响取决于两个因素，一个是就业增长率的高低，另一个是劳动产出弹性的高低。劳动产出弹性越高，就业规模的变动则越大程度地传导至经济增速之上；相应地，劳动产出弹性越低，就业增长率即使很高，也难以对经济增速造成明显的影响。从国际经验来看，Gollin[1]、Feyrer[2] 的研究表明通常劳动产出弹性为 2/3，资本产出弹性为 1/3，说明相对于资本存量变动而言，就业规模每变动 1%，经济增速将随之变动 0.67 个百分点，就业规模变动对经济增速影响十分突出。此外，需要说明的是，就业对经

①　Gollin D. "Getting Income Shares Right". *Journal of Political Economy*, 2002, 110（2）：458-474.

②　Feyrer J. "Demographics and Poductivity". The *Review of Economics and Statistics*, 2007, 89（1）：100-109.

济增长的影响渠道不仅规模变化这一单独渠道，如图 2 所示，推动就业由劳动生产率较低的部门向劳动生产率较高的部门进行再配置，也能够对经济增速产生影响。

其次，从经济增长的需求侧视角出发，在讨论经济增长和就业的关系时，一个较为常见的认识是通过经济增长为劳动者创造就业机会，因此短期的经济增长速度是保持劳动力市场平衡的基础。从理论上对经济潜在增长率和实际增长率的分析，可以揭示经济增长对扩大就业的影响：当经济潜在增长率高于实际增长率时，此时将产生产出缺口，意味着实际就业水平未能达到自然失业率的充分就业水平，由此引发就业损失；当经济过热时，经济潜在增长率低于实际增长率时，实际就业水平也会超过自然失业率的充分就业水平，产生额外的就业增量。由此，准确地评判我国经济潜在增长率与实际增长率之间的关系，方能明确就业是处于损失还是额外增加状态。

（二）就业扩大对非农部门经济增长的贡献突出

按照封永刚等①的方法，根据历年《中国统计年鉴》《中国投入产出表》《中国地区投入产出表》所提供的分地区分行业经济增长数据，以及前文使用的全国 1% 人口抽样调查和全国人口普查资料所提供的分地区分行业就业数据，在对 1995~2020 年中国生产性资本存量进行核算的基础上，可以对中国的经济增长动力进行全面拆解，并从中提炼出就业规模变动对经济增速的影响。在核算中国生产性资本存量时，本文参照张军等②和单豪杰③的研究，使用如式（2）所示的永续盘存法进行核算：

$$K_t = K_{t-1}(1 - \delta_t) + I_t \qquad (2)$$

式（2）的 K_t 为时期 t 的资本存量，δ_t 为时期 t 的折旧率，I_t 为时期 t 的新增固定资本形成额。为了能够充分利用《中国投入产出表》《中国地区投入产出

---

① 封永刚、都阳、项智取：《中国经济增长动能的重新核算与全面分解——基于 30 省×36 个细分行业的分析》，2024 年中国社会科学院人口与劳动经济研究所工作论文。

② 张军、吴桂英、张吉鹏：《中国省际物质资本存量估算：1952—2000》，《经济研究》2004 年第 10 期，第 35~44 页。

③ 单豪杰：《中国资本存量 K 的再估算：1952~2006 年》，《数量经济技术经济研究》2008 年第 10 期，第 17~31 页。

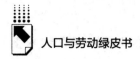

表》提供的固定资产折旧信息，本文对于折旧率的处理没有沿用张军等[1]和单豪杰[2]的固定折旧率的设定方式，而是按照封永刚等[3][4]的方式，将投入产出表的固定资产折旧引入式（2）替代折旧额（$K_{t-1}\delta_t$）部分，以实现可变折旧率的引入。此外，本文还按照 Klump 等[5]、封永刚等[6][7]与 Vollrath[8]的方式，对《OECD 生产率测算手册》在完全竞争市场假设下核算劳动与资本产出弹性的方法进行了扩展，重新在非完全竞争市场假设下，核算了要素产出弹性，以更加准确地对经济增长动能进行分解。同时，本文还将所有涉及价格的指标，均使用 GDP 平减指数统一调整为 2000 年的不变价。

如表 2 所示，首先，非农就业部门的经济增速在 2010 年之后脱离"2位数"的增长状态，并在"十三五"期间进一步下降至年均 5.53%。在经济增速下滑的过程中，非农就业规模扩大对经济增速的年均变动效应在 1.9%~3.9%浮动，波动范围较经济增速而言相对较窄。1995~2010 年，当非农部门经济增速在 10%以上时，就业规模扩大的贡献分析为 19%~33%；2015~2020 年，当非农部门经济增速下滑至 5%左右时，2.10%的就业规模变动效应对非农部门经济增长的贡献也相应上升至 37.92%，对维持经济中高速增长的重要性愈加凸显。与此同时，一方面，随着我国技术进步逐渐由引进学习到自主创新的转换，全要素生产率增长效应在 2005 年之后，全面

① 张军、吴桂英、张吉鹏：《中国省际物质资本存量估算：1952—2000》，《经济研究》2004年第 10 期，第 35~44 页。
② 单豪杰：《中国资本存量 K 的再估算：1952~2006 年》，《数量经济技术经济研究》2008 年第 10 期，第 17~31 页。
③ 封永刚、蒋雨彤、彭珏：《中国经济增长动力分解：有偏技术进步与要素投入增长》，《数量经济技术经济研究》2017 年第 9 期，第 39~56 页。
④ 封永刚、蒋雨彤：《要素替代弹性估计方法的比较与改进》，《数量经济技术经济研究》2021 年第 4 期，第 139~158 页。
⑤ Klump R., McAdam P., "Willman A. Factor Substitution and Factor-augmenting Technical Progress in the United States: A Normalized Supply-side System Approach". *The Review of Economics and Statistics*, 2007, 89 (1): 183-192.
⑥ 封永刚、蒋雨彤、彭珏：《中国经济增长动力分解：有偏技术进步与要素投入增长》，《数量经济技术经济研究》2017 年第 9 期，第 39~56 页。
⑦ 封永刚、蒋雨彤：《要素替代弹性估计方法的比较与改进》，《数量经济技术经济研究》2021 年第 4 期，第 139~158 页。
⑧ Vollrath D. "The Elasticity of Aggregate Output with Respect to Capital and Labor". *Available at SSRN*, 2021, 3835411.

进入下行区间，2015～2020 年，全要素生产率增长效应进一步下降至年均 1%左右，对非农部门经济增长的贡献也相应下降至 20%以内；另一方面，资本存量增长效应对非农部门经济增长的压舱石作用始终稳固，特别是在 2010 年以后，资本存量变动效应对非农部门经济增长的贡献份额攀升至 40%以上。

表 2　就业规模变动对我国非农部门经济增长的影响

单位：%

年份	非农部门经济增速（年均）	就业规模变动效应	资本存量变动效应	全要素生产率增长效应	就业规模变动效应的贡献份额	资本存量变动效应的贡献份额	全要素生产率增长效应的贡献份额
1995～2000	11.18	2.92	4.00	4.27	26.09	35.74	38.17
2000～2005	11.61	2.31	4.22	5.08	19.93	36.35	43.72
2005～2010	11.98	3.84	4.68	3.46	32.04	39.08	28.88
2010～2015	8.58	1.93	3.74	2.91	22.52	43.56	33.92
2015～2020	5.53	2.10	2.43	1.00	37.92	43.93	18.15

资料来源：作者计算得到。

（三）就业再配置也是推动经济增长的重要动能

进一步对我国地区层面就业规模变化效应和就业再配置效应进行分析可知，如表 3 所示，在 1995～2000 年的经济高速增长时期，仅天津、辽宁、黑龙江、安徽、江西、重庆和四川 7 个省份存在就业外流引发的经济增速损失问题；除吉林以外，29 个省份的就业再配置效应对经济增长均存在正向的动力输出。而到了 2015～2020 年的经济高质量发展时期，随着经济增速的下滑和劳动年龄人口跨过峰值，30 个省份中有 26 个省份的就业总量存在下降，并对经济增速产生了负向冲击，相应的 30 个省份的就业再配置效应均为正，其中 16 个省份的就业再配置效应能够抵消掉就业规模缩小效应带来的经济增速损失；10 个省份的就业再配置效应能够缓冲就业规模缩小带来的经济增速冲击；4 个省份的就业再配置效应能够与就业规模扩大一同为经济增长提供支撑。由此可见，抓住我国就业再配置方向转变为在非农部门内部向生产率更高的制造

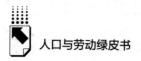

业、建筑业和服务业进行再配置的新特征，促进就业格局优化，仍然能够为我国经济增长创造可观的动力来源。

表3 就业规模变动、就业再配置对省份经济增长的影响

单位：%

省份	1995~2000 年			2015~2020 年		
	经济增速	就业变动效应	就业再配置效应	经济增速	就业变动效应	就业再配置效应
北　京	8.74	0.68	1.41	2.61	-1.69	0.88
天　津	9.26	-0.75	1.70	3.89	-5.30	1.87
河　北	10.92	0.66	3.12	5.48	-2.26	1.21
山　西	9.43	0.97	1.23	5.69	-2.87	3.08
内蒙古	10.33	0.78	1.69	4.15	-2.43	3.75
辽　宁	8.25	-0.36	1.98	3.12	-2.46	2.00
吉　林	10.43	0.49	-0.19	4.01	-4.25	4.66
黑龙江	8.16	-0.34	0.52	3.65	-4.53	1.13
上　海	10.90	1.05	1.56	5.12	-0.59	0.27
江　苏	10.63	0.17	0.83	5.62	-1.09	1.53
浙　江	10.40	1.47	1.92	5.87	2.14	0.91
安　徽	9.24	-0.65	1.61	6.71	-2.77	3.47
福　建	10.99	2.04	2.51	6.73	1.84	0.22
江　西	9.23	-0.27	3.64	6.77	-1.90	1.35
山　东	10.19	0.72	2.33	5.16	-2.95	2.35
河　南	9.57	0.22	2.02	5.15	-1.61	2.72
湖　北	9.14	0.44	2.55	4.03	-0.65	2.69
湖　南	9.15	0.16	2.07	6.39	-2.81	1.69
广　东	10.98	5.22	4.36	5.37	0.35	1.67
广　西	8.05	0.53	4.09	5.85	-1.31	2.96
海　南	6.89	5.14	1.83	6.30	4.24	1.01
重　庆	9.48	-0.64	2.28	6.71	-0.54	2.85
四　川	8.45	-0.23	0.90	6.27	-1.67	3.71
贵　州	8.21	0.30	1.93	8.02	-1.51	3.54
云　南	8.28	1.28	3.88	7.05	-2.63	2.90
陕　西	10.18	0.25	5.29	5.98	-0.63	3.88
甘　肃	9.49	0.53	0.58	5.23	-4.54	4.51
青　海	7.92	0.22	1.56	5.91	-3.21	2.10
宁　夏	8.79	1.35	3.39	6.10	-0.58	2.90
新　疆	7.57	1.87	1.48	5.76	-0.30	2.63

资料来源：作者计算得到；受数据资料所限，省级地区未包含西藏、香港、澳门和台湾。

（四）要素禀赋变化仍将诱致劳动节约型技术变革支撑经济增长

从我国劳动要素禀赋变化的特征来看，一是随着我国人口转变进程加速推进，劳动年龄人口的规模还将继续减少。根据国家统计局的数据，我国 16~59 岁的劳动年龄人口总量已经在 2012 年达到峰值，随后进入下降区间。如果以 20~64 岁定义劳动年龄，则全国劳动年龄人口在 2016 年前后达到峰值，此后总体上处于下降趋势。据中国社会科学院人口与劳动经济研究所的人口预测判断，20~64 岁年龄组的人口数量将由 2023 年的 8.80 亿人下降至 2030 年的 8.59 亿人、2040 年的 7.90 亿人和 2050 年的 7.01 亿人[①]。在劳动年龄人口持续下降的趋势下，就业规模达到峰值具有必然性。二是未来通过提高劳动参与率扩大就业规模的可能性越来越小。都阳和贾朋发现劳动参与率随年龄呈现"倒 U 形"趋势，25~49 岁是劳动参与率最高的年龄段，50 岁以后劳动参与率开始下降[②]。影响劳动参与的因素很多，但随着经济的发展，总体劳动参与率呈现一般性的下降趋势。一般来说，财产收入、转移收入等非劳动收入增长会对劳动参与有负向激励，随着人们收入水平的提升和收入来源的多元化，非劳动收入在总收入中的比重增加将成为影响劳动参与的一个不利因素。

中国经济跨越刘易斯转折点后，中国经济发展的方式也随之发生转变[③]，人口总量和结构的变化，推动劳动力的成本迅速上升，在要素禀赋层面上体现为资本劳动比的大幅上升，以及资本劳动价格比的大幅下降。根据诱致性技术变革理论可知，在价格信号畅通的市场中，要素禀赋变化总是诱致发生使用充裕要素和替代稀缺要素的技术变革。"十三五"规划以来，我国资本和技术对劳动的替代效应逐渐增强，在制造业中大量使用工业机器人已经使中国成为世界上工业机器人使用数量最多的国家，并由此推动了劳动生产率的增长和全要素生产率的提升。封永刚等研究发现，新古典增长理论所设定的中性技术进步并不符合我国的实际情况，在资本深化和劳动稀缺性增强的过程中，我国劳动增强型技术进步率持续上升，而资本增强型技术进步率先升后降，技术进步始

① 封婷：《中国分年龄的人口预测》，2023 年中国社会科学院人口与劳动经济研究所工作论文。
② 都阳、贾朋：《劳动供给与经济增长》，《劳动经济研究》2018 年第 3 期，第 3~21 页。
③ 蔡昉：《人口转变、人口红利与刘易斯转折点》，《经济研究》2010 年第 4 期，第 4~13 页。

终呈现偏向于使用资本和节约劳动的特性①②。可以预期的是，未来由于人口结构变化将加速演进，劳动稀缺性还将持续增强，要素禀赋的变化还将继续诱致出以劳动节约为主的技术变革路径。此外，除了劳动力市场内生因素引致的技术变迁以外，近年来，席卷全球的新技术革命浪潮对劳动力市场的影响也将越来越明显。推动新型工业化的过程既是对新技术革命浪潮的主动反应，也是促进经济结构和劳动力市场结构转型升级的过程。

三　继续扩大就业需加强政策的协同性

以上分析表明，即便在新发展阶段，高质量充分就业不仅是发展的目标，也是促进发展的重要途径。在高质量发展和高质量充分就业的相互关系中，政策的取向要在短期更加注重通过宏观管理实现就业平衡，在中长期通过积极就业政策，不断优化人力资源的配置，降低摩擦性失业和结构性失业，通过人力资源的更有效利用推动经济增长。

（一）强化宏观调控政策的就业优先导向

习近平总书记在中央政治局第十四次集体学习时强调："强化重大政策、重大项目、重大生产力布局对就业影响的评估，推动财政、货币、投资、消费、产业、区域等政策与就业政策协调联动、同向发力，构建就业友好型发展方式。"党的二十届三中全会《决定》提出了"完善就业优先政策"，"健全高质量充分就业的促进机制"。2024 年 9 月颁布的《中共中央　国务院关于实施就业优先战略促进高质量充分就业的意见》明确指出："强化宏观调控就业优先导向。把高质量充分就业作为经济社会发展优先目标，纳入国民经济和社会发展规划，促进财政、货币、产业、价格、就业等政策协同发力，提高发展的就业带动力。健全就业影响评估机制，重大政策制定、重大项目确定、重大生产力布局要同步开展岗位创造、失业风险评估，构建就业

---

① 封永刚、蒋雨彤、彭珏：《中国经济增长动力分解：有偏技术进步与要素投入增长》，《数量经济技术经济研究》2017 年第 9 期，第 39~56 页。
② 封永刚、蒋雨彤：《要素替代弹性估计方法的比较与改进》，《数量经济技术经济研究》2021 年第 4 期，第 139~158 页。

友好型发展方式。"

这些重要论断包含了对高质量充分就业目标的深刻认识，也蕴含着对长期和短期就业与经济发展关系的协调，需要进一步做好贯彻落实。

（二）积极运用促进劳动力市场短期平衡的政策工具

在高质量充分就业的政策目标已经清晰、就业友好型的发展方式也得到确认的情况下，需要灵活运用各种政策工具，在短期致力于维持劳动力市场的平衡，在长期更好地配置劳动力资源，使其成为经济增长的推动力量。

近年来，突发性因素对劳动力市场的负面冲击较为频繁，周期性失业在失业构成中占据一定比例，对劳动力市场上的一些脆弱群体，如青年劳动者的就业，产生了较大的影响。在这种情况下，要以充分就业为政策的瞄准目标，贯彻好就业优先的发展原则。例如，根据周期性失业水平的高低，及时使用短期的宏观管理政策工具，对劳动力市场的供求不平衡做出更积极的反应。

（三）提高劳动力市场配置劳动力资源的水平

面对人口形势的剧烈变化，与发达国家相比我国的就业率仍然有较大的差距。从客观地纵向比较，虽然人口转变的速度、城市化和工业化的进程较之发展初期而言，都更不利于就业的增长，但与发达国家相比，人口老龄化的程度、城市化和工业化的水平都有差距。因此，就业率的差距比不能完全归因于发展条件等因素。而我国在劳动力要素的配置方式和水平上，与发达国家仍然有一定的差距，要进一步提高市场在人力资源配置上的决定性作用，从微观机制上激发更多的劳动者参与劳动力市场。

从劳动力资源配置的形式看，虽然经济发展初期经历的农业劳动力向非农部门大规模流动的过程已经逐渐式微，但劳动力在非农部门内部各个行业的重新配置仍然有很大的空间。要通过进一步深化改革，消除劳动力在地区之间、企业之间、行业之间流动的制度性障碍，一方面，提高劳动力资源的配置效率，为发展新质生产力打下基础；另一方面，可以提高劳动与其他生产要素的匹配效率，减少结构性失业，提高劳动力资源的利用水平，促进长期的经济增长。

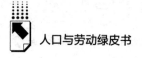

（四）妥善处理好新技术革命与就业扩大的关系

新一轮技术进步方兴未艾，以人工智能为核心的技术进步具有革命性的特征，对就业的影响也不可逆转。要趋利避害，积极利用新技术革命带来的发展机遇，主动化解劳动节约型技术进步对劳动力市场可能形成的负面冲击。同时，新技术革命及其推动的创新是新质生产力的主要载体，也是高质量就业岗位的主要来源，是就业和经济增长长期协同的重要体现和可以着力的抓手，因此，高质量发展和高质量充分就业都不能回避新技术革命的积极作用。与此同时，要不断完善社会保护体系，在新技术革命产生创造性破坏时给予劳动者充分的保护，最大限度地消解劳动力市场遭受负面冲击时对劳动者福利产生不利影响。

G.14
人工智能与高质量充分就业

贾 朋　王 俊　张 翕　都 阳*

摘　要：　在人工智能可能产生风险的诸多领域中，其对劳动力市场特别是就业的冲击尤为深远。本文分析了人工智能的技术进步特征，将其与工业自动化技术进行对比，讨论了二者对劳动力市场产生影响的差异。通过分析国际经验发现，人工智能主要对认知型的工作任务和工作岗位产生影响，且对处于较高发展阶段的国家和具有较高人力资本水平的劳动力产生更大影响。人工智能对就业的整体影响还受到一国就业结构、技术渗透率和法律规制的影响。本文最后提出加强劳动力市场监测和基础数据收集、发展人工智能互补性技术和产业、开展人工智能影响的前瞻性研究等政策建议。

关键词：　人工智能　就业　工作任务

人工智能技术发展对劳动力市场的影响正呈现前所未有的广度、深度和复杂性，与工业自动化时代的技术变革形成鲜明对比。首先，作为一种新兴的通用目的技术（General Purpose Technologies，GPTs），人工智能的应用范畴已经超越了传统制造业的界限，深入渗透到金融、医疗、法律等高度认知密集型的服务行业。其次，人工智能所具备的自主学习和适应能力，使其能够胜任日益复杂的任务，这种特征不仅扩大了其潜在的应用领域，也使其对就业市场的影响更加深远且难以准确预测。与以往主要替代重复性体力劳动的自动化技术不

---

*　贾朋，中国社会科学院人口与劳动经济研究所副研究员，主要研究方向为就业与技术进步；王俊，中国社会科学院人口与劳动经济研究所助理研究员，主要研究方向为应用统计、技术进步与劳动力市场；张翕，中国社会科学院人口与劳动经济研究所助理研究员，主要研究方向为人力资本、教育财政、就业政策；都阳，中国社会科学院人口与劳动经济研究所所长、研究员，主要研究方向为劳动经济学、发展经济学、人口经济学。

同，人工智能展现出替代或增强高级认知功能的潜力，包括但不限于决策制定、问题解决和创造性工作等。这一特点使得即便是传统上被认为需要高度人类智慧的职业，也面临着被重新定义或至少被部分替代的可能性。最后，人工智能对不同国家和地区的影响呈现显著的异质性。这种差异主要源于各国在经济结构、产业升级进程、人力资本积累、技术创新能力以及相关法律法规体系等方面的差异。因此，在评估人工智能对就业市场的影响时，需要充分考虑这些宏观因素，采取多维度、动态的分析框架。

本文聚焦人工智能技术对中国劳动力市场的影响，探讨在经济转型和产业升级背景下实现高质量充分就业的路径。研究内容涵盖人工智能的技术进步特征、人工智能对就业影响的国际经验、人工智能影响就业的主要领域、人工智能对就业整体影响的决定因素，最后还提出了相关政策建议。

一 人工智能的技术进步特征

（一）人工智能的概念

人工智能早期被称为机器智能，被定义为由机器所表现出的智能水平。1950年，图灵在《计算机器和智能》一文中描绘了如何构造智能机器，并构建了"图灵测试"以定性评价机器所展现出的智能水平[1]。在1955年的人工智能大会上，麦卡锡等学者联合提出人工智能的概念，并将其定义为研究和开发能够模拟或展现智能行为的机器的领域[2]。然而在这一时期，由于算力技术的限制，人工智能发展缓慢，并数次陷入停滞。

2011年后，随着深度学习算法、计算硬件技术的发展，以及大数据的积累，人工智能得到快速发展。2012年，具有里程碑意义的卷积神经网络架构AlexNet在图片识别中取得的成功，意味着人类正式开启狭义人工智能时代。各种人工智能应用，如图像识别、机器翻译、语音识别、自动驾驶等相继出

---

[1] Turning, A., "Computing Machinery and Intelligence," *Mind* 59 (1950): pp. 433-460.

[2] McCarthy, J., M. L. Minsky, N. Rochester & C. E. Shannon, "A Proposal for the Dartmouth Summer Research Project on Artificial Intelligence: August 31, 1955," *AI Magazine* 27 (2006): pp. 12-14.

现，并得到快速发展。这些人工智能应用在特定任务中的表现上接近甚至已超过人类，如基于深度学习的人脸识别算法的准确率已达到99%以上[①]。

2016年，深脑（DeepMind）公司开发的AlphaGo战胜围棋世界冠军李世石，意味着人工智能技术在更复杂的任务上取得了新的突破。2022年12月，随着美国开放人工智能研究中心（OpenAI）发布通用预训练聊天平台（ChatGPT），全社会广泛关注大模型所涌现出的智能水平，并开始讨论人工智能作为通用人工智能（Artificial General Intelligence）的可能性。百度指数显示，ChatGPT发布以后，"人工智能"出现在各大媒体首页的频次急剧上升。

拉塞尔和诺维格将人工智能定义为具有一定人类智能水平的机器系统，机器根据一定的深度学习方法、决策目标及软硬件支持感知所处的环境，根据一定的规则进行学习、预测，做出决策以实现期望目标[②]。经济合作与发展组织2024年发布的一份报告将人工智能定义为根据一定的目标从输入的数据中推断如何生成影响物理或者虚拟环境的输出的机器系统，如预测、推荐、决策等[③]。泰迪将人工智能定义为"能吸收并消化人类信息，并基于这些信息自动化或者增强人类的工作任务"[④]。无论人工智能的定义如何发生变化，其核心仍是图灵测试中"机器所表现出的人类智能的水平"。

（二）人工智能的构成

人工智能是机器、电脑程序及系统展现出的人类智能水平，能够感知外部环境、解决问题，从输入数据中得出结论并做出决策[⑤]。人工智能系统的开发过程可以被描述为利用专业领域知识、算法、数据集和算力资源训练模

① Wang, M. & W. Deng, "Deep Face Recognition: A Survey," *Neurocomputing* 429 (2021): pp. 215–244.

② Russell, S. & P. Norvig, *Artificial Intelligence: A Modern Approach* (4th) (Hoboken: Pearson, 2021), pp. 19–23.

③ 参见 https://doi.org/10.1787/623da898-en。

④ Taddy, M., "The Technological Elements of Artificial Intelligence," in A. Agrawal, J. Gans & A. Goldfarb, eds., *The Economics of Artificial Intelligence: An Agenda* (Chicago: Chicago University Press, 2019), pp. 61–87.

⑤ 参见 https://doi.org/10.48550/arXiv.1804.01396。

型，并根据实际问题和数据构造自动解决一类问题的机器系统。人工智能系统主要包括四个部分：一是专业知识、二是数据、三是学习模型和算法、四是算力。

1. 专业知识

人工智能系统主要是解决一个问题或者一系列问题的集成机器系统，其设计过程需要考虑智能代理机器所面临的环境、可以采取的行动策略、行为策略表现的评估等。设计者对需要解决的问题有整体、全面的专业把握，才能设计出更能适应真实环境、更接近人类智能水平的人工智能系统。如在自然语言翻译模型的构造过程中，不仅要理解语句的词义，还需要理解单词的背景意义，这需要对文本构成具有深入的理解。

2. 数据

数据是构建人工智能系统的根基，通常用于训练人工智能模型，评估和验证人工智能模型的可靠性。资料来源包括真实的数据和基于生成式模型生成的模拟数据。根据构建人工智能系统目的的不同，数据集的选择也趋于多样化，包括互联网、社交媒体、传感器、模型自主生成的数据等。当前，人工智能的发展也在深度整合多来源、多模态数据训练模型以构建人工智能系统，如多模态情感分析等。在生成式模型中，算法模型会根据一定的规则模拟生成新的数据用于训练模型，生成的数据最大限度保留了原有数据的特征。数据的质量决定了人工智能的水平及其是否符合人类价值体系。如果输入的数据是有偏见的，那么人工智能系统学习到的模型也是有偏见的，因此利用人类知识对人工智能系统进行价值对齐显得十分必要。

3. 学习模型和算法

学习模型和算法是人工智能技术发展的助推器。学习模型根据一定的规则或模型对输入的数据进行表征与映射，并得到输出结果。输出的结果可以是预测、分类或决策。学习模型包括深度学习、强化学习、迁移学习等。学习模型中包括网络架构和参数两个部分。其中，网络架构是连接输入数据和输出数据的网络结构，如卷积神经网络、转换器、基于注意力机制的神经网络等。参数对应网络结构中的系数，如线性回归模型中的回归系数。算法也称优化算法，主要目的是解决如何根据数据对学习模型中的网络架构和参数进行优化，从而得到更符合目标的预测或决策，包括反向传播算法（Back Propagation，BP）、随机梯度下降法

（Stochastic Gradient Descent，SGD）、小批量随机梯度下降法（Mini-batch Gradient Descent，MBGD）、决策树算法（Decision Tree，DT）等。

4. 算力资源

算力是人工智能发展的基础，如同人类的大脑。随着人工智能在各个领域中的应用与发展，以及数据量和算法模型复杂程度的增加，传统的中央处理器（CPU，Central Processing Unit）已无法满足训练人工智能系统时所需的计算量，需要专门的计算硬件来完成，如图形处理器（GPU，Graphics Processing Unit）、张量处理器（TPU，Tensor Processing Unit）、神经网络处理器（NPU，Neural Processing Unit）等。算力资源已成为推动人工智能进一步发展的关键驱动力及决定性力量[1]。

专业领域知识、数据资源、算法及算力是搭建人工智能系统的四大根基，缺一不可。当前，人工智能多为狭义上的人工智能，也可称为专用人工智能，即一个人工智能系统仅能用于解决一个或少数几个具体问题，如扫地机器人只能用于解决扫地问题的集成系统，语音翻译只能用于实现跨语言的翻译等。这些人工智能应用在具体任务上的表现虽然足以取代人类，但在面临动态变化的环境、涉及更深入的认知推理时，其所表现出的智能还是低水平的。要实现更广泛的通用人工智能，还需要很长一段路要走。

（三）人工智能的特点

人工智能作为一项通用技术，对社会经济各领域的发展具有基础性和通用性[2]。许多研究将当前人工智能的发展定义为第四次工业革命[3]。但与蒸汽机革命、电力革命、信息技术革命不同，人工智能从提出之初就旨在开发具有人类智能水平的机器系统以模仿或替代人类特有的某项能力或工作任务。拉赛尔和诺维格将人工智能领域的研究方向归结为：推理和解决问题、知识表征、决

---

[1] OECD, *OECD Digital Economy Outlook 2024（Volume 1）：Embracing the Technology Frontier*（Paris：OECD Publishing，2024），p. 39.

[2] 郭凯明：《人工智能发展、产业结构转型升级与劳动收入份额变动》，《管理世界》2019 年第 7 期，第 60~77 页。

[3] Agrawal，A.，J. Gans & A. Goldfarb，"Economic Policy for Artificial Intelligence," *Innovation Policy and the Economy* 19（2018）：pp. 139-159.

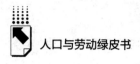

策、机器学习、语言处理、感知、人类情感等①。这些研究方向涵盖了人工智能的数据处理能力、学习能力、感知能力和认知能力。

1. 数据处理能力

随着与各个领域的深入交叉，人工智能技术能够快速处理各类信息的输入，并将其转化为可用于人工智能学习的数据结构，如计算机视觉中的视频和图片信息、自然语言处理中的文本信息、自动驾驶中的传感器信息等。以文本数据处理为例，人工智能技术首先基于分词技术将文本输入进行分词，然后可基于词袋（Bag of Words）、词嵌入（Word Embedding）、预训练大语言模型（Pre-trained Large Language Model）等方法，将输入文本转化为模型可处理的向量数据以用于后续的文本分类、检索、情感分析等。计算硬件技术的进步大幅提升了海量数据的处理速度，为人工智能系统快速应对动态、复杂的外部环境提供了基础。

2. 学习能力

学习是从环境中学习经验和概念的过程。以深度学习等为代表的机器学习模型，使得人工智能系统具有从经验数据中学习复杂模型，并根据新的数据不断更新模型的能力。整体上而言，学习模型分为五类：监督学习、无监督学习、半监督学习、强化学习和迁移学习。监督学习利用有标注的数据集训练模型学习标注和输入数据之间的函数关系，以最小化模型预测和真实标注之间的差异，如回归、分类等。无监督学习使用无标注的数据集学习数据中的潜在结构和类别，如聚类、降维等。半监督学习的目的是充分利用小规模的标注数据集、大规模未标注的数据集提升模型预测的精度，在标注数据较少的背景下有着广泛的应用。

当人工智能系统需要与环境交互时，需要根据所处环境做出行为反应。强化学习可以对好的行为进行奖励、对坏的行为加以处罚，从而从反馈中学习最佳的行为策略。强化学习在机器人控制、游戏领域有着重要的应用。迁移学习是将已经学习的知识应用到新的任务或领域中，从而提升学习的效率，降低学习所需的数据量，如将电商用户的评价数据输入预训练大语言模型，并对用户

---

① Russell, S. & P. Norvig, *Artificial Intelligence: A Modern Approach* (Hoboken: Pearson, 2021), pp. 20~21.

的情感进行分析。随着机器学习方法、优化算法、计算机硬件技术的发展，以及各行业领域大数据的累积，人工智能系统的学习能力飞速提升。

3. 感知能力

感知能力是人工智能获取和解释外部环境信息的能力，通常通过摄像头、麦克风、雷达、红外线等传感器设备从所处环境获取或外部输入数据实现，也称为机器感知。细分的研究领域包括物体识别、人脸识别、语音识别、文本分类等。例如，在自动驾驶中，人工智能系统根据摄像头的流视频数据，识别视频中的车辆、行人、障碍物等，用于后续的行车决策；在机器翻译中，语音传感器将声音信息作为输入数据，识别语言的类型，对输入语音进行准确的翻译；电子商务网站根据用户的实时行为数据，自动分析用户的消费轮廓，以便提供更符合用户偏好的推荐商品。机器感知是认知和决策的基础，使机器能够像人类一样感知所处的环境，并为进一步的认知加工和决策提供依据。

4. 认知能力

认知过程是人类获取知识、理解外部输入的精神过程，在人工智能研究领域包括自然语言处理、推理和决策等人类特有的认知能力。例如，人脸识别相关算法的发展，不仅能提高人脸的识别效率，还能够对表情背后隐含的情感进行推理；自然语言模型的发展已使得人工智能具备跨语言翻译、理解文本、聊天对话、情感分析、文本总结等原本人类所特有的技能和能力；强化学习相关理论的发展，让人工智能系统能够根据所处环境及输入动态评估不同行为决策得到的期望效用，从而实现智能决策，广泛应用于自动驾驶、人机交互等领域；人类的创新能力涉及联想、发散思维等认知能力，随着生成式人工智能的发展，出现了根据文本输入自动创作歌曲、自动写诗、自动绘画、自动生成视频等人工智能应用。当前，人工智能能够实现的人类认知能力还是相对低水平的，且涵盖的范围也相对较窄，在涉及更复杂人类认知加工能力时，其表现同人类智能相比还存在一定的距离。

二　人工智能对就业影响的国际经验

基于前述关于人工智能技术进步特征的分析，本节探讨其对就业影响的国际经验。由于人工智能主要影响高认知属性的工作，而发达国家在此类岗位占比上领先于中国，预计其劳动力市场将率先受到冲击。本节首先评估人工智能带来的多元风险，尤其聚焦就业风险的程度；其次，通过国际经验分析人工智能对就业的影响；最后，比较人工智能与工业自动化技术对就业影响的差异。

（一）人工智能技术的主要风险

2024 年，诺贝尔物理学奖获得者、有着人工智能教父之称的杰弗里·辛顿教授在接受媒体采访时指出，人工智能快速发展存在三大极端风险：滥用、失控和就业[①]。他与合作者的研究进一步阐释了这些风险[②]。滥用风险指人工智能被用于恶意目的，如自动化战争、大规模操控和广泛监视，可能加剧社会问题、破坏稳定并引发大规模犯罪。失控风险指人工智能系统在关键领域的进步可能超越人类控制，威胁人类的自主性甚至生存。就业风险体现在人工智能可能在多领域超越人类能力，导致劳动力市场剧变和大量岗位流失，如果管理不当可能引发经济不平等和社会动荡等广泛问题。这三大风险凸显了人工智能发展对社会经济结构的潜在深远影响，需要审慎应对和有效管理。

在人工智能带来的多重风险中，就业风险可被归类为中等偏上级别，值得高度关注。这一判断基于以下几点考虑。首先，就业问题直接影响广大民众生计和社会稳定，其影响范围广泛而深远。其次，相较于其他长期或假设性风险，人工智能对就业的影响已初现端倪，且可能在短期内加速发展。再次，与人工智能可能完全超越人类控制等极端情况相比，就业问题的可控性较强，可通过教育改革、技能培训和社会保障等政策手段加以缓解。最后，尽管人工智能可能取代某些现有工作，但如同历次技术革命，它也有潜力创造新的产业和就业机会。

历史经验表明，社会有能力适应重大技术变革带来的就业结构转型。美国经济学家奥托的研究指出，美国农业就业占比从 1900 年的约 35% 降至 2022 年的约 1%，这一巨大变化并非源于食品需求的下降，而是由于经济中新兴行业

---

① 参见 https://www.cbsnews.com/news/geoffrey-hinton-ai-dangers-60-minutes-transcript。

② Bengio, Y., G. Hinton, A. Yao, D. Song, P. Abbeel, T. Darrell, Y. N. Harari, Y. Zhang, L. Xue, S. Shalev-Shwartz, G. Hadfield, J. Clune, T. Maharaj, F. Hutter, A. G. Baydin, S. McIlraith, Q. Gao, A. Acharya, D. Krueger, A. Dragan, P. Torr, S. Russell, D. Kahneman, J. Brauner & S. Mindermann, "Managing Extreme AI Risks Amid Rapid Progress," *Science* 384 (2024): pp. 842-845.

和领域的出现。同理，当今的大多数工作也不是过去职业的简单延续，而是与技术创新密切相关的"新型工作"，需要全新的专业知识和技能①。因此，总的来说，人工智能的就业风险虽然严重，但相对可控，且不太可能导致人类文明的存亡危机。因此，可以被视为一个重要但不是最极端的人工智能风险。

（二）人工智能对就业的影响

当前，人工智能应用尚处于初期阶段，相关就业影响研究主要聚焦于评估不同职业面临的人工智能风险暴露程度，而非直接测量实际的岗位替代效应。这种研究方法虽有局限性，但仍具有重要的预测价值。美国经济学家奥托的研究发现，在技术变革过程中，早期主要执行常规任务的职业往往在后续阶段经历更显著的就业份额下降②。因此，尽管风险暴露与实际岗位替代之间存在差异，但分析不同工作岗位的人工智能暴露程度，对预测未来就业格局的变化仍然具有重要意义。

现有的实证研究文献表明，人工智能对工作任务和岗位的影响主要集中在认知属性较高的领域。这种影响呈现几个显著特征。首先，全球就业市场中面临人工智能影响风险的岗位比例非常高。一项针对美国的研究揭示，约80%的美国劳动力至少有10%的工作任务可能受到大语言模型的影响，而19%的劳动力可能有超过50%的工作任务受到影响。随着大语言模型的不断进步，这一影响范围预计还将显著扩大③。费尔顿等学者基于美国职业信息网络（O＊NET）数据库，结合人工智能的10个应用场景和52种人类工作能力，通过专家评分构建了"人工智能职业暴露指数"（AIOE）④。这一指数衡量了人工智能替代各种工作能力的可能性。

---

① Autor, D., C. Chin, A. Salomons & B. Seegmiller, "New Frontiers: The Origins and Content of New Work, 1940-2018," *The Quarterly Journal of Economics* 139 (2024): pp. 1399-1465.

② Autor, D., C. Chin, A. Salomons & B. Seegmiller, "New Frontiers: The Origins and Content of New Work, 1940-2018," *The Quarterly Journal of Economics* 139 (2024): pp. 1399-1465.

③ Eloundou, T., S. Manning, P. Mishkin & D. Rock, "GPTs Are GPTs: Labor Market Impact Potential of LLMs," *Science* 384 (2024): pp. 1306-1308.

④ Felten, E., M. Raj & R. Seamans, "Occupational, Industry, and Geographic Exposure to Artificial Intelligence: A Novel Dataset and Its Potential Uses," *Strategic Management Journal* 42 (2021): pp. 2195-2217.

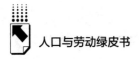
在此基础上，后续研究提出了"人工智能互补性"的概念，该概念考虑了社会、伦理和物理环境因素，评估人工智能与人类劳动在特定应用中互补的可能性①。这种方法有助于区分人工智能可能提高生产率的职业（如法官）和可能面临岗位流失风险的职业（如文员）。国际货币基金组织的研究人员利用国际劳工组织142个国家的数据进行分析，发现全球就业市场中约40%的岗位面临人工智能影响的风险。特别是，案头工作任务面临的人工智能暴露的风险明显高于其他职业②。具体而言，24%的案头工作任务被评估为高暴露风险，58%为中等风险。相比之下，其他职业中高暴露风险的比例仅为1%~4%，中等风险的比例为25%③。

其次，人工智能对就业的冲击在发达经济体中表现得更为显著。各国因经济结构和人工智能应用准备程度存在差异，将面临不同程度的劳动力市场影响。发达经济体由于其工作岗位高度集中于认知任务，因此更容易受到人工智能的影响。国际货币基金组织的一项研究显示：发达国家约60%的工作岗位可能受到人工智能的影响，而新兴经济体和低收入国家的这一比例分别为40%和26%④。然而，这种影响并非全然消极。发达国家凭借其先进的数字基础设施、高素质劳动力和灵活的监管环境，更有能力利用人工智能带来的机遇。这一点体现在发达国家拥有更高比例的"高暴露—高互补"就业岗位（见图1）。相比之下，新兴市场国家和低收入国家初期受人工智能影响的岗位较少，且由于其人工智能应用准备水平较低，可能也难以充分享受人工智能带来的生产率提升红利。这种在人工智能采用和准备程度上的差距，可能会进一步拉大国家间的收入差距。

① Pizzinelli, C., A. J. Panton, M. M. Tavares, M. Cazzaniga & L. Li, "Labor Market Exposure to AI: Cross-Country Differences and Distributional Implications," *IMF Working Paper* 216（2023）: pp. 1-55.

② Cazzaniga, M., F. Jaumotte, L. Li, G. Melina, A. J. Panton, C. Pizzinelli, E. J. Rockall & M. M. Tavares, *Gen-AI: Artificial Intelligence and the Future of Work*（Washington, DC: International Monetary Fund, 2024, p. 2.

③ Gmyrek, P., J. Berg & D. Bescond, "Generative AI and Jobs: A Global Analysis of Potential Effects on Job Quantity and Quality," *ILO Working Paper* 96（2023）: pp. 1-50.

④ Cazzaniga, M., F. Jaumotte, L. Li, G. Melina, A. J. Panton, C. Pizzinelli, E. J. Rockall & M. M. Tavares, *Gen-AI: Artificial Intelligence and the Future of Work*（Washington, DC: International Monetary Fund, 2024, p. 2.

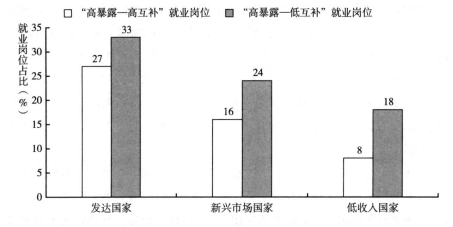

图 1　经济发展阶段与人工智能对就业岗位影响的差异性

资料来源: 转引自 Cazzaniga, M., F. Jaumotte, L. Li, G. Melina, A. J. Panton, C. Pizzinelli, E. J. Rockall & M. M. Tavares, *Gen-AI: Artificial Intelligence and the Future of Work* (Washington, DC: International Monetary Fund, 2024, pp. 7-8。

最后, 人工智能对就业的影响在各国内部呈现显著的异质性, 特别是在性别、受教育程度和收入水平方面。研究表明, 女性、高学历群体以及高收入劳动力可能面临更大的人工智能相关风险。在性别差异方面, 多项研究发现女性更容易从事高风险的职业。例如, 一项针对英国的研究显示, 在高风险职业中, 女性的就业比例比男性高出约 10 个百分点。在受教育程度方面, 高学历劳动力更容易从事高风险职业, 尤其是"高暴露—高互补"的职业。数据显示, 拥有大学学历的劳动力在这类职业中的就业比重比高中学历劳动力高出 10~40 个百分点不等①。在收入水平方面, 一项研究发现, 生产率增长较快的高收入工作更容易受到人工智能的影响②。

(三) 工业自动化与人工智能对劳动力市场影响的差异

在劳动力市场中, 工业自动化和人工智能这两项技术正在产生深远的影

---

① Cazzaniga, M., C. Pizzinelli, E. J. Rockall & M. M. Tavares, "Exposure to Artificial Intelligence and Occupational Mobility: A Cross-Country Analysis," *IMF Working Paper* 116 (2024): pp. 1-49.

② Eloundou, T., S. Manning, P. Mishkin & D. Rock, "GPTs are GPTs: Labor Market Impact Potential of LLMs," *Science* 384 (2024): pp. 1306-1308.

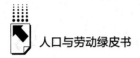
响，它们既有相似之处，又存在明显的区别。首先，这两种技术都极大地提升了生产的效率和准确性，同时降低了对人力资源的需求。通过引入自动化设备和智能系统，许多重复性、危险性以及高强度的工作任务现在可以由机器完成，减少了对传统劳动力的需求。同时，技术的进步也带来了新的机遇，催生了一系列新兴的职业岗位。例如，在自动化设备维护、人工智能算法研发以及数据分析等领域，出现了大量新的就业机会，为劳动力市场注入了新的活力。

其次，工业自动化技术与人工智能技术对劳动力市场的影响在范围和程度上呈现显著的差异。工业自动化主要应用于制造业和特定的生产环节，其对低技能、重复性工作的替代效果尤为突出[①]。值得注意的是，自动化技术对中等技能、从事常规工作的岗位产生了更强的替代作用，而对高技能和低技能岗位的影响相对较小，这导致了劳动力市场的两极化现象[②]。

相比之下，人工智能技术展现出更为广泛的应用前景，不仅在制造业发挥作用，还在金融、医疗、教育和服务等多个行业产生深远影响。人工智能能够处理复杂的认知任务，如数据分析、决策支持和客户服务等，在某些领域甚至超越了人类的能力。尽管短期内，人工智能技术的应用可能主要体现为效率提升和增强效应，但从长远来看，随着技术的不断进步和普及，人工智能对中高技能工作任务的潜在替代效应可能会逐渐显现。

最后，工业自动化技术对劳动力市场的影响呈现相对稳定的特征，其发展主要取决于硬件设备的升级和维护周期。与之形成鲜明对比的是，人工智能技术正处于一个高速发展和持续创新的阶段。新的算法不断被开发出来，创新的应用场景层出不穷，这使人工智能对劳动力市场的影响更加复杂多变，难以准确预测。这种技术环境的快速变迁对劳动力市场提出了更高的要求。劳动力需要持续更新知识结构，不断提升技能水平，才能跟上技术进步的步伐，适应不断进化的工作环境。

① Acemoglu, D. & P. Restrepo, "Robots and Jobs: Evidence from US Labor Markets," *Journal of Political Economy* 128 (2019): pp. 2188-2244.

② Goos, M. & A. Manning, "Lousy and Lovely Jobs: The Rising Polarization of Work in Britain," *The Review of Economics and Statistics* 89 (2007): pp. 118-133.

三　人工智能影响就业的主要领域

新一代人工智能技术以其强大的信息处理和生成能力，正在对一些行业的就业产生冲击，引发各界关注。目前来看，人工智能对劳动力就业的替代可能出现在以下几个方面。

（一）无人驾驶对司机的替代

无人驾驶技术是人工智能发展的突出部分，已经接近大规模商业应用，有可能产生颠覆性影响。无人驾驶按照服务对象可大体分为客运和货运两大领域。在客运领域，无人出租车已处于真正商业化的前夜，国内的萝卜快跑和美国的 Waymo 公司等都已经实现了小规模的测试运营。从乘客的使用反馈来看，无人出租车基本满足了乘客对安全、准确性和舒适度的要求。如果未来无人出租车的投放量和覆盖面继续提升，无人驾驶的成本优势将进一步发挥，并且政策法规予以配合，无人出租车对现有出租车和网约车的替代将成为现实，我国近千万驾驶员的就业必然受到影响。在国外某社交平台上，已经有网约车司机在 Waymo 官方账号下进行抗议和自我推介，可见就业挤压已经迫近。

在货运领域，中美欧多家公司正在大力推进无人驾驶货车的研发。由于货运的安全要求更高，场景更为复杂，从起点到终点的"无人货运"尚未实现。开放场景中的"智能辅助驾驶"和港口等封闭场景中的"自动驾驶"是目前主要的应用方向，还不构成对货车司机的替代。然而，货运从业人员众多，如果无人货运在未来取得重要技术突破和成本优势，可能产生较大的就业冲击。

（二）人工智能对内容创作者的替代

2022 年以来，以 ChatGPT 为代表的生成式人工智能取得了突破性进展，展示出强大的学习、理解和创作能力。此类人工智能可以完成较为复杂的文本、图片、音视频和代码生成，直接影响编剧和小说创作、原画和视频制作、配音、编程等工作岗位。然而，生成式人工智能的本质是基于现有大数据学习信息单元之间的相关性，再根据使用者的提示，形成数学意义的最优"预测"并输出。这意味着人工智能依赖于使用者的有效调用，且难以产生跳跃式创

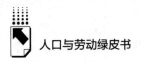

新，同时输出的结果缺乏严格的准确性，仍然需要人的主观能动性和再加工。因此，有创意的高水平创作工作不易被人工智能替代，但简单重复的低技能制作工作则很可能被挤出。

2023 年，美国编剧协会发动了大规模的罢工。罢工的起因是与影视制作人联盟的劳资协议谈判破裂。但在罢工过程中，抵制在剧本写作中使用人工智能和用真人创作投喂人工智能，成为罢工者的重要诉求。虽然编剧的主观立场在于人类创作的"价值"和"尊严"，以及原创者的版权界限，还未触及失业问题，但这一事件足以说明人工智能已经在编剧活动中发挥着不容忽视的作用，未来很可能进一步影响就业。

原画是指动画制作中关键帧的绘制，原画师岗位随着动画和游戏产业的发展而兴起。最近，国内出现了一些原画师因人工智能而失业的报道，以及行业自媒体博主的现身说法。原画师失业究竟源于行业的周期性因素，还是由人工智能导致，仍缺乏有力依据。但是从一些演示视频可以看出，在适当提示下，人工智能已能够很好地完成初级的原画工作。

（三）人工智能对翻译和编校工作的替代

翻译、编辑、校对等工作的规则性较强，也适合利用人工智能完成。人工智能的确提升了程序软件翻译大段语音和文本的能力，在外文读写、跨境出行等非正式应用中发挥了一定作用。但是在正式场合，人工智能尚不能提供真人翻译所具有的灵活性与准确性。而且正式场合的翻译往往涉及保密，这与新一代人工智能的网络化传输和中心化计算的性质并不相容。从翻译类自媒体博主的自述来看，他们并不认为人工智能显著影响了他们的收入和就业。至于编辑和校对，当前商业化的人工智能仍然难以提供准确可靠的服务，而且编校工作也涉及版权和保密问题。只有当下一代专用人工智能解决了信息传输安全和准确性问题，才可能真正对相关就业产生冲击。

（四）人工智能对分析判断类工作的替代

医学诊断、市场研究、咨询等分析判断类工作，本质是识别各因素之间的相关性并加以推断。理论上，寻求"最优预测"的人工智能适合此类工作。"人工智能替代医生""人工智能撰写研究报告""人工智能填报志愿"等话题已然引起公众的讨论。但需要指出的是，新一代人工智能依赖海量数据进行训练，而医疗等数据的非公开性和个体特异性制约着人工智能的训练和效能。从更根本上讲，分析判断类工作是探索未知和不确定的过程，而给定算法和数据，人工智能的输出是固定的。站在咨询方的角度，并不会盲目接受人工智能的单一答案，而是寻求多方观点和意见。现实也表明，至少在现阶段，人工智能在分析判断类工作中依然处于从属和辅助地位。

四 人工智能对就业整体影响的决定因素

首先，在就业结构方面，中国与美国等发达国家存在显著差异，这使人工智能在短期内对中国就业的整体影响风险相对较低。人工智能技术主要替代非重复性的认知任务，如文书处理、会计、法律咨询、金融分析和广告创意等。然而，在中国的劳动力市场中，这些相关职业和行业所占的就业比例远低于发达国家。

在全球范围内，美国是就业受人工智能影响风险最高的国家。相较而言，中国的职业结构与美国有着显著差异。当前，中国从事服务业和制造业等领域的劳动力占非农就业人口的比例高达55.1%，这些工作领域受人工智能冲击的可能性相对较小。反观美国，超过70%的就业岗位集中在专业技术、行政办公和生产服务等领域，这些恰恰是人工智能影响下的高风险职业（见图2）。

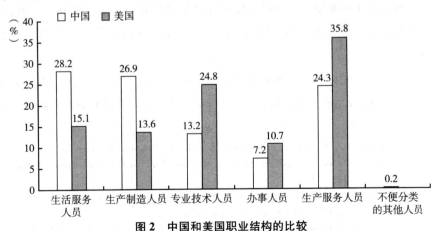

图2 中国和美国职业结构的比较

资料来源：中国资料来源于2020年第七次全国人口普查，美国资料来源于当前人口调查（CPS）。

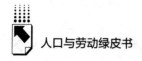

因此，从短期角度来看，人工智能对中国整体就业形势的影响可能不会太显著。另外，考虑到中国的劳动力成本仍然远低于发达国家，目前人工智能在中国的应用优势也不如发达国家那么明显。这些因素共同缓解了人工智能对中国就业市场的即时冲击。

其次，人工智能技术在企业层面的应用程度目前仍然较低，这决定了其对劳动力市场的影响风险相对有限。尽管人工智能技术发展迅猛，并在诸多领域展现出巨大潜力，但真正实现商业化应用的案例仍然不多。即便在技术先进的美国等国家，人工智能在企业中的渗透率也不高。最近一项针对美国85万家企业的调查研究显示，仅有不到6%的企业采用了人工智能相关技术；即便按就业人数加权计算，平均采用率也只达到约18%[①]。麻省理工学院的一项研究指出，由于人工智能使用成本较高，在美国企业中，仅有23%的视觉处理工作任务在经济上适合采用人工智能自动化[②]。根据欧盟数字经济和社会指数（DESI）数据，2022年仅有7.91%的欧盟企业应用了人工智能技术。其中，丹麦以23.89%的渗透率位居榜首，而罗马尼亚则以1.38%的渗透率垫底[③]。

虽然目前缺乏关于中国人工智能渗透率的权威统计，但一些研究表明，发展中国家的人工智能渗透率整体上显著低于发达国家[④]。这种相对有限的渗透程度意味着，在短期内，人工智能取代大规模人类工作岗位的风险相对较小。尽管人工智能技术的发展势头强劲，但其在实际商业环境中的应用仍面临诸多挑战，包括技术成熟度、经济可行性以及企业适应能力等因素的制约。因此，人工智能对就业市场的影响可能会是一个渐进的过程，而非短期内的剧烈变革。

最后，构建完善的人工智能治理和监管框架可以有效缓解或推迟人工智能对劳动力市场的潜在冲击。当前，全球主要经济体在人工智能治理和监管方面

① McElheran, K., J. F. Li, E. Brynjolfsson, Z. Kroff, E. Dinlersoz, L. Foster & N. Zolas, "AI Adoption in America: Who, What, and Where," *Journal of Economics & Management Strategy* 33 (2024): pp. 375–415.

② 参见 https://futuretech. mit. edu/2024-01-18+Beyond_ AI_ Exposure. pdf。

③ 参见 https://digital-strategy. ec. europa. eu/en/policies/desi。

④ Carbonero, F., J. Davies, E. Ernst, F. M. Fossen, D. Samaan & A. Sorgner, "The Impact of Artificial Intelligence on Labor Markets in Developing Countries: A New Method with an Illustration for Lao PDR and Urban Viet Nam," *Journal of Evolutionary Economics* 33 (2023): pp. 707–736.

已经形成了广泛共识。中国政府对人工智能采取了鼓励发展与加强监管并重的策略。2023 年 10 月，在第三届"一带一路"国际合作高峰论坛开幕式上，习近平主席提出了《全球人工智能治理倡议》，倡导"以人为本"和"智能向善"的人工智能发展理念。早在 2017 年，国务院就发布了《新一代人工智能发展规划》。为了引导生成式人工智能的健康发展和规范应用，中国率先实施了《生成式人工智能服务管理暂行办法》。党的二十届三中全会进一步强调了"建立人工智能安全监管制度"的重要性。

在国际上，欧盟率先通过了全球首部《人工智能法案》，旨在根据人工智能带来的不同风险等级实施分类监管。美国、英国和日本等主要国家也相继成立了国家级的人工智能安全研究机构。在推动人工智能发展的同时加强治理和监管，反映了全球对人工智能潜力和风险的深刻认识，体现了各国在应对这一颠覆性技术时的审慎态度，有助于控制人工智能技术的极端风险，缓解或延缓其对劳动力市场的冲击，确保人工智能始终朝着增进人类福祉的方向发展。

五　政策讨论

本文阐述了人工智能的技术进步特征，分析了人工智能与传统工业自动化在影响劳动力市场方面的差异性，并归纳了全球范围内人工智能对就业格局影响的经验。人工智能技术的迅猛进步和广泛应用，不仅可能提高生产效率，还可能对就业结构、技能需求和收入分配产生深远影响。人工智能对劳动力市场的作用不仅遵循普遍规律，还受到诸多因素的制约，如一国的产业结构和就业结构、人工智能技术的渗透程度，以及相关法律法规的约束等。这些因素共同塑造了人工智能对劳动力市场的独特影响模式。

作为世界第二大经济体和人口大国，中国面临的人工智能影响可能更加复杂多样且影响深远。中国特有的经济模式、巨大的就业市场规模，以及当前正在推进的产业结构调整，都将在很大程度上决定人工智能技术的实际应用方式及其对就业格局的影响。这种独特的国情使得中国在应对人工智能带来的机遇与挑战时，需要采取更加细致和全面的策略。鉴于此，本研究提出一系列有针对性的政策建议，以应对人工智能技术发展可能给劳动力市场带来的潜在风险。

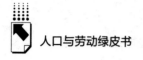

（一）加强劳动力市场监测和基础数据收集

科学评估人工智能对中国就业市场的影响，依赖于完善的就业市场监测体系和基础数据库。首先，要优化就业市场监测体系，构建一个更全面、更精细的监测网络，跟踪各产业、地区和不同企业类型的就业状况、薪资水平和技能需求等核心指标。其次，加强对新兴职业和岗位的监测，及时捕捉人工智能引发的职业结构变迁。美国劳工部的职业信息网络（O＊NET）数据库为此提供了宝贵的借鉴。该数据库详细记录了各种细分职业所需要的技能、知识、能力和工作环境等信息，并定期更新，为大量劳动力市场研究奠定了基础。构建中国版O＊NET数据库需要政府、学术界和产业界的通力协作。再次，完善针对个人的劳动力调查，深入了解劳动者的技能水平、培训经历和职业流动等情况。最后，加强对人工智能应用状况的统计，包括人工智能在各行业的渗透程度、企业采用人工智能的水平等。

（二）积极发展人工智能互补性技术和产业

人工智能的进步不仅革新了传统领域，还孕育了新兴的技术和产业。因此，积极开发与人工智能相辅相成的技术和产业至关重要，这是应对人工智能带来的挑战的核心策略。所谓人工智能互补性技术，是指能够与人工智能协同运作，充分发挥人类独特优势，从而提升整体效率或创造新价值的技术。人类的独特优势包括创新能力、决策能力、情感沟通能力以及解决复杂问题的能力等。首先，发展需要人机协作的技术和产业。例如，在医疗领域，人工智能可以辅助医生进行诊断和制定治疗方案，但医生的临床经验和情感沟通能力仍然不可或缺。在教育领域，人工智能可以提供定制化的学习内容，但教师的引导和启发作用仍然不可替代。其次，提升全民的数字素养以及人工智能相关知识和技能，大力培养能够开发、维护和优化人工智能系统的专业人才，如人工智能工程师、数据科学家、算法专家等。同时，也要培养能够将人工智能应用到各个领域的复合型人才。再次，鼓励创新创业，扶持基于人工智能的新兴产业发展，如智能家居、自动驾驶、个性化定制等。最后，重视发展难以被人工智能取代的创意产业和服务业，如艺术设计、文化创意、高端咨询等。

（三）加强人工智能对劳动力市场和收入分配影响的前瞻性研究

人工智能的迅猛发展虽然已经引发了广泛关注，但其对就业市场和收入分配的深远影响尚未完全显现。为此，有必要开展前瞻性研究，预防人工智能可能带来的极端风险。首先，着眼于人工智能在不同行业、不同职业和技能水平人群中的渗透速率和程度，预测哪些工作岗位可能被取代，哪些可能与人工智能形成互补。其次，研究人工智能对就业结构、工作任务和人力资源需求的长期影响，包括新兴职业的诞生和传统职业的转型。再次，评估人工智能对工资水平和收入分配的影响，尤其是对不同技能群体的差异化影响。最后，研究人工智能带来的生产率提升如何在资本所有者和劳动者之间进行合理分配。通过这些前瞻性研究，决策者可以及时识别潜在风险，制定有针对性的政策措施，包括调整教育培训体系以适应新需求，完善社会保障制度以应对可能的失业问题，以及制定公平的税收政策以确保技术红利的合理分配。

G.15
青年就业：鸟瞰与政策

都 阳　张 翕*

摘　要：　青年人口是一国人力资本最充裕、最具活力和可塑性的群体，促进青年高质量充分就业，是实施就业优先战略和加强人力资源利用的应有之义。本文从跨国数据出发，揭示了青年失业率和劳动参与率的水平与变化特征。本文还从摩擦、结构和波动三重维度剖析了青年就业的经济逻辑和影响因素。数据和理论分析表明，青年劳动力的失业率普遍高于成熟劳动力，对经济波动更为敏感，且存在随着时间推移上升的趋势；青年人的劳动参与率低于其他劳动年龄人口，并有进一步下降的趋势；青年劳动力就业存在鲜明的结构性特征，就业集中于某些行业，可能受到结构变化的非对称影响。根据青年就业的性质和具体国情，我国的青年就业问题具有长期性和一定的特殊性，应加强对青年就业的帮扶和保护，特别是要支持青年就业集中行业的发展。

关键词：　青年就业　失业率　劳动参与率　经济波动

引　言

就业是民生之本的理念已经被广为接受。然而，不同群体的表现以及失业产生的社会影响并不相同。当前，青年就业问题已经成为最大的社会关切之一。单从劳动年龄人口的数量分布看，青年失业问题并不对整体就业形势产生显著影响。2024年，16～24岁年龄组占16～59岁人口的比重为16%，占16～64岁组人口的比重为14.5%（根据中国社会科学院人口仿真与就业监

---

* 都阳，中国社会科学院人口与劳动经济研究所所长、研究员，主要研究方向为劳动经济学、发展经济学、人口经济学；张翕，中国社会科学院人口与劳动经济研究所助理研究员，主要研究方向为人口迁移、人力资本、教育财政、就业政策等。

测实验室《人口预测 2024》数据计算），同样，青年就业占总体就业的比重、青年失业占总体失业的比重也不高。正因为如此，近年来青年失业率攀升并没有在总体上引起城镇失业率的大幅度波动。不过，社会对青年就业问题的关注度不会因为其在总就业中占比较小而降低。首先，青年劳动者刚刚完成了自身人力资本投资的重要阶段，无论是个人、家庭还是社会，都希望他们的人力资本投资能尽快得到回报。其次，青年群体处于人生最具活力和创造性的阶段，他们进入劳动力市场，不仅怀揣对自己前途的期许，也承载着社会对未来的希望，而这一切都要通过高质量充分就业来实现。在当前的社会经济环境下，解决好青年就业问题还有更具中国独特性以及时代特性的因素。

第一，从人口转变的结果看，青年群体的人口数量变化与总体的人口形势变化有所不同。众所周知，中国的劳动年龄人口早已经达峰，并成为推动劳动力市场转折的重要因素，而且，从 2022 年开始，总人口也出现了负增长。然而，青年人口数量变化趋势与之并不一致。如图 1 所示，根据中国社会科学院人口与劳动经济研究所的最新人口预测结果，16~24 岁人口数量仍将持续增长，到 2033 年才达到 1.61 亿的峰值。2023 年以后，16~29 岁人口数量也将持续增长，到 2034 年达到 2.41 亿的峰值。

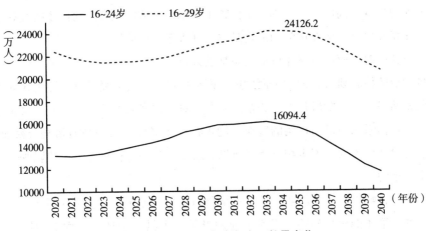

图 1　2020~2040 年青年人口数量变化

资料来源：中国社会科学院人口仿真与就业监测实验室：《人口预测 2024》。

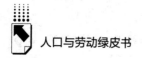

青年人口数量的变化趋势有两点含义值得重视：一方面，从劳动供给角度看，由于该年龄组人口的持续增长，近年来，一直存在的青年就业困难不会因为劳动力供给形势的变化而得以缓解。因此，不能以短期目光看待青年就业问题，由于青年就业困难持续存在，必须制定更加系统和长期的政策举措解决青年就业问题。另一方面，青年群体的人口数量变化伴随着劳动年龄人口的持续减少和人口老龄化的加速演进，解决好青年就业问题对于经济社会可持续发展的意义尤其重大。习近平总书记在中央政治局第十四次集体学习时强调，"从破解'有活没人干'入手，解决'有人没活干'的问题"。这一论断对于应对当前青年就业困难具有重要的指导意义。

第二，从经济社会发展的全局考虑，积极应对人口老龄化和推动人口高质量发展都需要更好地解决青年就业问题。青年群体较之老年群体具有更高的人力资本，这既是中国过去几十年教育大发展的成果，也是中国劳动力素质结构有别于很多发达国家的突出特点。未来几十年，中国的人口老龄化将加速演进，应对人口老龄化的举措也需要更加丰富。从根本上说，应对人口老龄化的首要条件是尽可能摆脱"未富先老"的制约，为人口老龄化积累更坚实的物质基础。在人口抚养比不断上升的情况下，为应对人口老龄化提供经济资源主要依赖劳动者不断提升劳动生产率。由于前期大量的人力资本投资，目前的年轻劳动力具有更高的人力资本，是优越于其他中度或深度老龄化国家的有利条件，而发挥出这一潜在优势的前提是解决好青年就业问题。

与此同时，解决好青年就业也是推进人口高质量发展的必要环节。人口高质量发展的核心要义是人的全面发展，而且推进人口高质量发展贯穿于人的生命周期始终。青年阶段是人生的重要阶段，对于很多人而言，在这一阶段完成了从教育体系向劳动力市场的转换。能否在青年群体中实现高质量充分就业，不仅是对教育等人力资本积累体系成果的最好检验，也将对青年人的职业生涯产生深远的影响。

第三，解决好青年就业问题要系统分析我们面临问题的共性和个性因素，出台的政策才能对症施药。青年就业困难是一个具有全球普遍性的难题，因此，青年失业率更高有普遍性的因素。劳动力市场在供求平衡的调节过程中，制度性因素发挥了明显的作用，因此，劳动力市场的出清难以完全按照供求关系的直接变化演进。在这种情况下，新进入者的就业难度会由于劳动力市场制度对存量就业的保护而加大。如何塑造灵活安全包容的劳动力市场制度是世界各国面临的共同难题，也是解决青年失业的长期课题。与此同时，中国青年失业也有一些非常鲜明的个性化特征，例如，很多国家的青年失业率随着受教育程度的上升而下降，但中国大学毕业生的就业已然成为当前劳动力市场上最突出的矛盾。因此，在分析和总结青年就业的国际经验时，也要时刻把握中国国情，才能真正做到为我所用。本文将综合利用来自国际劳工组织（ILO）、经济合作与发展组织（OECD）和佩恩表（The Penn World Table）等跨国面板数据，观察国际上青年就业的变化规律与决定因素，以期以更广阔的视角理解青年就业问题。通过借鉴发达国家经验，并结合中国的实际，提出促进中国青年高质量充分就业的政策建议。

一　青年就业的普遍问题：国际视角的鸟瞰

国际经验表明，青年劳动力失业率水平高、波动大，且青年劳动参与率较低，同时青年就业具有突出的结构特点，其背后必然有一定的经济学和社会学逻辑，认识青年就业的规律性现象、决定因素和作用机制，是设计制定青年就业促进政策的前提。国际劳工组织数据库（ILOSTAT）提供了分性别、年龄和受教育程度的失业率，是目前具有权威性且完整性相对较好的数据，包含不同国家从1990年代到2019年按照性别、年龄和受教育程度分组的年度调查失业率。这套数据的主要缺陷在于观测缺失较多，特别是早些年的数据和发展中国家数据不全。同时，由于发展中国家的就业统计体系通常不够完善，失业率数据的质量可能不高。然而，该数据确保了某一国家在有观测的年份中，各类人群的失业率基本齐全，可以进行组别对比分析。

图2展示了不同年份15~24岁青年劳动力失业率、25岁及以上劳动力失业率，以及青年失业率和其他群体失业率的比值的变化趋势。由于1998年之前只有个位数的有效国家样本，这里只采用了1998~2019年的数据。该图反映了青年失业率呈现以下变化趋势：首先，青年失业率更高是一个普遍的现象，从1998~2019年21年的跨国数据看，青年失业率普遍高于其他群体的失业率，二者的比值在样本期间的均值为2.74；其次，随着时间的推移，青年失业相对于其他群体的严重程度在加剧，如图2所示青年失业率和其他群体失

业率的比值（Y/O）呈逐渐上扬的趋势。青年失业率高于就业主体人群失业率，是跨国家、跨时期的普遍规律，这显然不是由中短期的结构性失业或周期性失业驱动的，而且，青年失业率随时间推移更加严重的情况，需要更加细致地分析其原因。

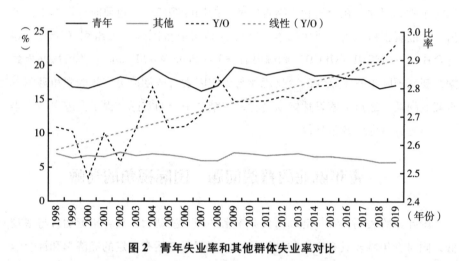

图 2　青年失业率和其他群体失业率对比

资料来源：作者根据国际劳工组织数据库（ILOSTAT）计算。

当然，不论总体失业率，还是 15~24 岁青年劳动力和 25 岁以上劳动力的失业率，都表现出显著的国家间差异，相比于样本均值，标准误和取值范围都较大。从具体观测样本来看，青年失业率与其他群体失业率比值小于 1 的情况屈指可数，2009 年有刚果（0.77），2010~2013 年仅有哈萨克斯坦（0.88、0.83、0.71、0.73），2014 年有斐济（0.47）和利比里亚（0.69），2016 年是利比里亚（0.69），2017 年依然是哈萨克斯坦（0.75）。这些国家青年失业率较低，原因可能在于其主导产业是单一的农业、采矿业或旅游业，对青年劳动力的经验和技能要求不高，不存在推高青年失业率的一般经济学机制；也可能源于就业统计口径以及数据统计质量等方面的技术性因素。

国际劳工组织数据库虽然包含了较多国家样本，可以在更大范围内鸟瞰青年就业的变化规律，但不同国家之间的数据质量参差不齐，而且，仅仅依靠失业率指标，也难以反映就业的全貌。相形之下，OECD 国家数据质量更高，度量青年就业的指标体系更丰富。而且 OECD 国家数据时间跨度更长，最新资料更新至 2023 年，可以观察新冠疫情冲击是否对不同群体产生了不同的影响。更重要的是，随着中国经济的持续发展以及劳动力市场发育日臻完善，OECD国家在人口年龄结构、劳动力市场制度、经济与产业结构等方面对中国具有更高的参考价值。因此，我们以 OECD 数据从就业率、劳动参与率和失业率 3 个维度观察发达国家青年失业率的变化规律，以提供更丰富的参考视角。

图 3 展示了 OECD 国家 3 个年龄组的就业率变化情况。就业率指标为某年龄组的就业人口与该年龄组人口的比例，反映了该年龄组人力资源的总体利用情况。由于就业率并不区分未工作者是因为退出劳动力市场，还是因为失业，因此可以看作劳动力总体利用效率的衡量指标。如图 3 所示，OECD 国家分年龄组的就业率对人口老龄化趋势作出了明显的反应，55~64 岁组的就业率明显上升。1996~2023 年的样本区间，该年龄组的平均就业率为 54.7%，2023 年为 64.0%。25~54 岁组是主要就业群体，就业率也有所上升：1996~2023 年的样本区间，该年龄组的平均就业率为 76.5%，2023 年为 79.9%。青年就业率变化并不明显，样本期间的平均就业率为 42.4%，而新冠疫情后的平均值为 41.7%。

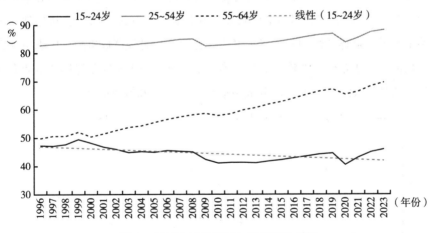

图 3　OECD 国家不同年龄组的就业率

资料来源：根据 OECD Employment Outlook（历年）整理。

就业率的变化情况反映了不同群体在劳动力市场经历较强烈的负面冲击时的不同反应。在数据反映的时间区间内，OECD 国家的劳动力市场经历了三次较为严重的负面冲击，即 21 世纪之初互联网泡沫的破灭、2008 年的国际金融危机、2020 年的新冠疫情。如图 3 所示,青年群体的就业率在三次冲击后都经历了下降,而 25~54 岁组不仅受冲击的影响程度更小,而且恢复到正常水平的时间周期也更短。后文我们将通过劳动参与率和失业率两个指标继续观察经济负面冲击对不同群体的影响差异。

劳动参与率反映了劳动者参与劳动力市场的意愿,其影响因素较为复杂。从 OECD 国家不同年龄组劳动力的劳动参与率变化情况看,有着非常明显的差异,如图 4 所示。25~54 岁组的劳动参与率基本保持稳定,且维持在 80% 以上的高位,该年龄组的劳动参与率受经济负面冲击的影响也较小。老年组劳动参与率的持续上升是前述就业率提升的主要原因,OECD 国家 55~64 岁组的劳动参与率由 1996 年的 49.6%,大幅上升至 2023 年的 66.3%。形成鲜明对比的是,青年组的劳动参与率在样本期间呈总体下降的趋势(如图中趋势线所示),1996 年为 52.0%,到 2023 年下降至 48.9%,样本期间的平均值为48.9%。因此,研究青年劳动参与意愿的下降应该成为解决青年就业问题的要点。尤其是区分制度性因素导致的劳动参与意愿不足和劳动力市场形势不佳产生的"沮丧工人效应",具有非常重要的政策含义。如图 4 所示,从外部的负向冲击对不同群体的影响看,青年群体的劳动参与对经济危机的反应也更加强烈,且恢复至正常轨迹的周期更长。换言之,负面冲击对青年群体的就业有更强的"磁滞"效应,这也是青年就业政策应该关注并解决的问题。

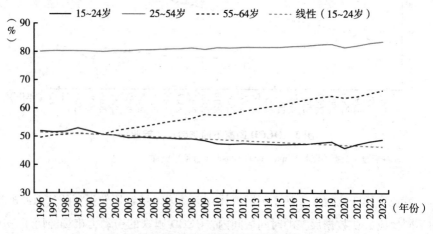

图 4　OECD 国家不同年龄组的劳动参与率

资料来源:根据 OECD Employment Outlook(历年)整理。

如前所示，失业率的变化是更直接的就业指标。OECD 国家的数据同样反映出青年更高的失业率，1996~2023 年青年失业率与其他群体失业率的比率均值为 2.28，如果取图 2 相同的时段，即 1998~2019 年则为 2.27。可见，发达国家青年失业的相对严重程度低于中等收入或低收入国家。从图 5 也可以看出，青年群体的失业率对于国际金融危机、新冠疫情等负面冲击的反应更加敏感。国际金融危机使 OECD 国家的青年失业率从 2007 年的 12.0% 迅速攀升至 2009 年的 16.7%；同期，25~54 岁组的失业率则从 4.9% 上升至 7.3%。类似地，新冠疫情使 OECD 国家平均的青年失业率从 2019 年的 11.8% 上升至 2020 年的 15.1%，而 25~54 岁组的失业率从 2019 年的 5.0% 上升至 2020 年的 6.5%。15~24 岁青年劳动力失业率上升的比例幅度要高于 25~54 岁组的失业率。这种变化特征同样佐证了青年群体在劳动力市场上具有更高的脆弱性。

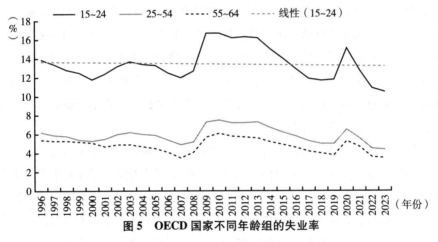

图 5　OECD 国家不同年龄组的失业率

资料来源：根据 OECD Employment Outlook（历年）整理。

综合分析国际劳工组织和 OECD 国家数据库，对青年就业问题可以得到以下基本的认识。首先，青年失业率高于其他群体是一个具有普遍性的现象，要充分认识青年失业率高的规律及其背后的原因。其次，青年就业率呈下降的趋势，其中一个重要的原因是劳动参与率的下降，解决青年就业意愿不足、形成对青年更具激励的劳动力市场制度非常重要。最后，青年群体在劳动力市场上具有更高的脆弱性，集中体现为经济波动以及外部经济冲击对青年群体的就业产生了更大的影响，且在遭受负面冲击后的恢复更加困难。

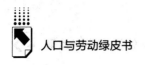

二 摩擦、结构、波动与青年就业

探究青年群体的特性问题，从劳动供给的角度，需要判断青年劳动力与成熟劳动力的不同之处。首先，青年劳动力最显著的特征是缺乏工作经验。这带来两种效应。一是青年劳动力初始的生产率不高，需要岗位锻炼：一切工作都存在岗位特异技能（job-specific skill），往往无法从教育和培训中直接获得，而必须通过"干中学"来掌握；二是青年劳动力缺少可以表现其能力的履历，学历较低者尤其如此：此效应由信号理论所刻画，若求职者不能发出有效的信号，雇主就会对其能力形成较低的期望，从而降低了匹配效率。

青年劳动力缺乏工作经验的反面是其可塑性和适配性强。人的学习能力随年龄增长而下降，是从神经科学到劳动经济学，再到大众生产生活经验的共识。在产业结构变迁和技术进步日益加快的背景下，青年劳动力能够更好地学习新知识、新技能以适应新环境。同时，只要教育培训体系在一定程度上响应市场变化，青年劳动力的技能总会比成熟劳动力更新、更先进，更匹配当前和未来的劳动力需求。这意味着在产业结构变化的过程中，青年劳动力将率先进入扩张的产业、行业和企业。

另外，青年劳动力的就业稳定性通常较差。主观上，青年劳动力多处于确定自身职业路径的阶段，更加愿意尝试、切换不同的工作；而且青年劳动力都要经历求职预期向市场现实的修正和调整，在此过程中可能因预期过高而拒绝一些工作机会。客观上，相较于较年长的就业主体人群，青年劳动力已婚、有子女的比例低，且父母的健康状况通常更好，可能还具有一定的劳动能力，这些家庭特征减弱了青年人力求缩短求职待业时间、规避失业无业风险甚至是参与劳动力市场的动机。

青年劳动力还有一项重要特点是生理机能更好，更加适合对体力、应变能力甚至外形要求更高的行业。在前工业化时代，传统农业依赖重体力劳动，更多需要青年劳动力参与；在工业化时代，高频率重复工作的劳动密集型制造业，成为青年劳动力就业的重要领域；而在后工业化时代，适合年轻人的行业变为需要面对面互动且工作强度较大的消费型服务业。因此随着经济的发展，青年就业的偏向性会渐次转变，从第一产业到第二产业再到第三产业。

上述青年劳动力的特性对青年就业的具体影响，可以从劳动力市场摩擦、就业结构变化和经济波动三个角度分别考察。

（一）青年就业的摩擦性特征

摩擦性失业是劳动力在求职、入职的动态平衡中，由于劳动力市场信息不充分，无法顺利实现供求的对接而表现出的失业。通俗形象地讲，就好比正常情况下在站台等待公交车的乘客，有乘客也有车位，但乘客顺利乘车需要一定时间的等待。摩擦性失业是无法完全消除的，其水平高低主要取决于劳动力市场上信息的充分程度，而劳动力市场的匹配能力在一定程度上与劳动力市场建设、就业政策的取向及执行力度有关。

不难看出，青年劳动力的特点决定了其摩擦性失业更高。如果劳动力市场供求信息传递的机制不健全，待业的机会成本较低，则未就业的青年劳动力求职待业时间更长，就会增加青年的失业率。在劳动力市场上优质岗位供给不充分或青年群体就业质量不高的情况下，青年人更加频繁地切换工作，也会在平均意义上增加摩擦失业的概率（或者说在劳动力调查的镜头下曝光失业的比例更高）。对于脱离教育体系初次就业的青年劳动力而言，单位时间内处于求职待业状态的平均时长较其他群体更高，则统计得到的失业率也更高。

总而言之，摩擦性失业与单位时间内更换工作的次数以及每次离职后找工作的时间相关。一般来说，青年劳动者这两个参数都高于成熟劳动力。仅仅从摩擦性失业看，青年劳动力的摩擦性失业更严重应是各国、各时期就业统计中青年失业率普遍较高的原因之一。

实施积极的就业政策的重要内容之一就是提升就业公共服务水平，增强劳动力市场资源配置的能力。21世纪初，面对当时随外部经济波动出现的大规模下岗失业现象，我国以积极就业政策为导向，开始实施一系列促进就业的政策，加强对就业困难群体的就业服务就成为重要内容之一。2008年，为应对国际金融危机对劳动力市场的负面冲击，我国形成了更加积极的就业政策体系，针对特定群体的积极就业政策工具箱也更加丰富完善。然而，青年群体与传统意义上的就业困难群体在人力资本特征上迥然不同，如何为青年群体提供更好的就业服务是积极就业政策面临的新课题。此外，信息技术在过去几十年的发展大大提升了劳动力市场信息的传播效率，改变了劳动力市场搜寻的方

式。如何更好地利用这一新的技术手段来降低青年群体的摩擦性失业，也是制定实施积极就业政策应该考虑的重要内容。

（二）青年就业的结构性特征

结构性失业的根源在于经济的结构性变化。不同经济部门的增长不平衡，导致了对劳动力需求的增长也不平衡。与此同时，劳动力和人力资本的供给也具有结构性特征。一旦经济不平衡增长导致的劳动力需求结构与劳动供给结构不匹配，就容易产生结构性失业。针对青年就业而言，一个非常重要的问题是，哪些因素使青年失业的结构性特征更加突出？以下几个方面值得关注。

首先，虽然结构变化伴随着经济发展的全过程，但在特定的发展阶段，经济结构变化的速度更快，客观上会增加新加入劳动力市场的劳动者的就业难度。以往的研究表明，经济发展从中等收入向高收入迈进的时期，经济结构的变化更加明显，突出体现为产业内部行业更加细分，经济结构多元化趋势加速发展。这可能是中国当前发展阶段所面临的特殊难题，也是青年失业率阶段性上升的重要原因。

其次，技术进步的速度在加快也增加了就业的结构性矛盾，使青年就业更加困难。从供给侧看，虽然各个行业技术进步的速度存在差异，但总体看技术进步都在加速，有些领域的技术进步甚至呈指数型增长，并引发颠覆性的影响。从需求侧看，新技术被企业、家庭、个人采用的周期也在缩短。技术进步速度加快，意味着在其他条件不变的情况下，经济结构变迁在加速，这必然给新加入劳动力市场的年轻群体带来更多的挑战。

最后，从劳动供给方面看，经济结构调整要求人力资本积累体系做出及时而准确的反应，如果人力资本供给体系的反应能力不足，就容易加剧劳动力市场上的供求匹配矛盾。结构性失业可因主动或被动的结构调整而消除，如教育体系随产业结构变化作调整，减少了过剩技能劳动力的供给，同时既有劳动力也在接受培训、尝试转岗或直接退出劳动力市场，结构性失业逐渐减少。某些行业或部门的劳动力供过于求的原因，主要是产业结构变迁或技术进步引致的劳动力需求变化。如果供给侧的反应能力强，青年劳动力的学习能力和可塑性强，能够更及时地更新技能，则需求侧变化对其影响将减小。

此外，人口年龄结构的快速变化也可能产生结构性失业。如果不同年龄组的劳动力之间不能完全替代，某一组别劳动力供给的增加就可能导致其失业率更快上升。国际数据和中国数据都显示，青年劳动力会集中分布于某些行业，说明青年劳动力在这些行业中生产率更高，或者青年劳动力对其有特殊偏好和黏性，总之都是不完全替代性的表现。当青年劳动力供给相对于成熟劳动力有所变化时，就会产生局部的堆积或紧缺，从而增加或降低青年失业率。

结构性因素不仅影响青年失业率，还影响到青年就业在行业间的分布。青年劳动力就业在产业、行业间的分布与成熟劳动力存在差异。这种就业结构的年龄特征可能有静态和动态两种来源。从静态视角看，各年龄段劳动力在各产业的就业分布不同，可能体现了劳动力的各项属性在年龄维度上的差别。即特定年龄的劳动力在不同产业中表现出不同的生产率，而在特定产业中不同年龄的劳动力也表现出不同的生产率。再加上异质性劳动力之间复杂的替代互补关系，造成某一年龄段劳动力就业在各产业的分布区别于总的行业就业分布，而某一产业中各年龄段劳动力就业的分布又区别于总的就业劳动力年龄分布。

从动态视角看，绝大多数经济体的产业结构是在不断演进的，各个产业和行业存在此消彼长的趋势。只要工作的转换存在一定成本，先进入劳动力市场的个体总是对现有岗位存在黏性，那么新进入劳动力市场的个体一定更多进入扩张产业，从而形成年龄—就业结构的差异。上述转换成本可能源于岗位特异的技能养成，也可能源于社会网络的形成和固化，还可能源于成熟劳动力的风险规避。在雇主的立场上，扩张产业的雇主可能更希望招聘年富力强的青年劳动力，而收缩产业的雇主可能更倾向于保留具有丰富经验的成熟劳动力。如果再考虑到教育供给对劳动力市场需求的响应，青年劳动力的技能组成总是更适合当下的市场需求，这也造成青年劳动力向扩张产业集中。

前文已经提到，青年劳动力的一个特点是身体机能更好，这使他们更加适合重体力和重复性工作，如传统农业、建筑业和劳动密集型制造业；同时青年劳动力外形条件好，在交流、协作等非认知技能方面可塑性更强，适合消费型服务业；此外，在正向的经济发展路径上，青年劳动力所接受的教育是最优质的，因而也适合高技能的生产型服务业。一般而言，经济发展的规律是第一产业、第二产业和第三产业依次主导，因而青年劳动力会在第一产业、第二产业和第三产业顺次集中。即便不考虑青年劳动力本身的特性，只考虑就业黏性和

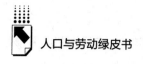

技能匹配性，在产业结构变迁的过程中，青年劳动力也会向扩张的优势产业集中。

（三）青年就业的周期性因素

周期性失业源于宏观经济整体受到负向冲击，总需求不足。周期性失业可以随经济再平衡而完全消除，甚至因经济过热而为负值。因此周期性失业是短期概念。在经济波动视角下，周期性失业的补集是摩擦性失业和结构性失业，后两者也被统称为自然失业率。

虽然青年劳动力即时的生产率低，但进步空间大，这就决定了其失业水平随经济波动的变化更大。企业对青年劳动力的雇佣，其实具有一定投资属性，是付出当期成本以获取未来收益的行为，在工资刚性下更是如此。投资对经济波动的高敏感性及其机制，皆适用于青年劳动力雇佣。比如经济波动会作用于企业的预期、现金流和风险承担能力，都可能影响企业雇佣劳动力的决策。在预期转弱、现金流紧张、风险和风险厌恶增加的环境中，企业的理性决策显然是相对减少当期效费比低、信息不对称程度高、生产率提升不确定的青年劳动力。此外，受一些正式和非正式制度影响，企业解聘青年劳动力的成本低，也会导致青年失业率对经济负面冲击更为敏感。

周期性因素对青年失业率的影响，事实上可以通过回归分析验证。青年失业率的地域和时间变异程度较大，影响因素众多，周期短而程度有限的经济波动，很容易淹没在国别和年代差异的噪声中。为捕捉经济波动信号，必须剔除国家固定效应和时间固定效应，故可以设定面板双向固定效应模型进行研究。回归中被解释变量取青年失业率与就业主体失业率之比 $\dfrac{U^Y}{U^O}$，其对解释变量回归所得的系数，就反映了青年失业率和就业主体失业率受各类因素影响程度的差异。

回归的解释变量包括人均 GDP 水平、经济增长率、通货膨胀率的变化，以及过去五年的经济波动水平。其中人均 GDP 控制经济发展本身对失业率的影响。经济增长率对青年劳动力和成熟劳动力失业率的影响及其差异，是回归估计拟考察的重点。在回归分析中，我们引入通货膨胀率变化（年消费价格水平增长的一阶差分衡量），目的是刻画货币非中性的影响，捕捉物价变动本身对不同群体失业率的异质性效应。经济波动水平用五年内（含当年）经济增长率的标准差来衡量，用于识别控制经济增速后，经济不确定性本身对青年失业率和就业主体失业率的不同影响。解释变量还加入了总体失业率 U^T，在一定程度上控制结构性因素通过作用于总体失业状态而影响群体失业率的比例关系。

以上关于经济增长和物价变动的数据均来自佩恩表（The Penn World Table，Version 10.01）。该表是研究跨国经济增长的权威资料，包括经济总量与结构、人口规模、要素数量、经济增速、全要素生产率、物价水平等与经济增长相关的丰富变量。而且佩恩表涵盖的国家多，每个国家的时序观测完整，与 ILO 失业率数据匹配时不会损失样本。

回归结果与理论预期一致。在以 $\dfrac{U^Y}{U^O}$ 为被解释变量的回归中，GDP 增速的系数显著为负，说明青年群体的失业率对经济波动更为敏感，当经济扩张时，青年失业率下降得更多，当经济衰退时，青年失业率增加得更多。人均 GDP 的系数显著为正，说明经济发展本身会提高青年和成熟劳动力失业率之比，用 U^Y 和 U^O 分别做因变量的回归发现，这主要是经济发展降低了分母 U^O 所致。通货膨胀率变化的系数显著为负，说明菲利普斯曲线关系在两类就业群体中的效应大小不同，通胀加速环境中青年失业问题相对较轻。最后，经济不确定性的系数显著为正，说明在控制经济增长速度的情况下，经济发展中的不确定性本身会明显提高青年失业率[1]。

（四）劳动参与率

不论是就业者还是在寻找工作的失业者，在劳动经济学中都被称为经济活跃人口。无意参与劳动力市场的，则被定义为退出劳动力市场的经济不活跃人口，某个年龄段中经济活跃人口所占的比例，就是该年龄段的劳动参与率。通常来说，经济不活跃人口的数量，要明显高于失业人口。根据国际劳工组织数据计算，近年来国际平均的 15～64 岁人口的劳动参与率在 60% 左右，而平均失业率只有 7%～8%。发达国家的数据表明，青年群体的劳动参与程度更低，

---

[1] 为节省篇幅，此处不再展示具体的回归表格。

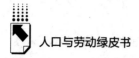

OECD 数据库显示，1996~2023 年 15~24 岁青年劳动参与率的平均值仅为 48.9%，失业率的平均值则为 13.4%。从人力资源利用的角度来看，提高劳动参与率的重要性绝不亚于降低失业率。

劳动年龄人口经济不活跃与劳动力失业的差别，仅在于个体是否有找工作的意愿和行动。考虑个体的微观决策，找工作的收益是以概率 P_e 找到工作并获得收入 I，机会成本包括 100% 概率的求职成本 C_s 和 P_e 概率的不工作的保留效用 U。假如收入带来的正效用低于不工作的保留效用 U，则个体不会在劳动力市场求职。而如果收入正效用更高，个体是否求职就取决于 P_e 和 C_s 的值。其中，P_e 显然与现实中统计得到的青年失业率高度相关。失业率越高，个体选择找工作的可能性就越低，加总来看劳动参与率就越低。

那么劳动参与率是否会反过来影响失业率？如果存在这样的效应，意味着劳动参与率的变化首先由求职成本 C_s 和保留效用 U 所驱动，再改变劳动力市场供求关系，从而影响 P_e。而 C_s 和 U 两项在现实中受诸多经济社会因素的影响，包括人口健康状况、文化观念、劳动力市场制度、家庭照料负担等。然而，相对于失业率，以上因素均为慢变量。假如在较短时期内观察到青年失业率变化与劳动参与率的强相关性，应认为是失业率对劳动参与率的影响而不是相反。而且，如果在统计上发现失业率与劳动参与率的负相关关系，就应该是失业驱动劳动力退出市场，只有观察到正相关关系，才可能是劳动参与推高就业。

（五）小结

综合上述，可以根据理论分析，提出一些关于青年就业的判断。第一，从长期来看，摩擦性失业是失业的重要组成部分，而青年劳动力由于信号机制不全、切换工作频率高、求职预期高以及不工作的机会成本低，摩擦更为严重，所以青年劳动力失业率会普遍高于成熟劳动力。第二，青年劳动力的学习能力和可塑性更强，且通常掌握更新更先进的技能，所以青年失业率对产业结构变化的弹性应较低。第三，由于青年劳动力和成熟劳动力无法在生产中完全替代，所以青年人口占比变化可能影响青年失业率，二者应为负相关关系。第四，随着经济发展，青年就业的偏向性呈现从第一产业到第二产业再到第三产业的偏向性。第五，企业雇佣青年劳动力相当于投资一种风险资产，同时企业解雇青年劳动力的成本更低，所以青年失业率对短期产出变化的弹性较高，且受经济不确定性影响更大。第六，青年劳动力失业率与青年人口劳动参与率之间存在负向关联（见表1）。

表1 关于青年就业的理论推断

分类	内容	经济学机制
摩擦因素	在各个国家的各个时期,青年劳动力失业率普遍高于成熟劳动力	青年劳动力信号机制不全、切换工作频率高、求职预期高且不工作的机会成本低,其摩擦性失业更为严重
结构因素	青年失业率对产业结构变化的弹性较低,即青年失业率(Uy)与就业主体失业率(Uo)的比值随产业结构变化速度上升而下降	青年劳动力的学习能力和可塑性更强,且掌握更先进、更符合市场需求的技能
结构因素	青年人口占比变化会反向影响青年失业率	青年劳动力和成熟劳动力无法在生产中完全替代,一方供给增加将提升其失业率
结构因素	随着经济发展,青年就业的偏向性呈现从第一产业到第二产业再到第三产业的顺次集中	青年劳动力的生产性特征;教育技能优势;劳动力—岗位黏性
周期因素	青年失业率对经济产出短期变化和经济不确定性更加敏感,(Uy/Uo)随经济增速上升而下降,随经济不确定性上升而上升	企业雇佣青年劳动力具有一定投资属性,同时企业解雇青年劳动力的成本更低
周期因素	青年劳动力失业率与青年人口劳动参与率之间存在负向关联	失业率高则选择参与劳动力市场的预期收益低,机会成本高

三 从国际视角观察中国青年就业

从对国际上青年就业的分析可以看出，青年失业率高于其他群体、劳动参与率低于其他群体是普遍的现象，解决青年就业问题也需要找到更具一般性的方法。同国际规律相类似，中国青年劳动力的失业率也显著高于其他年龄组的劳动力。中国自2018年1月正式公布城镇调查失业率的分年龄段数据。2018~2019年，16~24岁劳动力的调查失业率与25~59岁劳动力失业率的比值在 2~3 波动，在每年 7~8 月的毕业季较高，年底和年初则较低。新冠疫情后，青年失业率相对于就业主体失业率有明显上升，截至 2023 年第二季度，前者已超过 20%，达到后者的 5 倍左右。国家统计局自 2023 年 7 月暂停公布分年龄段城镇劳动力调查失业率，并于当年年底重新公布不包含在校生的分年龄段失业率数据。在 2023 年 12 月后新的统计口径下，30~59 岁、25~29 岁和 16~24 群体的失业率依次递增。特别是 16~24 岁劳动力失业率仍然高达 15% 左右，是 30~59 岁就业主体的 3.5 倍以上。2024 年 8 月，在新口径下 16~24 岁青年的失业率攀升至 18.8%，为口径调整以后的新高。

在青年失业率上升的同时，中国青年人口就业率则呈现下降的趋势。如图 6 所示，在 2000 年、2010 年和 2020 年三个普查年份中，16~24 岁人口的就业率分别为 67.1%、53.7% 和 34.3%。该比例受到劳动参与意愿、在校生比例和失业率的共同影响。如果剔除 16~24 岁的在校人口，非在校人口的就业率从 2010 年 84.7% 下降到 2020 年 78.0%。这其中固然包含 2020 年新冠疫情对青年人口劳动参与率和失业率的不利冲击，但是大幅度的趋势性变化足以说明中国青年人口的劳动参与意愿正在减弱。

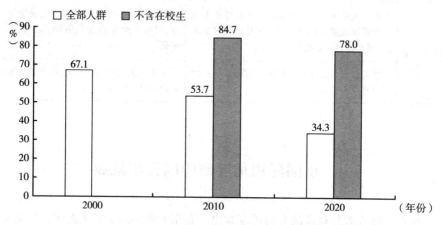

图 6　中国 16~24 岁人口的就业率

资料来源：作者根据第五次、第六次和第七次全国人口普查数据计算。

青年就业问题不仅表现为失业率、劳动参与率等总量指标变化，还具有鲜明的结构性特征。具体到中国的情况，可根据人口普查数据计算出青年在总就业中所占的比例与青年在各个行业中的就业占比。在 2010 年，总就业中 16～24 岁人口占 14.5%，在第一、第二、第三产业中其占比依次为 11.7%、19.4% 和 15.3%，虽然第一产业总的就业规模大，但青年就业更加偏向第二产业；2020 年，16～24 岁人口在总就业和一二三产就业占比分别为 7.1% 和 3.0%、7.0%、9.2%，在青年就业占比整体下降的过程中，就业更加集中于第三产业。在青年就业问题较为突出的时期，分析青年就业岗位的来源以及损失就业岗位的行业就具有直接的政策含义。如图 7 所示，2010～2020 年，16～29 岁人口的就业率在非农部门的各个行业之间出现了较明显的分化。制造业是青年就业率下降最明显的行业，下降了 4.5 个百分点。而青年就业率增长较明显的行业包括教育、建筑业、信息技术和一些生产性服务业等。行业的发展是青年就业的基础，如果从形势的判断上确定了青年就业是当前保持就业稳定的主要矛盾，就要加大对青年就业吸纳能力强的行业的支持力度。在青年就业压力较大的时期，更要注意政策一致性的问题，对经济政策及其他政策的就业效应，尤其是对青年就业可能产生的影响，要在政策出台前做充分评估。

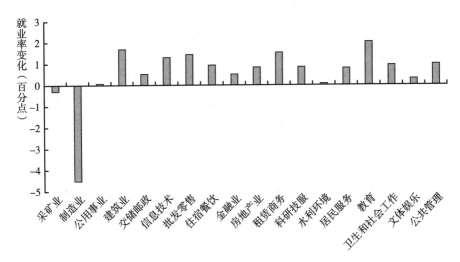

图 7　2010～2020 年中国 16～29 岁人口分行业的就业率变化

资料来源：作者根据第六次和第七次全国人口普查数据计算。

此外，对其他国家的数据分析表明，青年劳动力内部各群体的失业率水平也存在较为明显的差异，一个较为突出的特点是随着受教育水平的提升，青年

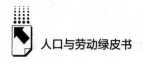

失业率呈现下降的趋势。这一趋势与我国当前青年失业的群体构成存在着较为明显的差异。在我国，大学毕业生成为青年中就业困难的主要群体，要基于这一现象有针对性地解决当前青年就业问题。

四　从国际经验看青年就业政策

本文结合国际劳工组织和经合组织国家数据库，从较长的时间序列和较大的国别范围观察了青年就业的主要指标及其变化趋势。对青年就业问题更全面的认识有助于解决当前我们面临的就业问题。

首先，要充分认识解决青年就业问题的战略性地位。青年就业困难具有普遍性，且从时间序列上看有加剧的趋势。跨国数据的分析表明，在大多数国家青年失业率是其他群体的 2 倍以上，同时青年的就业率也更低，而且逐渐下降。对于发达国家而言，青年劳动参与率下降是青年就业率下降的主要原因，与老年群体的劳动参与率和就业率上升呈鲜明的对比。从长期趋势看，发达国家的青年就业困难可能是人口老龄化衍生的现象之一。人口中位年龄不断增加以及就业保护的程度提升，都可能导致劳动力市场的流动性下降，在客观上增加了青年就业的难度，推高了青年失业率。OECD 国家过去 30 年的经历表明，如果不从战略上认识青年就业的困难性并加以解决，青年失业率就可能持续攀升。无论是从人口结构还是从经济发展阶段看，发达国家的经历对于我们都有很强的启示意义。我国 16~24 岁年龄组人口在未来十年仍将持续增长，必须以相对长期的政策措施解决青年就业问题。

其次，国际经验表明，青年就业问题不仅仅表现为就业率低下、失业率高企，其在劳动力市场上的脆弱性也不容忽视。一般而言，就业保护程度与工作年限正相关，青年群体的工作经验少，有的刚刚进入或即将进入劳动力市场，相应的就业保护程度也更低。在这种情况下，经济一旦遭受负面冲击并引起劳动力市场波动，青年劳动者受到的影响首当其冲。因此，在以积极的就业政策促进青年就业的同时，也需要进一步完善针对青年劳动者的保护体系，降低其在劳动力市场上的脆弱性。

最后，要从产业发展的角度有针对性地解决当前面临的青年就业困难。前文已经说明，青年就业问题具有很强的结构性特征。近年来，在大学毕业生供给增加的同时，一些青年就业吸纳能力强的行业的发展出现困难也是推高大学毕业生失业率的重要原因，这也是我国的青年失业群体构成与其他国家存在较大差别的原因之一。我国正处于经济结构转换加速的关键时期，对青年就业吸纳能力强的行业，也大多是新兴的朝阳行业，代表着经济未来的发展方向。支持这些行业的发展，既可以提升经济发展的质量，又能更好地解决青年就业问题。

G.16
农民工的高质量充分就业

张 琛*

摘 要： 实现农民工高质量充分就业关系着农业转移人口市民化进程的质量。当前，农民工主要在第三产业就业，月平均工资水平近年来稳中有升，但相比于城镇单位就业人员的月平均工资仍存在较大差距，外出农民工的月平均工资水平明显高于本地农民工且二者工资差距不断拉大。新生代农民工相比于老一代农民工，周平均工作时间更少、小时工资水平更高、更倾向于通过互联网找寻工作。采用劳动定额法的预测结果表明，未来农村劳动力向城市转移仍具有较大潜力，到 2035 年农民工转移潜力将在 12421 万~15269 万人，到 2050 年农民工转移潜力将在 6904 万~7994 万人。放宽农村劳动力的年龄限制约束，到 2035 年农民工转移潜力将在 16933 万~19885 万人，到 2050 年农民工转移潜力将在 8158 万~10990 万人。基于人民网"地方领导留言板"的网络大数据分析，农民工高质量充分就业存在的问题以薪酬诉求为主（如工资拖欠），劳动权益诉求近年来逐步得到了改善。实现农民工高质量充分就业，政策层面要从全方位保障农民工依法获得薪酬、健全农民工劳动权益保障体系和提供全生命周期的就业培训服务体系等维度加快构建包容性就业政策体系。

关键词： 农民工 包容性增长 高质量充分就业

引 言

2.9 亿农民工群体一端连接着农村，一端连接着城市，是当代中国的一

---

* 张琛，中国社会科学院人口与劳动经济研究所副研究员，主要研究方向为劳动经济、农业经济。

个巨大社会群体。新型城镇化是中国扩内需、稳增长、惠民生的战略基石。长期以来，以人为核心的新型城镇化战略全面实施，中国的城镇化率稳步增长离不开农业转移人口市民化的有序推进。农民工为中国经济增长做出巨大贡献得到了科学论证和广泛证实①。加快农业转移人口市民化进程将有助于挖掘居民消费潜力②、增加城市劳动力有效供给以释放新一轮人口红利③。如何加快推进农业转移人口市民化，始终是政策层面关注的核心议题。早在2014年，时任国务院总理李克强就明确指出要构建以人为本的新型城镇化，着重解决"三个一亿人"④的转移问题。2015年2月10日，习近平总书记在中央财经领导小组第九次会议上指出，推进城镇化的首要任务是促进有能力在城镇稳定就业和生活的常住人口有序实现市民化。党的二十大报告也指出："推进以人为核心的新型城镇化，加快农业转移人口市民化。"历年中央"一号文件"也针对如何推进农民工市民化以及促进农民工社会融入进行了顶层设计。一系列政策的出台落地，如2014年国务院出台的《国务院关于进一步推进户籍制度改革的意见》以及2019年《中共中央 国务院关于建立健全城乡融合发展体制机制和政策体系的意见》等政策文件印发，为合理解决农民工市民化问题提供了基本政策遵循。随着农民工群体逐渐完成代际更替，老一代农民工逐渐退出城镇劳动力市场，新生代农民工已逐渐成为我国制造业、现代服务业高质量发展的重要支撑力量。

就业是最大的民生。实现农民工高质量充分就业是落实积极就业政策的重要内容，关系广大农民工群体的福祉。高质量充分就业是推动经济高质量发展的就业、是提高人民生活品质的就业、是促进人口高质量发展的就业。实现农民工高质量就业意味着既要发挥农民工群体在经济高质量发展中的作用，又要提升农民工群体的生活品质。农民工生活品质的提升，直接反映到

① 国务院发展研究中心课题组：《农民工市民化对扩大内需和经济增长的影响》，《经济研究》2010年第2期，第4~16页

② 王美艳：《农民工消费潜力估计——以城市居民为参照系》，《宏观经济研究》2016年第2期，第3~18页。

③ 蔡昉：《中国经济改革效应分析——劳动力重新配置的视角》，《经济研究》2017年第7期，第4~17页。

④ "三个一亿人"指的是促进约1亿农村转移人口落户城镇、改造约1亿人居住的城镇棚户区和城中村、引导约1亿人在中西部地区就近城镇化。

就业质量上。无论是老一代农民工还是新一代农民工，在融入城市的进程中普遍面临着身份认同、价值观念、法治观念等方面问题，部分农民工群体更是存在城市"边缘人""没有前途"等悲观情绪。从更深层次视角上看，实现农民工群体的高质量充分就业，要重点关注农民工工资收入和劳动权益两个维度。基于此，本文聚焦于农民工高质量就业，首先对农民工就业的基本现状和代际更替进行分析，其次从农业部门的劳动力供需视角出发研判未来农民工的转移潜力，再次基于人民网"地方领导留言板"农民工群体的留言总结当前农民工就业存在的问题，最后从包容性政策体系视角出发提出促进农民工实现高质量充分就业的政策建议。

一 农民工就业的现状：基于宏微观数据的分析

（一）农民工就业总体状况：基于宏观数据分析

1. 收入水平

工资水平是劳动者收入的主要来源之一，是反映农民工就业水平的重要指标。当前许多农民工就业以非正规就业为主，面临着工作稳定性差、工资收入水平较低的困境[1]。Zhang et al. 采用 CHIP2007 数据，研究发现流动人口的收入仅有城市工人收入的 49%[2]。也有学者基于流动人口监测数据发现青年农民工普遍面临着岗位工资低的问题[3]。根据历年国家统计局公布的《农民工监测调查报告》，农民工工资水平呈现稳中有升的趋势，但与城镇单位就业人员月平均工资仍存在较大差距（见图 1）。城镇单位就业人员与农民工的月平均工资差距从 2013 年的 1.64 扩大到 2022 年的 2.06。

分不同类型农民工来看，可将农民工群体按照就业区域划分（是否在户籍所在乡镇）为外出农民工和本地农民工。根据历年国家统计局公布的《农

① 郭君平、谭清香、曲颂：《进城农民工家庭贫困的测量与分析——基于"收入—消费—多维"视角》，《中国农村经济》2018 年第 9 期，第 96~111 页。

② Zhang L.、Sharpe R. V.、Li S.、Darity W. A.，"Wage Differentials between Urban and Rural-urban Migrant Workers in China"，*China Economic Review* 2016（41）：222-233.

③ 李振刚、张建宝：《劳而不富：青年农民工缘何工作贫困？》，《社会发展研究》2019 年第 4 期，第 138~157 页。

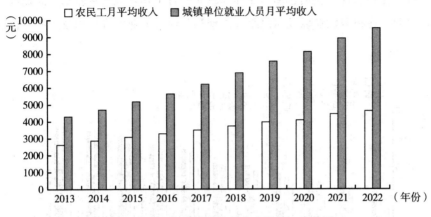

图1 农民工与城镇单位就业人员的工资差异

资料来源:《农民工监测调查报告》(2013~2022)。

民工监测调查报告》,外出农民工的月收入水平明显高于本地农民工且二者工资差距不断拉大(见图2)。具体来说,外出农民工与本地农民工的工资差距从2015年的1.21扩大到2023年的1.32。

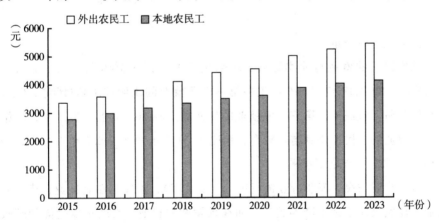

图2 外出农民工和本地农民工的工资差异

资料来源:《农民工监测调查报告》(2015~2023)。

分就业类型看,农民工群体在建筑业、交通运输仓储和邮政业以及制造业的月收入水平较高。根据历年国家统计局公布的《农民工监测调查报告》,农

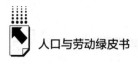
民工群体在建筑业、交通运输仓储和邮政业的月平均收入水平较高，而在批发和零售业、住宿餐饮业以及居民服务修理和其他服务业的月平均收入相对较低（见图3）。

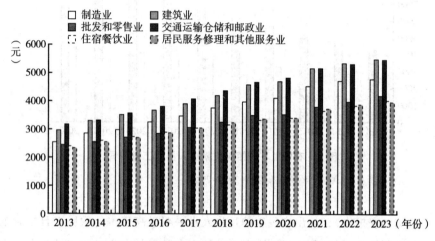

图3　不同就业类型农民工月平均工资水平

资料来源：《农民工监测调查报告》（2013～2023）。

2.就业行业分布

从农民工的就业行业类型看，越来越多的农民工群体在第三产业就业（见图4）。自2017年起，农民工在第三产业就业的比例首次超过第二产业。之后的年份，农民工在第三产业就业的比例稳定在50%以上。2023年，在第三产业就业的农民工比例增幅较高，相比于2022年增加了2.1个百分点，为2018年以来的最高增幅水平。

进一步对农民工就业行业进行细分（见图5），农民工在制造业、建筑业就业的比例整体呈现下降的趋势，而在批发和零售业、交通运输仓储和邮政业、住宿餐饮业以及居民服务修理和其他服务业就业的比例均呈现稳中有升的趋势。

（二）不同代际农民工的就业状况：基于微观数据分析

为了更好地反映不同代际农民工的就业差异，这一部分我们采用中国社会

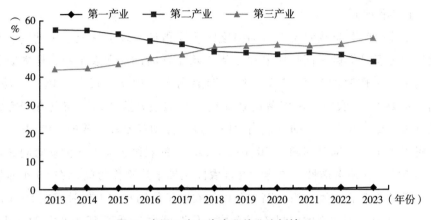

图4　农民工在三次产业就业比例情况

资料来源：《农民工监测调查报告》（2013~2023）。

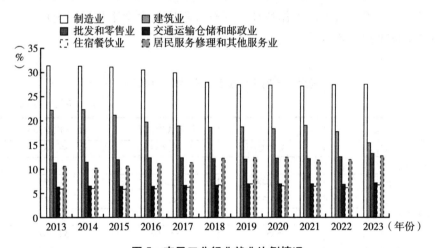

图5　农民工分行业就业比例情况

资料来源：《农民工监测调查报告》（2013~2023）。

科学院人口与劳动经济研究所组织开展的2023年第五轮中国城市劳动力调查数据进行分析，重点关注新生代农民工（1980年及之后出生）和老一代农民工（1980年之前出生）的就业状况差异。按照农民工群体的定义，第五轮中国城市劳动力调查共调查了4186个农民工样本，其中新生代农民工样本数为2691，老一代农民工样本数为1495。

1. 工作时间

工作时间是反映农民工劳动强度的重要指标。表1呈现了按性别、受教育程度所计算的不同代际农民工周平均工作时间。在表1中，样本农民工周平均工作时间为52.242小时，明显高于《中华人民共和国劳动法》的法定要求①。农民工过度劳动状况仍十分明显。这一结论与已有研究结论基本一致。例如，有研究表明农民工过度劳动现象较为普遍。68.10%的农民工周平均劳动时间超过50小时，45.9%的农民工周平均劳动时间超过60小时②。即使考虑性别差异，女性农民工周平均工作时间也在50小时以上。但从受教育程度上看，高中及以下农民工的周平均工作时间在50小时以上，接受高等教育的农民工周平均工作时间明显低于50小时。这表明，受教育程度越高的农民工，周平均工作时间越少。从不同代际农民工群体上看，新生代农民工的周平均工作时间低于老一代农民工，这也反映出新生代农民工追求自由的工作特征。受教育程度在大学本科及以上的新生代农民工周平均工作时间也稍低于老一代农民工。

表1 不同代际农民工周平均工作时间

单位：小时

分项	农民工	新生代农民工	老一代农民工
总体	52.242	51.553	53.562
分性别：			
男性	53.648	53.583	53.770
女性	50.232	48.744	53.246
分受教育程度：			
初中及以下	56.500	58.804	54.467
高中(含专职)	51.070	51.160	50.793
大学专科(含高职)	45.840	45.849	45.689
大学本科及以上	44.292	44.271	44.703

注：由笔者根据第五轮中国城市劳动力调查数据计算。

---

① 《中华人民共和国劳动法》（2018年修正）第三十六条规定，国家实行劳动者每日工作时间不超过8小时，平均每周工作时间不超过44小时的工时制度。

② 祝仲坤：《过度劳动对农民工社会参与的"挤出效应"研究——来自中国流动人口动态监测调查的经验证据》，《中国农村观察》2020年第5期，第110~132页。

2. 收入水平

表2呈现了按不同性别、不同城市所计算的不同代际农民工平均小时工资和月平均收入情况。在表2中,样本农民工的平均小时工资为34.051元、月平均收入为6331元,新生代农民工的平均小时工资和月平均收入均明显高于老一代农民工。分性别看,相比于女性,男性农民工具有较高的平均小时工资和月平均收入。分城市看,地处经济发达地区的农民工,其平均小时工资和月平均收入也相对较高。

表2 不同代际农民工的收入状况

单位:元

项目	农民工		新生代农民工		老一代农民工	
	小时工资	月收入	小时工资	月收入	小时工资	月收入
总体	34.051	6331	36.735	6782	28.946	5468
分性别:						
男性	36.900	7067	39.031	7460	32.987	6344
女性	29.960	5282	33.534	5847	22.804	4139
分城市:						
沈阳	27.224	5256	28.371	5291	25.360	5198
上海	41.861	7747	45.873	8413	33.669	6379
福州	31.712	5673	33.625	6045	28.353	5020
武汉	38.127	7585	38.121	7607	38.139	7545
广州	32.293	6037	34.563	6498	27.723	5106
成都	31.735	5939	33.934	6354	28.284	5285
贵阳	30.461	4917	35.717	5456	16.961	3520
西安	27.662	5269	29.115	5579	24.202	4531

注:由笔者根据第五轮中国城市劳动力调查数据计算。

3. 工作搜寻

表3呈现了不同代际农民工的工作搜寻方式情况。在表3中,样本农民工工作搜寻方式仍然以亲戚、朋友或熟人介绍为主,但是这种工作搜寻方式的比例在新生代农民工中占比明显低于平均水平。越来越多的新生代农民工选择通过互联网找寻工作,通过网络媒体搜寻工作的新生代农民工比例为19.25%,明显高于老一代农民工比例(3.54%)。

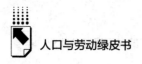

表3 不同代际农民工的工作搜寻方式

单位：%

工作搜寻方式	农民工	新生代农民工	老一代农民工
政府职业介绍大厅	0.20	0.27	0.03
社区就业服务站	1.07	0.58	2.24
商业职业介绍机构	2.05	2.13	1.87
人才招聘会或交流会	15.05	17.5	9.09
学校就业指导中心或学校推荐工作	3.00	3.72	1.27
网络媒体	14.67	19.25	3.54
纸质媒体	1.47	1.4	1.64
亲戚、朋友或熟人介绍	45.19	39.52	58.97
雇主直接联系	2.22	1.63	3.66
直接联系雇主	12.75	11.42	15.98
结束雇主培训/学徒期后受雇	0.17	0.24	—
军转复员或政府安排	0.42	0.47	0.30
机关事业单位招考	1.3	1.57	0.65
其他	0.44	0.30	0.76
合计	100	100	100

注：由笔者根据第五轮中国城市劳动力调查数据计算。

4. 就业行业分布

表4报告了不同代际农民工的就业行业分布情况。分行业看，样本农民工主要在第三产业就业，新生代农民工第三产业就业比例为73.71%，高出老一代农民工2.31个百分点。新生代农民工在第二产业中制造业比例高于老一代农民工，但是从事建筑业的新生代农民工的比例明显低于老一代农民工。这表明，许多新生代农民工不再愿意在工厂流水线上工作，对重复性、程式化工作的容忍度下降，建筑业对新生代农民工的吸引力也在不断减弱。第三产业中，新生代农民工在信息传输、软件和信息技术服务业，金融业，租赁和商务服务业，科学研究和技术服务业，教育以及卫生和社会工作的就业比例明显高于老一代农民工。

表4　不同代际农民工的就业行业分布情况

单位：%

项目	农民工	新生代农民工	老一代农民工
第一产业	0.19	0.17	0.23
第二产业	26.89	26.12	28.37
第三产业	72.92	73.71	71.40
制造业	15.55	17.47	11.88
建筑业	11.06	8.37	16.22
信息传输、软件和信息技术服务业	4.06	5.95	0.43
金融业	1.27	1.50	0.82
租赁和商务服务业	4.92	6.02	2.82
科学研究和技术服务业	3.04	4.15	0.90
教育	2.61	3.55	0.80
卫生和社会工作	2.00	2.36	1.30

注：由笔者根据第五轮中国城市劳动力调查数据计算。

二　未来农民工转移潜力的判断

大量农村劳动力"洗脚上田"进入城市非农部门就业，提高了农业部门的工资率水平，农业技术进步呈现偏向于劳动节约型方向，农业机械化、数字化快速发展加速了"机械换人""数据换人"的进程。基于此，本研究在这一部分通过分析未来农业劳动力的供需缺口，来研判未来农民工向城市究竟还有多大转移潜力。

（一）未来农业劳动力的需求量

本文首先采用蔡昉和王美艳①提出的劳动定额法测算未来农业劳动力的需求量。劳动定额法的思路是计算种植业和畜牧业的总共所需劳动日，除以每个

———————

① 蔡昉、王美艳：《农村劳动力剩余及其相关事实的重新考察——一个反设事实法的应用》，《中国农村经济》2007年第10期，第4~12页。

劳动力每年的劳动日，得出劳动力的需求量。具体来说，一是种植业劳动力需求量：每种农作物播种面积与单位用工数量相乘，可得到该农作物所需劳动日；将所有农作物所需劳动日相加，即得到种植业总共所需劳动日。二是饲养业劳动力需求量：将牲畜出栏量（或水产养殖面积）与单位用工数量相乘，可得到该饲养业所需劳动日；将所有饲养业所需劳动日相加，即得到饲养业总共所需劳动日。根据历年《全国农产品成本收益资料汇编》公布数据可得，种植业主要农产品每亩用工数量和养殖业主要农产品每头用工数量普遍呈现下降的趋势。这也进一步表明，资本要素对劳动要素具有明显的替代效应，农产品每单位用工数量不断减少。考虑到主要农产品每单位用工数量持续下降的经验事实，本文在已有研究的基础上①，分别选取 300 日、250 日作为农业劳动力合理工作时间标准，并考虑不同农业技术条件下的差异，对未来农业劳动力需求量进行测算（见表 5）。

表 5　未来农业劳动力需求量测算

单位：万日，万人

年份	情景一		情景二		情景三	
	需求量Ⅰ	需求量Ⅱ	需求量Ⅰ	需求量Ⅱ	需求量Ⅰ	需求量Ⅱ
2024	9669	8057	7802	6502	7723	6436
2025	9446	7872	7584	6320	7484	6237
2026	9224	7687	7365	6137	7246	6038
2027	9002	7501	7146	5955	7007	5839
2028	8779	7316	6928	5773	6797	5664
2029	8580	7150	6735	5612	6586	5488
2030	8381	6984	6541	5451	6375	5313
2031	8182	6818	6348	5290	6164	5137
2032	7982	6652	6155	5129	5954	4961
2033	7783	6486	5962	4968	5743	4786
2034	7584	6320	5769	4807	5532	4610
2035	7385	6154	5576	4646	5383	4486
2036	7162	5969	6905	5754	5234	4362

---

① 张琛、孔祥智、左臣明：《农村人口转变与农业强国建设》，《中国农业大学学报》（社会科学版）2023 年第 6 期，第 5~22 页。

年份	情景一		情景二		情景三	
	需求量 I	需求量 II	需求量 I	需求量 II	需求量 I	需求量 II
2037	6963	5803	6814	5678	5299	4416
2038	6815	5680	6752	5626	5269	4391
2039	6733	5610	6698	5582	5244	4370
2040	6676	5564	6645	5537	5219	4349
2041	6628	5523	6596	5497	5207	4339
2042	6579	5483	6547	5456	5194	4328
2043	6535	5446	6510	5425	5186	4322
2044	6490	5409	6472	5394	5189	4324
2045	6456	5380	6441	5367	5192	4327
2046	6422	5352	6409	5341	5195	4329
2047	6388	5323	6386	5322	5198	4332
2048	6359	5299	6363	5302	5207	4339
2049	6338	5282	6340	5283	5216	4347
2050	6317	5264	6322	5268	5225	4354

注：笔者根据相关数据整理计算。种植业农产品包括稻谷、小麦、玉米、大豆、花生、油菜、棉花、烟叶、甘蔗、甜菜、桑蚕茧、柑、橘、苹果和蔬菜；养殖业农产品包括生猪、散养肉牛、散养肉羊和奶牛。需求量 I 表示选取 250 日作为农业劳动力的年劳动时间；需求量 II 表示选取 300 日作为农业劳动力的年劳动时间。

在表 5 中，情景一表示中速农业技术进步。这可以表征为核算单位用工数量保持平稳下降趋势，即本文首先根据 2013~2020 年每种农产品单位用工数量的变化情况计算出年平均变化量，并以此作为 2020 年后每年变化的标准。情景二表示高速农业技术进步。这可以表征为农产品单位用工数量呈现快速下降趋势，即在情景一年平均变化量的基础上扩大 1.1 倍。情景三表示超高速农业技术进步。这可以表征为农产品单位用工数量的下降趋势更为明显，即在情景一的年平均变化量的基础上扩大 1.2 倍。从表 5 的预测中可以得出，到 2035 年我国农业劳动力的需求量将下降到 4486 万~7385 万人，到 2050 年我国农业劳动力的需求量将下降到 4354 万~6317 万人。

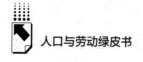

（二）未来农村劳动力的供给量

本文在已有研究的基础上，汇总了 16～64 岁农村劳动年龄人口数量的预测结果（见图6）。

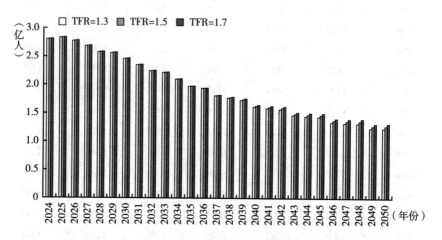

图6　不同生育率情境下未来农村 16～64 岁劳动年龄人口数量

资料来源：张琛、孔祥智、左臣明：《农村人口转变与农业强国建设》，《中国农业大学学报（社会科学版）》2023 年第 6 期，第 5～22 页。

图6 的测算结果表明，到 2035 年农村 16～64 岁劳动力数量将下降到 1.97 亿左右，到 2050 年减少到 1.23 亿～1.32 亿。随着农业农村现代化进程的加快，未来从事农业劳动力的年龄可能将突破传统意义上 65 岁这一劳动年龄人口的年龄门槛，70 岁及以上年龄的农民仍然可以从事农业生产，这一情景在日本已经出现。基于此，本文进一步将从事农业生产的劳动力年龄放宽到 70 岁和 75 岁，推算结果表明，到 2035 年农村 16～70 岁劳动力数量将下降到 2.43 亿左右，到 2050 年减少到 1.45 亿～1.53 亿。到 2035 年农村 16～75 岁劳动力数量将下降到 2.7 亿左右，到 2050 年减少至 1.63 亿～1.72 亿。

（三）未来农民工转移潜力分析

综合劳动定额法对未来农业劳动需求量的测算结果以及农村劳动年龄人口预测结果，本文计算未来农业劳动力的供需情况以此作为判断未来农民工转移潜力的依据（见表6）。需要说明的是，农村劳动力不仅从事农业生产，也在乡村从事非农产业生产。按照农民工定义，在本乡镇内从事非农产业的农村劳动力属于本地农民工。因此，未来农村劳动力总供给量与农业劳动力的需求量之差可以被视为农民工转移潜力。

表6 未来农民工转移的潜力测算

单位：万人

年份	农业劳动力总需求量	劳动力总供给量	转移潜力
2025	[6237,9446]	[28337,28426]	[18900,22100]
2030	[5313,8381]	[24626,24737]	[16356,19313]
2035	[4486,7385]	[19755,19806]	[12421,15269]
2050	[4354,6317]	[12348,13221]	[6904,7994]

说明：括号指的是预测的区间。劳动力总供给量的界定范围为16~64岁。

资料来源：课题组测算。

根据表6中的匡算，到2030年，农民工转移潜力将在16356万~19313万人。到2035年，农民工转移潜力将在12421万~15269万人。到2050年，农民工转移潜力将在6904万~7994万人。考虑到农业技术进步等因素，本研究进一步将劳动力总供给量的界定范围从16~64岁扩大到16~70岁，表7报告了放宽年龄范围下的未来农民工转移潜力测算。

表7 放宽年龄范围下未来农民工转移的潜力测算

单位：万人

年份	农业劳动力总需求量	劳动力总供给量	转移潜力
2025	[6237,9446]	[31750,31844]	[22304,25607]
2030	[5313,8381]	[28486,28603]	[20105,23290]
2035	[4486,7385]	[24318,24371]	[16933,19885]
2050	[4354,6317]	[14475,15344]	[8158,10990]

说明：括号指的是预测的区间。劳动力总供给量的界定范围为16~70岁。

资料来源：课题组测算。

根据表7中的匡算，到2030年农民工转移潜力将在20000万人以上，到2035年农民工转移潜力将在16933万~19885万人，到2050年，农民工转移潜力将在 8158 万~10990 万人。由此可见，未来农村地区从事非农就业的农村劳动力仍具有较大规模，农民工向城镇或非农产业转移仍具有较大潜力。

三　农民工高质量充分就业的诉求：来自网络大数据的证据

（一）资料来源

本部分的研究数据为全国性网络问政平台——人民网"地方领导留言板"的留言记录。人民网"地方领导留言板"于 2006 年 8 月运行，是人民网开辟的一个可供广大网民群众向省市县三级领导干部表达诉求、反映问题和提出建议的互动平台，其以问政的公开性获得了大量的关注。采用"地方领导留言板"作为研究数据也为许多学者使用[①]。进入大数据时代，网络成为公民表达自身观点的平台[②]。网络空间的开放性和匿名性为网民发表自身观点提供了方便。

首先，人民网"地方领导留言板"能够较为全面地反映农民工的利益诉求。当前"电视问政"节目多为地方电视台开设的电视节目，不仅具有非匿名性特点，而且一些实际诉求更容易受到地方政府影响。由人民网牵头的"地方领导留言板"因其具有匿名性特征，可以真实地反映广大农民工的诉求，所以其在很大程度上避免了地方政府对网民意见的选择性呈现，进而避免数据信息的不完全性。其次，人民网"地方领导留言板"为各级党政机关的决策提供新的民意渠道。例如山西、安徽等省份以"红头文件"的形式建立了回复办理"地方领导留言板"的工作机制，为"地方领导留言板"提供了制度保障。考虑到人民网牵头的"地方领导留言板"中首次出现农民工留言是 2011 年 5 月，因此本文研究数据的起始时间为 2011 年。

需要说明的是，在人民网"地方领导留言板"留言的农民工，意味着其

---

① 孟天广、李锋：《网络空间的政治互动：公民诉求与政府回应性——基于全国性网络问政平台的大数据分析》，《清华大学学报》（哲学社会科学版）2015 年第 3 期，第 17~29 页。

② Hague, B., Loader B., *Digital Democracy: Discourse and Decision Making in the Information Age*, Psychology Press, 1999.

是能上网的农民工，可能会存在样本选择性偏差。但是国家统计局发布的《农民工监测调查报告》的资料显示，2019年能上网的农民工占比为94.8%，处于较高的水平。笔者在对"地方领导留言板"中农民工留言进行整理时也发现，部分在互联网发声的农民工代表着周围工友的基本诉求或者是为周围的工友进行发声。例如，2011年12月，一位农民工以"求助吴书记帮我们这帮可怜的农民工吧"为题在人民网留言，为其他6名工友发声。因此，本文认为采用"地方领导留言板"的留言以此充分反映农民工群体的诉求是较为科学的，能够较为全面地反映农民工的诉求。

（二）研究方法

在大数据时代，受机器学习等技术的推动，越来越多的研究开始着眼于对结构化和半结构化信息进行挖掘。鉴于人民网"地方领导留言板"的留言是匿名性留言，无法获取留言者的个人基本信息，因此难以采用计量经济学分析方法进行分析。但是大数据的文本分析为更好地了解农民工群体的诉求提供了条件。文本分析的核心是对文字进行分类，在大数据时代，机器学习为自动分析文本提供了便利条件。基于此，本文采用机器学习中的词频统计方法对农民工群体在"地方领导留言板"中的留言进行文本分析。

首先，本文基于 Python 中的 Jieba 库对每一条留言进行中文分词；其次根据农民工社会融入各个方面，将筛选出的关键词进行分类；最后，通过计算关键词的词频（TF 值），反映该关键词的重要程度。TF 的计算方式如式（1）：

$$TF_{ij} = \frac{n_{ij}}{\sum n_{ij}} \tag{1}$$

其中，n_{ij} 表示关键词 i 在文本 j 中出现的频次。本文在计算过程中用文本的总词数作为分母对词频进行归一化处理。某个关键词的词频程度 TF 值越高，说明农民工对该关键词的诉求越强烈。

（三）农民工高质量充分就业的诉求分类

实现农民工高质量充分就业，是要通过就业提高农民工的生活品质、促进

人口高质量发展。因此，充分了解农民工群体在就业中存在的问题显得尤为重要。为此，本文将农民工就业方面的诉求分为薪酬诉求、劳动权益诉求两个方面。

第一，薪酬诉求。农民工离开农业生产从事非农就业的首要目的是获得非农就业收入，获得稳定的工资是农民工最基本的诉求。基于此，本文中的薪酬诉求指的是农民工留言中关于工资方面的诉求。根据对留言的整理，本文选取了"工资""工钱""欠""讨""薪""赖账""血汗钱""扣""结算""要钱""欠薪""拖延""催要"13个关键词①。

第二，劳动权益诉求。农民工进城务工在获得工资的基础上，其劳动权益一直都是被关注的热点。农民工劳动权益得到保障，是农民工高质量充分就业的重要标志之一。本文中的劳动权益诉求指的是农民工因在劳动过程针对自身享有的权利得不到保障而产生的诉求。根据对留言的整理，本文选取了"权益""公道""劳动法""死亡""伤""劳动仲裁""打""加班""安全""合同""和解""平等""病假""工伤""骨折""受伤""手术"17个关键词，以全面地反映农民工对劳动权益保障的诉求。

（四）结果分析

首先，本文对人民网"地方领导留言板"农民工留言数量进行整理，如图7所示。

从图7可以看出，自2011年起，农民工在人民网"地方领导留言板"的留言数量呈现整体上升的趋势，从2011年的376条增加到2023年的18399条。由此可见，进入大数据时代，越来越多的农民工选择通过在互联网发声以维护自身的合法权益。进一步，本文针对农民工就业中涉及的薪酬诉求和劳动权益诉求进行了词频统计分析。

在工资收入方面，表8汇总了2011～2023年农民工薪酬诉求的词频统计情况。

---

① 需要说明的是，"欠""薪"与"欠薪"二者含义不完全一致。如"老板欠了钱"该文本中只能筛选出关键词"欠"，但是无法筛选出"欠薪"这一关键词。

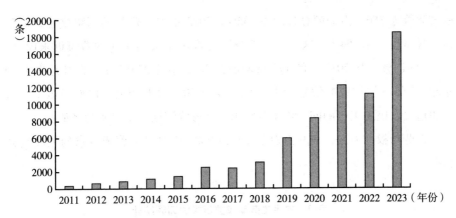

图 7　人民网"地方领导留言板"农民工留言数量

表 8　2011~2023 年农民工薪酬诉求的词频统计

薪酬诉求	2011年	2012年	2013年	2014年	2015年	2016年	2017年	2018年	2019年	2020年	2021年	2022年	2023年
工资	356	799	1154	1436	1856	3151	3400	4986	10246	15852	17312	15972	24815
工钱	49	73	112	158	155	309	244	378	759	744	973	762	1295
欠	173	412	654	893	973	1955	1992	3147	6644	9801	15092	14383	22583
讨	102	171	333	379	514	905	933	1468	2875	3016	3054	2759	3669
薪	42	62	154	148	199	420	434	545	1352	1292	1020	929	1373
赖账	2	1	4	2	2	0	6	5	22	11	12	9	10
血汗钱	77	127	258	366	399	846	802	1441	2283	2711	2690	2002	1324
扣	38	80	72	88	43	115	77	169	308	312	468	334	496
结算	13	39	67	90	56	136	126	322	651	673	1206	1115	1396
要钱	20	27	54	71	62	95	111	191	381	353	483	313	388
欠薪	5	18	23	29	32	107	126	123	379	420	403	373	552
拖延	3	15	18	26	21	28	40	64	112	106	161	175	193
催要	3	21	7	29	8	15	12	58	121	122	204	176	241
合计	883	1845	2910	3715	4320	8082	8303	12897	26133	35413	43078	39302	58335

资料来源：由笔者根据人民网"地方领导留言板"整理而得。

从表 8 中可以发现，农民工薪酬诉求的各个关键词的词频总数总体上呈现上升的趋势，从 2011 年的 883 条增加到 2023 年的 58335 条。从不同关键词上看，"工资"出现的词频数最高，"欠"的词频增长率较高。2011 年"工资"

的词频数为 356，占词频总数的 40.32%，2023 年"工资"的词频数为 24815，占词频总数的 42.54%，这表明"工资"是农民工最为主要的薪酬诉求内容。"欠"的词频数从 2011 年的 173 条增加到 2023 年的 22583 条，尤其是自 2020 年起，"欠"的词频数快速增多，2021 年至 2023 年始终在 14000 条以上，这表明拖欠农民工工资的问题仍十分突出，新冠疫情期间变得尤为严重。

在劳动权益方面，表 9 汇总了 2011~2023 年农民工薪酬诉求的词频统计情况。

表 9　农民工劳动权益诉求的词频统计

劳动权益诉求	2011年	2012年	2013年	2014年	2015年	2016年	2017年	2018年	2019年	2020年	2021年	2022年	2023年
权益	18	50	46	57	64	81	75	90	163	172	197	198	158
公道	29	67	73	65	72	172	145	248	382	400	439	361	553
劳动法	14	24	17	27	24	15	17	44	48	44	52	32	37
死亡	10	9	19	17	7	19	29	8	16	1	7	5	3
伤	71	280	216	275	256	364	238	339	706	369	376	628	463
劳动仲裁	4	29	26	10	20	33	18	29	61	53	80	36	15
打	251	450	637	688	714	1264	1264	1883	3031	2878	3577	3205	3788
加班	25	20	12	28	24	35	42	84	125	94	151	160	300
安全	56	49	65	62	69	78	101	120	227	145	70	100	101
合同	121	190	186	242	183	360	299	601	1156	881	1519	1330	1375
和解	3	4	2	4	7	3	5	10	22	15	2	1	4
平等	5	9	4	17	2	7	14	7	14	7	8	9	4
病假	3	2	0	3	2	1	0	1	2	0	0	2	0
工伤	19	140	73	98	114	142	70	131	244	138	101	256	172
骨折	9	24	28	39	19	61	55	52	133	63	79	137	138
受伤	10	28	31	38	40	70	45	65	171	90	107	143	102
手术	17	27	23	45	27	48	44	55	148	53	78	118	135
损坏	2	1	4	0	1	7	5	2	10	4	9	11	3
合计	667	1403	1462	1715	1645	2760	2466	3769	6659	5407	6852	6732	7351

说明：由笔者根据人民网"地方领导留言板"整理而得。

从表 9 中可以得出，农民工劳动权益诉求的各个关键词的词频总数也呈现总体上升的趋势，从 2011 年的 667 条增加到 2023 年的 7351 条。从不同关键词上看，首先，农民工被打受伤的问题较为突出。"打"的词频数从 2011 年

的 251 条增加到 2023 年的 3788 条，占词频总数也相应地从 2011 年的 37.63%
增加到 2023 年的 51.53%。"伤"、"工伤"、"骨折"、"受伤"和"手术"的
词频数也从 2011 年的 71 条、19 条、9 条、10 条和 17 条，增加到 2023 年的
463 条、172 条、138 条、102 条和 135 条，总体上均呈现上升趋势。通过词频
统计分析可以得出，农民工在工作中被打甚至受伤的现象时有发生，这反映了
农民工劳动权益难以得到有效保障。其次，农民工合同签订难以得到保障。
"合同"这一关键词在农民工劳动权益诉求中的词频数也处于较高水平。"合
同"的词频数从 2011 年的 121 条增加到 2023 年的 1375 条。"劳动法"的词频
数从 2011 年的 14 条增加到 2023 年的 37 条，这表明农民工对与用人单位签订
合同不满意以及自身权益难以与《劳动法》相匹配等问题较为突出。最后，
农民工工作时间长的问题也较为突出。"加班"一词的词频数从 2011 年的 25
条增加到 2023 年的 300 条，农民工工作时间长的问题依然十分突出。

根据表 8 和表 9 的统计，本文发现当前农民工在薪酬、劳动权益上具有充
分诉求。但是表 8 和表 9 的量化统计只能初步反映出农民工各类诉求的基本情
况，为了进一步全面地了解农民工在上述各个方面的诉求，本文重点比较了分
年份两类诉求的诉求度（TF 值），如图 8 所示。

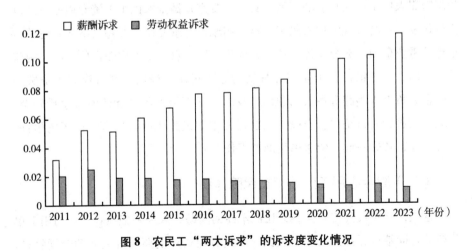

图 8 农民工"两大诉求"的诉求度变化情况

从图 8 中可以得出，薪酬的诉求度（TF 值）从 2011 年的 0.027 增加到
2023 年的 0.099，整体呈现增长的趋势，而劳动权益的诉求度（TF 值）从

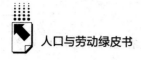

2011年的0.017下降到2023年的0.009。这表明，当前农民工就业中存在的问题以薪酬诉求为主（如工资拖欠），劳动权益诉求在近年来逐步得到了改善。

四　构建农民工的包容性就业政策体系

实现农民工高质量充分就业，政策层面要加快构建包容性就业政策体系，要全方位保障农民工依法获得薪酬、健全农民工劳动权益保障体系和提供全生命周期的就业培训服务体系。

（一）全方位保障农民工依法获得薪酬

治理农民工工资拖欠行为，关系着2.9亿名农民工的切身利益，是顺应广大农民工诉求的重要举措。首先，要规范企业工资支付方式，不得以收入未到位为由克扣农民工工资。重点是要全面开展欠薪排查，摸清"欠薪"家底，对恶意拖欠农民工工资的用人单位依法限期整改，对于拒不改正的依法追究企业的法律责任。取消农民工工资维权案件的受理期限，避免因企业恶意拖延时间而阻碍农民工维权行动的开展。其次，要完善健全农民工工资专用账户。以银行代发工资的方式实现农民工工资专用账户专款专用，并将其纳入年终单位审计的重要事项。充分发挥大数据的优势，建立农民工专用账户信息库。构建政府部门、开户银行和企业三方联动的保障机制。最后，针对拖欠工资数额大、企业负责人跑路等重大问题，应及时依托工资保障金和政府应急周转金，对农民工进行先行垫付。农民工维权过程中如发生恐吓、伤害农民工的事件，发现一起，查处一起，依法追究刑事责任。

（二）健全农民工劳动权益保障体系

首先，针对农民工合同签订比例不高的问题，未来要狠抓农民工与用工单位劳动合同签订，按照《中华人民共和国劳动法》的要求规范劳动合同签订，将先签合同后工作的要求落到实处，建立农民工实名制管理制度。其次，针对农民工工伤难以认定以及赔付难以兑现的诉求，未来要进一步建立农民工工伤保险制度，并细化保险制度的行业类型。针对部分农民工处于高强度工作行业，调整不同的赔付额度。细化保险制度的行业类型以及赔付标准。针对维权难、多头跑等问题，加强一站式调解中心建设，探索"人社+工会+法院+N"的劳动争议多元化解机制。再次，针对农民工工作时间长并难以实现带薪休假的诉求，未来要依据《中华人民共和国劳动法》，规范企业单位的用工时间，尽可能减少农民工的非自愿性过度劳动。最后，重视高龄农民工的就业权益。对高龄农民工的就业不宜采取年龄"一刀切"做法，根据不同就业工种的技能和职责要求制定与之相匹配的年龄"上限"，适当增加城市运行保障、公共环境维护、社区公共服务等公益性岗位，实现高龄农民工多渠道就业。

（三）提供全生命周期的就业服务

实现农民工高质量充分就业，关键要持续做好就业服务工作，打好全生命周期的"就业服务牌"，以更好地帮助不同年龄阶段农民工积极应对复杂多变的经济市场环境。拓展就业渠道，稳定现有就业岗位、创造更多就业机会、支持农民工多渠道灵活就业。加快零工市场或劳务市场的建设，搭建企业用工余缺调剂平台，鼓励中青年农民工就地就近就业。加大就业宣传，通过入户宣传解读，充分利用互联网、手机 App 等线上服务功能及时开展招聘、用工信息线上推送服务，在主要乡镇定期开展线下就业政策宣传会，依托乡村公告栏等方式提供就业信息服务，举办就业帮扶招聘会。依托"点对点""一站式"就业帮扶模式为失业的中青年农民工优先提供转岗就业机会。为高龄农民工提供劳动强度较轻、技能要求较低岗位，积极开发适合高龄农民工群体就业的本地公益性岗位和日常照料等生活性服务业就业岗位。加强就业技能培训，既要重理论、又要重实践，坚持技能培训与农民工实际需求相匹配的基本原则，避免技能培训内容的同质化、形式化。针对本地农民工要加强设施农业与装备、农产品加工、市场营销、农村电商等方面的技能培训，针对外出农民工应加强生产制造业、建筑业、服务业、餐饮业等方面的技能培训。

G.17
以性别平等促进高质量充分就业

王美艳*

摘　要： 中国在促进就业性别平等方面做出了一系列努力，取得了显著成就。然而，女性与男性在就业方面仍存在一定差距，实现性别就业平等并以性别平等促进高质量充分就业，尚有较长的路要走。提高全社会的性别平等观念，大力完善婴幼儿照料和托幼服务体系，减少劳动力市场上对女性劳动力的歧视，有助于以性别平等促进高质量充分就业。

关键词： 性别差距　性别平等　高质量充分就业

引　言

习近平总书记在主持中共中央政治局就促进高质量充分就业进行的第十四次集体学习时发表重要讲话，阐释了就业在党和国家事业全局中的战略性基础性作用，全面总结了新时代我国就业工作取得的历史性成就和宝贵经验，深刻阐明了促进高质量充分就业的基本内涵、实践要求和重点任务。习近平总书记强调，促进高质量充分就业，是新时代新征程就业工作的新定位、新使命；要持续促进就业质的有效提升和量的合理增长，不断增强广大劳动者的获得感、幸福感、安全感。

党的十八大以来，以习近平同志为核心的党中央把就业工作摆在治国理政的突出位置，坚持党对就业工作的全面领导，强化就业优先政策，健全就业促进机制，有效应对各种压力挑战，为民生改善和经济发展提供了重要支撑。促

---

* 王美艳，经济学博士，中国社会科学院人口与劳动经济研究所研究员，主要研究方向为劳动力迁移、劳动力市场。

进高质量充分就业，必须坚持把就业作为民生之本，坚持实施就业优先战略，坚持依靠发展促进就业，坚持扩大就业容量与提升就业质量相结合，坚持突出抓好重点群体就业，坚持创业带动就业，坚持营造公平就业环境，坚持构建和谐劳动关系。

党的二十大着眼扎实推进高质量发展和全体人民共同富裕，作出了促进高质量充分就业的重大部署。在宏观层面，高质量充分就业主要包括就业机会充分、就业环境公平、就业结构优化、人岗匹配高效、劳动关系和谐等；在微观层面，高质量充分就业主要表现为劳动者不仅有活干，而且工作稳定、收入合理、保障可靠、职业安全等。促进高质量充分就业，必须坚持突出抓好重点群体就业。这其中既包括做好高校毕业生、农民工等重点群体就业工作，也包括加强对大龄、残疾、较长时间失业等就业困难群体的兜底，做好退役军人、妇女等群体就业工作。做好妇女群体就业工作，促进就业性别平等，是实现高质量充分就业的重要途径，同时也是高质量充分就业的重要目标。

近年来，中国在促进就业性别平等方面做出了一系列努力，取得了显著成就。然而，女性与男性在就业方面仍存在一定差距，实现性别就业平等并以性别平等促进高质量充分就业，尚有较长的路要走。以性别平等促进高质量充分就业，需要从高质量充分就业的基本内涵出发，从多个视角和多个维度进行分析，而不仅仅是传统意义上的缩小收入方面的性别差距。

自 2006 年起，世界经济论坛（World Economic Forum）每年发布《全球性别差距报告》（*Global Gender Gap Report*）。《2024 年全球性别差距报告》显示，全球性别差距指数为68.5%[①]；2006 年 85% 的国家消除了 60% 以上的性别差距，目前已有 97% 的国家消除了 60% 以上的性别差距。按目前的速度，实现全球性别平等还需要 134 年。由此来看，性别差距是全球范围内的普遍现象，并不是中国独有。本文将综合利用世界银行世界发展指数数据库、国际劳工组织数据库和《全球性别差距报告》数据等多种来

---

① 这个报告系列中发布的一个重要指标是全球性别差距指数（The Global Gender Gap Index），这一指数以 0~100 分制度来衡量得分，得分的含义是已经消除的性别差距所占的百分比。该指数越大，表示性别平等程度越高。

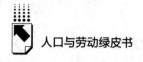
源的数据①，从劳动参与、就业、时间分配，以及工资收入等方面，细致分析和描述中国的性别平等状况，讨论现阶段存在的问题和挑战②，并提出以性别平等促进高质量充分就业的政策建议。

一　劳动参与和就业的性别平等状况

（一）劳动参与率

劳动参与率是指经济活动人口占劳动年龄人口的比例，它是反映劳动参与状况的最重要指标。与其他国家相比，中国的劳动参与率明显更高，而且对女性和男性均是如此（见图1）。世界银行世界发展指数数据库数据显示，1990年代以来，德国、法国、英国、日本和美国等国家女性的劳动参与率处于45%~60%，而中国女性的劳动参与率则处于60%~75%，远高于这些国家。中国男性的劳动参与率同样高于德国、法国、英国、日本和美国等国家。

但需要指出的是，德国、法国、英国、日本和美国等国家女性的劳动参与率呈现上升趋势，而中国女性的劳动参与率则呈现明显的下降趋势。对男性而言，德国、法国、英国、日本和美国等国家的劳动参与率呈现下降趋势，中国同样呈现下降趋势，而且下降的速度更快。由此，不论女性还是男性，中国的劳动参与率比其他国家高出的幅度均显著缩小。

我们可以从女性与男性劳动参与率之比来观察劳动参与率的性别差距。图2显示，1990年代以来，德国、法国、英国、日本和美国等国家的女性与男性劳动参与率之比均呈现显著的上升趋势。也就是说，这些国家女性与男性的劳动参与率差距呈现缩小趋势。值得指出的是，日本的女性与男性劳动参与率之比明显低于德国、法国、英国和美国，表明日本女性与男性劳动参与率的差距远大于这些国家。

---

① 世界经济论坛《全球性别差距报告》中发布的数据来自不同的机构，包括国际劳工组织、联合国教科文组织、世界银行和世界卫生组织等，数据年份不一致。本研究中使用《全球性别差距报告》中的数据时，年份指的是数据所在报告的出版年份。

② 我们在诸多分析中还选取了德国、法国、英国、日本、美国与中国进行比较观察。

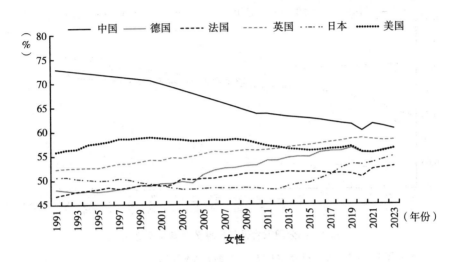

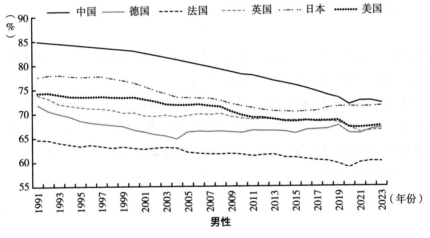

图1　部分国家女性与男性劳动参与率状况

注：图中劳动参与率是指15岁及以上人口的劳动参与率。
资料来源：世界银行世界发展指数数据库。

　　中国的状况则完全不同。1990年以来，女性与男性劳动参与率之比呈现U形：先是不断下降，2010年降至最低点，此后则呈现上升趋势，但上升趋势非常平缓，迄今仅恢复至2003年左右的水平。这表明，中国女性与男性的劳动参与率差距先是扩大，之后有所缩小。多项研究表明，中国劳动参与率存

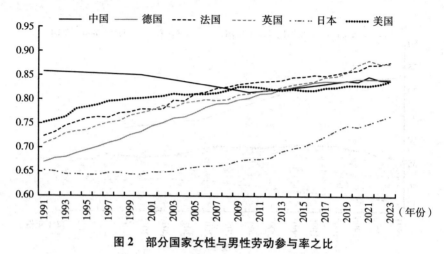

图 2　部分国家女性与男性劳动参与率之比

注：图中劳动参与率是指 15 岁及以上人口的劳动参与率。

资料来源：世界银行世界发展指数数据库。

在明显的性别差距①②③。目前，中国女性与男性劳动参与率的差距与德国、法国、英国和美国相差不多，但远小于日本。

总结起来，与其他国家相比，中国女性和男性的劳动参与率均明显更高，但高出的幅度在显著缩小。中国女性与男性的劳动参与率差距先是扩大，之后有所缩小。中国女性与男性劳动参与率的差距与德国、法国、英国和美国相差不多，但远小于日本。

（二）就业率

就业率是指就业人口占劳动年龄人口的比例，它同样是反映就业状况的重要指标之一。与其他国家相比，中国女性的就业率明显更高（见图 3）。世界银行世界发展指数数据库数据显示，1990 年代以来，德国、法国、英国、日本和美国等国家女性的就业率处于 40%～60%，而中国女性的就业率则处于

①　杨菊华：《时间利用的性别差异——1990～2010 年的变动趋势与特点分析》，《人口与经济》2014 年第 5 期。

②　许敏波、李实：《中国城镇劳动参与率的结构和趋势——基于家庭微观调查的证据》，《安徽师范大学学报》（人文社会科学版）2019 年第 1 期。

③　都阳、贾朋：《劳动供给与经济增长》，《劳动经济研究》2018 年第 3 期。

57%～72%，远高于这些国家。中国男性的就业率同样高于德国、法国、英国、日本和美国等国家，只是在最近几年被日本超过。

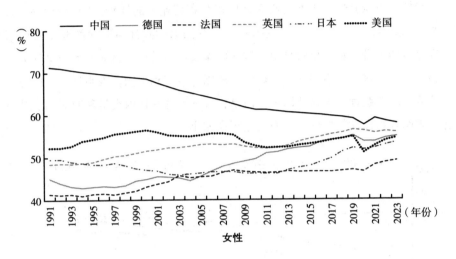

女性

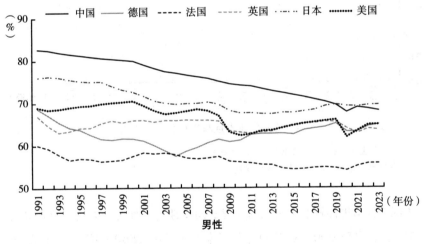

男性

图3　部分国家女性与男性就业率状况

注：就业率是指15岁及以上人口的就业率。

资料来源：世界银行世界发展指数数据库。

但需要指出的是，德国、法国、英国、日本和美国等国家女性的就业率呈现上升趋势，而中国女性的就业率则呈现明显的下降趋势。因此，中国女性就业率比这些国家高出的幅度显著缩小。对男性而言，中国和日本的就业率呈现较为明显的下降趋势，德国、法国、英国和美国的下降趋势不甚明显，处于波动状态。

我们可以从女性与男性就业率之比来观察就业率的性别差距。图4显示，1990年代以来，德国、法国、英国和美国等国家的女性与男性就业率之比均呈现显著的上升趋势。也就是说，这些国家女性与男性的就业率差距呈现缩小趋势。日本的这一比值明显低于德国、法国、英国和美国，表明日本女性与男性就业率的差距远大于这些国家。但是，日本的这一比值也呈现明显的上升趋势，表明日本女性与男性就业率的差距在缩小。

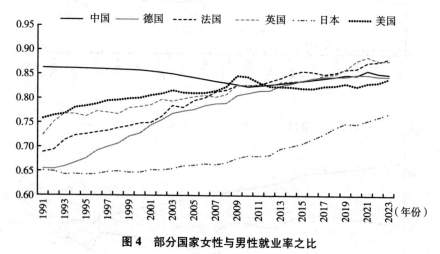

图4 部分国家女性与男性就业率之比

注：就业率是指15岁及以上人口的就业率。
资料来源：世界银行世界发展指数数据库。

中国女性与男性就业率之比的状况，同女性与男性劳动参与率之比状况非常类似，同样呈现U形：自1990年代以来不断下降，2010年降至最低点，此后则呈现上升趋势，但上升趋势非常平缓，迄今仅恢复至2003年左右的水平。也就是说，中国女性与男性就业率的差距先是扩大，之后有所缩小。目前，中国女性与男性就业率的差距与德国、法国、英国和美国相差不多，但远小于日本。

总结起来，与其他国家相比，中国女性的就业率明显更高，但高出的幅度在显著缩小。中国女性与男性就业率的差距先是扩大，之后有所缩小。目前，中国女性与男性就业率的差距与德国、法国、英国和美国相差不多，但远小于日本。

二 职业的性别平等状况和脆弱就业状况

（一）职业

职业分布是反映就业状况的重要维度。世界经济论坛《全球性别差距报告》显示，与其他国家相比，中国高级官员和管理人员中的女性比例相对较低（见图5）。2021年，德国的这一比例接近30%，法国和英国的这一比例在35%左右，美国则超过40%。中国的这一比例仅为16.8%，与日本水平相当（14.7%）。

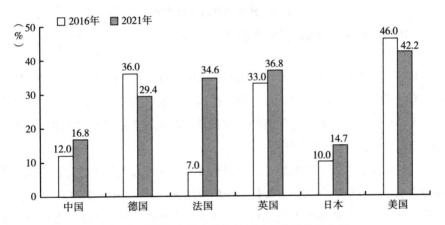

图5 部分国家高级官员和管理人员中的女性比例

资料来源：世界经济论坛《全球性别差距报告》。

但值得指出的是，2016~2021年，德国和美国高级官员和管理人员中的女性比例均有所下降，分别下降了6.6个和3.8个百分点。与法国、英国和日本相同的是，中国的这一比例有所上升。从2016年到2021年，中国高级官员和管理人员中的女性比例提高了4.8个百分点。

世界经济论坛《全球性别差距报告》显示，与其他国家相比，中国董事会中的女性比例也相对较低（见图6）。2024年，法国的这一比例最高，超过45%，英国的这一比例也超过40%，德国为37.2%，美国超过30%。中国的这一比例仅为14.8%，与日本水平相当（15.5%）。

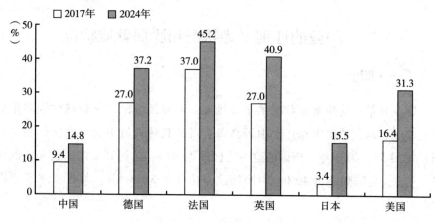

图6　董事会中的女性比例

资料来源：世界经济论坛《全球性别差距报告》。

2017~2024 年，中国、德国、法国、英国、日本和美国董事会中的女性比例均有所提高。但值得注意的是，中国提高的幅度仅为 5.4 个百分点，在这些国家中是最低的。其他国家提高的幅度最低也超过 8 个百分点（法国），美国的提高幅度达到 14.9 个百分点。

总结起来，与其他国家相比，中国高级官员和管理人员中的女性比例，以及董事会中的女性比例均相对较低。但值得指出的是，2016~2021 年，中国高级官员和管理人员中的女性比例提高了 4.8 个百分点，董事会中的女性比例提高了 5.4 个百分点。

（二）脆弱就业

世界银行世界发展指数数据库中，有一个指标为脆弱就业率，是指从事脆弱就业人口占总就业人口的比例。此处的脆弱就业包括家庭帮工（Contributing Family Workers）和自营劳动者（Own-account Workers）。中国的脆弱就业率显著高于其他国家，而且女性和男性均是如此（见图 7）。

但需要指出的是，不论女性还是男性，中国的脆弱就业率均呈现明显的下降趋势，这与日本的情况完全相同。德国、法国和美国女性的脆弱就业率维持在相对稳定的水平，而英国的脆弱就业率呈现上升趋势。

我们可以从女性与男性脆弱就业率之比来观察脆弱就业率的性别差距。图 8

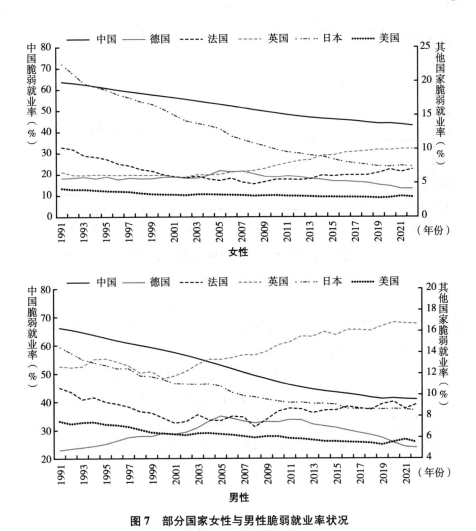

图7 部分国家女性与男性脆弱就业率状况

注：两图均为双轴折线图，左轴代表中国的脆弱就业率，右轴代表德国、法国、英国、日本和美国的脆弱就业率。

资料来源：世界银行世界发展指数数据库。

　　显示，1990年代以来，德国、法国和日本的女性与男性脆弱就业率之比整体而言呈现下降趋势，只是在最近几年又略有上升。也就是说，女性与男性的脆弱就业率差距整体呈现缩小趋势。英国和美国的女性与男性脆弱就业率之比维持在相对稳定的水平，变化不大。

　　中国的状况与这些国家差别较大。女性与男性的脆弱就业率之比呈现上升

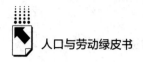

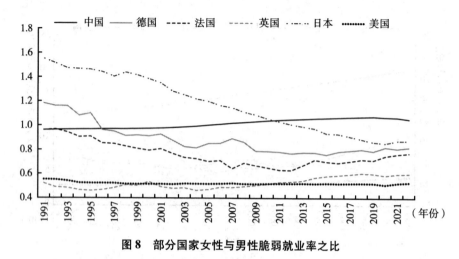

图8　部分国家女性与男性脆弱就业率之比

资料来源：世界银行世界发展指数数据库。

趋势，尽管上升趋势较为平缓。也就是说，中国女性与男性的脆弱就业率差距在扩大。2005年，中国女性与男性的脆弱就业率之比超过了1，表明女性的脆弱就业率超过了男性，而且女性超过男性的幅度在扩大。这点值得引起高度关注。在德国、法国、英国、日本和美国，目前女性的脆弱就业率均低于男性。

总结起来，中国女性和男性的脆弱就业率均显著高于其他国家，但呈现明显的下降趋势。但值得引起高度关注的是，中国女性的脆弱就业率超过了男性，而且女性超过男性的幅度在扩大。

三　时间分配的性别平等状况

（一）工作时间

工作时间是反映就业状况的重要指标。国际劳工组织数据库中，有一个指标为平均周工作时间。中国就业人口的平均周工作时间显著多于其他国家，而且女性和男性均是如此（见图9）。过去10年间，中国女性和男性的平均周工作小时数大致分别为44个小时和46个小时。

但需要指出的是，中国女性的平均周工作时间呈现微弱的下降趋势，这与

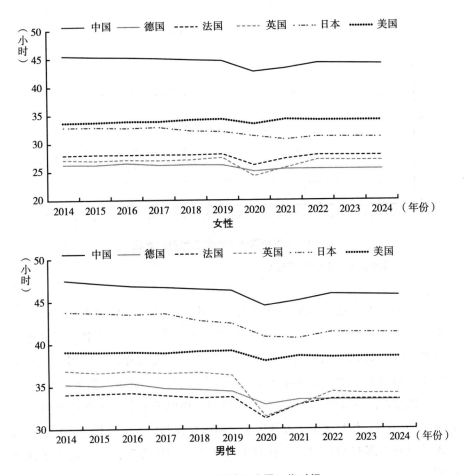

图9 女性和男性平均周工作时间

资料来源：国际劳工组织数据库。

德国和日本的状况非常类似。就法国、英国和美国而言，女性的平均周工作时间维持在相对稳定的水平。就男性而言，各国男性的平均周工作时间均呈现微弱的下降趋势。

我们可以从女性与男性平均周工作时间之比来观察就业的性别差距。图10显示，过去10年间，英国和美国的女性与男性平均周工作时间之比呈现微弱的上升趋势。德国、法国和日本的女性与男性平均周工作时间之比维持在相对稳定的水平，变化不大。

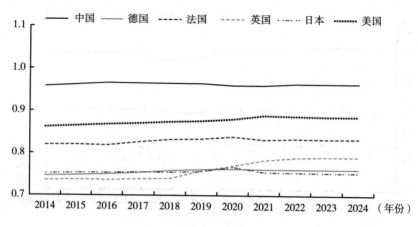

图10 女性和男性平均周工作时间之比

资料来源：国际劳工组织数据库。

中国的状况与这些国家差别较大。女性与男性的平均周工作时间之比最高，一直在0.95以上。法国和美国的女性与男性平均周工作时间之比处于0.8~0.9，德国、英国和日本处于0.7~0.8。也就是说，中国女性与男性的工作时间差距微小，远小于德国、法国、英国、日本和美国。

总结起来，中国女性和男性就业人口的平均周工作小时数分别为44个小时和46个小时，均显著多于其他国家。中国女性和男性的平均周工作时间均呈现微弱的下降趋势。中国女性与男性的工作时间差距微小，远小于其他国家。

（二）无偿家务和照料劳动时间

无偿家务和照料劳动显然不属于就业。然而，从事无偿家务和照料劳动的时间却能从另一个侧面反映性别平等状况。世界银行世界发展指数数据库中，有一个指标为无偿家务和照料劳动（Unpaid Domestic and Care Work）比例，是指一天24小时中用于无偿家务和照料劳动的时间所占的比例。中国女性的无偿家务和照料劳动时间比例与其他国家差别不大，在15%左右（见表1）。男性的无偿家务和照料劳动比例在6%左右，远高于日本，但低于德国、法国、英国和美国。

表1 女性和男性的无偿家务和照料劳动时间比例

单位：%

年份	女性						男性					
	中国	德国	法国	英国	日本	美国	中国	德国	法国	英国	日本	美国
2008	16.2					15.6	6.2					9.4
2009						15.9						9.8
2010			15.8			15.3			9.5			9.9
2011					15.6	15.2					3.0	9.7
2012						15.3						9.3
2013		16.4				15.6		10.4				9.7
2014						15.5						9.7
2015				12.7		15.9				7.0		9.8
2016					15.1	15.9					3.1	9.8
2017						15.4						9.9
2018	15.3					15.4	5.9					9.5

注：无偿家务和照料劳动比例是指一天24小时中用于无偿家务和照料劳动时间所占的比例；除美国外，其他国家均只在个别年份有数据。

资料来源：国际劳工组织数据库。

特别值得指出的是，这些国家女性的无偿家务和照料劳动时间比例均显著高于男性（见表2）。日本无偿家务和照料劳动比例的性别差距最大，2011年和2016年分别达到12.6个和12.0个百分点。这表明，日本女性承担无偿家务和照料劳动的时间比男性高出的幅度大于其他国家。在中国，2008年和2018年女性的这一比例分别高出男性10.0个和9.4个百分点，仅略低于日本。德国、法国、英国和美国这一比例的性别差距均在6个百分点左右。

表2 女性和男性的无偿家务和照料劳动时间比例差距

单位：百分点

年份	中国	德国	法国	英国	日本	美国
2008	10.0					6.2
2009						6.1
2010			6.3			5.4
2011					12.6	5.5
2012						6.0

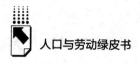

续表

年份	中国	德国	法国	英国	日本	美国
2013		6.0				5.9
2014						5.8
2015				5.7		6.1
2016					12.0	6.1
2017						5.5
2018	9.4					5.9

资料来源：国际劳工组织数据库。

根据无偿家务和照料劳动比例，我们计算了一天 24 小时中用于无偿家务和照料劳动的时间。我们发现，中国女性的无偿家务和照料劳动时间一天大致为 4个小时，与其他国家差别不大（见表 3）。男性的无偿家务和照料劳动时间一天大致为 1.5 个小时，远多于日本，但少于德国、法国、英国和美国。

表 3 女性和男性的无偿家务和照料劳动时间

单位：小时

年份	女性						男性					
	中国	德国	法国	英国	日本	美国	中国	德国	法国	英国	日本	美国
2008	3.9					3.8	1.5					2.3
2009						3.8						2.3
2010			3.8			3.7			2.3			2.4
2011					3.8	3.6					0.7	2.3
2012						3.7						2.2
2013		3.9				3.7		2.5				2.3
2014						3.7						2.3
2015				3.0		3.8				1.7		2.3
2016					3.6	3.8					0.8	2.4
2017						3.7						2.4
2018	3.7					3.7	1.4					2.3

注：无偿家务和照料劳动是指一天 24 小时中用于无偿家务和照料劳动的时间；除了美国外，其他国家均只在个别年份有数据。

资料来源：国际劳工组织数据库。

特别值得指出的是，这些国家女性的无偿家务和照料劳动时间均显著多于男性（见表4）。日本无偿家务和照料劳动时间的性别差距最大，2011年和2016年一天分别达到3.1个和2.8个小时。这表明，日本女性承担无偿家务和照料劳动的时间比男性高出的幅度大于其他国家。在中国，2008年和2018年女性的无偿家务和照料劳动时间分别高出男性2.4个和2.3个小时，仅略低于日本。

表4　女性和男性的无偿家务和照料劳动时间差距

单位：小时

年份	中国	德国	法国	英国	日本	美国
2008	2.4					1.5
2009						1.5
2010			1.5			1.3
2011					3.1	1.3
2012						1.5
2013		1.4				1.4
2014						1.4
2015				1.3		1.5
2016					2.8	1.4
2017						1.3
2018	2.3					1.4

资料来源：国际劳工组织数据库。

总结来看，中国女性的无偿家务和照料劳动时间一天大致为4个小时，男性一天大致为1.5个小时，女性的无偿家务和照料劳动时间显著多于男性。女性的无偿家务和照料劳动时间比男性高出的幅度仅略小于日本，远远多于德国、法国、英国和美国。

四　工资收入的性别平等状况

工资收入状况是反映就业状况的重要方面。与之相对应，工资收入性别平等状况能够在一定程度上反映就业的性别平等状况。在世界经济论坛发布的《全球性别差距报告》中，既有主观层面反映工资性别平等状况的指标，又有客观层面反映工资性别平等状况的指标。

《全球性别差距报告》中主观层面的反映工资性别平等状况的指标，是反映同工同酬程度（Wage Equality for Similar Work）的性别差距指数。这一指数是根据世界经济论坛专家意见调查中关于"在你的国家，从事同样工作的女性与男性的工资平等状况如何（1＝完全不平等，女性工资显著低于男性；7＝完全平等，女性工资与男性相同）"的回答计算出来的，以 0～1 来衡量，含义是已经消除的工资性别差距占全部的比值。该指数越大，表示工资的性别平等程度越高。

根据《2024 年全球性别差距报告》（Global Gender Gap 2024），与德国、法国、英国、日本与美国相比，中国反映同工同酬程度的性别差距指数相对较高，这意味着中国工资的性别平等程度较高（见图 11）。例如，2024 年，中国的性别工资平等指数为 0.76，是这几个国家中最高的。

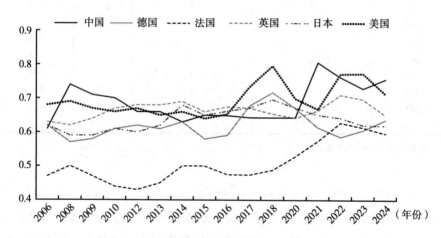

图 11　反映同工同酬程度的性别差距指数

说明：一些年份《全球性别差距报告》未发布，数据缺失。
资料来源：世界经济论坛《全球性别差距报告》（历年）。

从变动趋势看，中国和法国反映同工同酬程度的性别差距指数呈现上升趋势。2006～2024 年，中国的这一指数从 0.61 上升到 0.76；法国的这一指数从 0.47 上升到 0.60。德国、英国、日本和美国的这一指数处于波动状态，保持在较为稳定的水平。

《全球性别差距报告》中客观层面反映工资性别平等状况的指标，是估算收入（Estimated Earned Income）的性别差距指数。该指数是使用女性与男性在经济活动人口中占比（来自国际劳工组织）、女性与男性工资比（来自国际劳工组织）、以2017年不变价国际美元衡量的国内生产总值（来自国际货币基金组织），以及女性与男性在人口中占比（来自世界银行）计算出来的。计算该指数依据的是联合国开发计划署人类发展报告办公室计算性别发展指数的方法。这一指数同样以0~1来衡量，含义是已经消除收入性别差距占全部的比值。该指数越大，表示收入的性别平等程度越高。

根据《2024年全球性别差距报告》（*Global Gender Gap 2024*），与德国、法国、英国、日本与美国相比，中国估算收入的性别差距指数处于中等水平（见图12）。例如，2024年，中国估算收入的性别差距指数为0.64，高于英国、日本和德国，低于美国和法国。

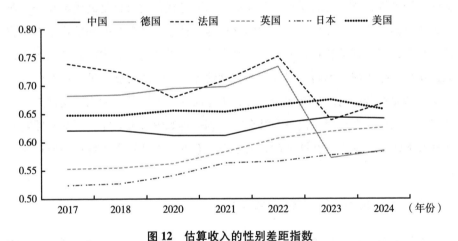

图12 估算收入的性别差距指数

说明：《2019年全球性别差距报告》未发布，数据缺失。
资料来源：世界经济论坛《全球性别差距报告》（历年）。

从变动趋势看，英国和日本估算收入的性别差距指数呈现上升趋势，德国和法国估算收入的性别差距指数整体而言呈现下降趋势。2017~2024年，英国的这一指数从0.55上升到0.63，日本的这一指数从0.52上升到0.58；德国的这一指数从0.68下降到0.59，法国的这一指数从0.74下降到0.67。中国

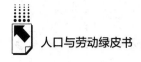
和美国处于较为稳定的水平，分别在0.63和0.67左右。这表明，英国和日本估算收入的性别差距有所缩小，德国和法国的性别差距有所扩大，中国和美国则变化不大。

总结来看，不论是主观层面的指标还是客观层面的指标，均显示中国仍存在一定程度的性别工资收入差距。从主观层面的指标看，与其他国家相比，中国的工资收入性别平等程度较高，工资收入的性别差距呈现缩小趋势。从客观层面的指标看，与其他国家相比，中国的工资收入性别平等程度处于中等水平，且工资收入的性别差距较为稳定。

五 以性别平等促进高质量充分就业

促进高质量充分就业，是新时代新征程就业工作的新定位、新使命。促进就业性别平等，是实现高质量充分就业的重要途径，同时也是高质量充分就业的重要目标。前文的分析表明，中国女性与男性在劳动参与率和就业率方面均存在差距；高级官员和管理人员中的女性比例，以及董事会中的女性比例均较低；女性的脆弱就业率高于男性，而且女性超过男性的幅度在扩大；女性的无偿家务和照料劳动时间显著多于男性，工作时间与男性基本相当；女性与男性的工资收入仍存在差距。提高全社会的性别平等观念、大力完善婴幼儿照料和托幼服务体系、减少对女性劳动力的歧视，有助于以性别平等促进高质量充分就业。

（一）提高全社会的性别平等观念

人们的选择和行为普遍受到社会规范和社会观念的影响。对韩国和日本的分析表明，在女性受教育程度提升和保持一定的劳动参与率时，男女两性的家庭角色并未发生相应的改变，从而使女性承受兼顾工作与家庭的双重压力[①]。一些调查数据显示，当工作岗位稀缺的时候，女性和男性都认为，应该是男性首先排队寻找工作。在这种社会规范和社会观念下，劳动力市场上的性别平等很难实现。而且研究发现，性别观念对女性的作用明显强于男性；如果男性拥

---

① 郑真真：《中国生育转变》，社会科学文献出版社，2022。

有更为平等的性别观念，他们会更多地参与家务劳动；如果女性拥有更为平等的性别观念，她们的家务负担将有较大减轻，且减轻幅度大于拥有性别平等观念男性家务劳动时间增加的幅度①。

由此可见，提高全社会的性别平等观念，倡导男性承担更多的家务劳动、育儿和照料等家庭责任，实现家庭内部夫妻之间的公平，对促进就业的性别平等至关重要。中国需要进一步加大相关法律法规的执行力度，大力倡导全社会的性别平等观念，促进性别平等。

（二）完善婴幼儿照料和托幼服务体系

世界经济论坛发布的《2024 年全球性别差距报告》（ *Global Gender Gap 2024*）认为，照护责任的增加进一步影响了女性劳动力在劳动力市场上的参与度。这一观点凸显出建立公平完善的婴幼儿照料和托幼服务体系的重要性。近年来，中国进行了一系列生育政策的调整，2021 年"全面三孩"政策的实施更使得女性面临巨大的育儿和照料压力。在这种情况下，必须大力完善婴幼儿照料和托幼服务体系，减轻女性的育儿和照料负担。

党的二十大报告提出，优化人口发展战略，建立生育支持政策体系，降低生育、养育、教育成本。党的二十届三中全会通过的《中共中央关于进一步全面深化改革、推进中国式现代化的决定》对健全人口发展支持和服务体系作出重大部署。决定中提到，加强普惠育幼服务体系建设，支持用人单位办托、社区嵌入式托育、家庭托育点等多种模式发展。中国仍需进一步落实并不断完善相关政策，减轻女性的育儿和照料负担，提高女性劳动力的劳动力市场参与度。

（三）减少劳动力市场上对女性劳动力的歧视

世界经济论坛提出"2030 年全球性别平等冲刺"的行动倡议，旨在重塑劳动力市场，完善产业制度，并将性别平等纳入全球技术、气候和照护转型，从而推动实现经济性别平等。《2024 年全球性别差距报告》认为，只有实现性

---

① 杨菊华：《时间利用的性别差异——1990~2010 年的变动趋势与特点分析》，《人口与经济》2014 年第 5 期。

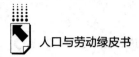

别平等，才能实现公平和可持续的增长。据世界银行推算，缩小就业和创业等领域的性别差距可以使全球 GDP 增长 20%。前文的分析表明，中国不仅在劳动参与和就业方面存在性别差距，在职业分布、时间分配和工资收入等方面也存在性别差距。

诸多研究对中国城市劳动力市场上的性别差距进行了分析。这些研究得到基本一致的结论：人力资本差距以及对女性的歧视，是劳动力市场上性别差距的重要源泉①②③。减少劳动力市场上对女性的歧视，有助于缩小性别差距，实现就业性别平等。

党的二十大报告中提到，统筹城乡就业政策体系，破除妨碍劳动力、人才流动的体制和政策弊端，消除影响平等就业的不合理限制和就业歧视，使人人都有通过勤奋劳动实现自身发展的机会。影响平等就业的因素包括多个方面，性别因素是其中之一。促进就业性别平等，是促进高质量充分就业的重要途径。

① 葛玉好、曾湘泉：《市场歧视对城镇地区性别工资差距的影响》，《经济研究》2011 年第 6 期。
② 王美艳：《中国城市劳动力市场上的性别工资差异》，《经济研究》2005 年第 12 期。
③ 罗楚亮、滕阳川、李利英：《行业结构、性别歧视与性别工资差距》，《管理世界》2019 年第 8 期。

积极应对人口老龄化 ⑤

G.18
促进老年人口的劳动参与：国际经验

屈小博*

摘　要：　促进老年劳动参与是全球范围内应对人口老龄化的一个典型国际经验，对于老龄化规模和速度远高于世界平均水平的中国而言，尤为重要。无论是从经济发展水平还是从老龄化程度来观察，中国的老年劳动参与率不仅低于欧美、东亚等发达经济体，而且低于相应老龄化程度的全球平均水平。延迟法定退休年龄、改革养老金方案、消除歧视、补助企业、老年人就业优待等政策是发达国家促进老年劳动参与的普遍经验，但政策效果具有地区性差异。日本在人口达峰前后适时逐步调整法定退休年龄显著促进了日本的老年劳动参与，并广泛强调从事有经济产出的"终身劳动"价值观，对中国促进老年劳动参与的政策实践具有借鉴经验。中国"退而不休"的现象普遍，为逐步提高法定退休年龄提供了政策实践的现实基础。中国通过将延迟退休政策与弹性退休制度相结合，改革养老金制度完善激励机制，建立健全老年人就业服务机制，政策补贴与权益保障并行，促进老年劳动参与，以充分利用中国丰富的老年人力资源。

---

* 屈小博，中国社会科学院人口与劳动经济研究所研究员、中国社会科学院人力资源研究中心副主任，主要研究方向为人口转变、技术进步与劳动力市场。

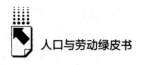

关键词： 老龄化　劳动参与　劳动供给　国际经验

　　随着全球范围内的人口结构转变，人口老龄化已成为一个普遍且日益严峻的社会问题。人口老龄化对世界各国经济、社会等多方面产生了深远的影响，尤其是对劳动力市场的供求提出了严峻的挑战。中国总人口达峰之后，老龄化速度将进一步加速，对劳动力市场的影响也将进一步加深。劳动年龄人口供给减少，可能导致经济增长放缓、社会保障支出增加、政府财政压力加剧、社会消费结构发生变化。因此，探讨老年劳动参与，对于应对人口老龄化带来的问题具有重要的理论和实践意义。

　　根据第七次全国人口普查数据，就业人口中，65岁及以上老人占比从2000年的3.25%上升到2020年的5.02%。老龄化带来人口结构转变，利用老年人力资源已成为经济发展的必然需要。随着中国1962年"婴儿潮"一代人口步入退休年龄，劳动力市场的供给逐渐减少，老龄化速度进一步加剧。探索合适的方式提升老年人劳动参与成为增加劳动供给的一个重要方向。让有能力、有意愿的老年人继续参与劳动，不仅可以增加劳动力市场的供给，缓解劳动力短缺的问题，还可以为经济发展提供新的动力。

　　在全球人口老龄化的趋势下，老年劳动参与不仅是一个经济问题，更是一个长期发展的问题。通过促进老年人的劳动参与，不仅可以缓解劳动力供给不足，还可以提升老年人的生活质量和社会地位，促进代际交流和理解，增进社会的和谐与稳定。对于老年人自身而言，参与劳动力市场是他们与社会保持联系、实现自我价值的重要途径。通过劳动参与，老年人在获得经济收入的同时，也有助于身体健康和保持活力，延缓衰老的进程。更重要的社会意义是老年人健康的同时，劳动参与让老年人感到自己仍然被社会所需要，他们的经验和智慧仍然可以为社会做出贡献，这无疑会增强他们的自我价值感。但促进老年劳动参与面临三个方面的问题。一是促进老年人劳动参与是否会影响年轻人的就业情况，挤占年轻人晋升空间。如日本老年人"统领"企业的模式，年轻人晋升机会减少，企业创新活力下降。二是劳动力市场对老年人劳动参与存在歧视，如何保障老年人就业，使老年人获得应有的工作机会。三是如何平稳有效提高法定退休年龄使社会逐步认可并接纳。

本文总结世界各国老年劳动参与的基本特征和国际经验，分析与中国人口老龄化程度相似的国家和正在经历老龄化且政策法规较为完善的发达国家促进老年劳动参与的政策优缺点，结合中国老年劳动参与的长期演变趋势及现实状况，提出推动中国老年人口劳动参与的政策建议，积极应对人口老龄化带来的挑战。

一　世界各国老年劳动参与的基本特征与趋势

老龄化不仅影响着世界各国的经济、社会和文化发展，还对老年人口的劳动参与率产生深远影响。老龄化是全球范围内的普遍趋势，随着医疗技术的进步、收入的提高以及生育率的下降，越来越多的国家和地区面临着老年人口比例不断增加的问题。这种趋势在发达国家尤为明显，在发展中国家也开始逐渐显现。

老年人口占比在全球范围内持续提高，意味着社会将需要更多的资源来照顾和支持老年群体，同时还需要应对由此带来的经济和社会挑战。尽管老龄化是全球性的趋势，但不同地区之间仍存在显著的差异和不平衡性。发达国家由于较早进入工业化阶段，其老龄化程度往往更为严重。而发展中国家在经济发展的同时也面临老龄化的挑战。为了应对老龄化的挑战，促进老年劳动参与成为世界各国的重要决策。

图 1 是世界部分国家老龄化程度①与老年劳动参与率的线性拟合趋势，可以看出老龄化率与老年劳动参与率之间存在负相关关系，即老龄化程度越高，老年人劳动参与率越低。这说明随着老年人口占比的增加，老年劳动参与显著下降，老年人退休或离开劳动力市场后不再参与劳动，老年劳动参与率随老龄化程度加深而显著下降。由于身体机能和健康状况随着年龄的增长会逐渐下降，老年人在劳动力市场上的竞争力相对减弱，许多老年人达到法定退休年龄后，选择享受养老金和福利待遇，退出劳动力市场。图 1 显示，部分国家老龄化率与老年劳动参与率的分布，整体虽然呈现随着老龄化率增加而老年劳动参

---

① 各国老龄化指标存在差异，本文采用老年人口（65 岁及以上）占总人口比重来度量。

与率下降，但不同国家的老龄化率与老年劳动参与率分布有较大差异。这与OECD（经济合作与发展组织）关于老年劳动参与率研究结果一致①。这种差异主要存在以下四个方面的特征。

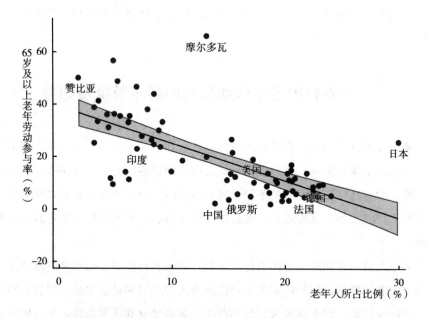

图 1　世界部分国家老龄化程度与老年劳动参与率关系

资料来源：世界银行、国际劳工组织；图中 65 岁及以上老年劳动参与率，中国数据为 2020 年第七次全国人口普查抽样数据，其他国家为 2022 年国际劳工组织数据。

第一，社会文化氛围的差异导致老年劳动参与率不同。老年劳动参与率因国家、地区、经济水平、社会保障制度等因素的不同而呈现差异。一些发达国家，由于拥有完善的社会保障制度和较高的生活水平，老年人退休后往往选择享受生活，老年劳动参与率相对较低，主要影响老年劳动参与的因素是非经济因素。如对美国 2001 年的研究发现，老年人的工作更贴近于在休

① Mona Larsen and Peder J. Pedersen. "To Work, to Retire, or Both? Labor Market Activity after 60", *Journal of European Labor Studies* 2013，2：1-20.

闲中找点其他事情做，非金钱因素主导了老年人的劳动参与①。一些发展中国家或社会保障制度不健全的国家，老年人可能因经济原因在达到退休年龄后仍然继续参与劳动。如印度由于社会保障制度缺失，在达到退休年龄之后，许多老年人仍然留在劳动力市场工作，特别是印度整体经济发展较为滞后，经验型体力劳动占据主导地位，老年人更容易获得工作机会。另外，由于印度是男主外女主内的家庭分工模式占主导，女性劳动参与率低，难以获得工作，为了负担家庭生活成本，男性劳动力均会外出劳动。

第二，就业市场机制完善与否影响着劳动力在劳动力市场的存续时间。对日本的研究发现，正规就业市场和非正规就业市场的分割会导致劳动者离开就业市场的时间提前。工作质量、工作环境决定了老年人是否在法定退休年龄后仍继续工作②。特别是在平台经济、数字经济快速发展的当今，依靠报纸广告的传统招聘方式已逐步消失，人们更多依靠互联网平台获取招聘信息。而大部分老年人并不了解该渠道，难以获得平台提供的招聘信息，导致失业后难以在短时间内获得新工作。

第三，不同经济发展阶段的国家老年劳动参与率有较大差异。如图2所示，多数国家整体上随着经济发展水平的提高，老年劳动参与率呈现下降的趋势。一方面，经济增长、生活水平提高和医疗技术的进步使老年人的预期寿命显著延长。老年人有更多的时间享受退休生活，而不是继续参与劳动。收入水平的提升为老年人提供了更好的生活保障，降低了他们继续工作的意愿。另一方面，随着经济发展，社会保障体系逐步完善，为老年人提供了稳定的养老金和福利待遇，使他们在经济上更加独立和自主。这种经济上的安全感使得老年人更倾向于选择退休，享受晚年生活，而不是继续参与劳动。另外，经济发展往往伴随着产业结构的升级和转型，随着技术进步和新兴产业的发展，部分传统行业消失，适合老年人的工作岗位也在减少，他们难以找到合适的工作岗位。

---

① Steven Haider and David Loughran. "Elderly Labor Supply: Work or Play?" *Labor: Supply & Demand* (2001).

② OECD. "Working Better with Age: Japan, Ageing and Employment Policies", *OECD Publishing*, Paris, 2018.

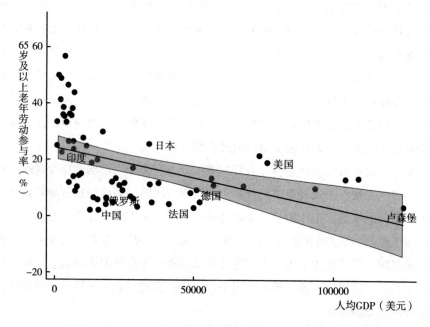

图 2　世界部分国家经济发展水平与老年劳动参与率的关系

资料来源：世界银行、国际劳工组织；图中 65 岁及以上老年劳动参与率，中国数据为 2020 年第七次人口普查抽样数据，其他国家为 2022 年国际劳工组织数据。

第四，物价水平与老年劳动参与率呈正相关关系。消费价格指数能反映一定时期内物价水平变动情况。随着消费价格指数的上涨，老年劳动参与率有明显的上升趋势（见图 3）。老年人的退休金随年龄增大而增加的涨幅有限，但物价的上涨导致养老金的实际购买力可能会下降。如果养老金的增长速度无法跟上物价上涨的速度，养老金就不足以满足老年人的生活需求。当消费价格指数持续增加时，以养老金为主要可支配收入的老年群体就会面临较大的经济压力，老年人实际可支配收入减少，对于一些经济条件较差的老年人来说，会因为物价上涨而面临更大的经济压力①。为了维持生计或提高生活质量，老年人可能会选择重新进入劳动力市场，通过劳动就业增加收入。因此，一定程度的消费价格上涨反而会促使老年人增加劳动供给，提高老年劳动参与率。

① 张川川、John Giles、赵耀辉：《新型农村社会养老保险政策效果评估——收入、贫困、消费、主观福利和劳动供给》，《经济学（季刊）》2015 年第 1 期，第 203~230 页。

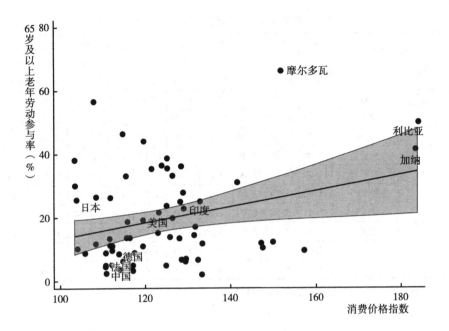

图 3　世界部分国家消费价格指数与老年劳动参与率的关系

资料来源：世界银行、国际劳工组织；图中 65 岁及以上老年劳动参与率，中国数据为 2020 年第七次人口普查抽样数据，其他国家为 2022 年国际劳工组织数据。

世界各国的老年劳动参与具有明显的区域异质性。东亚/东南亚地区的典型国家如日本、韩国、泰国等，老年劳动参与率整体呈现上升趋势（见表 1）。与美洲和欧洲国家相比，东亚/东南亚地区的文化和社会价值观强调家庭责任和对年轻一代的照顾，老年人可能会因为家庭原因而选择继续工作或推迟退休，因此老年劳动参与率高于美洲和欧洲国家，近十年来呈现上升趋势。美洲、欧洲则更强调自由与个人价值实现，且社会保障体系较为完善，社会平均保留工资较高，为老年人提供了较好的经济保障和福利待遇，这使老年人在经济上更加稳定。因此，欧美发达国家的老年人可能更倾向于享受退休生活，而不是继续工作。所以，美洲国家近年来老年劳动参与率虽略微有所上升，但整体参与率仍处于低水平。

人口与劳动绿皮书

表1 典型国家老年人劳动参与率变动情况

国家及地区		2013年	2014年	2015年	2016年	2017年	2018年	2019年	2020年	2021年	2022年
东亚/东南亚	日本	20.5	21.2	22.1	22.7	23.5	24.7	25.3	25.5	25.6	25.6
	韩国	32.77	33.28	32.67	32.53	33.14	33.60	35.27	36.81	37.51	38.61
	泰国	25.66	25.67	25.45	24.94	24.76	25.17	24.42	25.72	26.43	26.49
美洲	美国	18.70	18.60	18.95	19.32	19.34	19.57	20.16	19.44	18.86	19.23
	加拿大	13.00	13.40	13.40	13.70	14.20	14.00	14.90	13.80	—	—
欧洲	俄罗斯	11.28	11.36	12.04	11.88	5.89	6.30	6.78	6.55	6.24	5.96
	意大利	3.52	3.70	3.84	3.99	4.42	4.78	5.07	5.06	5.25	5.07
	德国	5.43	5.80	6.09	6.61	7.03	7.45	7.84	7.44	7.62	8.45
	法国	2.61	2.81	3.00	3.30	3.46	3.42	3.73	3.76	3.95	4.44
	希腊	2.62	2.81	2.98	3.10	3.35	3.60	3.97	4.40	4.78	4.97
	芬兰	5.22	5.80	6.29	6.14	6.16	6.42	6.59	6.35	8.76	9.50

资料来源：国际劳工组织、各国国家统计局。

根据日本国立社会保障·人口问题研究所推测，2043年日本65岁及以上人口将达到峰值①。因此，日本在1963年便出台相关政策法规，鼓励老年人参与劳动力市场。日本总务省公布数据显示，2021年，日本65岁及以上人群的就业率为25.1%，已连续18年增加。国际劳工组织统计数据显示，韩国2023年65岁以上老年劳动参与率为39.7%；另韩国统计厅发布报告显示②，55~79周岁年龄段的劳动参与率为60.2%。就业人口同比增加34.9万~912万人，就业率为58.9%。这些国家一方面比中国更早进入老龄化阶段，在政策制定、政策评估方面有大量经验可以借鉴；另一方面这些国家与中国社会情况类似，如韩国、日本与中国在社会氛围、文化习俗等方面有相似之处，因此它们的实践经验对中国更有参考意义。对这部分国家应对老龄化挑战的政策及法令进行整理总结，有助于中国制定政策促进老年劳动参与率的提高。

与中国地理位置、人文历史相近的日本，作为老年劳动参与率和劳动规

---

① 日本国立社会保障·人口问题研究所：《日本未来人口研究》，《人口问题研究资料》第347号。

② 《2023年5月经济活动人口调查高龄层附加调查结果》，https://kostat.go.kr/board.es。

模较大的发达国家，已有很长的老龄化发展历程，在促进老年劳动参与方面的经验对中国具有重要参考价值。如图4所示，日本老年劳动参与率在2000~2004年不断下降。日本在2004年修改法律，规定法定退休年龄自2006年开始逐步提升到65岁。2004~2010年，日本老年劳动参与率稳定在20%左右。日本总人口在2010年前后呈现先降后升再降趋势，在2010年总人口达峰，之后总人口快速下降。与之相反的是，在2010年之前日本65岁及以上老年劳动参与率整体呈现下降趋势，而在其总人口达峰之后老年劳动参与率则变成上升趋势，增长率逐步放缓，到2019年趋于稳定，至今日本65岁及以上老年劳动参与率还稳定在25%以上。这与图1所体现的国际趋势具有显著差异，其成功经验值得中国借鉴。

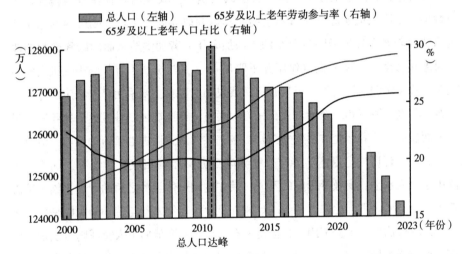

图4　2000~2023年日本总人口、老年劳动参与率、老龄化比率变化情况

资料来源：日本统计局。

2013年，日本正式规定法定退休年龄为65岁，从图4中可以明显地看出2013年之后的近十年，65岁及以上老年劳动参与率仍处于上升趋势。日本国立社会保障・人口问题研究所数据显示，2008~2018年，老年就业人数增加了309万人。由此可见，日本老年人在达到法定退休年龄之后并未离开劳动力市场，而是继续提供劳动供给，这也成为日本社会的主要特征之一。另一个典型社会特征是日本文化中强调终身从事有经济产出的"终身劳动"价

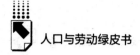

值观，对日本老人劳动参与产生了深远影响。这种价值观使得许多老人会尽可能劳动到不能劳动为止，尤其是男性老人。这与中国传统观念较为接近，对政策实施可能产生的社会影响具有参考价值。

二 促进老年劳动参与政策支持的国际经验

应对老龄化压力，促进老年劳动参与。本文总结了典型国家的支持政策措施，如延迟法定退休年龄、改革养老金方案、消除歧视、补助企业、老年人就业优待等政策法令，如表2① 所示。比利时、加拿大、丹麦、法国、德国、意大利、日本、荷兰、西班牙、瑞典、英国、美国、芬兰等国家为了应对劳动参与率的下降实施了退休政策改革。虽然各国政策实施方式及内容存在较大差异，实施效果也不同，但实施结果基本表明，延迟领取养老金年龄，或对继续工作并延迟领取养老金施加激励政策有助于增加老年人劳动供给，而健康和教育的改善对老年劳动参与率的促进作用并不明显②③。通过分析国际经验中促进老年劳动参与政策实践的得与失，可见政策实践成功的国家主要采用延迟法定退休年龄和改革养老金方案相结合的方式，一方面通过法律法规强制性推迟退休年龄，另一方面通过改革养老金方案建立激励机制，共同达到促进老年劳动参与的效果。

首先，延迟法定退休年龄与改革养老金方案相辅相成。对老年人而言，可能由于收入水平、受教育程度的不同，其在达到退休年龄之后的劳动供给决策影响因素会有所区别。比如，美国统计调查显示，老年人参与劳动的原因是喜欢工作，能获得愉悦，工资不用高，但是要有弹性。结合他们个人特征则可发现，该部分调查者为最富有、最健康、受教育年限最高的老年人④。但对于大多数老年

---

① 资料来源为各国政府官网及社会保障局官网，各国政府机构不同，对社会保障局有不同的命名方式。

② Gruber, Jonathan, and David A. Wise. "Social Security Programs and Retirement Around the World: Micro-Estimation", *NBER Working Papers* 9407 (2002).

③ Courtney Coile, Kevin S. Milligan and David A. Wise. "Social Security Programs and Retirement Around the World: Working Longer-Introduction and Summary", *NBER Working Papers* 24584 (2018).

④ Courtney Coile, Kevin S. Milligan and David A. Wise. "Social Security Programs and Retirement Around the World: Working Longer-Introduction and Summary", *NBER Working Papers* 24584 (2018).

人来说，养老金制度的改变会显著影响其劳动力供给决策，对老年人退出劳动力市场的时间有很大的影响①。领取公共养老金福利资格年龄的提高和社会保障计划金额的减少会使得老年人更长时间地留在劳动力市场，发挥其人力资本②。

其次，各国养老金制度对养老金最低缴费年限的要求具有显著差异。如日本、美国、德国等国家在规定最低缴费年限外，还规定了满额领取养老金年限的最低年份，有 30 年、35 年、40 年不等，不满年份则按比例扣除，无法领取全额养老金。与中国延迟退休改革之前缴纳 15 年③即可领取基本养老金具有较大差异。这是延迟法定退休年龄和改革养老金方案的举措之一，通过激励机制，增加劳动者劳动供给年限。但如丹麦、冰岛、芬兰等北欧福利国家，由于社会保障体系较为发达，通过税收、养老金缴纳比例等方式保障了养老体系的运行，其并未对领取养老金最低缴费年限进行规定，仅规定了在该国最低居住年限。

通过延迟退休年龄与改革养老金方案相结合以促进老年劳动参与率提高的政策实践，无论是在东亚东南亚、美洲还是北欧国家，均有广泛的国际经验可供借鉴，各国情况虽不同，但均产生正面政策效果。如日本在 20 世纪 80 年代实施养老金改革之前，退休老年人口占比不断上升，在社会保障福利降低之后老年劳动参与率有明显的上升④。美国在延迟法定退休年龄并将固定福利退休金制度改为固定缴纳退休金制度后，老年人劳动参与显著提升⑤。丹麦在引入提前退休计划后，老年人的劳动参与率不断下降；但与弹性退休政策相结合，并加入激励机制对晚退休人群退休时给予更多养老金后，老年人劳动参与率上升⑥。由此可见，延迟退休政策作为促进老年劳动参

---

① Steven Haider and David Loughran. "Elderly Labor Supply: Work or Play?", *Labor: Supply & Demand* (2001).

② Takashi Oshio, Emiko Usui, and Satoshi Shimizutani. "Labor Force Participation of the Elderly in Japan", *NBER Working Papers* (2018).

③ 《中华人民共和国社会保险法》第十六条规定：参加基本养老保险的个人，达到法定退休年龄时累计缴费满十五年的，按月领取基本养老金。

④ Takashi Oshio, Akiko Sato Oishi, and Satoshi Shimizutani. "Social Security Reforms and Labor Force Participation of the Elderly in Japan", *Japanese Economic Review*, 2011, 62, 248-271.

⑤ Murray Gendell. "Older Workers: Increasing Their Labor Force Participation and Hours of Work", *Monthly Labor Review*, 131 (2008): 41.

⑥ Mona Larsen and Peder J. Pedersen. "To Work, to Retire, or Both? Labor Market Activity after 60", *Journal of European Labor Studies*, 2013, 2: 1-20.

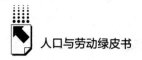

与的主要措施需要与养老金的改革同步进行，二者相辅相成，依靠养老金的激励机制保障延迟法定退休年龄的推进。从国际发展经验来看，老年劳动参与率较高的国家，基本采用弹性退休政策，以逐步延长法定退休年龄的方式推进，这种方式可使社会平稳过渡，如根据出生年龄的不同确定不同的法定退休年龄，不会使得法定退休年龄跳跃式上升，保障政策实施的平稳性。

在各国促进老年劳动参与的政策实践中，也出现了一些较为突出的问题和困难。一方面，劳动力市场对老年人的歧视广泛存在，因此消除歧视、保障老年人就业权利等政策手段需共同发挥作用，如对雇佣老年人的企业提供补助，设立专门机构协助老年人再就业等。各国均出台了反年龄歧视、反老年人就业歧视等类型的反歧视法案，保障老年人就业。但由于年龄的歧视可以通过其他渠道实现，如根据美国经验事实，一些反歧视法案实际上反而限制了老年人的劳动参与，企业为了避免解约上的法律问题，减少对老年人的招聘①。因此，在出台法律法规规范企业老龄用工、避免年龄的歧视时，应当考虑政策的反作用。日本在此方面提供了可供选择的处理方式，即对企业的老龄用工进行补助，大企业雇佣一名60岁以上员工一年补助50万日元、中小企业雇佣一名60岁以上员工一年补助90万日元，由此降低由于反歧视法案带来的负面影响，推动企业雇佣老年人。

另一方面，促进老年人劳动参与也可能存在挤出效应，即老年人在达到退休年龄后仍留在劳动力市场，挤占了年轻人的晋升空间。如日本在放开老年人退休年龄限制后，大量老年人"退而不休"，愿意一直工作，导致日本年轻人晋升空间被挤占、创新力严重不足，出现了老年人需要承担起社会与家庭责任而年轻人由于缺乏奋斗动力甘愿"啃老"的现象。这是通过政策推动老年劳动参与的主要顾虑②，也是研究争论的焦点。目前，定量分析暂未取得共识，定性角度的分析难以把握老年人对年轻人晋升的挤占效应是否真的存在以及若是存在究竟有多大的效应。因此，在制定政策促进老年人劳动参与时，应基于中国实际，在考虑中国老年参与的历史演变及现实状况的前提下制定，兼顾老年人劳动供给与年轻人就业晋升的双重需求。

---

① Steven Haider and David Loughran. "Elderly Labor Supply：Work or Play?"，*Labor*：*Supply & Demand*（2001）.

② 张川川：《延迟退休年龄：背景、争议与政策思考》，《武汉大学学报》（哲学社会科学版）2017年第5期，第42~51页。

表2 部分国家关于促进老年人就业的政策及法规

国家	延迟法定退休年龄、修订养老金制度	消除老年人就业歧视	企业补助及老年人就业优待
日本	1963年《老年福利法》，法定退休年龄可从55岁推迟到60岁； 1970年《关于促进中高龄人员雇佣特别措施法》，建议法定退休年龄为60岁，1986年确定法定退休年龄为60岁； 2004年修改法律，法定退休年龄自2006年开始逐步提升到65岁； 2013年法定退休年龄确定为65岁，养老金最低缴费年限为25年，最高为40年，大于25年但不满40年者按比例扣除养老金金额	2004年修改《高龄者雇佣安定法》，规定企业维持劳动者65岁退休的努力义务成为企业的法定义务，且限制企业在招聘中的签约自由，规定企业在招聘中无理由地设置年龄条件是违法的	建立"银发人才中心"，提供匹配、援助、培训、咨询等老年人就业服务 企业雇佣超过60岁的员工，大企业补助50万日元，中小企业补助90万日元
美国	1983年提出《社会保障法案》，依据出生年份的不同，逐步提高退休年龄，计划到2025年将职工的正常退休年龄从65岁提高到67岁； 养老金缴费年限最低门槛为10年，最高计算年份为35年，不满35年无法获得全额养老金，按少缴纳年份扣除	1967年通过《雇佣年龄歧视法案》 1978年禁止强制解雇70岁以下员工 1986年禁止强制解雇涉及年龄问题的员工，施行弹性退休制度，允许返聘	1965年提出老年社区服务就业计划（Senior Community Service Employment Program）并逐年完善，旨在为低收入的老年人提供就业机会和社区服务
德国	《德国公务员法》确定公务员法定退休年龄为65岁； 2006年通过《德国退休体制改革决议》从2012年开始将退休年龄从65岁逐步提升到67岁，在2029年完成； 最低需缴纳5年养老保险，并分档领取，分别为5年、20年、25年、35年、45年，共5个类别，满足各个档次缴费年限，可领取对应档期养老金基数	2006年出台《雇佣平等（年龄）规则》，禁止就业中的年龄歧视，并规定退休年龄及退休后继续工作的权利	2005年开始为50岁以上员工提供再就业援助
瑞典	65岁领取养老金，可选择61～70岁任一年龄退休，比65岁早一个月扣除0.5%，晚一个月多发0.7%（该法令只针对有劳动能力员工）； 养老金缴费年限满30年可领全额养老金，不足30年则按缺额扣除	2008年出台《反歧视法》规定禁止基于年龄的就业歧视	《就业保护法》要求针对体力不足的老年员工要提供灵活就业优待

续表

国家	延迟法定退休年龄、养老金制度修订	消除老年人就业歧视	企业补助及老年人就业优待
挪威	2011年实施灵活退休政策,可选择62~75岁任意年龄退休,养老金以65岁为发放基准,允许边工作边领取;连续缴费满3年可领取养老金,缴纳保险40年以上可领取全额基本养老金,少于40年则按比例递减	1997年出台《工作环境法》,明确规定了禁止基于年龄的就业歧视,要求雇主为老年员工提供灵活的工作安排和适当的调整措施	60岁以上员工可多享受6天年假
丹麦	2019~2022年将退休年龄从60岁逐步提升到64岁;2023~2027年将退休年龄从64岁逐步提升至67岁;不规定最低缴费年限,仅要求居住年限		
冰岛	67岁开始允许领取养老金,不规定最低缴费年限,仅要求居住年限		2005~2009年提出,解雇超十年工龄员工需要提前3~6月通知
芬兰	2008年将养老金领取时间从60岁修改为63~68岁任意年龄,以累进制计算养老金领取金额,工作时间越长,领取养老金占工资比例越高;不规定最低缴费年限,仅要求居住年限		2008年开始跟踪老年人就业情况,帮助其解决就业困难,提供就业援助

三　中国老年劳动参与的演变及特征

中国老年人的劳动参与决策除了考虑个人因素外,更多地从家庭效用最大化角度出发决定是否提供劳动供给。但相比年轻劳动力,老年人的工资水平已经不能继续增加,进入人力资本折旧的工资下降阶段。减少个人劳动供给转向家庭代际支持,以最大化释放家庭年轻劳动力,这成为老年人社会参与的主要方式之一。老年人离开劳动力市场转向家庭代际支持,将社会劳动参与转为家庭劳动参与,从"雇主—家庭"的联结转变为"家庭—社会"的联结,这是老年人社会参与角色转换的突出表现。像中国农村地区，老年人口由于代际经济支持和情感支持，会对老年人劳动供给产生"促进效应"，而对儿孙辈的代际照料支持又会对老年人劳动供给产生"挤出效应"①，哪个效应更大取决于老年人的主观感受，是在"单位—家庭"和"家庭—社会"中的一种取舍，影响老年劳动参与。

这种选择又与老年人在劳动力市场的竞争力有关。在中国传统农耕社会中，大多数职业以手工劳动和经验积累为主导，耕种、养殖、手工艺等都需要经过长时间的学习和实践才能掌握。因此，老年人在这些领域中积累了丰富的经验，成为家庭和社会的中坚力量。老年人用长年积累的经验与智慧对下一代进行指导，确保社会生产的顺利进行，因此随着年龄的增长，他们在家庭与社会中的地位也逐步提升。然而，随着现代化科学技术的飞速发展，特别是人工智能的崛起，以经验积累的人力资本面临加速折旧的冲击。人工智能技术已经开始替代那些曾经需要依靠经验积累和技艺磨炼的劳动力。这一变革对老年劳动参与产生了深远的影响。当新技术的掌握和应用成为劳动力市场的竞争焦点时，老年人受年龄和学习能力的限制，难以迅速适应和掌握这些新技术，在劳动参与和社会资源分配中处于劣势地位。

与之相对的是中国人口平均寿命的延长，老年人在到达法定退休年龄之后，将有更长的时间继续参与社会活动。国家统计局数据显示，2023 年，中国人口的平均寿命为 78.1 岁，而在 2000 年，中国的平均预期寿命为 71.4 岁。随着时代、技术的变迁，老年人社会参与的选择也变得多样化，家庭代际支持、社会公益服务、同辈互助养老、文化传承创造、经济劳动参与等方式都已成为老年人现代社会参与的主要渠道②。是否继续留在劳动力市场提供劳动供给成为老年人达到退休年龄之后的重要决定。

根据历次全国人口普查数据（见图 5），与第五次全国人口普查相比，第六次全国人口普查的劳动参与率显著下降。对比就业人数和老年人口数可见，就业人数在三次全国人口普查中没有显著变化，但 60 岁以上老年人口和 65 岁以上老年人口显著增加。即使在老年人口不断增加的背景下，在第七次全国人

① 赵明、王晓军：《代际共居对老年人劳动供给的影响——基于嵌入性理论视角》，《中国人民大学学报》2023 年第 1 期，第 116~130 页。

② 徐茅娣：《老有所为——中国老年人口的劳动参与行为》，社会科学文献出版社，2022。

口普查中，65 岁以上人口的劳动参与率比起第六次全国人口普查时有略微的上升，某种程度上也说明了老年人对劳动参与的追求上升。

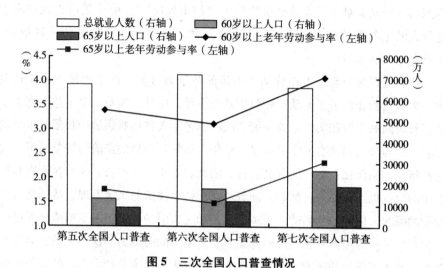

图 5　三次全国人口普查情况

资料来源：中国国家统计局、历次人口普查年鉴。

结合中国各省份老龄化程度、经济发展水平分析，中国老年劳动参与的分布特征与世界趋势存在差异，如图 6、图 7 所示。从整体趋势来看，中国分省份的老年劳动参与率随着老龄人口占比的增加而上升。老龄人口越多，家庭抚养比例越高，家庭的经济负担加重，老年人为了家庭经济考虑愿意提供更多的劳动供给。中国经济增长伴随着消费价格水平的上升，消费价格水平的上涨带来家庭经济负担增加，老年人在身体状况能够承担的范围内，愿意提供更多的劳动供给。

中国不同省份老年劳动参与率存在较大异质性，其中，东部地区老年劳动参与率普遍高于西部地区，但东部部分发达地区如京津冀、长三角、粤港澳地区劳动参与率反而明显低于中国中部地区。这可能因为中国经济发达地区经济发展水平较高，在该地区长期居住的老年人已经积累了较多的财富，且社会保障、基础设施条件更为完善，老年人能够更好地享受老年生活，不需要为生计奔波①。而四川、山东、山西等省份，经济发展较好但生活成本较高，同时

---

① 汪伟、王文鹏：《预期寿命、养老保险降费与老年劳动供给：兼论中国退休政策改革》，《管理世界》2021 年第 9 期，第 119~133 页。

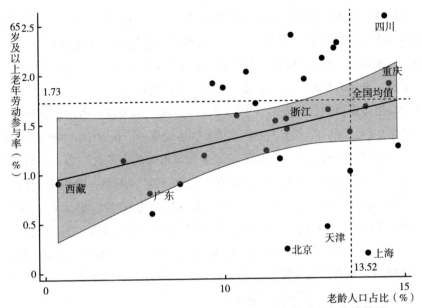

图6　2020年中国分省份老龄化程度和老年劳动参与率的关系

资料来源：国家统计局、第七次全国人口普查统计数据。

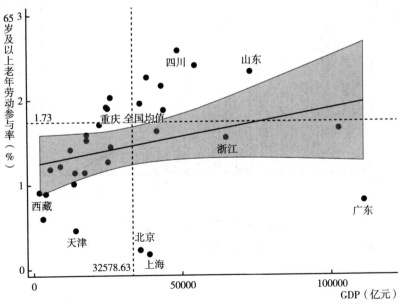

图7　2020年中国分省份经济发展水平与老年劳动参与率的关系

资料来源：国家统计局、第七次全国人口普查统计数据。

由于产业转移，这里仍保留了大量的轻工业使得老年人能够继续工作①，因此其劳动参与水平反而居高。北京、天津、上海等发达地区由于是直辖市（农业人口占比很低），又是年轻人口迁移流入比较集中的大城市，因而呈现经济发展水平高、老年人口比例高且老年劳动参与率低的特点。

从劳动力市场微观视角观察，中国"退而不休"的劳动者占比也在增加，即达到退休年龄且领取养老金之后仍继续提供劳动供给。根据中国城市劳动力调查数据，如图8所示，2023年第五轮"中国城市劳动力调查"（CULS5）显示，在达到退休年龄至70岁之间，存在"退而不休"现象。除特殊人员以外，中国法定退休年龄女性最低为50岁，男性最低为60岁。根据CULS5调查，女性在退休后的20年内存在"退而不休"现象，继续提供劳动供给，70岁后逐步衰减；而男性在60岁退休后的10年内存在"退而不休"现象。60~65岁的大部分劳动者仍愿意留在劳动力市场边领取养老金边工作，70岁之后仍有部分高龄劳动者继续提供劳动供给。

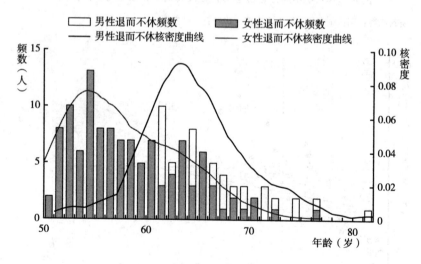

图8 分性别退而不休的年龄分布

资料来源：《中国城市劳动力调查2023》（CULS5）。

---

① 宋月萍、张光赢、彭可余：《中国低龄老年人劳动参与的现状、特征及趋势》，《人口研究》2024年第2期，第75~89页。

　　由于中国养老保险制度在城乡之间存在差异，不同户口性质的劳动者退而不休的情况也存在差异，如图9所示。农村退而不休的情况更为显著，相比起非农业户口，农业户口的老人以务农、打工为主，缴纳的社会养老保险比重较低、基数较小，因此部分农村老人在达到退休年龄后仍需劳动，如转向种植业、小型制造业零工等。非农业户口的劳动者在60~70岁阶段的退而不休情况较为明显，而后逐步衰减。由于身体机能的下降，到70~80岁时，大部分老年人选择退出劳动力市场，因此农业和非农业户口高龄劳动者劳动供给没有明显差异。

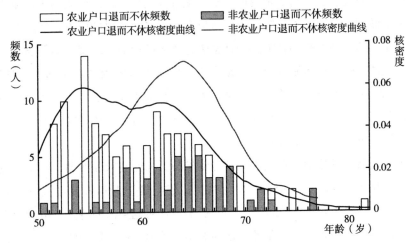

图9　分户口退而不休的年龄分布

资料来源：《中国城市劳动力调查 2023》（CULS5）。

四　促进中国老年劳动参与的政策启示

　　面对老龄化的压力，促进老年人劳动参与不仅是缓解劳动力市场矛盾的举措，更是推动老年人参与社会生活、发挥自身经验优势和资源禀赋的重要方式。参与劳动是实现自身价值、创造社会价值、获得社会认可的重要渠道。促进老年人劳动参与需要从服务老年人就业的体制机制入手，兼顾劳动力市场需求与年轻人就业问题。从法律法规、就业服务体制机制、社会保障等方面入

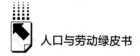
手，引导老年人参与社会劳动，营造适合老年人就业的社会氛围。根据各国促进老年劳动参与的政策经验，结合中国退而不休的现实情况，通过政策引导促进老年劳动参与具有很强的现实意义。

第一，逐步提高法定退休年龄与弹性退休制度相结合，因人制宜发挥老年人人力资本。随着生活水平的提高和医疗技术的进步，预期寿命不断延长，老年人的健康状况极大改善，"退而不休"现象越发普遍。但在中国，领取基本养老金的缴费年限较低，给中国养老体系带来较大压力。随着中国"退而不休"现象越来越明显，提高法定退休年龄具有其现实基础。根据各国的政策实施经验，通过逐步提高法定退休年龄并提升养老金领取最低缴纳年限和基本养老金全额领取最低缴纳年限，不仅可以缓解养老金支付的压力，还能够充分利用老年人的劳动经验和技能，为社会创造更多的价值。政策实施需要考虑社会的稳定性，弹性退休制度允许劳动者在一定年龄范围内自由选择退休时间，既考虑到了个体差异，也兼顾了社会的需求。在逐步提高法定年龄的过程中起到缓冲作用，兼顾劳动者的身体状况、家庭状况、就业市场情况等因素，确保制度公平、可行，政策实施合理。

第二，借鉴发达国家在促进老年劳动参与方面的经验和教训，避免出现影响年轻人就业、抑制社会创新不足等情况，建立健全老年人就业服务体制机制。在保证年轻人职位岗位晋升顺畅前提下，针对老年人的特点及劳动力市场需求，提供专门的职业咨询服务，帮助老年人了解就业市场的状况和趋势，选择更加适合自己并符合劳动力市场需要的职业方向，如咨询、教育等职业方向。建立专门的老年人就业服务中心，提供职业咨询、技能培训、岗位推荐等一站式服务。针对劳动力市场需求对老年人进行职业培训，帮助老年人"再就业"，提高老年人就业竞争力。

第三，政策补贴与权益保障并行，提升老年人就业竞争力，保障其劳动权益。通过制定相关的税收优惠和补贴政策推动企业增加老年人用工。对雇佣老年人的企业给予一定的税收减免，或者提供一定的岗位补贴，降低企业的用工成本，增加他们雇佣老年人的积极性。在激励企业雇佣老年人的同时，还需要加强对企业用工行为的监管，确保老年人的劳动权益得到充分保障。建立健全法律法规体系，明确老年人的劳动权益和保障措施，为老年人创造一个公平、公正的就业环境。建立多层次的养老保险体系，包括基本养老保险、企业年金、个人储蓄等多个层次，以确保老年人的养老金来源多样化、稳定化。在养老保险制度的改革中，还需要逐步提高养老保险的缴费率和替代率：通过提高缴费率，增加养老保险基金的积累；通过提高替代率，确保老年人在退休后能够维持一定的生活水平。

G.19
为深度老龄化做准备

王晓宇*

摘　要：　为了应对老龄化，国家已经出台了系列措施，例如实行长期护理保险试点，加大养老公共服务投入等。在人口达峰并长期处于深度老龄化阶段的关键人口转变期，我国面临一些突出的挑战：社会保障负担逐渐增加，保证基本养老金的收支平衡受到挑战；长期照料压力突出，家庭照料难以为继；养老社会公共服务区域之间差别较大，养老金融和养老产业亟待发展。未来要将人口变量纳入政策研究和制度制定时重点考虑的因素，逐步建立老年友好型社会，营造老吾老以及人之老的敬老爱老社会氛围。

关键词：　深度老龄化　社会保障　长期护理保险　社会公共服务

人口发展是关系中华民族伟大复兴的大事。我国人口转变已经成为既定事实，21世纪老龄化状况将会逐步加深，长期保持深度老龄化水平。为了适应深度老龄化的人口特征，我国需要在社会制度和财政准备上继续深化改革，完善社会保障制度，确定全国统一的长期护理制度，努力实现养老公共服务的均等化，做好养老金融大文章，为养老金稳健增值、养老产业发展寻求支撑。

本文将在对深度老龄化内涵和外延进行总结的基础上，分析我国将会面临的重要挑战和问题，梳理目前正在实践和试点的应对方案及问题，最后给出一系列政策建议。

---

* 王晓宇，中国社会科学院人口与劳动经济研究所助理研究员，主要研究方向为劳动经济学和健康经济学。

一 深度老龄化的内涵和外延

中国自 2000 年进入老龄化社会，60 岁及以上人口比重达到 10%，老年人口 1.3 亿人。联合国在《2022 年世界人口展望》中提供了 9 个人口预测方案，其中包括低方案、中方案、高方案。根据联合国中方案的预测值，我国 60 岁及以上人口在 2054 年达到峰值（65 岁及以上人口在 2057 年达到峰值）。届时，老龄化水平超过 40%，之后老龄化水平继续加深，直到 2080 年 60 岁及以上老年人口占比达峰，达到 48.26%，之后趋于稳定，直到 2100 年期间我国 60 岁以上人口都将保持在 46% 以上的占比。从图 1 未来中国老年人口数量和图 2 老年人口占比可以看出中国老年人口走势，从总体数量上看老年人口在达峰后将会呈现下降趋势，从占比看老年人口占比将会长期保持 45% 以上的高水平，说明我国将会长期处于近半数人口为老年人口的深度老龄化社会，这必将对经济社会生活方方面面产生影响。

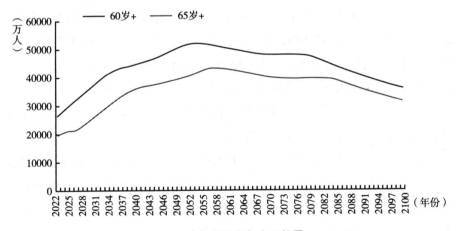

图 1 未来中国老年人口数量

说明：根据 2022 年联合国人口展望中预测数据中方案汇总整理。

我国面临的深度老龄化人口特征不仅指 60 岁及以上的老年人口比重高，更重要的是人口老龄化的速度快、中位数年龄逐年上升、高龄老年人口的占比增加等问题。同时需要注意的是，我国的深度老龄化不仅进程快，而且持续时

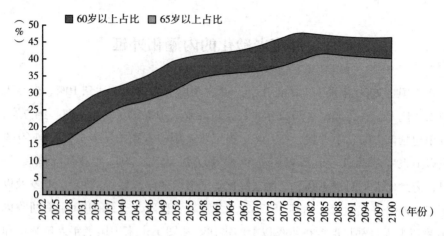

图 2　未来中国老年人口占比

说明：根据 2022 年联合国人口展望中预测数据中方案汇总整理。

间非常长，需要配套长期政策和应对方案。

第一，快速老龄化进程会产生冲击效应。如果社会老龄化进程呈现渐进式，可以为技术替代劳动力留出足够的准备时间。中国从老龄化开始至深度老龄化经历的时间快于多数国家。传统优势产业，尤其是劳动密集型产业没有足够的时间窗口进行产业升级，技术对劳动力的替代进程赶不上劳动年龄人口迅速减少的冲击，中国在进入深度老龄化时期后将会长期保持劳动年龄人口占比下降、老年人口尤其是高龄老年人口占比增多的人口特征。加快进行产业升级、把握数字经济发展机遇是本阶段经济发展的重要课题。

第二，深度老龄化首先影响的是社会保障体系。政府应该采取系列应对措施，加强多层次社会保障体系建设，包括稳固第一层次由政府主导的社会保险、社会救助和社会福利组成的法定保障体系，鼓励建立第二层次由政策支持保障的企业年金和职业年金、补充性医疗保险、个人养老金和公益性养老服务等保障项目，支持第三层次由市场主体运行的个性化保障服务项目，例如商业养老金、健康保险的开发和营利性的养老服务。除了加强社保体系建设外，做好养老金融大文章，提高居民对养老和医疗保障有效投资的金融素养也是应对预期寿命延长、资产价格变动以及通货膨胀风险的重要举措。

第三，社会照料负担迅速增加并会长期持续加重。伴随着我国高龄人口数量的迅速上升，照料看护体系将接受严峻考验，需要大量经济资源支持，给国家财政和个体家庭都会带来负担。照料涉及更多的人和人之间的沟通，是个性化需求强的服务，同时高龄老人的占比增加导致重度失能的比例显著增加。重度失能需要照料者时刻看护，导致更多劳动力的投入。高龄人口迅速增长的另一潜在影响是认知性疾病的发病率大大增加。这些健康风险都给制度和财政带来新的挑战。建立老年友好型的公共服务体系、完善试点中的长期护理保险制度、重视专业人才培养、健全多层次社会保障体系等，是应对社会照料负担的必要途径。

本文主要从社会保障体系的应对、照料负担和社会公共服务三个方面展开分析。

二 深度老龄化面临的挑战

中国社会和经济在改革开放后实现了跨越式发展，但是底子薄、基础弱，人口基数大，叠加深度老龄化的人口转变对体制转轨进程中的经济增长形成压力，也使得我国面临更多的挑战和任务。除了产业转型和就业压力外，社会保障需求增多造成的财政压力、照料需求增加造成的劳动力需求压力和对医疗系统的冲击等都是深度老龄化阶段将要应对的挑战。

（一）社会保障负担导致财政压力加重

"十四五"期间，我国致力于建立多层次的社会保障体系。多层次社会保障体系的基础是政府主导的社会保险，其中养老金体系是保障老年人生活水平的主要依托。我国养老金体系可以划分为三支柱进行分析，第一支柱是由政府主导的社会养老保险制度，也是目前我国养老金体系的基础部分，主体构成为城镇职工基本养老保险。社会养老保险实际是现收现付制度，伴随老龄化进程，养老金制度难以维持自身平衡，即征缴收入难以支撑当期支出，必须依赖财政补贴等额外资源。《中国养老金精算报告2019~2050》中根据基准预测方案认为职工基本养老保险累计结余会在2035年耗尽[①]。

随着劳动年龄人口的持续减少和退休人员比重的增加，养老金缺口越来

---

① 郑秉文主编《中国养老金精算报告2019~2050》，中国劳动社会保障出版社，2019，第2~60页。

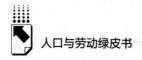
大，财政对养老金的补贴越来越多。同时养老保险基金结余和全国社保储备基金的规模都有限，难以长期维持我国现有养老保险制度下不断增加的养老金支出，预测2035年养老金赤字将会达到7.2万亿元[①]。

除了养老金赤字外，还应关注我国养老金替代率呈现的下降趋势。养老金替代率是指城镇职工退休后领取的平均养老金与在职职工平均工资的比率水平。从实际缴费看，我国的养老金缴费率在下降，同时抚养比在上升，养老金的下行压力显著。根据世界银行的测算，养老金替代率不低于70%方可维持退休前的生活水平，我国目前养老保险体系中养老金主要来源于第一支柱的基本养老保险，替代率基本为45%~46%的水平[②]。对比来看，截至2023年，OECD国家的养老金总替代率多在50%~70%，其中，美国的个人养老金总替代率更是在80%以上[③]。为了维持我国的养老金替代率，在发展第一支柱的基础上，需要重视第二支柱和第三支柱的发展。

养老金体系的第二支柱的组成是企业年金和职业年金。两者都采用基金制运作，企业年金为自愿缴纳，职业年金为强制缴纳。截至2023年底，第二支柱的投资运营规模达5.75万亿元，其中职业年金为2.56万亿元，企业年金为3.19万亿元。第二支柱面临增长乏力、覆盖面和渗透率难以进一步提升的挑战。职业年金基本完成全覆盖，企业年金增长乏力。中小企业因为经营压力较大，参加企业年金的动力有限。

养老金的第三支柱个人养老金账户在2022年开始建立，缴纳个人养老金的上限是12000元。缴纳金额可以购买经过审核的银行理财、储蓄存款、商业养老保险或者公募基金产品，退休后可以领取，需要按照3%的税率缴纳个人所得税。个人养老金制度的建立是实现社会保障高质量、可持续发展的重要保障。截至2023年3月，有3038万人开立个人养老金账户。缴存和投资刚起

①　都阳、程杰：《"婴儿潮"一代退休对养老金体系的冲击与应对》，《中国社会科学评价》2022年第2期，第99~111页、159页。

②　郑秉文主编《中国养老金发展报告2023——个人养老金与制度优化》，经济管理出版社，2023，第66~75页。

③　"Pensions at a Glance 2023"，https://www.oecd.org/publications/oecd-pensions-at-a-glance-19991363.Htm，最后检索时间：2024年5月20日。

步，共有 900 多万人完成了资金储存，储存总额 182 亿元，人均储存水平 2022元①。从个人养老金第一年试点的结果看，开户人数占基本养老保险参保人数的比例低，缴费人数占开户人数的比例低，缴费群体中实际投资比例低②，对第一支柱和第二支柱的补充作用有限。

（二）失能失智群体规模增加，长期护理需求巨大

高龄人口比重增加，叠加老年人口基数大的特点，导致我国失能人群规模逐年扩大。失能是指因年老、疾病、伤残等原因，人体的某些功能部分或全部丧失，从而正常的活动能力受到限制或缺失。第四次城乡老年人生活状况调查显示，2015 年老年人自报需要照料的比例为 15.3%，80 岁以上的高龄老年人中自报需要照料的比例为 41.0%③。可以看出，中国失能人群基数很大，直接导致长期护理需求不断增加。失能人群构成主要为老年人，随着高龄老年群体的增加，失能群体会继续增加。又因为年龄越大失能程度越高是普遍规律，所以失能程度也会伴随高龄群体的年龄增长而加重。失能群体数量增长迅速叠加失能程度高、比重上升的挑战，会进一步刺激长期护理需求。

除了需求人数上升的挑战外，长期护理具有持续时间长、照料任务烦琐等特点，需要在持续一段时间内给失能人员提供一系列基本生活照料以及与之密切相关的医疗护理。尤其是完全失能的老年人需要借助外部力量才能完成日常基本生活，虽然在近些年部分照料服务可以由智能设备等机器替代，但是照料的"定制型"服务特征导致劳动力在其中有不可替代的重要作用，伴随着深度老龄化进程，专业照料者的缺乏问题日渐突出。

家庭规模的缩小和女性劳动参与率的提高客观增加了照料成本。中国对老年人的照料传统上以居家照料为主，但是由于家庭规模变小、子女数量减少，

---

① 刘钊：《中国保险资管业协会执行副会长兼秘书长曹德云：携手共进，助力个人养老金高质量发展》，证券日报网，2023 年 5 月 21 日，http://www.zqrb.cn/finance/hongguanjingji/2023-05-21/A1684665999723.html，最后检索时间：2024 年 6 月 10 日。

② 徐庭芳：《个人养老金制度全面推行，739 款产品中藏着怎样的方向？》，《南方周末》2024 年2 月 1 日。

③ 《中国城乡老年人生活状况抽样调查数据简报（2015 年）》，http://www.crca.cn/index.php? option=com_content&view=article&id=27；2015&catid=19&Itemid=101，最后检索时间：2024 年 3 月 20 日。

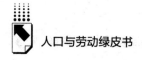
家庭照料模式受到冲击。家庭规模的大小直接决定老年人是否能够在家庭获得充分照料。第七次全国人口普查显示，平均每个家庭户的人口为 2.62 人，比 2010 年第六次全国人口普查的 3.10 人减少 0.48 人，家庭照料问题愈加突出。传统上女性在居家照料中具有重要作用，女性劳动参与率一直保持在较高水平也在一定程度上加剧了家庭照料的矛盾。2015 年，我国女性劳动参与率为 63.6%，占全社会总就业的比重超过 40%，妇女在社会经济建设中发挥了越来越重要的作用，客观上导致了照护老人的劳动成本上升。

在失能群体中，不可忽视的突出问题是失智症，即阿尔茨海默病等痴呆症的挑战。痴呆症是全球 65 岁以上老年人的主要致残原因，中国痴呆症患者数量占全球患者的 25%，是世界上患者人数最多的国家，患病率、死亡率均高于全球平均水平①。阿尔茨海默病等痴呆症在 2020 年上升至我国城乡居民总死亡原因的第 5 位，已成为影响老年人群健康状况的重要慢性疾病。

中国的痴呆症具有四个显著特点，一是患者绝对数量巨大，患病率高，随老龄化进程继续增长。根据 Jia et al. 使用 2015~2018 年全国 12 个省份截面数据的研究发现，60 岁及以上老年人中痴呆症患者有 1507 万人（患病率 6.0%），其中阿尔茨海默病患者 983 万人（患病率 3.9%）②。在 60 岁及以上人群中，1990 年痴呆症患病率 3.42%，2000 年患病率 4.14%，2019 年患病率 6.04%③。更值得关注的是，中国患有轻度认知功能障碍的人数有 3877 万人，未来很大比例的轻度认知障碍患者可能发展为阿尔茨海默病和其他痴呆症④。二是女性患病率、死亡率均高于男性。我国女性患病率（11.889‰）和死亡

---

① Jia, L., et al., 2019, "Dementia in China: Epidemiology, Clinical Management, and Research Advances," *Lancet Neurology*, 2019, 19 (1): 81-92.

② Jia L., Du Y., Chu L., et al., "Prevalence, Risk Factors, and Management of Dementia and Mild Cognitive Impairment In Adults Aged 60 Years or Older in China: a Cross-sectional Study," *Lancet Public Health*, 5 (12), 2020, pp. e661-e671.

③ Chan K. Y., Wang W., Wu J. J., et al., "Epidemiology of Alzheimer's Disease and Other Forms of Dementia in China, 1990-2010: A Systematic Review and Analysis," *The Lancet*, 381 (9882), 2013, pp. 2016-2023.

④ Jia L., Du Y., Chu L., et al., "Prevalence, Risk Factors, and Management of Dementia and Mild Cognitive Impairment in Adults Aged 60 Years or Older in China: A Cross-sectional Study," *Lancet Public Health*, 5 (12), 2020, pp. e661-e671.

率（0.308‰）分别高于男性的患病率（6.693‰）和死亡率（0.146‰）[1]。医学上认为，由于激素、脑部结构等问题导致女性更容易患阿尔茨海默病等痴呆症[2]，同时女性群体较低的教育水平和较高的抑郁率都是更容易患上阿尔茨海默病等痴呆症的风险因素。三是农村地区缺乏科学诊断，城市医疗服务不均衡发展问题突出。阿尔茨海默病等痴呆症就诊主要在神经科，但是由于医疗资源分布不均，城乡之间、地区之间对痴呆症的诊断能力有明显差异。20世纪90年代以来，大中型城市医院的神经科、精神科和老年科逐步开设针对痴呆症的门诊（记忆门诊），全国约有10%的三甲医院开设痴呆症门诊[3]。痴呆症的诊治和地方医疗水平、社会经济发展水平息息相关，以上海为例，受益于较高经济发展水平和医疗资源，截至2018年共有26家医疗机构开设记忆门诊，形成基层医疗机构有筛查能力、上级医院能及时诊治的系统性应对阿尔茨海默病的医疗布局[4]。但是对比看，中部和西部地区的诊断和治疗水平显著落后。中国西部地区阿尔茨海默病等痴呆症患病最多，南方地区患病最少[5]。这无疑对医疗水平、经济水平都相对落后的西部是更大挑战。四是治疗和护理严重不足，专业养老机构缺失，绝大多数患者选择居家照料。中国阿尔茨海默病等痴呆症患者中70%~80%没有接受正规治疗。同时作为退行性疾病，经常与其他疾病相伴而来，更容易被照料者忽视，更容易导致治疗不充分的问题。经过调查发现，在照料人员选择上超过80%由配偶看护，10%左右由子女看护，只有

① 任汝静、殷鹏、王志会等代表中国阿尔茨海默病报告编写组：《中国阿尔茨海默病报告2021》，《诊断学理论与实践》2021年第4期，第317页。

② Jia L., Du Y., Chu L., et al., "Prevalence, Risk Factors, and Management of Dementia and Mild Cognitive Impairment in Adults Aged 60 Years or Older in China: A Cross-sectional Study," *Lancet Public Health*, 5 (12), 2020, pp. e661-e671.

③ 任汝静、殷鹏、王志会等代表中国阿尔茨海默病报告编写组：《中国阿尔茨海默病报告2021》，《诊断学理论与实践》2021年第4期，第317页。

④ 任汝静、殷鹏、王志会等代表中国阿尔茨海默病报告编写组：《中国阿尔茨海默病报告2021》，《诊断学理论与实践》2021年第4期，第317页。

⑤ Jia L., Du Y., Chu L., et al., "Prevalence, Risk Factors, and Management of Dementia and Mild Cognitive Impairment in Adults Aged 60 Years or Older in China: A Cross-sectional Study," *Lancet Public Health*, 5 (12), 2020, pp. e661-e671.

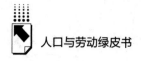

5%左右由专业护士或保姆看护①。

除了家庭看护者、护工等照料群体的需求，长期护理还会对医疗系统造成冲击。压床问题是医疗费用上涨的重要原因，长期护理是其中突出要解决的问题。2000 年以来我国卫生总费用（剔除价格因素）的年平均增速约为12.8%②，远超同期经济发展增速；微观数据也证明家庭医疗花费呈现显著上升趋势，医疗花费占比随年龄上升显著，专业护理发展的不充分导致我国医疗资源被老年人照料需求挤出严重，老年人"以医代养"现象推高了中国平均医疗支出水平，景跃军和李元（2014）测算认为我国 80% 的医疗资源是被18% 的老年人占用。将短期医疗行为、慢性病管理和长期护理保障三种服务区分管理，减少长期护理对医疗体系的占用和冲击，建立我国长期照护的养老服务体系成为势在必行的政府责任③。

（三）深度老龄化对公共服务提出新要求

公共服务是重要的民生工程，从规划上看，我国公共服务内容涵盖全面，养老服务是其中重要组成部分。在老龄化程度进一步深化的时代背景下，社会公共服务面临新的挑战。家庭结构中核心户和单人户增加的趋势明显，老年人独居的趋势使传统的家庭照料方式受到冲击，公共服务需要发挥更大的作用。

我国幅员辽阔，地区之间、城乡之间和人群之间的公共服务发展水平存在显著的不平衡不充分问题，公共服务的均等化水平需要进一步提高。从城乡发展来看，《中国乡村振兴综合调查研究报告 2021》抽样显示，农村地区 60 岁以上人口比重占到 20.04%，常住人口中 60 岁以上人口占比达到 23.99%，老龄化程度远超全国情况，独居比例和失能比例较高，对养老服务的需求更加紧

---

① Jia L., Du Y., Chu L., et al., "Prevalence, Risk Factors, and Management of Dementia and Mild Cognitive Impairment in Adults Aged 60 Years or Older in China: A Cross-sectional Study," *Lancet Public Health*, 5 (12), 2020, pp. e661-e671.

② 王贞、封进：《长期护理保险对医疗费用的替代效应及不同补偿模式的比较》，《经济学（季刊）》2021 年第 2 期，第 557~576 页。

③ 景跃军、李元：《中国失能老年人构成及长期护理需求分析》，《人口学刊》2014 年第 2 期，第 55~63 页。

迫①。但是农村地区经济基础薄弱，人力资本水平不高，农村老年人收入仅为农村居民收入的 53.6%②，依靠自身能力负担养老挑战较大，但是农村地区在养老服务的政策支持和资金投入方面都存在不足。健全农村地区养老公共服务体系、缩小城乡之间公共服务差距是"十四五"乃至未来长期需要加强的政策发力点。

非基本公共服务供给不足问题十分突出，养老服务的优质资源总体欠缺。目前我国公共服务主要包括基本公共服务和普惠性非基本公共服务两大类。政府在公共服务上要做好基本公共服务的供应，也不能忽视非基本公共服务的发展。非基本公共服务在教育、医疗和养老方面存在高质量服务需求大和供给不足之间的矛盾。在服务价格方面存在定价过高、普惠性不强、普通群体无法承受的问题。例如，在普惠型社区养老照料中心的设置上存在一线城市发展壮大、规范性强，中小城市发展滞后、市场进入动机弱的现象。同时在大城市内部也存在部分区域服务供给集中，偏远区域无法吸引机构进驻的现象。

养老公共服务的资源布局需要考虑常住人口分布，存在人口和公共服务不相匹配的情况。即便在养老服务更加发达的城市地区，也暴露出常住人口和养老服务资源不匹配的矛盾。对于老年人来说，社区内部的公共服务和公共设施才具有可获得性，"15 分钟服务圈"对于养老服务是非常重要的特征。当城市在养老服务提供上没有实现规划先行时，容易出现公共服务设施中心区域集中、其余地区尤其是城市郊区或者行政区划交界地区服务缺乏的现象。

养老服务重视基础设施建设，实际服务效果有待提高。近些年来，由于国家对应对老龄化的重视，很多地方新建扩建了很多养老服务设施，但是设施建设完备利用率不高的现象时有发生。有些养老服务设施内只提供简单的就餐服务等，缺乏更多维度的助老服务，在服务质量和人才队伍建设上也参差不齐。另外，养老服务还存在个性化服务缺乏、社区参与度不高、资金有限和监管缺乏的问题。

---

① 《〈中国乡村振兴综合调查研究报告 2021〉发布》，http://www.crca.cn/index.php/13-agednews/699-2021-13.html，最后检索时间：2024 年 5 月 20 日。

② 《健全农村养老服务体系 积极应对农村人口老龄化——2024 年中央一号文件专题解读》，https://www.thepaper.cn/newsDetail_forward_26774583，最后检索时间：2024 年 6 月 10 日。

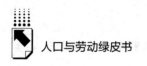

三 当前应对措施

（一）养老体系的完善和发展

党的二十大报告提出要发展多层次、多支柱养老保险体系。由基本养老保险组成的第一支柱确实面临收支平衡的可持续发展压力。部分学者或者社会讨论认为应该着力发展积累制的第二支柱和第三支柱用来补充养老金需求。三支柱养老金之间更加协调地发展是健全养老体系发展的必然选择，但是稳定坚实的社会养老保险组成的第一支柱是养老金体系健康发展的基本保障。所以，养老金体制改革首先要确保第一支柱养老金保险精算保持平衡，保证第一支柱的顺畅运行[①]。为了实现这一目的，必须对当前的社会养老保险制度进行深度改革。中国已经在 2022 年启动了城镇职工基本养老保险的全国统筹工作。全国统筹工作的直接作用是可以平衡区域之间基本养老保险基金的当期盈缺。但是目前基本养老保险基金的结余仍然留存在地方，没有实现全国范围内的统收统支[②]。党的二十大报告明确提出要完善基本养老保险全国统筹制度，未来全国会持续推进统筹制度，基金管理层次也会逐步从省级政府上升至中央政府。除了统筹层次的提升实现"全国一盘棋"的养老金收支外，还应该从基本养老金"开源"角度入手，中国已经逐步实施延迟退休计划，并且需要逐步将灵活就业和新就业形态的从业者纳入社会保障体系中。

在巩固第一支柱基本养老保险制度的基础上，要继续扩大第二支柱和第三支柱的发展。最直接的应对措施是 2022 年 11 月个人养老金制度在全国 36 个城市或地区先行试点。个人养老金制度面临开户缴费和实际投资规模不足的问题，需要进一步优化方案设置，提高个税优惠等对更多群体的吸引力。

---

① 罗伯特·霍尔茨曼、王新梅：《反思"多支柱养老金"》，《社会保障评论》2024 年第 3 期，第 38~56 页。

② 胡兵、孙博：《养老金金融：多支柱养老体系建设加快，养老金融产品谱系持续丰富》，载董克用、姚余栋、孙博主编《养老金融蓝皮书：中国养老金融发展报告（2023）》，社会科学文献出版社，2023，第 36~37 页。

（二）长期护理保险试点的发展

2016 年颁布《人力资源社会保障部办公厅关于开展长期护理保险制度试点的指导意见》，试点目标是："探索建立以社会互助共济方式筹集资金，为长期失能人员的基本生活照料和与基本生活密切相关的医疗护理提供资金或服务保障的社会保险制度。……基本形成适应我国社会主义市场经济体制的长期护理保险制度政策框架。"试点最初在 15 个城市进行，以山东和吉林两省为重点联系省份。2019 年政府工作报告中明确提出"扩大长期护理保险制度试点，让老年人拥有幸福的晚年，后来人就有可期的未来"。2020 年，国家医疗保障局和财政部发布《关于扩大长期护理保险制度试点的指导意见》，提出新增 14 个试点城市，进一步深入推进长期护理保险制度试点工作。2021 年，国家医保局和民政部联合发布《长期护理失能等级评估标准（试行）》。此评估标准适用于第二批长期护理保险全部试点城市的失能等级评估，第一批试点城市的失能等级评估标准也要求逐渐向国家标准靠拢，最终建成全国统一的失能等级评估标准。全国评估标准的出台对于长期护理保险全国范围内标准统一和推广都是重要举措。

当前我国长期护理保险的政策目标是"探索建立以互助共济方式筹集资金、为长期失能人员的基本生活照料和与之密切相关的医疗护理提供服务或资金保障的社会保险制度"，力争在"十四五"期间，基本形成适应我国经济发展水平和老龄化发展趋势的长期护理保险制度政策框架，推动建立健全满足群众多元需求的多层次长期护理保障制度。作为解决养老照料问题的有益尝试，长期护理保险为我国未来养老服务中缓解医疗资源压力、家庭照料压力，居家和社区机构有效结合和提高老年人生活质量等都提供了可行的方案。同时为试点城市中失能、半失能和失智群体的照料提供了保障，减轻了家庭的经济压力和精神压力。《2021 年全国医疗保障事业发展统计公报》显示，2021 年试点城市参加长期护理保险人数共 14460.7 万人，享受待遇人数 108.7 万人；2021 年基金收入 260.6 亿元，基金支出 168.4 亿元，长期护理保险定点服务机构6819 个，护理服务人员 30.2 万人。截至 2022 年 3 月，长期护理保险国家试点城市已有 49 个，参保 1.45 亿人，累计已有 172 万人享受待遇。当前长期护理保险服务形式主要为医疗机构护理、护理机构护理和居家护理。各地区支付普

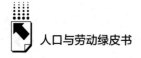

遍按照比例支付，支付有额度限制，服务形式不同，对应的支付水平不同。

长期护理保险对医疗费用的影响可能存在正反两种效应①。一方面，长期护理保险可以减少医保基金的不合理利用，如缓解拖延出院、压床病人等现象，同时改善被护理者的健康，进而减少医疗服务利用，缓解基金运行压力。另一方面，长期护理保险可能产生收入效应和健康知识效应，增加医疗支出。长期护理保险提供的居家护理补贴显著地降低了医疗服务使用频率和费用，使得住院天数下降，住院费用下降，医保支付费用下降，住院率下降。然而，机构护理补贴一方面替代了住院费用，另一方面也使得提供护理的医疗机构费用增长，最终净效应表现为医疗费用基本持平。

长期护理保险集中在城镇职工基本医疗保险参保群体，导致城乡差距的扩大。农村人口老龄化严重程度明显高于城市。第七次全国人口普查数据显示，我国 60 岁及以上乡村常住人口比重和 65 岁及以上乡村常住人口比重分别为 23.81% 和 17.72%，比城镇分别高出 7.99 个和 6.61 个百分点。从失能人口分布看，农村老年人失能群体从比例和绝对数量上都高于城市失能老年群体。从经济状况上看，城市失能老年人生活比较困难和非常困难的比重共 42.6%，农村失能老年人生活比较困难和非常困难的比重高达 58.5%②。从数据上看，农村地区不仅在失能群体上占比超过城市，在经济保障上也是远落后于城市。农村地区面临的老年照料挑战远大于城市，但是现阶段长期护理保险的参保和给付人群基本限制在城镇职工基本医疗保险的参保群体中，城镇居民和农村居民都被排除在外。现有的医疗保障体系中，签订劳动合同的群体主要参加城镇职工基本医疗保险，参保人群收入更加稳定；而城乡居民基本医疗保险覆盖群体为收入普遍低并且不稳定的城镇居民和农村居民。现阶段长期护理保险多数限制覆盖在城镇职工群体会造成"富的保障更好，穷的保障更缺失"的局面。

长期护理保险统筹层级较低，地区之间的发展差异导致长期护理保险试点的推进存在不均衡发展。第一批长期护理保险涉及的所有城市和地区都采用了长期护理保险和医疗保险结合的方式，这种设置方式保证了长期护理保险试点工作基金来源的稳定性，有利于试点工作的顺利推广。但是医疗保险发展过程

---

① 王贞、封进：《长期护理保险对医疗费用的替代效应及不同补偿模式的比较》，《经济学（季刊）》2021 年第 2 期，第 557~576 页。

② 党俊武主编《中国城乡老年人生活状况调查报告 2018》，社会科学文献出版社，2018。

中长期存在的不均衡发展问题也体现在了长期护理保险的试点发展过程中。医保统筹基金和地区的经济社会发展紧密相关，经济更为发达，医疗基金更为充裕地区的长期护理保险报销更为慷慨、保障更完善。

长期护理服务从业人员专业性要求较高，鼓励相关机构持续参与成为挑战。长期护理服务除了必要的生活服务外，很多失能、半失能或者慢性神经性退行性疾病（主要为阿尔茨海默病）都需要经过专业培训，机构也必须有专业认证，这些都导致专业护理人员的短缺。如何鼓励相关机构持续参与的积极性也在试点过程中面临挑战。如何在实施过程中保障服务供给方（如各商业保险公司和养老机构）应有利益，提高其参与积极性，需要在试点城市进一步探索。最后，如何保证政策性长期护理保险基金来源的可持续性、形成有效监管机制，也是关乎其健康发展的重要议题。

（三）重视老年群体的公共服务供给，发展养老金融和养老产业

公共服务是重要的民生工程，主要包括基本公共服务和普惠性非基本公共服务两大类。从规划上看，我国公共服务内容涵盖全面，养老服务是其中重要组成部分。《"十四五"公共服务规划》非常重视我国老龄化带来的新需求和挑战，对不同类别的养老服务内容进行了划分，从兜底性养老服务、普惠性养老服务和生活性养老服务，确定了"十四五"期间不同层次养老服务需求要达到的目标和要求，也明确了政府、社会和市场的不同责任。政府在兜底性养老服务上要承担供给的主要责任，保障特困人员服务，根据地方实际向其他类型困难老年人延伸。在普惠性养老服务上，政府要支持供给，推动15分钟养老服务圈建设。发展农村互助式养老服务，鼓励资本参与，开展人才培训行动。在生活性养老服务上，要促进养老产业连锁化、集团化发展。

从地区发展看，为了应对农村地区老龄化，补齐农村地区的养老服务短板，近年来中央财政也向农村和边远地区养老服务投资倾斜，继续完善落后地区养老公共服务的基础设施建设。国家在多年的"中央一号文件"中专门强调了农村养老服务建设问题，2022年要求分类落实"村医养老保障、医保等社会保障待遇"，2023年要求推广"日间照料、互助养老、探访关爱、老年食堂等养老服务"，2024年提出"健全农村养老服务体系"。从"中央一号文件"的内容发展脉络可以看出对农村地区养老服务的加强是从点到面，全面

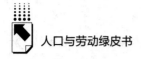

加强体系建设。从城市地区看，近年来，很多发达省市积累了很多养老服务建设经验，目标不仅是扩大对老年群体的覆盖，还将老年服务设施的规划建设等与社区居住的老年人口数挂钩，细分养老服务，避免养老设施的扎堆建设和实际提供服务的形式化，实现养老服务的精细化发展。

为了应对深度老龄化的人口发展趋势，需要进一步壮大养老金融，发展养老产业。2023年中央金融工作会议提出要做好养老金融大文章的要求。我国养老金三支柱体系已经建立，为发展养老金融提供了制度基础。例如我国的基本养老保险基金积极开展了较为稳健的金融配置活动，主要投资于银行存款、国债和政策性开发性银行债券等高信用等级的金融产品，目标是实现基金的保值增值。养老金融的发展也体现在积极支持养老产业投融资项目上。银行业推出了很多普惠性养老专项再贷款项目，降低养老社区等机构的融资成本。养老储蓄和养老理财等行业也取得了长足发展。

四　政策启示

我国人口状况已经出现了重大转变，进入深度老龄化社会的趋势已经成为共识，长期保持深度老龄化的人口结构也是21世纪最重要的社会特征之一。针对深度老龄化的经济和社会发展特征，必须将政策前置，在制度建设和财政保障上进行完善。通过前述分析，可以得到以下政策启示。

（一）完善社会保障制度和养老服务体系

发挥多层次社会保障体系在养老服务中的基础性作用。加强和稳定基本养老保险制度可以确保老年人口获得基本养老金，满足基本生活需求。完善医疗保障制度可以减轻老年人因为疾病带来的经济负担，尤其是慢性病的持续治疗带来的长期医疗费用。企业年金和职业年金以及个人养老金体系的建立开启了我国养老保障三支柱相互促进的新发展时代。老年福利措施、社会救助体系的完善可以维护生活困难老年群体的利益，提供有效及时的帮助。

完善养老服务体系。政府需要明确在老龄化相关健康风险防治过程中的责任，建立公共服务配套设施。加大财政投入，确保老年人在养老、医疗等方面的基本需求得到满足，同时关注特殊需求群体，如高龄慢病老人、失能失智老人。对家庭照料、专业养护机构建设和农村养老服务进行资金和政策倾斜；加强政策的科学指引；在农村地区加强互助式养老服务网络建设，在城市社区内建立 15 分钟养老服务圈建设，掌握本辖区老年人状况和照料需求；推动社区公共服务设施的适老化改造，提供缓解家庭照料者压力的"喘息服务"。

（二）推进长期护理保险制度优化

我国长期护理保险制度从 2016 年开始已经进行了两轮试点，积累了较为丰富的实践经验，通过有效的长期护理保险制度能明显降低失能老年人和家庭的经济负担，降低社会医疗费用。

为了进一步对长期护理保险制度进行优化，第一，需要从国家层面逐渐统一长期护理保险政策，明确保障范围和标准。目前城市试点提供了很多有益的经验，解决了很多具体问题，但是试点时间过长会导致推行全国统一政策时面临阻力，以城市为试点的方式会导致政策过于分散，尤其是保障范围和保障标准的不统一问题长期存在。未来需要从国家层面继续统一覆盖范围、给付对象和服务标准等，长期护理保险才能发挥更大的作用。

第二，在经费保障上建立中央和地方财政共同承担的机制，避免试点实施后拉大发达地区和落后地区的差距。目前长期护理保险试点的覆盖范围是否扩大和给付标准高低等都和地方财政投入紧密相关。长期护理保险采用了长期护理保险和医疗保险结合的方式，其中大多数城市是和职工医疗保险相结合，导致医疗保险中存在的统筹层次低，退休后不再进行缴费的问题也转移到长期护理保险中。尤其是受制于长期护理保险的特殊性，即年龄越大使用的可能性越大的特点，完善长期护理稳定和可持续的筹资机制势在必行。

第三，需要解决在长期护理保险试点过程中暴露出的评估不规范、监管机制不健全的问题。需要加强评估人员和护理服务人员队伍建设，评估需要按照要求精准评估，护理服务需要加强培训，提供专业服务。

（三）发展银发经济，推动养老产业发展，做好养老金融大文章

深度老龄化人口特征将深刻影响产业格局发展。发展银发经济，推动养老产业的发展不仅需要出台更多支持养老产业发展的政策，包括土地、税收和金

融等方面的措施，还需要深入调研老年人实际需求，政府、市场和社会广泛参与，吸引更多社会资本投入，共同推动产业发展。要聚焦健康产业等有潜力的领域，例如增加阿尔茨海默病等疾病的研发性投入项目、依托数字技术发展的智慧养老项目等。提供更加标准化、科学化的服务，目标是在提高需要照料老年人身体健康水平的同时提高老年人的生活质量和幸福感。

　　要制定全面和更为具体的养老金融政策和法规，为养老金融的发展提供清晰的方向。具体而言，要完善养老金金融体系，进行系列改革，实现第一支柱收支平衡，壮大资本收益。要推动养老产业金融发展，开发更多样的养老金融产品，提高老年群体的金融素养，对金融项目参与的媒介，例如手机应用等进行适老化改造；进一步通过政策性金融工具鼓励资本加大对养老产业的投入，提高养老企业的投融资能力。

Abstract

In the process of realizing the great rejuvenation of the Chinese nation, the population issue is a basic factor that needs to be always faced. Each stage of an individual's life course is connected and influenced by each other, and the population characteristics at a particular age not only reflect their own overall situation, but also the "echo" of the quantity and quality of the previous population, and have an impact on the population development at subsequent ages. Comprehensive human development is reflected in every stage of the life cycle and requires the combined efforts of policies covering the whole population and the whole life cycle to promote the effectiveness of quality population development.

In terms of population size, China's total population in 2023 decreased by 2.08 million from the previous year, much higher than the decline of 850,000 in 2022. From the perspective of the labor market, China's unemployment rate in 2024 is generally stable, but the structural unemployment contradiction is still prominent. Therefore, turning to investment in human development strategy is not only the inevitable requirement to adapt to the new situation of population development, but also the top-level design of planning high-quality population development in the whole life cycle.

High-quality population development is not only the basic means of Chinese modernization, but also the ultimate goal of its development. Exploring the realization path of high population quality from the attributes of the whole life cycle is a measure in response to the regularity of "population echo". The development of high population quality in each stage of the life cycle has a high degree of logical consistency and theoretical self-consistency with the modernization of Chinese civilization.

Maintaining an appropriate fertility level is the primary link of high-quality population development throughout the life cycle. The unsatisfied desire to have

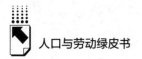

children is common among people of childbearing age in China, which sends an important signal for further improving the fertility and parenting service system. Optimizing the targeting mechanism of the fertility policy will help promote the recovery of the fertility rate.

High-quality human capital accumulation system is an important guarantee for improving the quality of the population, and the establishment of a lifelong learning education system covering the whole life cycle is the only way to run a satisfactory education for the people. Among them, the rate of return and yield of early human capital investment are the highest in the whole life. From the international experience and Chinese practice of the early development of 0-3 years old children, it is an effective development strategy to supplement the policy shortcomings of early development of 0-3 years old children and incorporate them into the scope of basic public services.

High-quality full employment is the concentrated embodiment of the high-quality development of the working-age population. In the short term, cyclical unemployment should be eliminated through economic development; In the long run, it is even more important to make job creation a source of economic growth. The impact of the new technological revolution represented by artificial intelligence on China's labor market is more complex, diverse and far-reaching, and it is necessary to accelerate the construction of employment support systems for key groups such as youth, migrant workers and female workers from the overall perspective of the life cycle.

Promoting the participation of the elderly in the labor force is a strategic move for the high-quality development of the retirement-age population. From the perspective of the world's practice of dealing with aging people, China's elderly labor participation rate is lower than the global level. We should establish and improve the employment service system and mechanism for the elderly, make full use of China's rich elderly human resources, and make policy preparations and institutional guarantees for deep aging.

Keywords: High-quality Population Development; The Whole Life Cycle of the Population; High Quality Full Employment

Contents

I General Report

Abstract: To support Chinese-style modernization with high-quality population development, it is essential to maintain the unity of policy objectives and instruments, fostering new demographic dividends as a critical component of new quality productive forces. This involves converting potential economic growth rates into actual growth rates, ensuring that the fruits of reform and development are more fully and equitably shared. At the core of the new demographic dividend is the enhancement of human capital, without which labor cannot be elevated to new quality productive forces. Therefore, efforts should focus on addressing structural unemployment among young and older workers, transforming the quantitative advantage of the labor force into a qualitative advantage in human capital. The new demographic dividend extends beyond being a supply-side driver of economic growth; thus, it is necessary to base policies on the current demographic structure, tapping into and nurturing the population's potential for consumption from the demand side. The process of promoting high-quality population development, should be reflected in the following policy directions。 First, prioritize policies focusing on a continuous spatial framework encompassing the elderly and the young, establishing a comprehensive population support system and basic public service system covering all population groups and the entire life cycle. Second, create the institutional environment necessary for new quality productive forces, mitigating the risks of

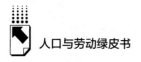
creative destruction through social security. Third, adhere to people-centered development philosophy, enhancing the quality of life and the provision of public goods for the people.

Keywords: Chinese-style Modernization; High-quality Population Development; New Quality Productive Forces; New Demographic Dividend

G . 2 Annual Report on Population Dynamics

Zheng Zhenzhen, Feng Ting / 019

Abstract: The size of China's population has been declining for two consecutive years, with the decrease in 2023 exceeding that of 2022. The continuous decline in the birth rate and a temporary increase in the death rate are the main drivers behind the rapid decrease in population size. Considering that the mortality is expected to be stable with relatively small changes, the future natural change in the size and age structure of China's population will mainly depend on the fertility rate. Reviewing the population dynamics in the 21st century, the fertility rate is likely to stay low in the future. With the continued advancement of urbanization and economic development, population mobility will remain active and exhibit increasingly diverse trends.

Keywords: Population Size; Population Structure; Fertility; Internal Migration

G . 3 Annual Report on China's Labor Market

Du Yang, Cheng Jie and Han Xiao / 031

Abstract: In 2024, China observed a stable overall unemployment rate, yet the structural unemployment contradiction remained prominent. The labor force participation rate experienced a decline. The wage growth and labor productivity growth are converging in a slowdown. The manufacturing industry experienced a decrease in the demand for labor force, whereas the service industry emerged as a primary absorber. Youth unemployment rate remained elevated, and the total number of migrant workers approached saturation. The labor market was confronted with challenges including economic slowdown, inadequate demand, a mismatch between the supply and demand of human resources, insufficient accumulation of human capital, and the vulnerability to the impacts of artificial intelligence. It is imperative to strengthen macroeconomic policies, facilitate the upgrading of the industrial structure, enhance the construction of the human capital system, create employment opportunities through diversified channels, and refine the labor market system to foster high-quality and full employment.

Keywords: Labor Market; Human Capital; Technological Shock; Industrial Structure; Economic Growth

Ⅱ   The Theoretical Logic of High-quality Population Development

G.4   The Connotation of High-quality Population Development Throughout the Life Cycle

Du Yang, Qu Yue and Cheng Jie / 054

Abstract: The population issue is related to the great rejuvenation of the Chinese nation. The population issue has an overall, strategic and long-term impact on China's development. Promoting high-quality population development is the key to coping with the new situation and solving new problems. The Third Plenary Session of the 20th Central Committee of the Communist Party of China (CPC) proposed to improve the population development strategy with a focus on coping with aging and declining birthrate, improve the population service system covering the whole population and the whole life cycle, and promote high-quality population development. Promoting high-quality population development is a major strategic deployment made under the new situation of population development. An in-depth understanding of the profound connotation of high-quality population development from the perspective of the whole life cycle is an important prerequisite for achieving the goal of high-quality population development.

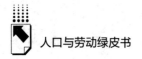
Keywords: Full Life Cycle; High-quality Population Development; The Elderly and Children

G . 5 Promoting the Modernization of Chinese Civilization Through High Quality Population Development

Hou Huili / 071

Abstract: Population is the material and spiritual carrier of civilization, and high-quality development of population is the driving force foundation for the modernization of Chinese civilization. The Chinese civilization has always had a huge population in the world, which is a comprehensive reflection of its outstanding characteristics. Against the backdrop of China's modernization construction entering a new stage of development and population development entering a new normal of negative growth and aging, promoting the modernization of Chinese civilization through high-quality population development is an inevitable choice. In the context of the modernization of Chinese civilization, the high-quality development of the population requires the formulation of encouragement policies based on the family, the increase of fertility rate, the achievement of moderate fertility level, the consolidation of family elderly care culture, and the active response to population aging. The state, as the coordinator of population development and the coordinated development of related systems, provides policy and institutional guarantees to support the comprehensive development of people throughout their life cycle, improve the cultural and health quality of the population, promote the orderly flow of the population, form a reasonable population layout, and face the diversified trend of population development with an open and inclusive mindset, so that high-quality population development can inject vitality into the modernization of Chinese civilization.

Keywords: High Quality Development of Population; Modernization of Chinese Civilization; Characteristics of Chinese Civilization

Ⅲ Improve to Maternity and Parenting Services

G . 6 Public Service System Supporting Childbearing and

Rearing *Niu Jianlin* / 084

Abstract: This study reviews the connotations and key characteristics of the public service, examines the unfulfilled desires and the challenges involved in fertility and childrearing of Chinese families, and it explores ways to improve the public service system. It finds that there is prevailing unfulfilled fertility desires among the adults at various reproductive ages, which conveys an important signal of demand for the public service. Childbirth and upbringing have far-reaching benefits to a society today. Therefore, it is imperative to build a solid public service system to bolster childbirth and upbringing, and provide all residents with complete public products and services. To this end, it is important to highlight the central role of the government and its public responsibility, promote participations from all relevant entities in a well-developed framework so as to facilitate the implementation of well-designed public policies.

Keywords: Public Service; Childbearing and Rearing; Unfulfilled Fertility Desire

G . 7 The Targeting, Effectiveness and Sustainability of

Fertility Support Policy in China *Ma Chao* / 111

Abstract: The preliminary top-level design of fertility support policy has been completed in China. However, the policy targeting issues aiming at promoting the effectiveness and sustainability of fertility support policy has not been well addressed. This chapter firstly introduces targeting methods of poverty alleviation policy which best exemplifies targeting methods commonly used in social policies. Then, it highlights the characteristics of fertility support policy targeting from two dimensions: eligibility and targeted groups. By leveraging aggregate census data and data from

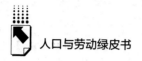

statistical yearbooks and interviewed survey, it shows that: first, the fertility desires of women of childbearing age who have not given birth is significantly higher than that of those who have. Thus, increasing the birth rate for the first child should remain a key focus of current fertility support policies; second, there is a clear trend of delay in the peak age for childbirth. Policies should accordingly tilt towards women in that peak age group; third, the birth rate for the first child has significantly declined in rural areas, with a slowdown in the increase of birth rates for second or more children. Thus, fertility support policies should fully consider urban-rural differences; finally, among women aged 30 to 39 who have given birth, the proportion with fertility plans for future childbirth in the next three years is higher in high-income groups than in low-income groups. Therefore, targeting an increase in birth rates among high human capital families can also effectively enhance the targeting accuracy of fertility support policies.

Keywords: Fertility Support Policy; Targeting, Fertility

Ⅳ　Education Reform and Early Human Capital Investment

G.8　Running Satisfactory Education

Qu Yue, Li Bingbing and Cheng Jie / 127

Abstract: Education is not only a necessity for people's livelihoods, but also an important driving force for comprehensively promoting economic and social development. Only the education fully matched with economic development and the labor market, then sustainably receive reasonable returns, is the fundamental meaning of education that satisfies the people. Based on the data of CULS1−5 from 2001 to 2023 this chapter find that the return on education in China continues to improve, but the development of different education level is uneven under the background of economic structural changes. The return on different education level has changed between generations, and vocational schools, high schools, and colleges have become "mid low" areas in the polarization process of skill demand. The latest circumstance shows that some industries concentrated by educated labor are experiencing the impact of the transformation of economic development momentum. To run an satisfactory education system, it is necessary to accelerate the construction of a vocational education system that integrates general vocational education and industry education, promote the coordination between higher education reform and labor market development, establish a lifelong learning system, and further improve the labor market system and public service system.

Keywords: Return to Education; Labor Market Matching; Structural Change

G.9 Beyond the Heckman Curve: Comprehensive Returns
on Early Human Capital Investment

Qu Yue, Cheng Jie and Li Bingbing / 151

Abstract: Based on the mechanism of human capital return, the Heckman curve, reveals that investing in earlier human capital yields higher returns. Multidisciplinary evidence suggests that early childhood development have a profound impact on the formation of cognitive and non cognitive abilities in children, as well as on adult education, employment, income, criminal behavior, and more. If we comprehensively summarize the various improvements obtained from early human capital investment, the corresponding returns are not limited to the individual level. Through sorting out the burden of nurturing and caring for urban families in China, it is found that incorporating early childhood development into public services can effectively improve human capital, enhance labor market allocation efficiency, and thus obtain broader high returns. The comprehensive investment return ratio of early human capital investment may reach more than 6 times.

Keywords: Heckman Curve; Early Human Capital Investment; Human Capital Return; Early Children Development

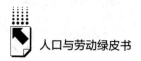
G.10　The Implementation of Early Human Capital

Intervention Programs　　　　　*He Yang*, *Li Bingbing* / 172

Abstract: Early human capital lays the groundwork for children's lifelong development, and its importance is evident across various levels, including individual, familial, and societal. This paper explores the methodologies for implementing early human capital investment projects, providing a comprehensive analysis of design principles, key influencing factors, and mechanisms of effectiveness. By doing so, it offers a reference framework that integrates both theoretical depth and practical utility for policymakers and practitioners. This paper systematically discusses how strategies such as nutritional interventions, early educational interventions, optimization of family environments, and health care services can effectively facilitate the accumulation of early human capital, thus establishing a solid foundation for their long-term personal growth. Additionally, this paper examines two case studies that failed to achieve the anticipated outcomes, contributing insights and efforts to the development of a more sound and efficient early human capital investment system.

Keywords: Early Human Capital Investment; Principles of Project Design; Early Education; Health Care; Community Engagement

G.11　The Impact of Early Human Capital Investment:

Worldwide Experience　　　　　*Li Bingbing*, *He Yang* / 190

Abstract: This chapter introduces several classical early childhood development intervention programs worldwide, including small-scale intervention experiments that have been tracked over several decades and large-scale programs that have been promoted nationwide. Based on long-term tracking results of natural experiments of early childhood interventions, the chapter summarizes the short-term and long-term effects of early interventions. It finds that early interventions have positive impacts on cognitive and non-cognitive abilities, educational attainment in adulthood, and labor market performance. Compared to human capital investments made at other stages of the life cycle, interventions during early childhood are found to be more significant. Therefore, it is essential for China to further increase investment in early childhood human capital, expand the scope of basic public services for early childhood, enhance fiscal input, optimize the structure of fiscal expenditure, and prioritize early interventions for children in rural areas.

Keywords: Early Childhood Development; Worldwide Experience; Human Capital Investment

G.12　External Intervention in Early Childhood Development: Bi Jie Practice
Han Tiankuo / 203

Abstract: From the perspective of external intervention, this paper systematically analyzes the current situation of early childhood development in China. Although Chinese children aged 0 − 3 have made great achievements in nutrition, growth and health, there is a big gap between the early development of children aged 0 − 3 in rural areas and those in urban areas, and they have obvious cognitive development risks. Further combing through the policy system of early childhood development, we can find that the long-term absence of public services for early education of 0 − 3 years old children is an important reason for the retardation of early human capital development of children in rural areas. This paper introduces the case of China Development Research Foundation, a social organization that provides early development public service support for rural children in Bi Jie, and analyzes its operation mode, intervention effect and challenges. The conclusion shows that providing effective household parenting guidance is an important way to promote the long-term development of rural children's human capital in addition to basic health public services. This means that the social experiment based on the guidance of early household rearing of rural children carried out by social organizations should be transformed into an institutionalized public policy and further promoted in rural areas across the country, with a view to comprehensively improving the accumulation of early human capital of rural children.

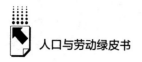
Keywords: Human Capital; Early Childhood Development; Children's Cognitive Ability; Household Parenting Guidance

V High Quality Full Employment

G.13 Continuing to Promote Economic Growth by

Expanding Employment *Du Yang, Feng Yonggang* / 223

Abstract: There is an interdependent relationship between high quality full employment and economic growth, understanding the relationship between them from short-term and long-term perspectives is important for policymaking. China has passed two important turning point in its working-age population and total population, it is still possible to raise the employment rate and expand the scale of non-agricultural employment by improving the level of human resources allocation in the labor market. Under the promotion of employment-friendly economic development, short-term policies should pay more attention to the positive role of macroeconomic policies in maintaining the balance of the labor market, while long-term and active employment policies should be adopted to promote economic growth.

Keywords: Expand Employment; Labor Reallocation; Economic Growth

G.14 Aritificial Intelligence and Its Impact on High-Quality

and Full Employment

Jia Peng, Wang Jun, Zhang Xi and Du Yang / 239

Abstract: Among the various areas where artificial intelligence might pose risks, its impact on the labor market, especially on employment, is particularly significant. This article analyzes the characteristics of advancements in artificial intelligence technologies, compares them with industrial automation technologies, and examines the differences in their impacts on the labor market. By analyzing international experiences with AI-related labor market risks, it is found that artificial intelligence mainly affects cognitive tasks and job positions. This impact is more significant in countries at higher stages of development and among labor forces with higher human capital. The overall impact of artificial intelligence is also influenced by a country's employment structure, the rate of technology adoption, and legal regulations. This article proposes policy recommendations such as enhancing labor market monitoring and basic data collection, developing complementary AI technologies and industries, and conducting forward-looking research on the impact of artificial intelligence.

Keywords: Artificial Intelligence; Employment; Job Tasks

G.15 Youth Employment: Overlooking and Policies

Du Yang, Zhang Xi / 258

Abstract: Youth is the most educated, energetic, and flexible group in a country. High-quality and maximum employment of young people is one of the priorities in implementing the employment-first strategy and enhancing the utilization of human resources. Based on country-level data, this chapter reveals the static and dynamic characteristics of youth unemployment rate and labor force participation rate. We also investigate the economic explanation and determinants of youth employment from perspectives of frictions, structures and fluctuates. It is shown that unemployment rate of young labor is higher and more fluctuating than that of their elder counterparts, and the rate tends to go up over time; the youth labor force participation rate is lower than that of other labor-age people, and shows a downward trend; there are distinct structural features of youth employment, especially that the employment is concentrated in certain industries and may be asymmetrically affected by structural changes. According to the nature of youth employment and China's circumstances, the problem of youth employment in China is protracted and special one. The government is supposed to strengthen assistance and protection for youth employment, especially to support the development of industries with more young employees.

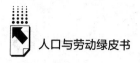

Keywords: Youth Employment; Unemployment Rate; Labor Force Participation Rate; Economic Fluctuates

G.16 Achieving High-quality and Full Employment for Migrant Workers

Zhang Chen / 278

Abstract: Achieving high-quality and full employment for migrant workers is crucial to the quality of the urbanization process for the agricultural transfer population. Currently, migrant workers are primarily employed in the tertiary industry, with their monthly average wage showing a steady increase in recent years. However, there is still a significant gap compared to the monthly average wage of urban employees. The monthly average wage of migrant workers outside their hometowns is notably higher than that of local migrant workers, and the wage gap between them is widening. Compared to the older generation, new-generation migrant workers work fewer hours per week, have higher hourly wage levels, and are more inclined to seek jobs through the internet. Predictions using the labor quota method indicate that there is still considerable potential for the transfer of rural labor to urban areas in the future, with the potential transfer of migrant workers ranging from 124.21 million to 152.69 million by 2035, and between 69.04 million and 79.94 million by 2050. By relaxing age restrictions on rural labor, the potential transfer of migrant workers could range from 169.33 to 198.85 million by 2035, and between 81.58 million and 109.90 million by 2050. Based on big data analysis of the "Local Leaders' Message Board" on People's Daily Online, the main issues affecting high-quality and full employment of migrant workers are centered around salary demands (such as wage arrears), while labor rights demands have gradually improved in recent years. To achieve high-quality and full employment for migrant workers, policies should construct an inclusive employment policy system from dimensions such as comprehensively ensuring migrant workers receive salaries in accordance with the law, improving the labor rights protection system for migrant workers, and providing full-life-cycle employment training services.

Keywords: Migrant Workers; Employment; Wages; Inclusive Growth

Abstract: China has been making great efforts to promote gender equality in employment and made remarkable achievements. Meanwhile, there is still a gap between women and men in employment. There is a long way to achieve gender equality in employment and to promote high-quality full employment through gender equality. There are three ways to promote high-quality full employment through gender equality. First, raising the awareness on gender equality in the whole society. Second, improving the system of infant care and child care services. Third, reducing discrimination against women in the labor market.

Keywords: Gender Gap; Gender Equality; High-quality Full Employment

VI   Responding to the Aging Population Actively

Abstract: Promoting elderly labor participation is a typical international experience in addressing population aging globally. This is particularly important for China, where the scale and speed of aging are far above the world average. Whether considering economic development levels or the degree of aging, the labor participation rate of the elderly in China is not only lower than that in developed economies such as Europe, America, and East Asia, but also below the global average for countries with similar levels of aging. Policies such as delaying the statutory retirement age, reforming pension schemes, eliminating discrimination, subsidizing enterprises, and providing employment preferences for the elderly are common experiences of developed countries in promoting elderly labor participation. However, the effectiveness of these policies varies regionally. Japan, for instance, significantly promoted its elderly labor participation by timely and gradually adjusting the statutory retirement age around the peak of its population and widely emphasizing the value of

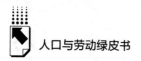

"lifelong work" in economically productive activities. This experience offers valuable insights for China in its policy practice to promote elderly labor participation. The phenomenon of "retiring but not withdrawing from work" is widespread in China, providing a practical basis for gradually raising the statutory retirement age. By combining delayed retirement policies with flexible retirement systems, reforming pension systems to improve incentive mechanisms, and establishing comprehensive employment service mechanisms for the elderly, alongside policy subsidies and rights protection, China can promote elderly labor participation and fully utilize its abundant elderly human resources.

Keywords: Aging; Labor Participation; Labor Supply; International Experience

G.19 Prepare for Deep Aging   *Wang Xiaoyu* / 342

Abstract: In response to the aging population, the country has implemented a series of measures, such as piloting long-term care insurance and increasing investment in public services for the elderly. As the population reaches its peak and gradually enters a stage of deep aging, China faces some prominent challenges: the burden of social security is gradually increasing, and maintaining the balance of basic pension income and expenditure faces challenges; the pressure of long-term care is prominent, and family care is difficult to continue; there is a large regional difference in public services for the elderly, and the development of elderly finance and the elderly industry is urgently needed. In the future, the population variable should be an important factor to consider in policy research and system formulation, gradually establishing an elderly-friendly society, and establishing a respectful and loving social atmosphere for the elderly.

Keywords: Deep Aging; Social Security; Long-term Care Insurance; Social Public Services

皮 书

智库成果出版与传播平台

✤ 皮书定义 ✤

皮书是对中国与世界发展状况和热点问题进行年度监测，以专业的角度、专家的视野和实证研究方法，针对某一领域或区域现状与发展态势展开分析和预测，具备前沿性、原创性、实证性、连续性、时效性等特点的公开出版物，由一系列权威研究报告组成。

✤ 皮书作者 ✤

皮书系列报告作者以国内外一流研究机构、知名高校等重点智库的研究人员为主，多为相关领域一流专家学者，他们的观点代表了当下学界对中国与世界的现实和未来最高水平的解读与分析。

✤ 皮书荣誉 ✤

皮书作为中国社会科学院基础理论研究与应用对策研究融合发展的代表性成果，不仅是哲学社会科学工作者服务中国特色社会主义现代化建设的重要成果，更是助力中国特色新型智库建设、构建中国特色哲学社会科学"三大体系"的重要平台。皮书系列先后被列入"十二五""十三五""十四五"时期国家重点出版物出版专项规划项目；自2013年起，重点皮书被列入中国社会科学院国家哲学社会科学创新工程项目。

皮书网

（网址：www.pishu.cn）

发布皮书研创资讯，传播皮书精彩内容
引领皮书出版潮流，打造皮书服务平台

栏目设置

◆ **关于皮书**
何谓皮书、皮书分类、皮书大事记、
皮书荣誉、皮书出版第一人、皮书编辑部

◆ **最新资讯**
通知公告、新闻动态、媒体聚焦、
网站专题、视频直播、下载专区

◆ **皮书研创**
皮书规范、皮书出版、
皮书研究、研创团队

◆ **皮书评奖评价**
指标体系、皮书评价、皮书评奖

所获荣誉

◆ 2008年、2011年、2014年，皮书网均
在全国新闻出版业网站荣誉评选中获得
"最具商业价值网站"称号；
◆ 2012年，获得"出版业网站百强"称号。

网库合一

2014年，皮书网与皮书数据库端口合
一，实现资源共享，搭建智库成果融合创
新平台。

皮书网

"皮书说"
微信公众号

权威报告·连续出版·独家资源

皮书数据库
ANNUAL REPORT(YEARBOOK)
DATABASE

分析解读当下中国发展变迁的高端智库平台

所获荣誉

- 2022年，入选技术赋能"新闻+"推荐案例
- 2020年，入选全国新闻出版深度融合发展创新案例
- 2019年，入选国家新闻出版署数字出版精品遴选推荐计划
- 2016年，入选"十三五"国家重点电子出版物出版规划骨干工程
- 2013年，荣获"中国出版政府奖·网络出版物奖"提名奖

皮书数据库

"社科数托邦"
微信公众号

成为用户

登录网址www.pishu.com.cn访问皮书数据库网站或下载皮书数据库APP，通过手机号码验证或邮箱验证即可成为皮书数据库用户。

用户福利

- 已注册用户购书后可免费获赠100元皮书数据库充值卡。刮开充值卡涂层获取充值密码，登录并进入"会员中心"—"在线充值"—"充值卡充值"，充值成功即可购买和查看数据库内容。
- 用户福利最终解释权归社会科学文献出版社所有。

数据库服务热线：010-59367265
数据库服务QQ：2475522410
数据库服务邮箱：database@ssap.cn
图书销售热线：010-59367070/7028
图书服务QQ：1265056568
图书服务邮箱：duzhe@ssap.cn

社会科学文献出版社 皮书系列
SOCIAL SCIENCES ACADEMIC PRESS (CHINA)

卡号：228538923251
密码：

S 基本子库
SUB DATABASE

中国社会发展数据库（下设 12 个专题子库）

紧扣人口、政治、外交、法律、教育、医疗卫生、资源环境等 12 个社会发展领域的前沿和热点，全面整合专业著作、智库报告、学术资讯、调研数据等类型资源，帮助用户追踪中国社会发展动态、研究社会发展战略与政策、了解社会热点问题、分析社会发展趋势。

中国经济发展数据库（下设 12 专题子库）

内容涵盖宏观经济、产业经济、工业经济、农业经济、财政金融、房地产经济、城市经济、商业贸易等 12 个重点经济领域，为把握经济运行态势、洞察经济发展规律、研判经济发展趋势、进行经济调控决策提供参考和依据。

中国行业发展数据库（下设 17 个专题子库）

以中国国民经济行业分类为依据，覆盖金融业、旅游业、交通运输业、能源矿产业、制造业等 100 多个行业，跟踪分析国民经济相关行业市场运行状况和政策导向，汇集行业发展前沿资讯，为投资、从业及各种经济决策提供理论支撑和实践指导。

中国区域发展数据库（下设 4 个专题子库）

对中国特定区域内的经济、社会、文化等领域现状与发展情况进行深度分析和预测，涉及省级行政区、城市群、城市、农村等不同维度，研究层级至县及县以下行政区，为学者研究地方经济社会宏观态势、经验模式、发展案例提供支撑，为地方政府决策提供参考。

中国文化传媒数据库（下设 18 个专题子库）

内容覆盖文化产业、新闻传播、电影娱乐、文学艺术、群众文化、图书情报等 18 个重点研究领域，聚焦文化传媒领域发展前沿、热点话题、行业实践，服务用户的教学科研、文化投资、企业规划等需要。

世界经济与国际关系数据库（下设 6 个专题子库）

整合世界经济、国际政治、世界文化与科技、全球性问题、国际组织与国际法、区域研究 6 大领域研究成果，对世界经济形势、国际形势进行连续性深度分析，对年度热点问题进行专题解读，为研判全球发展趋势提供事实和数据支持。

法律声明

"皮书系列"（含蓝皮书、绿皮书、黄皮书）之品牌由社会科学文献出版社最早使用并持续至今，现已被中国图书行业所熟知。"皮书系列"的相关商标已在国家商标管理部门商标局注册，包括但不限于LOGO（▓）、皮书、Pishu、经济蓝皮书、社会蓝皮书等。"皮书系列"图书的注册商标专用权及封面设计、版式设计的著作权均为社会科学文献出版社所有。未经社会科学文献出版社书面授权许可，任何使用与"皮书系列"图书注册商标、封面设计、版式设计相同或者近似的文字、图形或其组合的行为均系侵权行为。

经作者授权，本书的专有出版权及信息网络传播权等为社会科学文献出版社享有。未经社会科学文献出版社书面授权许可，任何就本书内容的复制、发行或以数字形式进行网络传播的行为均系侵权行为。

社会科学文献出版社将通过法律途径追究上述侵权行为的法律责任，维护自身合法权益。

欢迎社会各界人士对侵犯社会科学文献出版社上述权利的侵权行为进行举报。电话：010-59367121，电子邮箱：fawubu@ssap.cn。

社会科学文献出版社